本书为武汉大学自主科研项目（人文社会科学）研究成果，得到"中央高校基本科研业务费专项资金"资助（supported by "the Fundamental Research Funds for the Central Universities"）

第三叙事

"主体民族志"批评

崔应令　徐嘉鸿　主编

中国社会科学出版社

图书在版编目（CIP）数据

第三叙事："主体民族志"批评／崔应令，徐嘉鸿主编． －－北京：中国社会科学出版社，2024.9.
ISBN 978-7-5227-4154-3

Ⅰ．K18
中国国家版本馆 CIP 数据核字第 20246HG953 号

出 版 人	赵剑英
责任编辑	田　文
特约编辑	周晓慧
责任校对	王文华
责任印制	张雪娇

出　　版	中国社会科学出版社
社　　址	北京鼓楼西大街甲 158 号
邮　　编	100720
网　　址	http://www.csspw.cn
发 行 部	010-84083685
门 市 部	010-84029450
经　　销	新华书店及其他书店
印　　刷	北京君升印刷有限公司
装　　订	廊坊市广阳区广增装订厂
版　　次	2024 年 9 月第 1 版
印　　次	2024 年 9 月第 1 次印刷
开　　本	710×1000　1/16
印　　张	25.5
插　　页	2
字　　数	378 千字
定　　价	158.00 元

凡购买中国社会科学出版社图书，如有质量问题请与本社营销中心联系调换
电话：010-84083683
版权所有　侵权必究

目 录

导言：作为本体论的"第三叙事" …………… 崔应令　徐嘉鸿（1）
批判·理想·诗学：主体民族志的主题、诉求与
　　叙事 ……………………………………………… 崔应令（26）

第一编　分析与解读

"生性"的再发现 …………………………………… 高丙中（57）
论"主体民族志"的哲学基础……………………… 崔应令（61）
论"主体民族志"的伦理诉求……………………… 徐嘉鸿（90）

第二编　批评与定位

《自我的解释》读后意见 …………………………… 徐新建（117）
"三重叙事"的主体民族志微型实验
　　——一个白族人宗教信仰的"裸呈"及其解读和
　　　反思 ……………… 段绍升　朱炳祥　刘海涛（119）
主体民族志与当代民族志的走向 ………………… 刘海涛（146）
自我的表征与社会的隐喻："自我民族志"析论及
　　反思……………………………………………… 刘海涛（160）
直面认识论难题的"主体民族志" ………………… 梁永佳（175）
实验民族志在中国
　　——朱炳祥教授的主体民族志探索 ………… 马丹丹（197）

田野提纯与文本切割：朱炳祥主体民族志的再思考
　——兼论田野工作者的"媒介"角色 …… 孔文婷　马丹丹（216）
三重开放本体：对"主体民族志"本体论意涵的
　解读 ………………………………………… 杨海燕（236）
美好理想与现实困境：主体民族志教育思想的
　探索与意义 ………………………………… 崔应令（255）

第三编　回应与拓展

自我志：整体人类学的路径反思 ……………… 徐新建（277）
真正回到人的生活场景之中去
　——武汉大学朱炳祥教授新著
　《自我的解释》读后 ………………………… 赵旭东（304）
"钝感的力量"
　——读朱炳祥《自我的解释》之"我志" ………… 彭兆荣（311）
超越自我
　——朱炳祥教授《自我的解释》的启示 ……… 刘海涛（317）
田野与学徒 ……………………………………… 简美玲（320）
田野工作：一种实践着的教育 ………………… 何　菊（337）
论田野工作中的主体互动 ……………………… 徐嘉鸿（355）
追寻"心性"的成长：我与人类学相遇的偶然与
　必然 ………………………………………… 崔应令（371）
为什么是人类学呢 ……………………………… 何　菊（388）

后　记 …………………………………………………（402）

导言：
作为本体论的"第三叙事"

崔应令　徐嘉鸿

这部文集是我们将近年来自主发表在各种杂志或书籍中批评主体民族志的部分文章汇总到一起形成的。之所以题名为"第三叙事"，是因为这部文集的编辑理念与一般的对于学术著作的评论集的编辑理念有所不同，这种不同指的是：我们希望表达一种从"本体论"而非"方法论"上理解学术批评的理念。

对于文本的批评或者理解，人们往往力求从作者的立场、观点、当时的时代背景出发，这就要求批评者和解释者摆脱自身的历史局限，克服自己的偏见（前见），回到与作者相同的历史情境之中，消除词义、世界观和时空误读，消除解释者的主观性，如同作者那般理解作品。这是一种方法论的解释学取向，施莱尔马赫和狄尔泰的传统解释学就是这种取向。加达默尔的哲学解释学则将解释者的"前见"看作支配解释主体的基本前提。他认为，准确把握作者的意图是根本做不到的，也是不需要做的。解释者的历史性并非仅仅是主观的条件，而是一种本体论条件。认识者、解释者、批评者总是被束缚于他们自己当前的视域，而且与被解释者存在时间与空间的间隔，这两者正是一切理解的创造性基础，而不是必须克服的障碍。这就是所谓的"解释学处境"。加达默尔承认"解释者正如其对象一样也具有历史性"[①]，"一切理解都必然包含

[①] ［德］加达默尔：《哲学解释学》，夏镇平、宋建平译，上海译文出版社1994年版，第5页。

某种前见"①。理解与批评总是以我们自己的理解结构作为前提条件的，即使是反对前见本身也是一种前见，这是当代作为本体论的解释学所坚持的基本原则。"前见"是一种"先行判断"，它在进入理解与批评之前就被给定了，而且，当我们理解或批评一部作品的时候，由于前见是由我们的本体论条件所决定的，故而我们对于自己的理解结构这一前提条件往往是无意识的。

既然前见是不可避免的、无意识的，属于一种本体论存在，那么我们所解释的、批评的文本是否仅仅只能按照我们的"前见"被理解呢？当然不是。既然我们是根据我们的理解结构去理解文本的，那么作品能够被我们随心所欲地理解吗？当然更不是。这是因为被解释和被批评的作品并不隶属于我们，它们同样有其自己的诉求。因此，"我们也不能盲目地坚持我们自己对于事情的前见解"②。当我们对文本进行理解或批评的时候，文本就会开口向我们说话。于是，一种双向关系的开放性运动就出现了。"这种开放性总是包含着我们要把他人的见解放入与我们自己整个见解的关系中，或者把我们自己的见解放入他人整个见解的关系中。"③ 在这种双向关系中，我们就不能盲目地坚持我们自己的前见解，而是必须找到可以与被批评的文本能够融合的那些方面，这就是解释学反复强调的"视域融合"。加达默尔说："视域融合"是"一般解释学的中心问题"，"它把彼此相区别的东西同时又结合起来，以便在它如此取得的历史视域的统一体中与自己本身再度相统一"。④ 谁想理解，谁就不能顽固地不听文本的见解而囿于他自己的前见解。当批评者或解释者不固执于他自己的前见而认真倾听文本的诉说时，我们的先入之见就可能得到调整，我们就有

---

① ［德］汉斯-格奥尔格·加达默尔：《真理与方法》，洪汉鼎译，上海译文出版社1999年版，第347页。
② ［德］汉斯-格奥尔格·加达默尔：《真理与方法》，洪汉鼎译，上海译文出版社1999年版，第345页。
③ ［德］汉斯-格奥尔格·加达默尔：《真理与方法》，洪汉鼎译，上海译文出版社1999年版，第345页。
④ ［德］汉斯-格奥尔格·加达默尔：《真理与方法》，洪汉鼎译，上海译文出版社1999年版，第394页。

意识地与文本"同化"。由于从前见出发,我们开头肯定有着某种预期,但是在理解过程中,这种预期就会不断得到调整,使我们能够达到与文本的融合。这种融合既是我们同化了文本,也是文本同化了我们。在这里,一方面,凡是理解必定是从前见出发的;另一方面,凡是理解又必须从文本出发,"视界融合"是对二者的综合。加达默尔认为,解释学化陌生性为熟悉性,使传统属于我们,我们也属于传统,它既包容了过去,也包括了现在,在过去和现在的人的对话中获得表达。[①]

根据哲学解释学的理念,对于主体民族志的解释,应该理解为各位解释者从他们的本体论条件与立场出发,同时与文本达到视域融合的解释,其批评则是在这个基础上的批评;而不应理解为力求接近作者本意的那种理解与只能站在作者的时代条件下的批评。不过,我们要特别指出的是,对于主体民族志的批评与对其他学术评论有着两个重要的区别:第一,主体民族志作品提供了完整而系统的"第一主体叙事"(当地人或当事人的叙事),这使批评者可以越过民族志者的叙事直接从第一主体叙事的分析出发进行批评;进而不仅可以对民族志者的叙事进行重新评说,还可以对第一主体叙事与第二主体叙事(民族志者叙事)的关系进行解释与批评。第二,主体民族志有一种强烈的"学术自戕"意识,其作品具有一种"肯定—否定"机制,这是经典民族志作品中从未出现的;这就使解释者的批评与作者的自我批评形成互动性关系,从而使对于主体民族志的批评具有较为复杂的层次。

这部文集的各篇文章,既不是希望排除批评者自己偏见力图回归作者本意的努力,也不是脱离本文任由批评者与解释者信马由缰地驰骋。我们编辑这部文集,是希望民族志者及其作品、批评者以及作为对批评者的评论者三个方面的主体之间形成"真正谈话"而不是"非真正谈话"[②]。所谓"真正谈话",是指在相互交流中得到某种见

[①] [德]加达默尔:《哲学解释学》,夏镇平、宋建平译,上海译文出版社1994年版,第25页。

[②] [德]汉斯-格奥尔格·加达默尔:《真理与方法》,洪汉鼎译,上海译文出版社1999年版,第466页。

解的谈话（对话），所谓"非真正谈话"则指只是证明自己正确的谈话。从"作为本体论的'第三叙事'"这一视角出发，我们更多关注的是："第三叙事"到底具有怎样的性质和特征？支配"第三叙事"的基本条件是什么？"第三叙事"主体的意愿和所做的背后发生了什么？"第三叙事"诸主体从他们自己的历史时代的"处境"出发，从他们自身的"存在"条件出发，探究他们认为值得探究的重要问题。就本文集诸篇文章来看，他们向主体民族志提出的问题并且主体民族志也能够回答的问题主要有三个方面：第一，主体民族志提供了什么新的东西？第二，主体民族志在当代民族志进展中处于怎样的位置？第三，主体民族志的启示是什么？回应这种启示对于当代人类学与民族志研究可以拓展出怎样的值得探究的新问题？本文集的三编分别围绕着这三个方面的问题展开。①

第一编"分析与解读"收录的文章所回答的是：主体民族志提供了什么新的东西。三位作者根据他们自身的存在条件所决定的"前见"出发，在与作品达到"视域融合"之中寻求对于主体民族志的分析与解释。

高丙中教授为《自我的解释》所写的序言《生性的再发现》一文，明确地说明了他在解读主体民族志作品《自我的解释》的前见："我不是一个把文化当作具有自主生命的实体的人，也不是一个相信个人具有不变的生性的人。"② 高丙中教授与朱炳祥教授出生于两个不同的时代，个人经历也不同，个体的情性特征与兴趣爱好都有所差异，这些都是他们各自不同的自身条件。高丙中教授说：

> 我相信具有健康心智的人都会维护自我的连续性与一致性。炳祥老师为了替无以辨识自我的一代人找到一个锚定自我的依据，引入了"生性"的概念，这是一种为自己，也是为一代人自

---

① 本文集三编的分类并不具有特别清晰的绝对的逻辑边界意义，它只具有约略规定主题的不严格的相对意义，因为大部分论文往往将分析解读、批评与定位和回应与拓展三个方面贯通在一起。

② 本文凡是引用文集已经编入的文章，不再注明出处。

我安慰、自我拯救的学术努力。在动荡的时代为漂泊的心灵寻找一个稳固的栖居之所，"生性"是一个具有精神力量的概念。炳祥老师通过人类学的方法从生活中再次发现了它，背后的用心其实是慈悲之心。

高丙中教授认为，朱炳祥教授运用"生性"这个概念是一种新的"再发现"。朱炳祥提出了"生性—个性—文化性"这一三元的对于"人"的解释模式，这一模式的创造性在于它不同于前人的"生性论"和"文化论"的解释模式。然而，高丙中教授并没有顺着这一思路去解读朱炳祥所重提的"生性"问题，因为高丙中教授对于用"生性"的概念来解释"人"有所保留，于是绕开了这个问题，转而对朱炳祥提出问题的初衷进行了探索，并且发现了其中的"慈悲之心"的含义。而这一"慈悲之心"在作为主体民族志作者本人的意图中是否意识到已无关紧要，只要从《自我的解释》的"词语扇面"开放性的整体意义中能够发掘出这种意义，新的解释就能够成立。也正是在这里，解释者与批评者与文本达到了"视域融合"。很显然，"慈悲之心"的看法是高丙中教授的再发现、再创造，而这种再发现、再创造，既是通过作品所能够提供的视域达到的，更是高丙中教授在自己的历史条件下站在不同的时代角度的"别有新解"，因为"诠释学具有一种使本文的意义适合于其正在对之讲述的具体境况的任务。……文本要正确地被理解，即按照本文所提出的要求被理解，那么它一定要在任何时候，即在任何具体的境况里，以不同的方式重新被理解"①。而在"视域融合"中，这也正是作为评论家的高丙中教授与作为作者的朱炳祥教授之间通过主体民族志的一种相互理解。

本导言作者之一崔应令博士的《主体民族志的哲学基础探析》一文，是一篇从哲学视角对主体民族志进行探析的文章。她认为，主体民族志奉献了一种民族志实验的新文本，它包含对象论、方法论、认识论、叙事论、目的论诸方面的构建。就其哲学基础而言，胡塞尔的

---

① [德]汉斯－格奥尔格·加达默尔：《真理与方法》，洪汉鼎译，上海译文出版社1999年版，第396页。

现代哲学、罗蒂的后现代哲学以及中国传统哲学作为三根支柱支撑了主体民族志的房厦。首先，主体民族志以胡塞尔现象学悬搁"客观科学"的理论，确立以"人志"概念为核心的新的民族志研究对象和以"裸呈"概念为核心的民族志方法；并且借鉴胡塞尔的"意向性"的理论，构建了以"互镜"概念为中心的认识论。接着，主体民族志依据罗蒂的新实用主义哲学的叙述理论，以"三重主体叙事"的方式，提出了民族志的新的叙述理念。最后，主体民族志回归中国传统哲学，融合了儒道伦理哲学的基本精神，以"对人类前途终极关怀"作为目的论诉求。

　　崔应令对于主体民族志的哲学基础的探析，以及她对于主体民族志的"批判的主题""理想的诉求""诗学的叙事"的分析与解读，都与她个体自我的文化条件与情性特征密切相关。她在本科阶段接受社会学的训练，硕士阶段就读人类学专业，攻读社会学博士阶段选择的是社会人类学方向，在对博士学位论文修改后出版了《柔性的风格：女性参与建构社会的实践逻辑》①一书。在博士后阶段又得到合作导师冯天瑜先生的指点，她即将出版的近著《近代社会学人：中国主体性探索》就是博士后研究延伸探索的成果。这些是她特有的文化背景与社会条件。而就个性特征来说，她出身于恩施土家族地区，自幼便对乡村女性的命运有着深切的关心与同情，重视对人的生命形态特别是女性生命形态的思考。无论是文化条件还是个体的情性条件，都是她对主体民族志接触之前就被给予的。当她对主体民族志进行分析解读的时候，就将所有的这些都带入了她的"前理解"中。我们在她对主体民族志的分析解释中可以看到，一方面，有些问题是主体民族志作者在写作的时候就意识到的，例如"叙事"的问题与罗蒂哲学的关联，对科学民族志的批评以及"裸呈"的概念与胡塞尔哲学的关联，但这些关联在主体民族志的作者的表述中是零散的、碎片化的，而在《主体民族志的哲学基础探析》一文中，她的再解释将其系统化、深入化了。另一方面，有些问题可能是主体民族志作者并

---

① 崔应令：《柔性的风格：女性参与建构社会的实践逻辑》，中国社会科学出版社2011年版。

没有意识到的,如主体民族志与传统哲学的关联以及对近代学人对于主体性探索的学术承继,在《对蹠人》中并没有具体述及,而崔应令根据对主体民族志的整体分析,发现了这些关联并进行了再阐发。这种发现新问题的能力显然与她对于古代文献的阅读理解以及历史学知识的掌握相关,这使她对主体民族志的理解与作者是不同的,"在这里仅当本文每次都以不同方式被理解时,本文才可以说得到理解"①。解释总是历史性的,当解释性的主体条件被带入以后,作品的某些不易被其他学者发现甚至作者本人也没有看到的东西就会被发现,并进行新的阐发与新的创造。

本导言的作者之二徐嘉鸿博士的《论"主体民族志"的伦理诉求》一文,从"善"这一伦理学的基本问题出发,将主体民族志的伦理概念解释为三个方面的内涵:在"人与他人"的关系上,诉诸"双向的善"的原则;在"人与自我"的关系上,诉诸"学术自戕""期盼死亡"的原则;在"人与自然"的关系上,诉诸"宇宙道德"的原则。她将主体民族志的伦理诉求再解释为与西方主要伦理学理论颇为不同的"善的交换"伦理观。西方的无论是诉诸"个人"的"利己的快乐主义伦理学",抑或诉诸"社会群体"的"功利主义伦理学",还是诉诸"西方中心主义"的"进化伦理学",都是将"社会"作为一个整体、将"当下"作为目标的伦理观,而主体民族志的伦理观则是将"过去""现实"和"未来"统一起来,将"社会道德"与"人的道德"看作两个不同层级,并思考"终极问题"的伦理观。这种伦理观根源于作者对当代人类存在着两大整体性"危机"状态的忧虑以及希望能够尽到一个人类学者的"社会改造"责任。

从伦理视角出发分析解释主体民族志,是由徐嘉鸿本人的"解释学处境"所决定的。她长期关注社会伦理问题,在阅读主体民族志的时候,首先看到的也是伦理问题。在一次主体民族志的研讨会上,她就表达了"学术自戕""抉心自食"的问题,她的视域与主体民族志的视域在伦理问题上融合在一起;而她对伦理问题的关注是她从时代

---

① [德]汉斯-格奥尔格·加达默尔:《真理与方法》,洪汉鼎译,上海译文出版社1999年版,第397页。

的高度即现代社会包括学术界的道德问题的高度向主体民族志提出的问题。作者从本科阶段开始进行田野调查，她走过了全国十多个省的乡村，在长期的田野工作过程中，她一直关注人与人的相处问题，生命与生命的对话问题，文化网络的滋养与桎梏的悖论问题。她既困惑于人何以有时主动自陷情网之"牢笼"，何以有时变脸互相伤害，又感怀于人在大义面前的责任感与牺牲精神。人的情感（亲情、友情、爱情皆如是）脆弱如草芥，又坚韧如磐石，充满了意料之外与情理之中的张力。当她在进入博士阶段学习了人类学以后，她的视野得到进一步拓展，不仅对"人与人"之间的社会道德予以进一步关注，而且对于"人与自我""人与自然"的关系也同样关注。她将田野工作定位为寻善求索之路，珍视田野生活中的所有善意，以其为核心学术动力，并将捕捉和书写出那些最质朴最动人的善作为终生志业。主体民族志提出的"抉心自食""学术自戕"问题，与她在田野中发现的问题，以及她的学术兴趣正相吻合。"理解本身表明自己是一个事件"①，一个本体论事件，而当她在阅读与分析主体民族志的时候，就自然而然地从她自身的个人历史条件出发进行再解释。

第二编"批评与定位"收录的诸篇文章的主题为对主体民族志进行批评与定位。所谓"批评"，是站在人类学整体视角对主体民族志进行观照，进而指明其贡献与缺陷；所谓"定位"就是将主体民族志放到国内外民族志学科进展中确定其位置。

徐新建教授是从人类学这一学科的目标与宗旨以及国内外民族志的整体格局中批评与定位主体民族志的，这种批评与定位集中表现在他为《自我的解释》所写的"序言"以及《自我志：整体人类学的路径反思》一文中。他说：

> 无论在汉语还是西文表述里，人类学/Anthropology 都指关于人类的研究。它的核心在于追问和揭示"人是什么"，若深入一点，还会力图以第一人称的复数方式解答"我们从哪来，在哪

---

① ［德］汉斯-格奥尔格·加达默尔：《真理与方法》，洪汉鼎译，上海译文出版社1999年版，第397页。

里",以及"到何处去"。由此言之,人类学还可理解为人类以自己为对象的"自我研究"。

因此,人类学学科的目标是高远的,"但一段时间以来,人类学时常被片面地界定为研究'异文化'的学问,人类学家的写作不过是针对'他者'的描写和解释而已"。这些看法与主体民族志的看法都是一致的、融合的。在这样的理解支配下,徐新建认为,当下的人类学不但缺少对考察者"本文化"的自觉考察,更鲜见对叙事者的自我叙事。"结果导致人类学最核心的'人'不见了,演变为仅为特定'我群'服务的言说工具,整体人类和个体自我皆随之消逝。在我看来,这样的研究与人类学相去甚远,顶多可称为'群学'或'他者学'。"他认为,如今面临的问题是,一方面以往研究史上早已有过以整体人类或个体自我为对象的表述值得继承;另一方面演变至今的世界现实更急切地呼唤能将整体与个体、自我与他群相互关联的新人类学,他将这种"新人类学"称为"整体人类学"。这种"整体人类学"是徐新建教授的"前见",是他评论与定位主体民族志的出发点。在这一视域下,他对于主体民族志进行了总体定位:

> 总体而论,朱炳祥《自我的解释》是一部具有开创意义的著作。该书超越人类学表述他者群像的叙事传统,由民族志的自我叙事切入,再通过"人志""互镜""对瞰人""日记裸呈"及"自我田野""本体论事实"等精致议题逐层展开,论题已超越了人类学写作的体裁类别,而进入更为广泛的深层思辨。在我看来,《自我的解释》的贡献与其说是为认知中国社会添加了人类学家的个体案例,不如说更在于另辟了人类学写作的自我镜像,并由此关联出对民族志哲学的方法论思考。对于创建百年的中国人类学来说,这样的论述绝非过多而是太少。自《松花江下游的赫哲族》与《江村经济》以来,汉语学界呈现了一批批各具特色的民族志书写,但对于什么是民族志书写的追问却远远不够。就一个多世纪以来的西学东渐进程而言,汉语世界需要立足本土又超越其中的深

度思考。其中，对民族志写作的话语开辟，无疑将担起重要职责，从而使本土的学科理论有望借助哲学层面的突破，重建人类学整体。在这个意义上，我把朱炳祥教授看作汉语学界稀有的哲学人类学家，尽管其提出的一些论点还有待商榷，但我仍认为他以"对蹠人"题名的系列作品称得上与西学对话的哲学人类学佳作。

徐新建教授的"整体人类学"的学术情怀宏大，学术目光遥远，他对于主体民族志的上述批评与定位正是将这种情怀与目光作为出发点的。

中国社会科学院民族学与人类学研究所刘海涛研究员是肯定、鼓励、支持并且参与创构主体民族志，同时也是最早深度探讨、发表多篇文章批评以及给主体民族志进行学术定位的学者。2014年4月20日，中国社会科学院民族志与人类学研究所《民族研究》编辑部召开了"民族志理论与范式专题学术研讨会"，他与刘世哲先生是重要的推动者与组织者。这次会议"本着反思、总结、探索和创新的精神，为进一步促进新型民族志在中国学界的研究与实践，以及为了后现代实验民族志之后民族志如何前行指出努力的初步方向"。在会议综述中，他将主体民族志定性为基于伦理诉求的民族志理论类型，指出："主体民族志为摆脱（后现代民族志的）困境、走出'表述的危机'提供了一种新的探索路径。"① 2015年，他在与朱炳祥教授、段绍升先生合撰的论文中又指出：

> 从理论上看，"主体民族志"逻辑严密，自成体系，为走出科学民族志，尤其是后现代实验民族志所未能摆脱的"表述的危机"提供了一种新的探索路径，展示了"主体民族志"在知识论上的重要成就。……充满了超越后现代民族志的新的探索精神，为中国民族志争取了更大的国际学术话语表达空间。②

---

① 刘海涛：《民族志理论与范式专题学术研讨会综述》，《民族研究》2014年第4期。
② 朱炳祥、刘海涛：《"三重叙事"的"主体民族志"微型实验——一个白族人宗教信仰的"裸呈"及其解读和反思》，《民族研究》2015年第1期。

同时，在这篇文章中，刘海涛研究员还提出四点批评意见：第一，主体民族志中的"第一主体"的自由讲述仍然是借助民族志者的笔杆子来呈现的；第二，规避后现代实验民族志走出表述的危机的"三重主体叙事"也面临着其他解题思路的挑战；第三，主体民族志"未给带有民族志者一定主观色彩的参与观察留下任何空间，忽略了参与观察在田野调查与研究中的重要意义"；第四，主体民族志可能会面临研究队伍培养的困境。而在《主体民族志的与当代民族志的走向》一文中，他将主体民族志定位为"'民族志新本体论回归'的局部体现和路径补充"，其突出特色为民族志者与他者之间的视界融合。

> 作为后现代实验民族志之后一种新的民族志知识形态，主体民族志不仅是对后现代实验民族志"对话性文本"的超越，以走出科学民族志、解释民族志、尤其是后现代实验民族志同样面临的"表述"的危机；而且，通过"裸呈"的方法，重在回归他者的生活世界和精神世界，寻求民族志者与他者之间的视界融合及其所依赖的共同概念基础。

刘海涛研究员在数篇评论与批评文章中都提及了民族志者与当地人的"视界融合"（视域融合），这也暗示了他对评论家与民族志作品的"视界融合"的自觉意识。在《自我的解释》的"序言"中，刘海涛说："这部作品引发我深入反思和进一步追问的问题在于，自我与他者的视界融合问题。事实上，这也是一个'超越自我'的问题。"对于"超越自我"，他说："在我看来，《自我的解释》并非一种严格意义上的'自我'再现及剖析，并非一种严格意义上的个人生活史塑模，而是一个以个人生活史片段为线索，通过并展示个人生活中出现的一些在作者看来有意义、值得书写的社会事件，绘写出一种宏大的流动的活态的社会生活变迁场景。"如果说"第二主体"与"第一主体"的"视域融合"方能完成民族志作品的撰写工作，那么"第三主体"与"第二主体"的"视域融合"方能完成对作品的批评与定位工作。刘海涛研究员一直孜孜不倦地思考着"后现代实验民族

志之后如何前行"的问题。他说:

> 在"后现代实验民族志如何前行"这个总的问题域观照之下,在"主体民族志"框架体系之内,在"裸呈"的叙事风格之中,《自我的解释》这样一部"自我民族志"及其书写的独特意义是什么?这些需要深入反思和进一步追问的问题,是在阅读欣赏《自我的解释》中萌发出来的。

由此可见,刘海涛研究员"反思"与"追问"的问题,虽然是由主体民族志的《自我的解释》引发的,但并不限于作品之内,而是他从一个研究者的视角出发,从一直关注与推进的人类学界思考中国人类学与民族志"如何前行"的问题出发,出入于作品内外所进行的再解释、再创造。而他在2023年发表的《自我的表征与社会的隐喻:"自我民族志"析论及反思》一文中说:"2011年以来,武汉大学朱炳祥教授基于《对蹠人》系列民族志研究,提出了'主体民族志'概念,给出了'主体民族志'实践路径,为超越后现代实验民族志开辟了新的方向,推进了实验民族志在中国的发展。"同时,他又指出:

> 朱炳祥教授近年来的新著《自我的解释》和《知识人》,更为值得注意的是,逐渐显露以"自我"为研究取向的另外一种具有重要影响力的新型实验民族志——"自我民族志"——之底色与亮色。它们直接指向和叩问"个体自我"和"群体自我"之双重维度的"自我",初步彰显"自我民族志"所蕴含的独特理论价值,对于"后现代实验民族志之后如何前行"这个问题有着新的扩展意义。

在这里,我们看到了"问题对于回答的优先性"①。刘海涛研究

---

① [德]汉斯-格奥尔格·加达默尔:《真理与方法》,洪汉鼎译,上海译文出版社1999年版,第469页。

员是国家级刊物的编辑,职业要求他具有一种关注国内外民族志进展的宏阔视野,这种"问题意识"使他具有一种特有的学术敏感,当他发现国内有学者提出"主体民族志"这一概念并进行着一种民族志实验的创作时,立即将其与自己的学术视域融合在一起。"问题使被问的东西转入某种特定的背景中。问题的出现好像开启了被问东西的存在"①,于是刘海涛研究员积极推动"民族志理论与方法研讨会"的召开,并在"后现代实验民族志之后如何前行"的问题意识视域中看待、评价主体民族志,并且看到了主体民族志的价值与意义。

梁永佳教授的《直面认识论难题的"主体民族志"》一文,"从认识论和目的论两个角度探讨《他者的表述》和《自我的解释》的含义"。他一方面从学科史的角度关注主体民族志在认识论方面的学术贡献及其在文化翻译上所遭遇的挑战,另一方面又超越学术问题站在关注人类命运的高点上理解、评论以及定位主体民族志。梁永佳认为:

> 主体民族志超越了民族志"表述危机"所提出的认识论难题,成为现象学意义上的民族志文类,具有解放个体意识、应对人类总体危机的目的论抱负,彰显了人类学的"自明性"。朱炳祥教授的主张建立在其哲学深度和独特的人生观基础之上,具有难得一见的原创性,但仍需要进一步回应研究异文化所涉及的"文化翻译"问题。

梁永佳教授也一直思考着人类命运问题,因此,他的视域与主体民族志"对人类终极前途的关怀"深度融合。他说:"朱炳祥创立主体民族志,不仅是为了提出一个基于现象学认识论的'裸呈'主张,更表达了一种回应人类危机的目的论。""在目的论中,主体民族志对人类命运的终极关怀,超越了权力、支配、治理、增长、地缘、策略、利益最大化等耳熟能详的社会科学诸议题,回归人类学从边缘反

---

① [德]汉斯-格奥尔格·加达默尔:《真理与方法》,洪汉鼎译,上海译文出版社1999年版,第469页。

思主流的本意。对于一个危机四伏的学科来说，朱炳祥为人类学重新建立了一种几乎不可替代的'自明性'。"所以，主体民族志不仅仅是认识论，更是人生观。主体民族志是一种"人志"，即诘问人类问题，这是"'对蹠人'最具价值之处，也是最值得探讨之处"。对于主体民族志的定位，他说：

> 主体民族志有着高度的原创性。它从"表述危机"起手，以"裸呈"布局，以现象学搏杀，以人类命运收官。六本著作，无一是半点附会成说的愿望。如此恢宏的气度，高远的立意，就算不是绝无仅有，也是难得一见。就当代人类学来说，主体民族志不同于后现代"俄罗斯套娃般"的自我反思——不同于人类学式的政治经济学的"伪机制分析"，不同于后殖民主义的"老家例外论"，不同于本体论转向的"新西方中心主义"，更不同于热衷学科交叉的"交际花人类学"。主体民族志于中西哲学的具体论辩中别开生面，为人类学奠定了无可争议的"自明性"。这一创见，在国内国际人类学界，都具有非凡的意义。

20世纪90年代初梁永佳在本科阶段与朱炳祥教授相识，他说："朱先生是我的人类学启蒙导师。"后来，他负笈北上，师从费孝通先生和王铭铭教授，然后又游学海外，与国际上很多著名的汉学人类学家都有深度交往，这种学术背景使他更多地从国际比较视野批评与定位主体民族志。

马丹丹副教授的《实验民族志在中国——朱炳祥教授的主体民族志探索》一文也是一篇从宏观上给予主体民族志定位的评论文章。她的基本观点是：

> 《写文化》在表征权力的不平等的批判和改变方面做出的努力，在中国人类学同行的实验民族志思潮中有了进一步的推进。作为直面表征危机的主体民族志，就是此种努力之一。朱炳祥从早期对区域社会结构和文化变迁经验的理论化探索，走向表征的

断裂,然后通过裸呈获得他者与自我的"语言平权",巩固了自身对"本体论许诺"的语言学范式,最后提出"生性"概念,将作者对殖民主义的批判上升到主体性的理论高度。主体民族志的争议意味着中国人类学经历了一场深刻的写文化启蒙,与此同时,也孕育了迈向实践并直面社会现实新议题的转向的可能。

马丹丹是一位对于人类学史以及中国人类学研究史有着长期关注与研究的学者,曾出版《两次世界大战前后的现代人类学简论》[①]一书,"学科史"与"学术史"的知识积累是她个人的优势与前见,也是她在批评中特有的视角。她在一种比较的视野中确定主体民族志的起点:

> 囿于视野的狭窄,根深蒂固的单一化介绍与引进,还有学科史研究的叙事贫困,中国人类学无法以综合的、动态的态度"身临其境"西方人类学"写文化"三十年变化,更无从谈及对人家的涵盖与驾驭。但不管怎样,在西方的刺激下,中国人类学家有意识引进并尝试"写文化"创作,由此开辟了自我实验的空间。其中,朱炳祥的主体民族志是直面表征危机较为瞩目的主张和实践。

孔文婷、马丹丹的《田野提纯与文本切割:朱炳祥主体民族志的再思考——兼论田野工作者的"媒介"角色》一文,进一步从东西方的比较视野中、从人类学与民族志的学术谱系的承继角度思考与定位主体民族志,并表达了一种新见。该文认为,主体民族志在学术谱系上是继承解释人类学的传统,对其有"微调"与"修正",又是对表征危机下实验民族志的个性化回应,"是在解释人类学传统范式与后现代实验民族志尝试间的一种折衷"。从田野工作者的"媒介"角色进行讨论,是这篇文章论述主题的切入视角,其关注点主要是主体

---

① 马丹丹:《两次世界大战前后的现代人类学简论》,中国社会科学出版社2016年版。

民族志的"裸呈"方法与"三重主体叙事"。该文认为，主体民族志的"裸呈"方法的贡献在于："通过让他者直接发声，田野的纯洁性从而得以不受'媒介'的干扰与扭曲。""在伦理与道德方面，裸呈完成了'研究者'与'研究对象'权力关系的倒置。""通过探索'叙事'的多种方式，朱炳祥极大地丰富了'裸呈'的内涵与应用性，将'呈现'的范围从口述扩展到书写与记录，在坚持田野纯洁性的同时一定程度地提升解释性的空间。""裸呈"主张要求瓦解田野工作者的权威，并要求以极大的耐心和缄默倾听他者的表述，关注如何去除媒介而仍能传递他者声音的理论与方法论的实现路径。而主体民族志的"三重主体叙事"主张又是一种追求田野纯洁性与民族志解释性两者平衡的尝试。该文在肯定主体民族志的贡献之余，又基于呈现与媒介的关系提出了四点质疑，并将其总结为："一来，田野提纯究竟能否可行？要达成这一目标又需要田野工作者付出多少？牺牲多少？这种付出与牺牲又是否值得？二来，田野提纯的饱和度与限度究竟在哪？其所面对的障碍与挑战是可以克服的，还是最终将极大削弱民族志文本的解释性？"该文指出：

> 主体民族志体现了对田野纯洁性的极度追求，因此极力地割舍了人类学者传递文化信息的媒介作用，从而使得文本在失去灵活媒介的情况下似乎显出笨拙、冗长与难以处理。尽管它也试图达到田野提纯与文本解释性两者间的平衡，但囿于篇幅的限制和界限分明的"呈现"与"解释"部分，这一折衷道路势必将一定程度地削弱最终文本的解释性。因此，主体民族志在追求田野"纯洁性"的同时，必将失去由媒介带来的文本的精巧布局和充分极致的对人类学解释传统的发挥，所谓"鱼和熊掌不可得兼"大抵如此。

加达默尔说："流传物可能用一种不同于本文自身所要求的意义来进行解释。历史学家总是返回到流传物的背后，返回到流传物给予表现的意义的背后，以便探讨那种流传物不是自愿表现的实在。"①孔文婷和马丹丹的文章正是绕到了主体民族志的背后，在一种大视野下进行解释、批评与定位的。

澳门大学杨海燕博士的论文《三重开放本体：对"主体民族志"本体论意涵的解读》直接地自我说明了她的本体论条件。她说，她对主体民族志呈现的对象有一种熟悉感：

> 尤其是与云南的大理周城和楚雄摩哈苴两地相关的民族志，让我这个从小在云南长大的读者有种时光倒流的错觉。我出生和成长的环境与主体民族志中的"异文化"何其相似。作为第二主体的我，与作为第一主体的民族志者的田野曾在同一个文化场域中，我与民族志者所描述的人、事、物形成了本体意义上的共鸣，而我的白族身份以及从小在云南生活、成长的经验进一步强化了这种共鸣背后的本体论意涵。

理解本文，也正是理解她自己，这种背景也容易使她与作品达到"视界融合"。她在交代自我条件的背景后，又从学科史进展的视角对主体民族志的贡献进行了分析与定位。她说，人类学学科史的重要概念大多由西方人类学者提出并阐明，民族志的认知方式以及分析与表述方式，也是由西方学者所确定的。她认为，主体民族志提出了自成一体的新的概念、新的认知方式与分析论述方式，蕴含着颠覆传统民族志中某些固有的认知和分析范式的力量：

> "互镜""符号扇面""转喻"等概念提示了民族志认知活动与民族志文本、知识和现实实在之间的非对等关系，而"裸呈""点式分析""序列"等概念开创了民族志方法、文本呈现、资料分析以及文化元素间关系的新范式。"水把月映入杯中，我却说月就在杯中"，"将对象从文化背景中抽离出来，放到人的背景

---

① ［德］汉斯-格奥尔格·加达默尔：《真理与方法》，洪汉鼎译，上海译文出版社1999年版，第432页。

中去"等自题语句,凝结了朱老师对主体民族志的所有创新之处。

在这篇文章中,杨海燕主要聚焦于"开放本体"进行论述。她认为,民族志作为认知和表征"他者"的知识中介活动,能否彻底认识和解释"他者"的原初样态,一直是学界争论的问题。主体民族志将该问题置于民族志的认知发生过程,指出民族志的认知作为一种实践认知,无法客观认知和完全含括"他者"的客观实在,进而主张建立一种将原初的客观实在从民族志中开放出来的民族志形态。在具体的开放路径上,主体民族志认为可以从认识论上的彻底反思、方法上的"后撤"与"裸呈"以及民族志者的"自戕"三个维度将本体性事实开放出来。主体民族志通过多重开放本体,解决了西方后现代实验民族志中反思不够彻底以及本体丢失的问题。而其对"民族志作为一人志",需要"将对象从文化背景中抽离出来,放到人的背景中去"的阐释范式,倒转了传统人类学对人与文化、社会之间关系的认知,具有新的实验性与开创性。

西方人类学的本体论转向也提出要从悬置和质询既有的概念图式去开放本体性事实。在这层意义上,主体民族志摆脱已有的人类学知识与概念对自己的束缚与影响,进一步推进了人类学知识的生产与更新。而这种更新也具有本体性的意义,缩近了民族志文本、知识和现实实在之间的距离。

崔应令的《美好理想与现实困境:主体民族志教育思想的探索与意义》一文,是对主体民族志《知识人》所表述的教育思想的意义阐发与批评。她指出,主体民族志在教育思想上提出尊重个体"生性"的内在特点,从"主体"重新出发,平衡文化的外"教"与个性的内"育",实行教育改革。这一对主体唤醒的意义在于:对个人而言,这一模式要让人变成"完整"的人,包括保护个人的个性差异,有益于个人的身心的健康;对社会而言,充分尊重个性和自由的教育会培养有洞见的创新性人才；对人类而言，自由的精神将引领人类发展得更好，教育更长远更根本的目标是全体人类的未来，以主体自由和个性解放为中心的教育才是真正面向人类未来的关键所在。然而，她认为，普遍共同的教育无论是对个体的公平发展还是对社会和国家都是极为重要的，教育本身必须承载国家建设、社会发展的使命，这是教育的根本性质；即使是在最偏重个体和自由的教育模式中，因教育的阶级属性和政治属性、人性本身的幽暗性及教育实践的扭曲等原因往往并不能让个体自由和生性发展真正实现，这使得主体民族志的教育理念因充满理想而具有现实困境。主体民族志提供的三种类型的主体觉醒的案例，都是个人独特生性与后天经历或专业学习或情感遭遇或阅读偶然碰撞的结果，千万种生性意味着没有哪种教育模式能满足所有人的个性，这种唤醒不可复制，也无规律可遵循。主体民族志的真正启示在于：来自过去经验的教育体系在面对未来的教育目标时要自我设限和不断反思革新，同时教育者需有去自我权威的自觉和担当，勇于退却，这是未来教育探索的起点。这一看法不仅是从纯理论的角度或者纯思辨的角度论述，而且，更重要的是从她作为一个高校教育工作者的个人经验所得到的启示，也是她从所接触的社会现实出发概括出来的观点。

第三编"回应与拓展"所收录的诸篇文章，其主要内容是对于主体民族志的批评性回应以及在这种回应中拓展新的学术理念。

徐新建教授在《民族研究》上发表的论文《自我民族志：整体人类学的路径反思》，从他早些时候提出的"整体人类学"的概念这一"前见"来回应与拓展"自我民族志"的概念内涵。他首先说明了主体民族志的价值与意义："从国内民族志的历史演进来看，朱炳祥的《自我的解释》可被视为一类堪称自我民族志、具有开创意义的实验作品，代表着民族志写作的一种创新发展。"他认为，《自我的解释》是一种聚焦于个体的民族志形式，所谓"聚焦个体"是指人类学观察与书写从群体转向个人。这种转向十分重要，因为以往的民族志文本受到以科学理性为前提、偏重描写"异文化"的民族志类型的误导，人类学家向世人提供的作品差不多全是画面模糊的文化

"群像",此类作品的主旨,重点在于描述某一特定"人群"及其关联的生活方式与政治制度。这种样式的描写把人类学引向只关注抽象的"社会"和"文化"。国内的民族志研究情况同样如此:民国以来,国内民族志作品大多呈现为聚焦中观族群或社会的他者表述,对人类整体与个体缺乏足够关注。这种情况使人类学丧失了"人"。而主体民族志呼吁人类学的研究要转向聚焦个人,强调人类学写作的当是"人类志""人志"而不该只是"民族志",因而主张"不是通过个体来研究'社会',而是通过个体来研究'人'"。他主张民族志要"从仅关注中观群体的民族志陷阱中走出来"。徐新建教授对于主体民族志回应的目的是进一步拓展民族志的研究视野,即从"中观"陷阱走出来以后,应该"回归联通个人与人类两端的人类学整体"。建构整体与个体、自我与他群相互关联的整体人类学,是徐新建教授的学术理想,他先是从这个理想出发,在与主体民族志达成一种"视域融合"并进行了一种批评性的回应以后,接着将朱炳祥教授的自我民族志看作是整体人类学的路径反思的重要维度与路径,然后又进一步拓展了他的整体人类学理想。徐新建教授将主体民族志放到了他"整体人类学"的结构中的某个位置上,使之属于整体人类学的一个构成部分。徐新建教授向主体民族志提出的问题,也正是主体民族志能够回答的问题;而他自己的问题则具有"优先性"和"方向性",这就是整体人类学这一方向,这样就使得"问题使被问的东西转入某种特定的背景中。……它自身的意义(指被解释的文本的意义)只出现在问题的意义中"①。

赵旭东教授的《真正回到人的生活场景之中去——武汉大学朱炳祥教授新著〈自我的解释〉读后》一文,是一篇从哲学上对于"人"的认识视角而非从学科上回应与拓展主体民族志的论文。他说,包括哲学、文学、艺术、宗教、人类学、社会学、民族学等在内的社会科学都是围绕着认识人自身这件事情打转。古希腊哲学从强调对物自身的理性认识转变为强调对人本身的认识,特别是强调对人的感官知识

---

① [德]汉斯-格奥尔格·加达默尔:《真理与方法》,洪汉鼎译,上海译文出版社1999年版,第466页。

来源的认识。而"人因此是一综合、复合而又有生命的复杂性存在，并非一般抽丝剥茧般的政治人、经济人、社会人，乃至文化人的那种单向度的概念所能予以完全地涵盖"。赵旭东教授在纵观东西哲学关于"人"的认识的大视野之下，对于朱炳祥教授的主体民族志作出了这样的回应：

> 武汉大学朱炳祥教授的新著《自我的解释》这本书，实际上就是尝试着去对这样的一种复合人从一种人类学的角度，或者更为确切地说是从一种现实人、真实人以及主体人的角度去给出一种更为完全和接近的解释，也尝试着能够将诸多的有关于人论问题的讨论都实实在在地拉回到具体而微的"人"的这个问题上来，回到哲学家卡西尔所谓的"认识自我乃是哲学研究的最高目标——这看来是众所公认的"这个讨论问题的基调上来。
> 他1949年出生，之前曾经坚持写了五十几年的日记，现在每天大概还仍在写，数百万字的人类学田野写生稿留存在了那里，成为了一个对他而言的自我的客体化的对象存在。而作为一位中国人类学家，对于这些日记材料，在我看来其中必然有许多都可能是会进入人类学学科史中去的珍贵的田野笔记，这些东西的客体化或对象化对人类学家而言自然是不可避免的。……在他随着年龄的增长且逐渐有余暇可以对这些自己随手"写生"下来的这些生活真实的记录加以重新整理，并直接对它们进行一种全新审视或直接反思性地去面对它们之时，他开始尝试着要对这个一直以研究他者为怀的人类学家的姿态做出种种的反思或自省，而他这样做实际上借此想要来真正地去研究一下自己，研究自己在那样的种种语境之下的行为的一种实现可理解性的程度。

他对于"裸呈"的民族志方法予以赞扬，认为朱炳祥在"尝试着如何能够比马林诺夫斯基走得更远一些，或者说走得更进一步一些"。以往人类学家的日记都杂糅在手写的日记本之中，在余下来的数年时间里，会暗地里尝试修改那些笔记，最终经过许多年才会以一副文化上所能被人接受的面目出版、示人。因此，最后所看到的民族志文本不再可能是一种活灵活现的急就章般的"写生"，而是一册有着篇章结构的写着某某作者姓名的厚重的民族志作品。但这些人类学家从未有勇气去面对那些自己随手记录的日记体的书写，真正能够把有现场感的自我的存在和对自我存在的对象化或客体化的审视相互分离开来，形成对那样一个时代多样性人生和样态的一种最为直接或"裸露的"呈现。而《自我的解释》的贡献在于"朱炳祥实际上敢于正视自己的存在，正视曾经发生的一切，并将这些感受和体会都体现在自己的笔端……纳入一种冷静的沉思之中，然后再梳理出一种理解或解释的线路图"。如果我们将赵旭东教授这篇对于《自我的解释》的序言归纳一下，那么，其主要观点是：人类学对于人的研究是第一位的，是人文社会科学的第一主题。而人的研究不能是单向度的，而应该是"复合的"。《自我的解释》正是尝试着对"复合人""现实人""真实人"从人类学的角度给出一种更为完全和接近的解释。而"裸呈"的方法是一种贡献，因为它呈现了"活"的材料，而不是像以往人类学家对于日记不断修改整理编排的那种不真实的材料。"裸呈"随手记录的日记是一种学术勇气，这种勇气在于"敢于正视自己的存在，正视曾经发生的一切"。虽然我们可以将赵旭东教授的分析与解释看作是从文本中读出来的，但是从根本上说，它同样是"赖此在的存在者状态中的结构为根基并作说明的"①。他对中国人类学研究的每一种进展都极为敏感，且具有在古今比较、中西比较的时代性视野中觉察问题的深刻目光。

彭兆荣教授的《"钝感的力量"——读朱炳祥〈自我的解释〉之"我志"》一文也是作为《自我的解释》的序言，他与赵旭东教授不约而同地从认识"人"的视角对主体民族志进行回应。但他表达了与主体民族志不同的理念与观点。彭兆荣教授认为，人类在认识"自我"时遇到的问题其实是无解的。如"庄生梦蝶"一般，德尔菲神

---

① ［德］海德格尔：《存在与时间》，陈嘉映、王庆节译，生活·读书·新知三联书店1987年版，第17页。

庙"认识你自己"这一句箴言"所以不朽,是因为人类在认识'自我'时所遇到了对生命无解的困惑,纵然耗其所终亦难以明白,就像人们不知道自己是酩酊时的'本真'还是清醒时的'本真'才是真正的'本真',抑或两种境界都是'本真'?因此,无论历史上的先知、贤哲、睿智、大师如何参悟,做何评点,留下了大量深刻的思想、传奇的轶事、绚烂的文饰,皆无以尽善尽美。也因此,认识自己将没完没了地被人所理解、所阐释,只要这个星球上人类还在。读了朱炳祥《自我的解释》,我又看到了一位学人在求索'自我'的漫漫道路上跋涉"。这么说来,探索无解的未知似乎并无意义,但并非如此,彭兆荣教授认为,这种探索正是"人文"现象,"'人文'并不求得终极解释,甚至不求共识,提供一种予人启发的'解释'就足够了"。"毫不讳言,我对是否能够在理解、阐释'真实性'方面得到认知上的共识并不抱持奢望。"现代民族志与后现代民族志对于"真实"有着不同的看法,"原真性"并没有公认的标准。而且"表述"也是个问题。"小说"与"事实"的区别扑朔迷离,"历史的想象"与"神话的真实"很难区别。在这个意义上,《自我的解释》无法追求真实,只能是一种解释。而对于"裸呈",他似乎并不十分赞同,他在为黄树民教授《林村的故事》一书所写的序言中就已经有了这种看法,认为朱炳祥教授较之黄树民教授所写走得还要远。他说,黄树民著作中那些作者与当事人的对话关系"这样的民族志已经够'实验'了。《自我的解释》干脆使用自己具有'隐私'色彩的日志为民族志材料,建构了一种'我'与'自我'的对话关系"。彭兆荣教授与赵旭东教授对于《自我的解释》所关注与回应的问题是相同的,都是"人的研究"主题以及"裸呈"方法,也同样具有宏远的学术目光,但这两位人类学家所达到的结论是不同的,这也显示了他们所自出发的条件上的差异,思想、立场与观点的不同。

台湾简美玲教授在云贵高原东部高地的村寨做过多年田野工作,她先后分别在《广西民族大学学报》主打栏目"主体民族志"和《湖北民族大学学报》"主体民族志"专栏发表文章。她的《主体民族志研究：布与贵州苗寨的当家女人》①一文，是"作为主体民族志的实作与反思"而撰写的。这篇民族志"在交织着民族志田野与书写者主体经验的人类学理解过程里，布之于母亲与我，融入布之于苗族村寨当家女人与女儿，成为探索与阐述的中介与焦点"。而《田野与学徒》一文，则是简美玲教授用其田野学徒的经历，回应朱炳祥教授在《知识人》中提出的知识人的生长逻辑。她说：

> 在山村的田野岁月，我的学徒经验教了我什么？它的独特性为何？我想试着在本文予以爬梳，借以阐述田野之于人类学学徒的学习与自我觉察，以及其中的成长与认同的转变。尤其在田野里，这些如何通过感官与情绪、情感，以及田野中的日常、非日常，伏案书写田野笔记与私人日记手札，所成就一趟云贵高地东部的学徒之旅。通过这趟行旅，觉察自我成长、存在与追寻的意义。

简美玲强调田野中的"听"与"写"，并将其看作"身体与感官的练习"。她强调"用多重感官去理解村寨"，甚至除了听与写之外，还将"嗅"作为一种感觉去体验村寨。而对这一切，她并不感觉这些感官所得是一种手段，而本身则是一种目的，即自己作为"人类学者"的成长。她说："我回到台江与Fangf Bil村寨的每一次田野，也都是一趟再一次成为学徒、追寻自性，由此而映照出自我与他者的对话之旅。它不仅是为了搜集资料的研究工具。"她以不同的个体条件，包括不同的性别身份、不同的文化背景、不同的地域特征、不同的时间条件、不同的体验与感受等方面，回应并拓展主体民族志关于田野工作的理念。

本编的最后四篇文章，包括崔应令的《追寻心性的成长》，何菊的《田野工作：一种实践着的教育》和《为什么是人类学呢》，以及徐嘉鸿的《论田野工作中的主体互动》，是围绕特殊主题的一组文

---

① 简美玲：《主体民族志研究：布与贵州苗寨的当家女人》，《广西民族大学学报》2016年第4期。

章,即作为朱炳祥教授的博士生的我们,如何回应与拓展主体民族志的问题。一般来说,老师总是希望学生能够继承其学术思想,即所谓的"薪火相传",最后形成某门某派,可是这恰恰违背了朱炳祥教授本人和主体民族志的基本理念。朱炳祥教授有着另外一种理念,他并不要求学生跟随老师的观点,而是主张"师心纵横,不傍门户""各有灵苗各自探"①。他不反对甚至鼓励学生批评导师,本文集中的崔应令的《美好理想与现实困境》就是一例。但他也不主张学生为了批评而批评,为了对话而对话。他在《中国研究生》中表达了他的培养博士生的理念并且在《知识人》中再次重申了这一理念:"导师对于学生的责任不在于指引道路,而在于启发他们自己去探索道路;不在于灌输知识,而在于激励他们主动去追求知识。"② 我们将朱炳祥教授的这一理念概括为"非线性传承"这一概念。"非线性传承"概念是对于传统的"线性传承"的师承关系的一种挑战与回应,其所强调的是后来者"出自独智"的探索。

朱炳祥教授对其研究的限度有清醒的认识,他具有高度反讽和自嘲意识并明确提出了"学术自戕"的理念。他曾表达说,如果说主体民族志想获得某种权力,那么也只是在为了否定经典民族志需要某种力量的意义上而说的,也就是所谓"时日曷丧,予及汝皆亡",他想瓦解既有权威同时不树立新的权威。本书集结了对主体民族志的分析与解读、批评与定位、回应与拓展的文章,这既是朱炳祥教授"三重主体"中的读者、评论者等"第三主体"的真正参与,是对主体民族志理念的肯定和完善,同时也是对主体民族志某些观点的批评与展望。主体民族志为学界贡献了可赞可否可延伸思考的"靶子"和土壤,或许它还将继续被反复爬梳、审视和咀嚼,这大约是一切创新性探索路径共同的宿命。

---

① 朱炳祥教授在课堂上引用郑板桥的这句话以鼓励学生走自己的路。
② 参见《中国研究生》2013 年第 7 期"卷首语";朱炳祥:《知识人》,中国社会科学出版社 2021 年版,第 237 页。

批判·理想·诗学：
主体民族志的主题、诉求与叙事

崔应令

19世纪以降，西方以坚船利炮和商品打开新世界的大门，将世界纳入资本主义体系范畴，"自我"与"他者"相遇，如何认识以西方为标准的现代社会以及如何对待非西方文化差异成为各学科所面临的共同问题。康德、黑格尔、马克思、韦伯、尼采、胡塞尔等诸多西方思想家参与到对理性、启蒙、工业社会的反思中，铸就了思想史上批判反思现代社会理论的延续性。而在探索和解释人类文化差异问题上，人类学得以诞生。作为殖民主义这一不光彩历史的一部分，早期古典人类学建立了一整套宏大话语体系，试图将所有人类的历史、现在和未来全部理清道尽，推动人类共同进入"文明"社会之中。然而，这套现代宏大话语体系因其西方中心主义立场而遭到批判，现代人类学发展的根基正是对西方中心主义的批评以及对以西方资本主义工业社会为标准的一整套现代性的批判。这一批判之路经历了从文化的批判到人类学自身认识论的批判，最终进入后现代多元批判之中。而其人类学核心目标则从未更改：持续推动着对以西方为标准的现代社会的反思，并寻找人类理想社会。

朱炳祥教授的《对蹠人》系列民族志[①]正是中国人类学者对这场

[①] 参见朱炳祥《他者的表述》(《对蹠人》第一卷)，中国社会科学出版社2018年版；《地域社会的构成》(《对蹠人》第二卷)，中国社会科学出版社2018年版；《自我的解释》(《对蹠人》第三卷)，中国社会科学出版社2018年版；《蟒蛇共蝴蝶：周城神话研究》(《对蹠人》第四卷)，中国社会科学出版社2021年版；《知识人》(《对蹠人》第五卷)，中国社会科学出版社2021年版；《太始有道：田野散记》(《对蹠人》第六卷)，中国社会科学出版社2022年版。

后现代多元批判之路的参与和回应。在对"他者—自我"的对蹠考察中，他不仅坚持对当前人类社会弊病进行反思和批判，也持续探寻着理想的社会、理想的人以及人类美好的未来。本文基于对《对蹠人》系列民族志六卷的阅读及思考，对主体民族志的主题、写作目的及叙事方式进行综合解析。

一 "批判"的主题

我们首先要探讨的问题是：主体民族志到底要"说什么"，即主体民族志的整体性主题是什么。

一个思想者，总是表现为社会文化的批判者与反思者；一个有思想的人类学者，又总是表现为对整体的人类社会文化的批判者与反思者。我们可以说，主体民族志的基本主旨在于其批评性。朱炳祥教授说他走上人类学道路之初，"批判人类学"的思想已经展露端倪。他对于以利益交换、市场、竞争、追求物质享受等为特征的现代社会充满了警惕与反思。在他看来，对于物质生活的无尽追求让人类看不到生活的本质，物欲泛滥、纸醉金迷、滥用资源、污染环境，这些都是人类生活的毒瘤，它使人类文明的发展偏离了方向；而且这一生活"往而不返，使我们的反思与改变极为艰难"①。在他的笔下，批判的锋芒指向当代人类社会多方面的弊病。

首先是人的异化。朱炳祥教授认为，马克思所论述的异化现象，在当代社会中不仅存在，而且更为严重。在他看来，就人类生存本身而论，人类应该很容易满足，地球上人类生产的物质财富已经足够全部人类轻松地活下去；但人类却完全无法满足于此，在现代西方财富观念的刺激下，人的生产劳动"不再是为了生存的目的，甚至超越了个人享受的目的，而完全为了某种精神上的虚幻的自我价值实现的目的"。② 一些西方学者指出，只要人类不从长远利益出发考虑问题，

---

① 朱炳祥：《蟒蛇共蝴蝶：周城神话研究》，中国社会科学出版社2021年版，第260页。

② 朱炳祥：《地域社会的构成》，中国社会科学出版社2018年版，第237—238页。

而是加速消耗地球的资源，那么，人就不再是自身的目的，而成为这种消费社会的"过渡性工具"①。世界化为赤裸裸的资源，人则沦为自身的奴役对象。在工具理性支配之下，人们不再关注公正和谐，而是将人与自然的关系归结为"一种权利支配下的技术统治"，自此，启蒙走向其反面："不断以内在精神的丧失，去换取外在物质的成就。"② 在这样的社会中，人的欲望不断膨胀，永不停歇，永无休止，人变成非我。

作为对人的异化的批判，朱炳祥教授对比了摩哈苴彝族村和周城白族村村民的物质生活。在周城，食物多样，时尚服装和其他各种生活用品大大增加，家庭娱乐和社区娱乐消费增加，子女教育负担沉重，各种复杂的人情往来频繁，仪式复杂而隆重，家庭住房豪华而远超实际所住的需要。但这里的人们"永不满足"，成为现代人的一个缩影。在朱炳祥教授看来，周城的生活方式和现代发达地区及都市生活一样，超过基本需求的衣食住行消费，永不停歇的"奋斗"和"向前"，这样持续下去，将"导致地球上的自然资源以其他时代需千百年才能达到的速度和规模耗竭，我们留下的技术废墟将给未来千百年造成负担"③。这种"生活多于生活"的生活，并不是出自"生存"的需要，而是出自象征性"占有"的需要，它是作者极力批判的生活方式。在他看来，为了满足不断扩大的"多余"的需要，每个人终其一生不断忙碌，"无人不忙，无处不忙，无时不忙，越是衣食无忧的地区越是忙碌。有了钱希望有更多的钱，有了名希望有更高的名，有了权希望有更大的权"。"活得较好"希望"活得更好"，"活得更好"希望"活得最好"，于是，"追求财富、名利、地位的人就永远不得休息……再也不肯停歇，并且不断地增量与增速。'社会'这趟列车便不知驶向何处去了"④。人在这样的社会中就不再是

---

① ［法］盖尔·伯尔纳：《导言》，载［法］让-弗朗索瓦·利奥塔《非人：漫谈时间》，夏小燕译，西南师范大学出版社2018年版，第xi—xii页。
② 赵一凡：《从卢卡奇到萨义德：西方文论讲稿续编》，生活·读书·新知三联书店2009年版，第519页。
③ 朱炳祥：《太始有道：田野散记》，中国社会科学出版社2022年版，第209页。
④ 朱炳祥：《地域社会的构成》，中国社会科学出版社2018年版，第239页。

目的，而成为某种生活方式的奴隶或工具，异化成为必然。现代人用理性驾驭自然并创造了丰裕的物质条件，却并没有变得更幸福。我们惶恐不安甚至彷徨失措，眼见人征服自然的能力增强了，却对个人生活和社会"力穷心绌"；虽然创造发明了种种新方法征服自然，却又陷入了深深的"迷津中""未能察觉到这些方法只有实现了人的目的才有意义"①。

其次是人的残忍和战争的残酷。对战争何以发生以及人何以能如此残忍对待同胞的不解是朱炳祥教授自青少年时期就有的困惑和思考，也是他对现代社会与文化批判的另一个方面。他说他不明白人类为什么要斗争？同事之间为什么要互相倾轧、敌视？群体与群体之间为什么要互相争夺、竞争？国家之间为什么要相互战争？由于朱炳祥教授出生于日本侵略者在1937年攻下上海后进攻南京的途经之地靖江，这是一块日本侵略者极尽烧杀蹂躏之地，他听过很多来自父辈们亲历的讲述，他对侵略者的痛恨让他对一切强权和霸凌有与之决战到底同归于尽的意志和信念。他20岁放弃报社实习记者的身份，抱着"战死沙场"的决心投笔从戎，只因珍宝岛事件爆发。在进入部队以后，他又放弃部队推荐上大学的机会，只因为他觉得"在战备形势依然紧张的情况下，电键、耳机、收信机就是我的枪支，就是我的反侵略武器，我不能离开我的岗位……"②在他笔下，连队生活成了他一生十分美好的时光之一。列队训练的辛苦和艰难浪漫而有趣，电台工作神圣而美好。在高度紧张的战备状态下，他们报务员用极强的意志力"训练出一种自我调节功能以及一种听觉上的特殊技术，即能够在睡意朦胧中准确捕捉到耳机中的警报信号进而立即唤醒意识系统"③。他真正将身心都交给了在他看来伟大而神圣的"反侵略"任务，于是在最为艰苦和被约束的不自由生活中，体悟到身心合一的轻松愉悦和真正的大自由。作者笔下关于连队生活的文字，常让我恍惚觉得"士兵朱炳祥"才是他一生永不褪色的标签与内核。与之一脉相承，

---

① ［美］艾·弗洛姆：《自我的追寻》，孙石译，上海译文出版社2012年版，第2页。
② 朱炳祥：《太始有道：田野散记》，中国社会科学出版社2022年版，第29页。
③ 朱炳祥：《自我的解释》，中国社会科学出版社2018年版，第213页。

他的《对蹠人》系列民族志也同样是他批判现代社会弊病的武器，他依然在与他最痛恨的残忍与残酷做最坚决的斗争。

最后是各种不同形态的自我中心主义。战争所呈现的人性的残酷背后是以国家、民族、地域、群体为中心的霸权和竞争。朱炳祥教授对一切中心主义都予以了批判。作为一个愿意为反侵略战争献出生命的战士和军人，他的秉性及人类情怀使他决不可能成为一个狭隘的民族主义者。当他成为一个人类学者以后，他将"对人类终极前途的关怀"作为包括他自己在内的人类学者的人生目标与学术目标。他认为，"人类"是一个整体，这个整体命运相连。由此出发，他认为，20世纪人类学名与实不相符，因为诸多的研究恰恰关注的是地域性的群体、文化与社会，却忽略了人类。在他看来，人类需要雅思贝尔斯意义上的精神的"第二次觉醒"（第一次觉醒是轴心时代人类所创造的古代文明），这新的觉醒正是要打破各个民族、国家等群体中心主义或至上主义，不再互相残杀和为了局部团体利益而残害其他，滥用自然。这一批判既指向群体与群体、国家与国家、民族与民族的关系，也指向人类与自然、人类与宇宙万物的关系。在作者心中，坚守一种平衡、和谐，互相尊重，平等共存，才是我们应该坚守的正道。朱炳祥教授还对民族志者的田野工作进行反思与批评，他认为，传统的人类学田野工作是"在这里—去了那里—回到这里"的闭环，这种模式背后是"自我—他者"的二元分类，包含"先进—落后"的价值判断和文化中心主义的傲慢。他提出了新的田野工作模式："在这里—去了那里—又去了那里……"的永远"在途中"的模式，这是一种动态而多元的祛除中心主义的模式，是消弭时间和空间差异，又重新激荡、交汇、混融、叠合、解构、重构的新的模式，民族志者的创造永不停歇，人类学者是永远的"行者"，永远"在途中"，在这种方式中，田野工作从封闭走向开放，从有限走向无限。①

相较于对人类社会的批判，朱炳祥教授对于自我的批判成为主体民族志的另一个重要方面。知识分子的社会批判常有，而自我批判并

---

① 朱炳祥：《太始有道：田野散记》，中国社会科学出版社2022年版，第240、241页。

不多见,因此这种自我批判、自我限定成为主体民族志区别于其他人类学作品的最显著特征。主体民族志中的"自我"是一种广义的"自我",它既包含着群体的"自我",也包含着个体的"自我",还包含着人类的"自我";而此处所言"自我的批判",则是指狭义的"自我",即"个体的自我"。这种个体的自我批判具有两方面的内容:其一是对"作品"的自我批判,其二是对"作者"的自我批判。第一种自我批判中包含作者新的人类学创见,第二种批判则是"抉心自食"的勇气。这两种批判都是对"自我"的深度不满与讽刺,这是作者对蕴含人性、社会性与文化性、禀赋及个性这三个部分的"自我"的揭示与批判,它也可以被看作对人的批判、社会文化批判的延伸和具象化。

首先是对"作品"的自我批判,这也是对研究工作限度的自我批判。为什么要对作品进行"自我批判"?因为民族志生产的"场域"中存在着权力关系,作者所具有的社会身份、文化制度,以及他身后的学校、出版社、期刊社等,还有他自身的学术个性、社会交往经历等,构成民族志文本产生的整体背景和力量。朱炳祥教授同后现代民族志探索的学人一样,主动揭秘了人类学知识生产的过程和作者的位置。

在《对蹠人》第一卷《他者的解释》一书的开篇"导言"中,朱炳祥教授指出,知识分子总是试图建立某种新的理论创见以表示自己的创新和不同,并试图打破以往知识的权力地位。然而,"打破权力的口号总是重新成为权力的工具",知识分子往往缺少"自知之明"。这是他所不愿意效仿的。因此,他提出了"期盼死亡"。这里的死亡具有双重性,作为自然意义上生命的死亡,是指旧事物为新事物腾挪空间和资源;而作为作品的死亡,是指研究者勇于自我抛弃,直面作品解释力的有限性和理论启发的局限性。他说,《他者的表述》"这部民族志只一回运用于斯二人,而斯二人将逝,如此而已,仅此而已!只有在这里,才会产生出某种透彻心肺的愉悦和快慰"[①]。

---

① 朱炳祥:《他者的表述》,中国社会科学出版社2018年版,第11页。

这是一种明确的"学术自戕"意识。在《对蹠人》第六卷的结尾，他再次呼应这种自我批判和自我限定。他说他在系列著作和系列论文①中提出了"直接呈现""词语扇面""互镜"等概念，提出"事—叙事—元叙事""三重主体叙事"的叙事形式，提出"材料大于解释"的表述形式以及"呈现—解释—建构"的民族志结构形式等学术理念，都体现了他"内心真实而诚恳的自我批判与自我限定意识"②。这种《对蹠人》系列的民族志的首尾呼应，既显示又隐喻了主体民族志从"批判人类学"走向"自我批判"的主题贯穿全部六卷作品。主体民族志这一系列理念，其核心就是要消除传统民族志者"一支笔"的叙事权威。经典民族志的知识生产的神秘化和隐秘化隐藏了背后的象征权力，而对民族志作品的祛魅无疑需要一种权力的自我消解，这是一件减损人类学者自身利益的"不划算"的举动。这里最重要的是能否正确地看待民族志者自我，并将其置于一个恰当的地位。朱炳祥教授说，对于一个具有"自知之明"的主体来说，"死"的主题较之"生"的主题远为重要与关键。这是因为这个世界需要不断地更生，时间、空间与资源都是有限的，旧事物占据太多就会影响新事物的生长。而在传统的思想观念中，对于"生"的主题的强调过分了，对于"死"的主题则大大地忽略了。不过，主体民族志的"学术自戕"有一个条件，就是在它"被抛弃之前能暂时有些用场"，能够"唤醒本应该被唤醒的东西"。而且这种"学术自戕"具有一种坚定性与彻底性，他引用古语"时日曷丧，予及汝皆亡"来表明这种坚定性与彻底性。然而，"学术自戕"虽是一种自觉意识，却是难以做到的。鲁迅先生曾说："抉心自食，欲知本味，然创痛酷烈，本味何能知？"③面对这种困境，主体民族志采取了如下的

---

① 参见朱炳祥《反思与重构：论"主体民族志"》，《民族研究》2011年第3期；朱炳祥《再论"主体民族志"》，《民族研究》2013年第3期；朱炳祥《三论"主体民族志"》，《民族研究》2014年第2期；朱炳祥、刘海涛《"三重主体叙事"的微型实验》，《民族研究》2015年第1期；朱炳祥《事·叙事·元叙事："主体民族志"叙事的本体论考察》，《民族研究》2018年第2期。

② 朱炳祥：《太始有道：田野散记》，中国社会科学出版社2022年版，第237页。

③ 鲁迅：《野草》，人民文学出版社1973年版，第40页。

一种策略,即设置了"三重主体叙事",允许当地人或当事人叙事(第一主体叙事)、批评者及读者的第三主体叙事与民族志者叙事(第二主体叙事)进行并列,分享叙事权力以消除民族志者的叙事权威。在主体民族志的实践中,《他者的表述》中第一主体叙事占38%,在《自我的解释》中第一主体叙事占39%,在《蟒蛇共蝴蝶》中第一主体叙事占31%;在《知识人》中,第一主体叙事占40%。这样高的比例,充分显示了民族志者对当地人和当事人的尊重,让他们在民族志中具有与作者平等的叙事权力。而且作者对自己的叙事进行了批判性的限定与制约,不仅交代必要的背景与理念,而且有的书稿(如《他者的表述》)并没有写结论,留下一页空白纸等待第三主体去书写。

其次是对个体自我的批判。对于自我批判,我们读过很多忏悔录一类的著名作品,如卢梭与列夫·托尔斯泰都写过《忏悔录》。对卢梭而言,他要将"一个人的真实面目全部地展示在世人面前"①,通过坦率地展现他自己的善或罪,以及个体的不幸遭遇,揭示他自己的问题及社会的不公与黑暗。对列夫·托尔斯泰来说,追问生命的意义是他自我揭示的目的,他展露其无知与懦弱,对他自己开炮,他歌颂劳动者,看到生命真正的意义在于"为人类创造生活""为了大家去谋求生活"②。弗洛姆曾说:"一个人代表整个人类。……他是特性的个体,而且在这一点上是唯一的,同时也是人类所有特性的典型。"③因此,自我批判的本质也是人类批判。《对蹠人》第三卷《自我的解释》从根本上说就是一部自我批判的作品。作者以其日记为材料展开,通过所述人与事来透视和解释"自我"。这里的"自我"包含着三重含义:一是"个体的自我";二是"社会的自我";三是"人类的自我"。而对于包括作者在内的"人"来说,则即是一个"个体的人",又是一个"社会的人",还是一个"人类的人"。作者将几个方面奇妙地结合在一起,形成丰富的意象,强化"自我"批判与反讽

---

① [法]卢梭:《忏悔录》,陈筱卿译,西安交通大学出版社2015年版,第2页。
② [俄]托尔斯泰:《忏悔录》,崔建华译,浙江文艺出版社2015年版,第91页。
③ [美]艾·弗洛姆:《自我的追寻》,孙石译,上海译文出版社2012年版,第33页。

的深度。

我们经常看到,一部传记作品或自传作品在描写它的主人公时总有一个常见模式:少小聪明过人,有奇才大志,读书成绩优异,几岁就能背诵经典,最后又得到名师指点,如此之类。而《自我的解释》则重在揭露自我之"丑"。少小的时候作者被母亲称为"榆木疙瘩";到了上学的年龄不喜欢读书,经常逃学,成绩也不好,初二的成绩报告单一览无余地证实了此言不虚;上学的途中偷集体庄稼地里的萝卜吃……这些都不光鲜亮丽。他在整个少年时代看起来浑浑噩噩,并没有社会期待的努力上进的想法。后来怎样呢?更多的材料涌现出来,他并未书写人生的高光和成就,而是提供了工作后的各种挫败和讽刺时刻。比如,他在职场中固守教条让一个真正有困难的同志戈星月未得到应有待遇;他在当秘书期间为一个玩物丧志的高级领导张罗"弄鸡、要狗、抓鸟、挖花";他怀疑一个穿着破旧的小孩可能会偷他的新车,如此等等。他在揭示他自己的问题:或是看起来坚守了规则却委屈了好人,或是未能在权力的高压下坚持抗争,或是任意揣测世人的险恶。当然,书中也有一些"高尚"的事例,比如小时候拾物交公,帮助村民滚豆饼,在连队将三个月津贴给战友,以及在军队时"捐衣",但这些都被作者轻描淡写并迅速带过,甚至还自嘲(如他解释他捐衣是因为衣服是尼制大衣,而他不喜欢西装革履一本正经)。只有从生产队分草时,他先去,反挑了小的一堆一事可见作者的情性,但也着墨很少,《自我的解释》也就只写了这么一桩事。作者的反向书写到底要说什么?他在最后一章中的一段话可以说明他的目的:"1949年农历九月十九(公历11月9日)出生于江苏靖江一个小乡村的这个孩童,如今已经走过了69年的人生道路。他丑年丑时所生成为一种隐喻或谶语,被他晚年应用于对自我的解释,察看他的'自我之丑',同时也反思与拷问着社会文化。"① 作者对于个体自我的批判是真真切切的,与此同时,反思、拷问、批判社会文化也同样是真真切切的。

---

① 朱炳祥:《自我的解释》,中国社会科学出版社2018年版,第240页。

二 "理想"的诉求

在探讨了主体民族志整体内容上"说什么"之后,我希望能够对主体民族志"为什么说"这一写作目的上的问题陈述一些个人理解。对此,我在《主体民族志的哲学基础探析》一文中已经说到,主体民族志的核心诉求是对人类前途的终极关怀,这一关怀贯穿朱炳祥教授《对蹠人》系列民族志作品始终,成为他对理想人类社会的追求;而我在这里要强调的是:这一理想并非诉诸思辨的乌托邦式的虚幻追求,而是诉诸作者的田野经历中大量经验材料的具有现实基础的追求,也是诉诸作者对于人类社会宏观史的观照的具有历史基础的追求。

(一)人类共同体理想

主体民族志的社会理想的最高诉求是人类共同体的理念。在第一卷《他者的表述》中,朱炳祥说,以往民族志总是站在某一文化中心主义的立场上研究异文化和反思本文化,缺少真正的"人类"意识。这使得"人类学"名不副实,而主体民族志的学术诉求是要超越国家、地域、自我中心主义,真正形成一种人类整体的世界历史眼光和新的视野,强调人类整体利益,将"类"的共同体和"人"的思考作为研究任务。① 这一学术理念是基于他对于"社会共同体"与"人类共同体"的比较而建立的。在《地域社会的构成》这本专门讨论"社会"的著作中,他对全书的题词是"社会是否可以被质询呢?"这表明,作者虽然研究地域社会的构成问题,但其研究目的却指向对"社会共同体"的质询。作者认为,"社会"最初是为了人与人之间的协作而建立起来的,即"为了自我保护、不受外人或野兽的侵害,或者为了某种大型的生产活动需要更多的人"而建立起来的;但是,当各种不同的社会共同体发展起来以后,"群体的欲望与要求

---

① 朱炳祥:《他者的表述》,中国社会科学出版社2018年版,第23、32页。

也越来越多了，它便希望侵占更多的资源与侵占别的群体的利益"①。这就是说，"社会"的功能出现了异化，自我保护的性质变成了侵害他人的性质。他激烈地批判这种侵害其他社会群体的行径不仅恶劣，而且鼠目寸光：

> 当某一地域、某一社会、某一民族、某一国家中的人们无限向外侵吞的时候，他只是为了一个小群体的利益而不考虑到人类的利益。他在侵略、掠夺别的地区、别的民族、别的国家的人民时，其所造成的恶果最后通过一种"曲线"又会回到他自身。短见的他永远也不可能看到这一点，因为他没有"人类命运共同体"的自觉意识。这是他的悲哀！②

他认为，我们现在所说的"社会"概念，不是一个"人类共同体"的概念，而他所强调的是"应该立足于对人类的终极前途的关怀"③。在家庭、村庄、地域、民族之上，更有全人类的共同利益。一个民族、一个国家固然需要发展，例如在中华民族经历了100多年被列强侵略、受外族压迫并且现在还没有消除这种威胁的时候，在当代国家与民族林立，并且世界各地的民众仍然是以国家作为政治身份认同，以民族作为文化身份认同的时候，我们需要国家富强、民族复兴，这是"第一个概念"；而"既然我们已经站在全球化的入口处，当然就需要看到更远的地方的'人类命运共同体'的长远利益，这是第二个概念"④。这种"人类命运共同体"的意识，成为主体民族志的深深情结，在第四卷《蟒蛇共蝴蝶》中，他在述及神话的时代意义时又说到这一理念：

> 我们需要一种观念上的彻底变革，人类学家的研究应该促使

---

① 朱炳祥：《地域社会的构成》，中国社会科学出版社2018年版，第235页。
② 朱炳祥：《地域社会的构成》，中国社会科学出版社2018年版，第238页。
③ 朱炳祥：《地域社会的构成》，中国社会科学出版社2018年版，第232页。
④ 朱炳祥：《地域社会的构成》，中国社会科学出版社2018年版，第244页。

这种变革。这种变革要使人们认识到：既然人类全部同居于一个地球村之内，那么共同利益远远大于局部利益，在"个人""家庭""地区""集团""民族""国家"利益之上，永远高悬着"人类"共同利益的太阳！①

在第五卷《知识人》这部探索教育问题的作品中，他再次强调人类学家是"杞人忧天"的一群人，他们对整体人类命运的共同利益予以思考和探索，要为建立理想模型改造社会而努力。"人类学学科有着高远的目标，人类学者理应将追求理想社会的构建以及改造现实社会作为自己的学术使命，为这一使命而工作使研究变得具有意义和价值。"②而在第六卷《太始有道》中，他在讲到田野工作的意义时同样又强调了这个问题。他说田野工作的终极目标是"追寻理想"，人类学正是要开辟不同文化间的沟通之道，让不同族群、民族、国家之人能够互相理解、和谐相处，共同发展，永恒消除战争，实现人与人、人与万物的和谐共存。③

总之，从第一卷到第六卷，作者的思想一以贯之：他期待人性的良善、人际关系的和谐，族群、民族、国家之间和平相处，人类命运共同体的真正实现。他希望这个世界没有战争，国与国之间没有霸权和侵略，族群之间没有争斗，人与人之间没有竞争、伤害。每个人最终能过一种和平宁静、让生命真正自由绽放的生活。他希望人类不要自以为是，真正与自然和万物平衡相处，不要让自己的贪欲损害人类长久的利益。他是真正热爱人类的学者。他提出"人类童年说"，认为人类要努力走出"童年"时代，杀戮、战争、竞争就是人类幼稚的表现。对人类共同体美好未来的探索是他不变的研究理想。

---

① 朱炳祥：《蟒蛇共蝴蝶：周城神话研究》，中国社会科学出版社2021年版，第262页。
② 朱炳祥：《知识人》，中国社会科学出版社2021年版，第9页。
③ 朱炳祥：《太始有道：田野散记》，中国社会科学出版社2022年版，第241—243页。

(二) 实现理想的路径探索

我们一说到理想主义，总是感觉其与现实是脱离的，仅是一种思想者的憧憬。但是在主体民族志中，却是从现实生活出发实实在在地探索实现理想的可能路径，这是一种很有意义的探索，主要有如下几个方面内容。

1. 寻觅现实社会中"善"的要素

主体民族志有一个理念，即理想并不是一种乌托邦，而是可以在一定条件下实现的，这除了需要人类完成"第二次精神觉醒"以外，最重要的是在现实生活中存在着建构理想社会的要素。朱炳祥教授的一个重要理念是："理想社会并非凭空就能够实现，它一定是在现实社会的基础之上建立起来，而现实社会中也存在着理想的种子。"①这里的逻辑在于：只要社会中存在着纯粹的善，存在着善的人格精神，那么善的社会理想就有实现的可能，最终"建立人类永久和平机制"②便有其基础。因此，他在田野工作的漫漫之途中总是寻觅那些"现实社会中所存在的理想的种子"。在《对蹠人》系列著作中，有很多关于"善"的故事，这些真实的人和事，增添了我们对美好社会追求的信心和希望，也为理想社会提供了现实依据。

《他者的表述》第九章"善有善报"是凝结了主体民族志关于现实社会存在着"善"的因素的一个注释，也是这一理念的集中表现。在这一部分，当地人段绍升讲述了一些人与人的"善"的关系的故事，朱炳祥教授将这些故事析分为"善报"的 12 个小事件，并归纳为三种类型：第一种和第二种是莫斯意义上的"礼物交换"模式，只有第三种是区别于"礼物交换"模式的一种新的"双向的善"③类型，是作者所推崇的理想模式。而且，这一模式在现实社会生活中的的确确、真真实实地存在着。作者又引用古代文献《诗经》作为佐

---

① 朱炳祥：《蟒蛇共蝴蝶：周城神话研究》，中国社会科学出版社 2021 年版，第 274 页。
② 朱炳祥：《他者的表述》，中国社会科学出版社 2018 年版，第 278 页。
③ 参见朱炳祥《他者的表述》，中国社会科学出版社 2018 年版，第 268—272 页。

证，说明在古代社会生活中也同样存在着这种不求回报的"善"的模式。作者还进一步追溯这种模式的起源，他根据《礼记·礼运篇》的记述，说明人类社会在开初阶段就已经存在着一个"大同"时期，这是一个"善"的时代与"善"的社会，而现实社会中存在的那些"善"的人格、"善"的事件按照他的"文化叠合论"的逻辑，应该就是远古社会遗留下来而被叠合在现代社会中的文化因素。在《蟒蛇共蝴蝶》中，作者利用神话材料对"双向的善"（也称"善的回报"）作进一步的展开分析。他将46个变体区别为四种类型，而他推崇的是不求回报的"善"的付出以及无视生死的"善"的回报的"A—B—C—D—E"型。

英国伦理哲学家摩尔说："处理'什么事物或什么特性是善的'这一问题，伦理学的存在就是为了回答这类问题。"[①] 伦理的基本问题是"善"，作为人类学者，作者着意书写"善"，包含着民族志者对研究的伦理的诉求，而理想社会的实现需要人类整体伦理水准的提升。

2. 讴歌单纯的美好

讴歌单纯的美好，是主体民族志对于理想的追寻以及伦理的诉求的一个表达形式。朱炳祥教授在《自我的解释》一书中对连队生活极力讴歌是其一例。连队生活到底好在哪里？在一般人看来，连队生活极为艰苦：每日的训练重复而枯燥；夜行50—80里，边走路边打瞌睡，有时鼻子撞上炊事班的铁锅，碰了一鼻子灰不说，还疼痛难忍；报务人员夜晚值班最辛苦，要与身体的生物本能做对抗，在睡梦中也会惊醒，感觉错过了警报……可是，朱炳祥教授却将这些作为自己十分快乐自由的时光之一加以深切怀念并深情抒写。那么，他在连队经历了什么呢？他所经历的都是些小事：热心积极读报的战友把"柬埔寨"读成"东埔寨"，于是"东埔寨"成为他的绰号，而他自己也认可了这个绰号，并以此自勉；一名士兵家里很困难，另一名士兵[②]

[①] ［英］G. E. 摩尔：《伦理学原理》，陈德中译，商务印书馆2018年版，第93页。
[②] 此处的士兵虽然为作者自己，但它所显示的是一般性的战友之间相互关心的普遍现象。

就把三个月的津贴给了他;那个外号"大头"的士兵写了一篇黑板报稿件登了头条立了功,大家争着替他值班;一位基层军官检讨他自己脱离了群众,他本来不会理发却希望大家找他理发,并"强迫"别人让他理发……多么有趣的一群人啊!其之所以美好,是因为连队战士有一种纯洁的心灵,具有一种"单纯的美好"品质。这些生活之所以值得作者回忆并写入著作中,是因为他将这种"单纯的美好"与复杂的现代生活中的那些"不美好"的丑恶现象相对比而存在,这些丑恶现象如当权者的弄权、朋友受腐败的侵蚀、同事间那些甚至可达到你死我活的相斗、"首长家属"的倚仗权势等等。

讴歌女性,是讴歌单纯的美好的一个突出的方面,这在主体民族志诸卷中有诸多例证。《自我的解释》中的"陶红"是作者歌颂的一位有着善良与不屈鲜明性格的乡村女孩。这个 21 岁的姑娘与父母重男轻女的观念进行了生死抗争,而在抗争取得胜利后却表现了她的为他人着想的一颗极为善良的心。[①] "摩梭女儿"的描写更是别开生面,作者是将其作为"赞颂"的总标题来写的,他通过对摩梭女孩自然、单纯、美好的书写寄托他的社会理想。摩梭女儿热爱劳动,衣着鲜艳,面目姣好,见到他冲他笑,并让他跟着她。到了她的家中后,摩梭女儿带他进了自己的闺房,且一直笑着看他,之后就对他说:"你晚上到我这里来,你认路了没有?"姑娘以商榷和希望之口直接表达了她自己的爱意和邀约,但是他没去。他在反思中认为,摩梭姑娘"天然去雕饰",美好纯净自由,她们的爱没有羞羞答答遮遮掩掩,没有邪恶之观念。反过来,在我们的社会中,文化约束这种单纯,制造了虚假不真实的诸多自我。作者由感慨进而表述了他的社会理想:"这个世界由女性主导可能会较之男性主宰更为美好,因为她们的柔性的风格是无侵略性的,是充分尊重别人的,是崇尚和谐的。"[②] 他引用布尔迪厄的观点说,6000 年前左右,世界开始出现男人对女人的压迫,人类进入父权社会。据此,作者的理想是:如今历史应该轮换一下,要让女性来一显身手。这些都表达了作者内心对真正男女平等、性

---

① 朱炳祥:《自我的解释》,中国社会科学出版社 2018 年版,第 155—157 页。
② 朱炳祥:《自我的解释》,中国社会科学出版社 2018 年版,第 160 页。

别和谐的一种期待或希望,而这种希望与期待是有现实依据的,这个依据就是摩梭社会,它可以作为理想社会的构成要件。

3. 探索"村庄"的理想意义

在一些社会学者那里,村庄是在现代化的进程中逐渐消失的事物,他们总是将城市化的程度作为衡量现代化的重要指标。而在主体民族志那里,村庄却被朱炳祥教授赋予了一种理想的意义。

在《地域社会的构成》一书中,作者将村庄的经验放置在一个宏观的视野来观察。在他看来,人类以消耗环境与资源为代价的生活方式带来了严峻问题,我们必须警醒。现代人开始有一套统一的关于"活着"的方式和价值的标准,地方传统、多元生活态度不断被蚕食和吞灭,虽然这种现代化可能带来了种种好处,但同时也让人陷入了种种危机之中,这正是"现代化发展悖论"①。主体民族志对于"村庄"的观察固然也是从对"城市文明""工业文明"这些观念的反思视角下的观察,但作者认为,仅仅限于当下的观察是一个"微观"的视角,更重要的还有一个"中观"的视野和"宏观"的视野。所谓"中观"的视野是将"村庄"放到一万年前新石器时期以来人类生产方式的发展来观察"农业文明"与"工业文明"的父子关系,所谓"宏观"视野是将新石器以来一万年的人类文明放到人类数百万年的历史发展来观察人类文明的基础性问题。②"人类整体意识",是朱炳祥教授一个极为重要的学术理念,与他"对人类前途的终极关怀"的思想相关。作者强调的"人类整体"从时间上说,是人类几百万年的总的历史;从空间上说,"人类"包括地球上所有的人类。在对人类整体思考的过程中,作者一步接一步逻辑地推进他的理想。朱炳祥教授认为,在这数百万年的历史中,人类的经济生产方式有两大种类型:"生产型"经济与"索取型"经济。他将这两种生产方式进行了对比,这种对比在某种特殊的意义上是以摩哈苴彝族村"生活等于生活"与周城白族村"生活多于生活"的形式进行的。他认为,

---

① 赵一凡:《从卢卡奇到萨义德:西方文论讲稿续编》,生活·读书·新知三联书店2009年版,第720页。

② 朱炳祥:《地域社会的构成》,中国社会科学出版社2018年版,第243页。

作为一种"存在物",人的生命的维持,并不需要过多的物质资料,衣食住行是有限的,生命所消耗的物质资源与生命所需要的物质资源总量相等。与经济发达的城市生活和发达国家人民的生活水准相比,摩哈苴人堪称贫穷。人类学者并不歌颂贫穷,然而,作者是将摩哈苴人的物质生活作为一个话题,引发对于全部物质资源与人类物质消费水平如何达到平衡与协调的一般性思考;并以此作为一面镜子,来观照人类的物质生活状态与自然环境的一般性关系:

> 人类历史在大部分的时间内是一种"索取型"的经济,包括采集和狩猎活动。这是指从自然界直接取得生活资源的生产类型。自新石器时代以来,转换为"生产型",包括农业、畜业、牧业、手工业,这是指通过人的创造性劳动"生产"出自然界不具备的生活资料的生产类型。……"生活等于生活",是与对于物质生活过度奢靡消费的生活相比较而言,也是与当代社会中的将物质生活转换为符号的象征交换生活相比较而言。……"生活等于生活"的模式的意义,在于支持环境系统的正常运行,从人类的终极前途出发节制个体的超限度的享受,满怀爱意地支持所有生命的继续发展。而当代消费社会则把消费作为目的,追求财产、纵情行乐、沉迷于享受,这极易造成对于人类生活本质的颠倒理解。①

"村庄"是农业文明的产物,在当下的世界各国普遍存在着,按照主体民族志的理念,这是"生产型经济"模式,并不符合"索取型经济"时代人与自然和谐相处的理想。仔细读来,作者在这里的逻辑是:现代人类无法回到与自然和谐相处的"索取经济"时代,如今,由于人们滥用资源,已经为人类命运带来重大而深刻的危机,村庄的意义在于在过度开发自然资源的工业文明和过度依赖自然的采集狩猎文明之间找到"中点",这是作者在当今时代背景下一种"务

---

① 朱炳祥:《太始有道:田野散记》,中国社会科学出版社2022年版,第95—96页。

实"的理想。在这种"务实"的意义上，村庄在反思或纠正工业文明带来的问题中具有重要的价值，应该给予以村庄为特征的农业文明以重视。村庄的意义就在于："农业文明的本性即'村庄'的本性，这种本性既强调人的创造性，又重视对自然的尊重。村庄正是在这个基点上被重新赋予意义。"① 法国学者马费索利在《部落时代：个体主义在后现代社会的衰落》中提出"部落时代"的概念。他所说的部落包括居住的临近性、结构上的同源性、共同体的归属性，以及情感上的共享与亲和性。部落主义呼吁"野蛮的回归"，呼吁一种"少年性"或"老小孩"，强调真正的"活力""参与"，是人与人互相联系、充满情谊，团结和慷慨"将会在空间、地方和临近中展开"②的生活与精神共同体。朱炳祥教授所期待的村庄共同体的回归和唤醒与这种理念有着类似之处。村庄仍广泛存在着，人类还可以"往而可返"。

综上所述，主体民族志无论是从田野出发的分析，还是从"轴心时代"的古代文献资料出发的分析；也无论是以感性的经验材料为基点的思考，还是从理性思辨出发的分析论证，都建立起了如下一种理想与现实关系的逻辑：既然人类社会的开端就是一个"大同"社会，是一个人与人之间"善"的关系的社会，既然人类社会的这种"善"在两千多年前反映社会现实的诗歌中即已存在，既然在当下的现实生活中同样可以找到与古代文献中相类似的"善"的存在，既然在当下的乡间神话中还保留着这种理想的表述，既然当代的一些无论是学者还是普通民众都已经认识到当前社会的弊病而在努力地追寻着理想社会；那么，依据所有这些，理想社会就不是一种可望而不可即的乌托邦。只要人类充分认识人类的困境，只要人类出现整体的精神自觉，只要大多数人类都有一种"对人类前途的终极关怀"的集体意识，那么这种理想社会就可以通过我们的努力而最终实现。

---

① 朱炳祥：《地域社会的构成》，中国社会科学出版社2018年版，第243页。
② ［法］米歇尔·马费索利：《部落时代：个体主义在后现代社会的衰落》，许轶冰译，上海人民出版社2022年版，第9页。

三 "诗学"的叙事

在分析解读了主体民族志的批判主题("说什么")以及追求的理想("为什么说")以后,我们现在要追问的问题是:主体民族志到底是"怎样说"的,即主体民族志的叙事方式。

《对蹠人》六卷民族志的叙事风格类型多样,第一种类型是偏重于学术对话的作品,如《地域社会的构成》和《蟒蛇共蝴蝶》,其基本特征是追求严谨性。第二种类型是既有学术对话但又打破严谨性的作品,如《他者的表述》《自我的解释》和《知识人》,兼具学术性与文学性。这三部作品的"材料大于解释"是主体民族志所贡献的一种特殊叙事方式,其要义在于作者并不将与其解释可能无关的"多余"材料剔除,而是直接以"裸呈"方式留给读者,让新的解释有机会直接接触原始材料而不是接触民族志者经过删削调整的转述材料。第三种类型是偏重于散文随笔、被作者称为"感性民族志"的作品,如《太始有道:田野散记》,呈现出文学性为主的基本特征。严格学术对话的叙事范式在学界多见,在此不做分析。主体民族志在叙事上具有鲜明特征的是后两种文本形式,它们都是一种"诗学"的叙事形式。

对于诗学,保尔·瓦莱里(Paul Valery)的定义是"包含'以语言为素材和工具进行作品创作和写作的所有现象'"①。人类学兼具科学性与人文性,后者让人类学必须直面其艺术、文学的一面。而正如伊万·布莱迪所指出的,当代那些杰出的人类学家如克利福德·格尔茨(Clifford Geertz)、保罗·拉比诺(Paul Rdbinow)、詹姆斯·克利福德(James Clifford)、乔治·马库斯(George Marcus)、文森特·克洛潘桑诺(Vincent Crapanzano)、詹姆斯·布恩(James Boon)等学者的作品都提供了人类学在"诗学"上的创造性实践范例。这些作品读来别有新意,有时如画,有时如歌,唤起人的情感、感觉而不仅

---

① 转引自[美]伊万·布莱迪编《人类学诗学》,徐鲁亚等译,中国人民大学出版社2010年版,前言第1页。

仅是理性陈述。然而,"目前尚无一种思想体系支持人类学写作发展出专门的诗学样式"①。也就是说,诗学叙事正是需要进行探索的问题。按照克利福德和马库斯的观点,人类学的诗学是指人类学家在"再现文化"的民族志作品中广泛运用文学修辞,如作者主观感受记录、隐喻、寓言、白描等文学性手法,"把焦点放在文本生产和修辞上,以便突出文化叙述的建构和人为的性质"②。诗学特征使得我们必须关注民族志叙事的话语性特征,即它所借鉴的文学写作手法。后现代人类学提出的民族志的"诗学"叙事较之传统的民族志的"科学"叙事是叙事方向的革命性转变,即从科学地"描写异文化"转变为重视"民族志文本的打造",民族志写作不仅重视具有指称性的"写什么",也重视甚至更重视具有自指性的"怎样写"。这种文本"质疑了所谓的学科和文体""努力发展对民族志的历史、修辞和现状进行批评的体系"③。于此,民族志成为一种"写文化"。加达默尔说:"艺术作品总是不断的摆脱掉穷尽一切的处境,并把一种永远不能克服的抵抗性同企图把艺术作品置于概念的同一性的倾向对置起来。"④ 主体民族志的文本充分显示了作者对民族志"诗学"特征的自觉认知和把握。

(一) 重视人物形象的描写

"文学是人学",人物形象在作品中的地位是极为重要的,而人物有"扁平人物"和"圆形人物"之分。英国小说理论家福斯特在《小说面面观》中说:"扁平人物被称作类型人物或漫画人物。他们最单纯的形式,就是按照一个简单的意念或特性而被创造出来。"⑤

---

① [美] 伊万·布莱迪编:《人类学诗学》,徐鲁亚等译,中国人民大学出版社 2010 年版,第 2 页。
② [美] 克利福德、马库斯编:《写文化:民族志的诗学与政治学》,高丙中、吴晓黎、李霞等译,商务印书馆 2006 年版,第 30 页。
③ [美] 克利福德、马库斯编:《写文化——民族志的诗学与政治学》,高丙中、吴晓黎、李霞等译,商务印书馆 2006 年版,第 25 页。
④ [德] 汉斯-格奥尔格·加达默尔:《真理与方法》,洪汉鼎译,上海译文出版社 1999 年版,第 635 页。
⑤ [英] 爱·摩·福斯特:《小说面面观》,苏炳文译,花城出版社 1984 年版,第 59 页。

而圆形人物则具有丰富性、复杂性、多面性，"一个圆形人物务必给人以新奇感，必须令人信服"①。主体民族志中的人物都是短篇，有的甚至是速写，虽然如此，我们在读主体民族志所描述的人物时，会感觉他们都是"活"的，而且就在你的面前，具有画面感。举一例说明。《下相半叟》②一文，颇似一篇短小说，但却是真实人物的民族志书写。作者运用似贬实褒的艺术手法，刻画了一位学画的老人章少章的人物风貌短章。这位老人既啰唆，得了旁人言不由衷的赞扬又自鸣得意。来访的客人不耐烦了，他竟然毫无觉察，还在继续说来说去。当客人实在受不了，想告辞，委婉地说："章老，夜深了，您早些休息吧。"但他似乎根本就没有听见，或者没有听懂，继续说："不要紧，我每天睡得很晚。……还有一幅新画的，你再看看怎样？"他这里那里找，又将床上地上桌上椅上都找个遍。……诸如此类的叙事，真是感觉到把人烦死了，联系到老人形象也不完美，"瘸着腿，一摇一摇的"。而且感觉到这位老人听不进别人的意见，别人劝他的画风要变一变，他虽然口头上说"是要变的"，但实际上却拒绝变化……然而，当我们将这篇文章读完时，就觉察出作品指向了相反的主题。作者在这里运用了"以乐景写哀，以哀景写乐，以倍增其哀乐"的诗性叙事手法，将章少章这个人物形象描写得非常丰满，具体而生动，具有圆形人物的特点。

（二）重视情感的抒写

作为"人学"，要达到对于人物描写的形象、生动、具体，最关键的是抒写人的感情，所以文学也被称为"情学"。主体民族志的诗学叙事总是以情写人、以人写情。作者笔下的许多人物善良、美好、情意真切，读来使人震撼。《他者的表述》关于"善"的故事中那几个小伙子是多么可爱，《知识人》中的张春醒的情感是何等的炽热，《自我的解释》中连队战士的情怀是多么美好，新疆图书馆的那两个

---

① ［英］爱·摩·福斯特：《小说面面观》，苏炳文译，花城出版社1984年版，第68页。
② 朱炳祥：《自我的解释》，中国社会科学出版社2018年版，第169—173页。

图书管理员是何等的诚恳,摩梭女儿、彝家女儿是何等的纯粹,《太始有道》中青藏高原上的达瓦一家是何等的真挚,如此等等。我们在这里仅就《太始有道》中的第二十一节"多松涅的恐惧"一节中作者对所遇几个人的真、善、美的诗学叙事略作陈述。

第一个出场的人物是那个去未婚妻家拜年的尚天文。他22岁,这天背了一大背篓东西去未来的丈人家。他是一个刚见面就可以成为朋友的纯朴青年,但也有点爱面子。这个小伙子给予作者一种异乡的温暖。接着出场的人物是多松涅村的老人田永和,作者在此用了鲜明的"对比"手法。作者从"恐惧"写起:先是恐惧野外的寒风与冰雪,后是恐惧风雪中是否进入"野店",接下来笔锋突然一转,转向老人对作者的到来的热得发烫的接待,这时作者又产生了第三重恐惧:"当地人如此盛情,我怕无以为报。"

如果我们将"多松涅的恐惧"作为一篇完整的篇章,那么前两个部分都仅是一种铺垫,到第三个人物——那位指路的老婆婆的出现,就将情节推向高潮。事情发生在作者离开多松涅回转苗儿滩的路上。他因为劳累和受凉,头天晚上就发高烧,第二天行路,因为发烧头晕,脑子也不清晰。经过一个陌生村庄,他碰到一个背着草筐的老婆婆,作者写下了一段深情而美妙的文字:

> 走到一个陌生村庄的时候,见一位老婆婆背着一个草筐迎面走过来,她看了我一下,直接对我说:"路走错了,你是到苗儿滩去吧?"我正在惊奇,她告诉我应该走另外的一条路。我顺着她指引的方向退回去,拐上了正确的道路。
>
> 不久,前面出现一个岔口,我站在那里徘徊不前,依稀记得昨天是往右拐的,那么今天就是往左。隐隐地听得后面有喊叫声,回头一看,见那位老婆婆站立在远处,招着手,高声说:"又走错了。"原来她一直在看着我。
>
> 于是我又退回去重新走。转过一道山梁,前面又是一个岔口,回头看,老婆婆已经不见了。我于是沿着那比较宽一点的路朝前走,越走越深的时候,觉出很不像昨天的路。又折回到那个

岔口站着。这时见那位老婆婆在不远处正向我走来，哦——，原来她估计我还会走错，于是跟上山来，见了我说："你走得太快，我赶不上。要往这边走。"

我感动不已，按照她指点的方向前行。走了几步，听见她在后面叮嘱我说："前面还有岔口，遇到人再问问。"①

这短短的记叙带给我极大的感动。老婆婆让人肃然起敬！三次指路，路程一次比一次遥远，老婆婆的形象一次比一次高大！真诚、善良与美好尽在其中，而作者的形象、生动的文字给读者以清晰的画面感。

这段文字最后还出场了一个特殊的"人物"，就是那头小牛。小牛神秘地出现，作者在高烧中也有一种神秘的感觉。"它一定能帮助我，带领我走出这山林。"这既是理性的判断，——小牛知道它的村庄；又是感性的判断，——这是人与牛亲近，这种亲近在作者的访谈中也说过。②"小牛引路"这一尾声给诗学叙事又增添了一道光彩。

（三）对于"情绪""意绪"的叙写

当代文学作品还有一个趋向，就是对于情节与人物形象的忽略，将笔墨重点抒写一些被称为"情绪""意绪"性的东西。这在主体民族志的诗学叙事中也得到了运用。如作者在《太始有道》"我在高原"那一段"嘈嘈切切错杂弹"③，作者说这些文字"是我在高原跟着感觉走所浮现出来带给我感情冲击的一些事件与场景，是我感情世界随机出现的事件与场景的瞬时性呈现，它们之间没有理性的逻辑联系。它们犹如芬芳田野上生长的野花野草，这里一朵那里一丛，香味并不浓郁，色彩也不艳丽，彼时彼地，它们随意地在脑海中蹦跳出

---

① 朱炳祥：《太始有道：田野散记》，中国社会科学出版社2022年版，第133页。
② 参见《百色师范学院学报》2007年第4期。在这次访谈中，有如下的一段话："有一次，夏天的时候，看到犁地的农夫打他的牛，天气很热，这头牛大汗淋漓。当时我感触很深，又想到农夫如果是被打的牛又作何感想。从此我不吃牛肉，到现在没有破例。"
③ 朱炳祥：《太始有道：田野散记》，中国社会科学出版社2022年版，第158—168页。

来，任意地连接起来，成为我情性之弦上弹出的高高低低的音符"。在这些文句中，作者隐晦地表达了这些说不清、道不明但却颇具个性特征的情绪与意绪，韵味深长。作者接连用了6个"那一年"，陈述了作者寄托在一些人物与事物上的绵绵意绪："那一年，我感叹于船上的亲人送别的一幕"；"那一年，我苦闷于一位老人的生计"；"那一年，我感慨于一个土家族儿童的失学"；"那一年，我受不了当地人过度热情的接待，以至于10天的考察安排只过了3天我就中途逃离了"；"那一年，我去参观王昭君墓，有感于一些颂诗总是臆测昭君胸怀，就以昭君自己的口吻，随口吟出了一首打油诗"；"那一年，我去摩梭人中作短期考察，似乎完全进入了一个非现实世界，处在一种'奇幻'与'魔幻'的感觉之中"。

（四）各种文学修辞手法的运用

主体民族志对于各种文学修辞手法都有运用，例如对比、拟人、反复、比喻等。特别是"隐喻"在主体民族志中很多地方都有运用。例如在《太始有道》中，作者有一则关于中缅交界"打洛的界碑"[①]的散记就运用了一个很好的隐喻。在开篇处，作者对人类划分各种边界进行批评，国界作为最高的边界，成为人类交流、相融的最大障碍，他要利用这次旅行经历去郑重地看一看这个国界到底是什么。而到了实地，作者惊叹道："哦——，原来它只是一条小河！""崇高感"立即转化成为"滑稽感"。在最后的结尾处，作者对于"界碑"这样写道："这是一个大约一米高的普通水泥柱，上面写着红字。界碑的周围被很多卖旅游产品和水果的摊子围着，界碑下端的一个极其微小的水泥缝隙里，长出了两三根极其微细的小草。全世界有近200个国家，都是用这种东西相互标志的！"[②] 界碑的水泥缝隙中长出的几根微细的小草，是一个重要的隐喻，它隐喻着一种微小的生命力终将此界碑瓦解。作者要说的是：国家的边界在"人类共同体"的理念下终究会被看起来是一种微小的力量所打破！小草是希望，是突

---

① 朱炳祥：《太始有道：田野散记》，中国社会科学出版社2022年版，第15—18页。
② 朱炳祥：《太始有道：田野散记》，中国社会科学出版社2022年版，第18页。

破,是未来。

"留白"手法也得到了广泛使用。在《对蹠人》系列著作中,朱炳祥教授写了很多出人意料的"断章",当然这些"断章"是他忠实于其"直接呈现"的民族志理念使然,即他不追求经典民族志叙事讲求的时间、地点、人物、事件、原因、结果等完整的叙事要素。这些"断章"往往形成一种"断臂的维纳斯"的残缺美。例如《他者的表述》中段绍升讲述他父亲段继谟的锦州妻子的故事中的一个细节:

> 我爱人到蝴蝶泉卖服装,1985 年、1986 年的时候。有那么一个老人,长得很漂亮,向人打听有没有一个周城村?知道不知道有一个段继谟?说,有啊,那个就是他的儿媳妇。她就过来问。我爱人告诉她,(段继谟)已经死了,她一下就昏过去了。①

这件事的背景是这样的:段继谟为抗日参加国民党军队,他出门在外 16 年,抗日战争胜利后,他在锦州另有所爱,娶了一个"小老婆"并生了一个儿子。但因为战乱,这个孩子死了。后来他在锦州战役后加入中国人民解放军,他同锦州的妻子协商脱离了夫妻关系,回到周城的家中。过了几十年以后,这个锦州"妻子"到大理来找段继谟,而段继谟已经去世。这里只有短短几句话,就没有下文了。这是当地人讲述的,如果是一般的访谈者,听到这里,可能会追问这个女人后来怎样了,但是朱炳祥教授的田野工作奉行"开头不提问,中间不追问,事后不补问"的"三不主义"原则②,所以这里就成为"断章"。但这一"断章"震撼力极大,留下了无尽的思考:这个"被离婚"的锦州妻子度过了怎样的一生?在白发暮年之际,她千里迢迢来找"丈夫",得到的是所爱之人的死讯。那个段继谟又有怎样的一生?这个年轻时叛逆父母参军,参加国民党抗日战争,后来加入解放军,抗美援朝,再后来转业回乡开发花甸坝荒地得到劳模奖章的男人,

---

① 朱炳祥:《他者的表述》,中国社会科学出版社 2018 年版,第 177 页。
② 朱炳祥:《他者的表述》,中国社会科学出版社 2018 年版,第 36 页。

有过他的人生辉煌。而在他离开锦州妻子回到故土后,他不断被妻子指责有"外遇",被政治运动裹挟而被批斗。他又是怎样的心境?这些都是"留白"的部分。

"留白"在主体民族志作品中很常见,因为它与主体民族志关于"材料大于解释"以及"三重主体叙事"的理念相关,其深层含义和客观效果则是有意地给读者和评论家在欣赏作品时留下想象与再创造空间。就我个人的阅读而言,这种空间的再创造形成了与作者的解释不同的解释,我举《他者的表述》中对于"深山对唱"①的解释以及《知识人》中对于"李文宝"②的解释为例。这两个例证都是我跨越了民族志作者的分析,直接从第一主体叙事出发的解释,它可以作为"第三叙事"与作者的叙事并列而存在,并且具有同等的价值的例证。

"深山对唱"是"孤悬"的自指,也是"回归"的骄傲。"深山对唱"的"材料",是《他者的表述》第八章中"裸呈"的段绍升的直接讲述,讲的是段绍升在深山放马与女性对歌的一段故事,此后他又和其中一个妇女多次对唱。他们唱"相爱在深山,深山也羡慕",还唱"相爱就说相爱的话,不要提家常,他们是他们,我们是我们。你如果爱我,不要在人家面前说相爱的事"。这段深山对唱在段绍升的讲述中不断出现,成为他十分怀念的过往经历之一。朱炳祥教授在"解释"时将深山对唱的经历视为段绍升与村庄分隔和"孤悬"的状态,他认为,对唱事件"'孤悬'于村内社会生活之外,孤悬于民族文化理性制约之外,孤悬于家庭伦理关系之外"。对唱经历具有"自指性""自我主张""自我凝聚""自娱自乐"特征,它屏蔽了复杂的社会关系,具有个体实践的情境性、具体性、情感性。而当我从"社会学"的视角对这一段材料进行解释时,看到了与作者不同的观点。在我看来,这段深山对歌不仅在于段绍升从社会的暂时脱离和"孤悬"的个体解放,更在于他对社会的"回归"和重新被接纳。这种"回归"有双重意义:第一种意义上的"回归"是他生病的马儿

---

① 朱炳祥:《他者的表述》,中国社会科学出版社2018年版,第109—112页。
② 朱炳祥:《知识人》,中国社会科学出版社2021年版,第69—125页。

重新吃草了，从而保住了家庭的增收来源。在此处，马儿的"生"是"回归"到社会，反之，如果是"死"了，则是脱离了社会回到"自然"。段绍升两次讲述对歌的经历都提到一个背景：为了给家里创收，他借钱买了一匹马，养好马再卖掉是家庭收入的重要来源。他的确因心情郁闷而唱歌进而抒发了感情、散掉了苦闷，而他的苦闷是因为马生病，他加倍的快乐是因为马吃草好了。他的愉悦至少是双层的：个体的情感抒发与对家庭的责任感，后者可能更为根本。第二种意义上的"回归"则是他最终结束对唱，"回归"家庭，做了妻子"背靠背相互保护"的依靠。段绍升是否爱上过对唱的人，他说得比较含糊："对唱沟通感情。虽然是口头上的爱，口头上的情，但曾经有过那口头的爱，口头的情。"① 不过，他在讲这段对唱时两次提到妻子在知道此事后给他一碗豆丝拌辣酱的酱菜，嘲讽他"嘴辛苦了"。他多次用"刺痛"一词说这件事对妻子的伤害。这可以看出他虽然情有溢出，但他非常坚定地知道他会守护妻子。他没有任情感而行，他回来了。他对家庭的守护，对妻儿的责任感超越了他对个人幸福的追求，他骄傲并且自豪。因此，在我看来，深山对唱的意义是双重的：个体曾经恣意的自由和情感解放以及作为一个有担当的男性选择了家庭的价值获得感，前者是纯粹个体心灵与情感的，后者是社会道德的，二者同时存在。

李文宝是"顺从"的类型，也是"自我探索"的类型。《知识人》中李文宝的材料是他的日记，朱炳祥教授是将李文宝作为"生长的早期逻辑"的一个典型例证，并将其看作一种"顺从"的类型，即被动地接受文化的规训而不作任何反抗的类型。李文宝在具有严格学校规训的中学阶段的学习生活中，是一个孱弱的个体，他被文化浸染并塑造，没有自己的个性。他生性柔弱，社会文化无时无刻揉搓、磁化和渗透他，使其与社会文化成为统一体，形成良好互动与平衡。他努力学习并以优良成绩回报，将社会所期待的自我完善作为目标，并成为社会期待的乖学生。李文宝对周围的人和事呈现出一种异常冷

---

① 朱炳祥：《他者的表述》，中国社会科学出版社2018年版，第114页。

漠的态度，无论是对冻死在桥下的年轻人，还是对班上因偷看试题而觉得没脸活着轻生了的女同学，他在日记中都完全没有同情心。即便在女同学已经自杀后，他在日记中不仅没有自我反思和深刻的难过，反而批评说："她可以说是缺乏勇气和自制力而造成了畸形心理。"[①]李文宝到了大学期间，还是一个柔弱的存在。每当他有点喜欢一个女生而对方稍作远离，他就马上放弃而不敢继续。他总是用理性克制他自己的喜欢，最终让他的情感似是而非。如此等等。不过，对于这份较为珍贵的日记材料，我们可以进行另一种解释。从另一个角度上，可以将李文宝看作一个不断进行自我探索的类型。他看到了美的多样性并承认了他自己的多情。他善良、温柔，没有男人的霸道，对自身男性身份有一种自我瓦解。但同时，他又对那些看了《血战台儿庄》却嬉皮笑脸毫无敬畏与民族感情的同学予以了批判。他经常反思他自己，与自我对话。他所呈现的是一个不断积极融入时代，融入社会的主体，这个主体有非常可爱和残酷的两面。可爱在于：他并非不考虑他人，他时常感动于父母和老师，体谅他们的辛苦。他写对父亲、母亲的理解，写老师对他的好，这些都充满了感情和换位思考。残酷在于：他的考虑主要在身边的权威身上，对于其他人则完全不关心，淡然、冷漠甚至无情，这显示出了"差序格局"。他的有情与无情都清晰可见。他具有中国传统儒家文化的内核，成为中国传统式人与人关系的一种注脚或说明。这是我对于同一种材料与作者的不同解释。

新的解释的可能性让主体民族志具有一种开放性，这是诗学的叙事带给作品的意义，它无损于作者批判的主题和理想的诉求，却为读者结合自身经历和学识重新思考提供了可能。

[①] 朱炳祥：《知识人》，中国社会科学出版社2021年版，第87页。

第一编 分析与解读

"生性"的再发现[*]

高丙中[**]

人类学者的常规，是过自己的生活，做他人的研究。炳祥老师开始人类学的职业生涯，本来也是这种模式，他到云南民族地区蹲点做调查，写家族结构、地域社会、民族文化，在学界的认知里是一位在民族地区做参与观察的汉族人类学家。

最近这些年，他在思考处理人类学表述危机的中国方案，提出"主体民族志"的主张，并陆续推出《对蹠人》系列，一方面呈现他十多年在田野追踪研究中的发现，另一方面表达他的人类学理念，尝试用"人"学实践"人类"学，拨开"社会"与"文化"的重重迷障来"裸呈"个体的人。

摆在案头的这本《自我的解释》是"对蹠人"系列民族志的第三部。这应该是炳祥老师熬得最久的著作，因为这是写他自己从记事到现在的自传体民族志。自从摩尔根、博阿斯、里弗斯、马林诺斯基、拉德克里夫—布朗等人所开创的以异族的他者为对象、以描述和叙事为文本、把社会与文化作为一个整体来呈现的经典民族志在20世纪80年代广被质疑以来，人类学界经历了一段茫然的时间，但是也由此开启了一个打开脑洞、放飞想象、实验创新的时期。写个人的传记体民族志以及自传体民族志在其中自成一格。

人类学是大学的一门专业，我们当然是学而成为从业者的。炳祥老师却是与众不同的。当他把《自我的解释》呈现在世人面前的时

---

[*] 朱炳祥《自我的解释》一书序言。
[**] 高丙中，北京大学社会学人类学研究所教授。

候，我们不得不对他另眼相看：与其说他是学成的人类学家，不如说他是生成的人类学家。他是用人生在准备成为人类学家，当然也可以说他后期有本事把他自己的自然人生转化为人类学的人生。其中的基础性是他的一个习惯，从年少就养成的记日记的习惯。这个其实并不太令人意外，因为在雷锋1964年成为毛主席的好战士、全国人民学习的好榜样之后，我们这代人中学会了写字的人都在记日记。很多人是趋时应景，但是炳祥老师居然一直坚持下来了，颇为难得。也许，这代人坚持写日记的也不乏其人，但是有幸因此成就自己的人类学职业的人，大概并无第二人了。炳祥老师在以标准动作功成名就之后才独辟蹊径。他找到了自传民族志这种在非常晚近才获得合法性的载体，实践主体民族志的自我主张，写成了这部起点很高、抱负很大的著作。他私下里坚持写日记，也许私心里曾经有成为另一个时代的雷锋式或鲁迅式人物的念头，但绝不可能设想过要成为人类学家。正是写日记的习惯，仿佛冥冥之中有看不见的神力，一直在培育或修炼他这个未来的人类学家。没有日记的"客观""史料"，他如何"裸呈"历经数十年的自我？

《自我的解释》里并没有多少可以让好事者窥探炳祥老师隐私的内容。熟悉雷锋日记、鲁迅日记的人知道想象的界限。炳祥老师不是写《忏悔录》的卢梭，也不是在特罗布里恩群岛做调查记日记的马林诺夫斯基。这不是中国文化和炳祥老师性格里会发生的故事。

那么，我们能够从一部以数十年的日记为"硬资料"的自传体的主体民族志读出什么呢？

这部著作在经验层面是写朱炳祥个人的"自我"的历程，在历史层面是写一代人的"自我"的历程，在哲学层面是写人生的历程，或者说是以中国人对人生的内在一致性的追求呈现一种"自我"拯救的普遍人性。

炳祥老师所代表的这代人经历了中华人民共和国的主要事件，其个人曾经在政治的极"左"与极右之间左右为难，经历了从挨饿到关心减肥的变化，经历了多种职业的转换，看惯了体面人物转身成为阶下囚的现实剧，目睹了洪水、地震、病患的人世苦难。从早年只能听从召唤，到近些年能够追求、成全自己的目标。大家都明白，听从命令最安全，随波逐流最省心。冷漠、麻木、无我，是对自己的最好保护。有多少人可以奢谈"自我"？在一个不断由巨变叠加而成的时代，谁能够维持一种具有内在连续性、一致性的自我？有自我意识，就需要维护自我，而现实的天翻地覆、黑白颠倒完全不允许个人保持自我。

炳祥老师是这代人中的一员，但是他又是少数的幸运者。他在年少时就具有明确的自我意识，虽然走南闯北，改换多个职业跑道，身经巨幅社会流动，但是他坚持住了那个早早就意识到了的自我。任海面惊涛骇浪，海底的龙宫岿然不动。为了在理论上作出解释，炳祥老师重新发现了一个民间惯常使用的概念，"生性"。

生性，是我奶奶都常用的一个词，用以解释个人行为的连贯性和内在一致性，是个人对自己有所坚持、对他人有所预期的依据。它与"本性"应该是一个意思，与"天性"的意思相通而又有别。大致说来，天性是共同人性；而生性是个人化的天性。最能够代表中国人对生性、本性的看法的是一句俗语：江山易改本性难移。炳祥老师认定小时候在乡下表现出来的价值和性格偏好（爱劳动、爱庄稼活、爱自然之物）是其一生都不变的生性，虽然20岁以后走出乡村，到报社做通讯员，到部队，从部队转业做行政，再转到院系做教师，不断地变成一个一个他者，但是内心里一直没有放弃他自己的生性，直到在人类学的田野作业里重新找到机会焕发出自己的生性。这就是炳祥老师的自我故事，也就是"生性"在变换的世事中被坚持的叙事。

人类学还得讲文化。炳祥老师确实也讲了文化，不过，他讲文化就是给文化提供一个依据，他将其简单概括起来就是：生性为本，文化为用。炳祥老师说，我的人生道路不是一个任由文化模式塑造并变化得完全失去自我的过程，而是受着自我生性所规定，是作为主体的自我生长、展开，最后完成主体自身，实践主体"存在"的过程。作为表现形式的文化都是被那个生性不变的自我所用。

我不是一个把文化当作具有自主生命的实体的人，也不是一个相信个人具有不变的生性的人。但是我相信具有健康心智的人都会维护自我的连续性与一致性。炳祥老师为了替无以辨识自我的一代人找到一个锚定自我的依据,引入了"生性"的概念,这是一种为自己,也是为一代人自我安慰、自我拯救的学术努力。在动荡的时代为漂泊的心灵寻找一个稳固的栖居之所,"生性"是一个具有精神力量的概念。炳祥老师通过人类学的方法从生活中再次发现了它,背后的用心其实是慈悲之心。这算是我的一点感触吧,愿与朋友分享。

论"主体民族志"的哲学基础*

崔应令

【摘要】 主体民族志贡献了一种民族志实验的新文本，它包含对象论、方法论、认识论、叙事论、目的论诸方面的构建。就其哲学基础而言，胡塞尔的现代哲学、罗蒂的后现代哲学以及中国传统哲学作为三根支柱支撑了主体民族志的房厦。首先，主体民族志以胡塞尔现象学悬搁"客观科学"的理论，确立以"人志"概念为核心的新的民族志研究对象和以"裸呈"概念为核心的民族志方法；并且借鉴胡塞尔的"意向性"的理论，构建了以"互镜"概念为中心的认识论。接着，主体民族志依据罗蒂的新实用主义哲学的叙述理论，以"三重主体叙事"的方式，提出了民族志的新的叙述理念。最后，主体民族志回归中国传统哲学，接通了儒道伦理哲学的基本精神，以"对人类前途终极关怀"作为目的论诉求。

一　背景

近年来，朱炳祥教授提出了主体民族志的概念①，他在《民族研

---

* 原载《民族研究》2023 年第 2 期，本次有修改。
① 朱炳祥最初提出主体民族志的概念是在 2009 年（参见朱炳祥《社会人类学》（第二版），武汉大学出版社 2009 年版，第 121、265 页）。朱炳祥并没有专门对主体性概念予以界定，综合他的作品，他的主体性包括人的生性/个性、社会/文化性、人类性/人性在内的多个面向。这与李泽厚对主体性的概念的阐释有所不同。李泽厚在《关于主体性的补充说明》一文中曾明确指出主体性包含了主体两个双重内容和含义：第一个双重是主体具有外在的即"工艺—社会的结构面"和内在的即"文化—心理的结构面"，第二个双重是主体具有"人类群体（又可区分为不同社会、时代、民族、阶级、集团等等）的性质和个体身心的性质"，这四个方面交错渗透，密不可分，其中工艺—社会的结构面是根本、起决定作用的方面（参见李泽厚《关于主体性的补充说明》，《中国社会科学院研究生院学报》1985 年第 1 期）。

究》上或独撰或与其他学者合作发表了五篇系列论文①对此进行了论述，同时出版了"《对蹠人》系列民族志"六卷②，创构了一种新的民族志形式。

主体民族志的相关论文与著作出版后，受到了学术界的关注。一方面，有学者指出，朱炳祥"另辟了人类学写作的自我镜像，并由此关联出对民族志哲学的方法论思考。……他以'对蹠人'题名的系列作品称得上与西方对话的哲学人类学佳作"③。主体民族志的整体贡献在于"推进了实验民族志在中国的发展；同时，也充满了超越后现代实验民族志的新的探索精神，为中国民族志争取了更大的国际学术活语表达空间"④。另有学者关注主体民族志"对象论"和"方法论"上的创新。"主体民族志的争议意味着中国人类学经历了一场深刻的写文化启蒙，与此同时，也孕育了迈向实践并直面社会现实的新议题的转向的可能。"⑤ "主体民族志通过多重开放本体，解决了西方后现代实验民族志中反思不够彻底的问题以及本体丢失问题。而其对'民族志是一种人志'的阐释范式，倒转了传统人类学对人与文化、社会之间关系的认知，具有新的实验性与开创性。"⑥ 又有学者认为，主体民族志"直面认识论难题，成为现象学意义上的民族志文类，具

---

① 参见朱炳祥《反思与重构：论"主体民族志"》，《民族研究》2011年第3期；朱炳祥《再论"主体民族志"》，《民族研究》2013年第3期；朱炳祥《三论"主体民族志"》，《民族研究》2014年第2期；朱炳祥、刘海涛《"三重主体叙事"的微型实验》，《民族研究》2015年第1期；朱炳祥《事 叙事 元叙事》，《民族研究》2018年第2期。

② 参见朱炳祥《他者的表述》(《对蹠人》第一卷)，中国社会科学出版社2018年版；《地域社会的构成》(《对蹠人》第二卷)，中国社会科学出版社2018年版；《自我的解释》(《对蹠人》第三卷)，中国社会科学出版社2018年版；《蟒蛇共蝴蝶：周城神话研究》(《对蹠人》第四卷)，中国社会科学出版社2021年版；《知识人》(《对蹠人》第五卷)，中国社会科学出版社2021年版；《太始有道：田野散记》(《对蹠人》第六卷)，中国社会科学出版社2022年版。

③ 朱炳祥：《自我的解释》，中国社会科学出版社2018年版，第6页。

④ 刘海涛：《民族志理论与方法学术研究会述评》，《民族研究》2014年第3期。

⑤ 马丹丹：《实验民族志在中国——朱炳祥的主体民族志探索》，《青海民族研究》2021年第1期。

⑥ 杨海燕：《三重开放本体：对主体民族志本体论意涵的解读》，《西北民族研究》2022年第5期。

有解放个体意识、应对人类总体危机的目的论抱负，彰显了人类学的'自明性'"①。还有一些学者更多关注的是主体民族志的叙事问题，认为主体民族志对于探索走出表述的危机方面有所贡献②，如此等等。而另一方面，主体民族志也面临着争议和批评。有的学者质疑主体民族志的某些概念"恰当与否"③？有的学者质疑三重主体的叙述能否真正实现，因为对象主体纷繁复杂，应该如何处理不一致的主体性表达成为问题，读者或评论者作为第三方主体也可能因面具化而诉求不明。又有观点认为，主体民族志在"工作机制和原理上"并没有超越"后现代实验民族志的设计蓝图"，都是"主体间性"的，而要真正有所超越，就应该借鉴拉康（Lacan Jacaueo）的"我在我不思之处"，在"主体间性"之外。④ 又有学者认为，共同叙事必然是一个分阶段的过程，其他研究者、评判家以及读者，并不能构成共同的一方；三重主体共同叙事的目的不明确，诉求之间的矛盾性无法解决。⑤还有的学者对于主体民族志的体裁结构感到困惑⑥，如此等等。

主体民族志应该被看作 20 世纪以来中国人类学研究中的主体性诉求的学术承继。"在朱炳祥这些年来比较系统诠释主体民族志学说之前，中国人类学家从一个内忧外患的时代到当下的致力于中华民族复兴的时代，其学术研究一直具有极为浓烈的主体性。"⑦ 正如有的学者所指出的："中国民族志从出生起就具备主体性，其早期实践的成果《江村经济》《金翼》就是显示这一特征的典型代表。它们分别从研究对象、研究目的、研究方法、研究者四个方面进行了主体建构。"⑧ 这

---

① 梁永佳：《直面认识论困境的"主体民族志"》，《西北民族研究》2022 年第 6 期。
② 刘海涛：《主体民族志与当代民族志的走向》，《广西民族大学学报》2016 年第 4 期。
③ 赵旭东：《迈向人类学的中国时代》，《社会科学》2015 年第 4 期。
④ 杜靖：《主体间性：哲学赐给人类学的一滴奶液》，《青海民族研究》2021 年第 1 期。
⑤ 此为外审专家的批评性意见。
⑥ 李文钢：《实验民族志的文本写作反思》，《广西民族研究》2017 年第 4 期。
⑦ 此为外审专家"审稿意见"中的一句话。
⑧ 何菊：《中国民族志早期实践中的主体建构》，《广西民族大学学报》2016 年第 4 期。

种主体性特征的根源是由于自从鸦片战争以来，中国饱受列强侵略之苦，积弱积贫；而中国民族志产生的年代正值内忧外患的时代：内忧于国家的贫穷落后，外患于日本帝国主义意在灭亡中国的侵略战争。此时，"救亡图存、志在富民"也成为早期中国民族志实践的主体意识。随着改革开放以后新的历史时期的到来，"救国富民"的主题被"社会文化发展变迁"的主题所替代，一批具有新的时代精神的民族志应运而生。如庄孔韶教授的《银翅：中国的地方社会与文化变迁》①、王铭铭教授的《村落视野中的文化与权力：闽台三村五论》②以及黄树民教授的《林村的故事》③ 等。在新的历史时期的社会变迁中还有一个主题就是城市化，周大鸣教授所带领团队的都市人类学成为新时期民族志聚焦社会文化变迁进展的一个重要方面。总之，新的历史时期的民族志的内容与主题的变化皆承继了老一辈人类学家的本土意义，突显了特有的本土主体性特征；而近年来由高丙中教授带领的目光朝向世界的"海外民族志"的实践，也同样立足于本土主体性。

如果说以上所述仅为"民族志中的主体意识"，那么近年来"单音位"的撰写模式以及"联合叙事"写作策略则可以看作主体民族志实践的先声，尽管它们在研究对象、研究方法、认识论、叙事理念以及目的诉求方面与主体民族志皆有重要区别。由何明教授主编出版的"村民日记"成果丰富，这项研究本来属于"云南少数民族村寨跟踪调查与小康社会建设示范基地"项目，却在何明教授的带领下，以学者的智慧贡献了一种"村民日志"的新型民族志实验。这一实验执行着"让他们自己写"的原则，"还民族志的话语权予文化持有者"，创构了一种"单音位"文化撰写模式。④ 而另一些学者则探索

---

① 庄孔韶：《银翅：中国的地方社会与文化变迁》，生活·读书·新知三联书店 2000 年版。
② 王铭铭：《村落视野中的文化与权力：闽台三村五论》，生活·读书·新知三联书店 1997 年版。
③ 黄树民：《林村的故事》，生活·读书·新知三联书店 2002 年版。
④ 何明：《文化持有者的"单音位"文化撰写模式——"村民日志"的民族志实验意义》，《民族研究》2006 年第 5 期。

一种"联合叙事策略"。比如，2002 年，庄孔韶、张华与当地彝族学者杨洪林和家族掌门人联合拍摄的彝语戒毒纪录片《虎日》，当地学者杨洪林负责了社区动员和戒毒仪式策划，参与了研究，后来以他参与庄孔韶等人联合署名发表了论文。① 2003 年，邢肃芝（洛桑珍珠）口述，学者张健飞与史学家杨念群笔述的《雪域求法记：一个汉人喇嘛的口述史》出版。2012 年，美国人类学家冯珠娣（Judith Farquhar）与中医世家张其成经过合作最终联合出版了 Ten Thousand Things: Nurturing Life in Contemporary Beijing，2019 年中文版《万物·生命：当代北京的养生》出版。②

在中国民族志在新的历史时代发展兴盛之际，同时也面临着与国际人类学与民族志对话的考验与挑战，在这一背景之下，中国社会科学院民族学与人类学研究所《民族研究》编辑部召开了一次"民族志理论与范式专题学术研讨会"。会议选择的时间是 2014 年 4 月 20 日，这一日子恰是美国 10 位中青年学者 1984 年 4 月 16 日至 4 月 20 日举办的题为"民族志文本打造"的学术研讨会（其后出版了《写文化》一书）30 年以后的同一天。此次会议的宗旨是："本着反思、总结、探索和创新的精神，为进一步促进新型民族志在中国学界的研究与实践，以及为了后现代实验民族志之后民族志如何前行指出努力的初步方向。"③ 主体民族志、当代科学民族志、海外民族志、互经验民族志、线索民族志、常人民族志、村民日志、体性民族志等形式以及"区域研究""中国话语"等问题都得到了讨论。有学者在评论这次讨论会的贡献时说：

> 2014 年春季由《民族研究》主编刘世哲所召集的围绕民族志写作的讨论会，其重要的价值更为凸显，我们可以将此看成是继美国《写文化》一书出版之后中国人类学做出的新反应。朱炳

---

① 庄孔韶、杨洪林、富晓星：《小凉山彝族"虎日"民间戒毒行动和人类学的应用实践》，《广西民族学院学报》（哲学社会科学版）2005 年第 2 期。
② 以上三个联合叙事案例来自外审专家的提示。
③ 刘海涛：《民族志理论与范式专题学术研讨会综述》，《民族研究》2014 年第 4 期。

祥"主体民族志"概念的提出，无论其概念界定的恰当与否，至少一个人类学科方法讨论的平台得以建立，并且由这个概念而引发的新问题进一步引起了中国人类学家自身的自觉。①

上述对于中国人类学与民族志进展的简单介绍，意在说明时代背景，而主体民族志正是在这种时代背景下产生的。本文不是对于主体民族志学术贡献与存在问题的综合评论，而旨在对主体民族志的哲学基础进行探析。当我们思考"人类学的哲学之根"②的时候，是说在人类学的发展过程中总是受到哲学思潮的影响。中国人类学研究对哲学的重视早在20世纪三四十年代已经开始。1940年，吴文藻先生将张东荪的哲学著作《知识与文化》和瞿同祖的史学作品《中国法律与中国社会》选入《社会学丛刊》八部著作之中，因为他认为"人类学需要史学和哲学的助力"③。张东荪先生在《思想与文化》一书中指出，哲学知识表面上是讲世界观，宇宙的本原、万物的进化等，而实际上哲学真正的领域在"文化方面"，这包括社会、政治和道德，哲学所占领的领域是"理想界"，为我们创造一个"更好"的社会和世界而提供知识参考。④ 在此，人类学的探索与哲学殊途同归。本文基于对朱炳祥的论文、著作以及他所提出的一系列相关学术概念的分析，寻绎其哲学基础，以进一步丰富主体民族志所激发的思考与讨论。

当然，朱炳祥在相关论文和专著中已经对主体民族志的哲学基础有了一些零散的论述，他已经将胡塞尔的现代哲学、罗蒂的后现代哲学以及中国古代一些哲学家的思想贯穿于他的著作之中；但是，这些论述是偶尔出现的、片断性的、即兴性的、跳跃性的，就总体而言，这是不自觉的，仅仅是他长期以来将符合他"心志与情性"的那一

---

① 赵旭东：《迈向人类学的中国时代》，《社会科学》2015年第4期。
② ［美］威廉·亚当斯：《人类学的哲学之根》，黄剑波等译，广西师范大学出版社2006年版。
③ 此为外审专家的提示性意见。
④ 张东荪：《思想与文化》，辽宁教育出版社1998年版，第39、53页。

类书和给予他"学养"的那一类书①的内容融入他的学术思想的一种潜意识表达。这与文学家的创作颇为类似：作家在创作时并没有意识到要用什么文学理论去指导，但是文学批评家却总是能够发现作家作品所具有的文学理论。本文的目的正在于对《对蹠人》诸卷中那些偶尔出现的、片断性的、即兴性的、跳跃性的哲学论述予以清晰化，进而深入、系统地探析主体民族志的哲学基础。

二 悬搁"客观科学"的"裸呈"

朱炳祥说："我思考'主体民族志'有着一个过程：初衷是对经典民族志的批评以及回应后现代民族志的反思，继而是对民族志基本特征与学科目的的重新思考，最后则是对于民族志继续前行路径的探索以及进行一种新的民族志样式的实验的诉求。"②对经典民族志的反思是主体民族志创构的初始动力。

经典民族志的任务就是"描述异文化"，这一任务包含着研究方法与研究对象的双重说明。经典民族志者将"异文化"作为研究对象，将"描述"作为研究方法，这是出自殖民帝国的利益需要，因此，他们总是站在某一民族国家或某一文化板块的立场之上去选择对象，进行描述。主体民族志的作者认为，这种对象与方法的设置，本质上缺乏"人类"意识。于是，"人的科学"变成了对小范围内的非西方"民族"与"文化"的微观研究，从而使本来应该成为"人类志"的作品却成为"民族志"。对象论与本体论密切相关。哲学本体论是探究世界本原或基质的理论，研究一切实在的最终本性的即为本体论；对于民族志来说，追问"异文化是什么"就是一个本体论问题。当前学术界所讨论的"本体论回归"，也总是聚焦于研究对象本身的重新思考与争论。主体民族志将经典民族志的研究对象"异文化"置换为"人"，"民族志是一种人志"就是主体民族志的本体论承诺。这一理念区别于传统的经典民族志，也区别于当代"新本体

---

① 参见朱炳祥《自我的解释》，中国社会科学出版社2018年版，第243—244页。
② 朱炳祥：《他者的表述》，中国社会科学出版社2018年版，第15页。

论"的思考。

　　研究对象与研究目的决定着研究方法。经典民族志研究"异文化",运用的是一种"客观的科学"的方法,对此,马林诺夫斯基与拉德克利夫—布朗都有着清晰的说明。马林诺夫斯基所采用的"村庄的人口普查,录写家谱,画出村落图并搜集亲属称谓"①,就是用"科学的方法"在做田野工作。而布朗则从理论上进行了直接说明:"我认为社会人类学是一门有关人类社会的理论性自然科学,它研究社会现象,所用的方法与物理和生理科学所用的方法基本上相同。"②主体民族志对于经典民族志的反思与批评,正是建立在对于科学主义、客观主义批评的基础之上的。人对"世界意义""历史意义""人性意义""人的生存意义"都存在着信念,人本身包含着自我实现的意图,这些都超越了"科学"所能表达的范围。所谓"民族志是一种人志",正是要求从"客观的科学"中脱离出来,回归到"人"的生活世界中去。主体民族志强调:"将研究对象从'社会''文化''民族'的具体背景中抽出来,放到整体的'人类'背景中去,即将民族志作为一种'人志'来写,而不是作为'文化志''社会志'来写。"③当然,我们可以对此提出质疑:脱离了社会文化背景的人,就成为抽象的人,而抽象的人是无法成为民族志对象的;但实际上,主体民族志的"人志"的理念不仅是对于经典民族志研究对象的反思,主要的更是对于经典民族志研究对象的包含与超越。朱炳祥认为,生活世界中的"人"具有三重特征:"'人'决不仅仅是一个'社会人''文化人',应该是多个层面的,起码有三个方面应该考虑:一是生性与个性特征,二是社会文化特征,三是作为一个类别的'人类'的共同特征。"④ "对于研究'社会''文化''民族'这些内容,只能包含在'人'这个总概念之下,而

---

①　[英]马林诺夫斯基:《西太平洋的航海者》,梁永佳等译,华夏出版社2002年版,第2—4页。
②　[英]拉德克利夫—布朗:《原始社会的结构与功能》,潘蛟等译,中央民族大学出版社1999年版,第212页。
③　朱炳祥:《蟒蛇共蝴蝶:周城神话研究》,中国社会科学出版社2021年版,第272页。
④　朱炳祥:《太始有道:田野散记》,中国社会科学出版社2018年版,第33页。

不是超越其上。"① 生性与个性特征，指的是个人的禀赋特征。社会文化性特征，指的是个体生活在具体的社会文化之中受到影响而形成的特征。人类性特征指的是人的一般性特征，也即"人性"特征。

将民族志从"文化志""社会志"还原为一种"人志"，正是胡塞尔悬搁"客观的科学"进而还原到"生活世界"哲学观点的意蕴。朱炳祥说，主体民族志的一些理论观点是学习胡塞尔的心得②，《对蹠人》诸卷对胡塞尔著作的引用或言及胡塞尔之处，据不完全统计多达20多次。胡塞尔认为，欧洲科学（当然也是整个世界科学）出现了危机，他指出："客观性"这种理念支配着近代实证科学的整个领域，支配着"科学"一词的语义，然而，"一切客观的科学，恰好是有关这种最根本东西的知识，即缺少关于那种一般能使客观知识的理论构成物获得意义和有效性，由此才能使它获得由最终根据而来的知识之尊严的东西的知识"③。而恰恰是这种客观主义信念使得欧洲的科学和人性陷入了危机，因为它处理不了那些最令人关心的涉及世界与人生的"意义"的问题，而这些问题却正是与人的主体方面内在相关的。④ 因此，胡塞尔认为要对"客观的科学"进行"悬搁"，回到"生活世界"。而"生活世界"则是"一个总体的、涉及世界和人生意义前提的'大视野'"⑤。在将"客观的科学"悬搁起来之后，"生活世界"就成为哲学的主题。"根据胡塞尔，克服现在的科学危机以及愈合科学世界和日常生活世界之间灾难性的决裂的唯一方法，是批判这个占统治地位的客观主义。这就是为什么胡塞尔开始他对生活世界的分析的原因。"⑥

那么，"生活世界"到底是什么呢？胡塞尔并没有给出一个正式

---

① 朱炳祥：《太始有道：田野散记》，中国社会科学出版社2018年版，第231页。
② 朱炳祥：《他者的表述》，中国社会科学出版社2018年版，第10页。
③ ［德］胡塞尔：《欧洲科学的危机与超越论的现象学》，王炳文译，商务印书馆2001年版，第144页。
④ 张祥龙：《从现象学到孔夫子》（增订版），商务印书馆2011年版，第32—33页。
⑤ 张祥龙：《从现象学到孔夫子》（增订版），商务印书馆2001年版，第34页。
⑥ ［丹］丹·扎哈维：《胡塞尔现象学》，李忠伟译，上海译文出版社2007年版，第136页。

的定义，丹麦学者扎哈维认为，这一概念大致可以区分为"本体论的"生活世界概念和"先验的"生活世界概念。对于生活世界的"本体论的"分析而言，生活世界以其形态学的典型性为特征，每个可能的生活世界都存在一个普遍和本质的结构。"正是这个肉体性和一切所属物（如性欲、营养需要、生和死、共同体和传统）组成了这个普遍的结构，所有可想象的生活世界都依照它构建。"而就生活世界的"先验的"分析而言，"胡塞尔试图证明……生活世界和科学世界都被先验主体（间）性所构成，并且正因为如此，客观主义和科学主义两者都必须被否决。……生活世界被主观的视角所构成，并且和先验主体（间）性相关"①。但无论怎样多义，有一点是明确的，即胡塞尔的"生活世界"指的是主观的东西，这是因为"生活世界中的空间时间的事物"都是在我们的主观观念的"地平线"之上的事物。胡塞尔说：我们考察生活世界，不过我们是按照它们最初在直接的经验中向我们显示的那种样子考察它们。我们的唯一任务是把握这样的纯粹主观的方式。因此，我们并不关心世界的这些事物是否现实地存在，以及它们是什么，也不关心这个世界从整体上来看实际上是什么。"石头，动物，植物还有人以及人的产物，在这里所有的这些东西都是主观的—相对的"，因为在"这种事实实践中变得重要的地方，也可以在有意图的认识中达到"。②

主体民族志在反思经典民族志的科学主义的、客观主义的研究方法的基础上对于"生活世界"的研究中，提出了"裸呈"的方法。在主体民族志那里，广义的"裸呈"包含着两个内涵：一是"裸述"，这是指在田野工作中，要求民族志者不带任何理论、不带任何课题设置、不带任何提纲进入田野，听由当地人按照他们自己的意志自由讲述。"民族志的田野工作应将主动权交给当地人，讲述内容由当地人自己决定，让他们在完全自主、自由的状态下就他们自己感兴

---

① ［丹］丹·扎哈维：《胡塞尔现象学》，李忠伟译，上海译文出版社2007年版，第143页。
② ［德］胡塞尔：《欧洲科学的危机与超越论的现象学》，王炳文译，商务印书馆2001年版，第167、168页。

趣的问题提出'话题',并讲述他们愿意讲述的一切。"① 二是"裸呈"(狭义),这是指在民族志写作中,将当地人对于他们的"生活世界"的讲述直接地、系统地呈现于民族志之中,这些写入民族志公开出版的内容必须得到当地人的同意。无论是当地人"裸述"他的生活世界的人物与事件,还是民族志者"裸呈"当地人讲述的人物与事件,都是主观的呈现。主体民族志强调,只有人类主观性的"手电光"照亮之处才能看见事物,其上无物,其下亦无物。"生活"在胡塞尔那里,并不只限于"日常生活"这个词中的"生活"那种含义,而是具有"'生命攸关的、有切身利害关系的、生存必需的'这些意思"②,而这些意思正是主观性的表达。在《对蹠人》第一卷中段绍升的讲述,正是那些与他"生命攸关的、有切身利害关系的、生存必需的"人物与事件。这就是"生活世界"的"视域","视域"有一个可称为"突显中心与(围绕此中心的)边缘境域"的结构。突显中心是指意识的目光所及之处;边缘境域则是指内在必然地与此目光和突显中心相关联的一个围绕带,比如目光必然具有"余光"③。段绍升的讲述就具有这个特点,它既突显中心,又不忽略边缘,这个生活世界的"中心—边缘"结构,就是胡塞尔所说的"这种'事实'在实践中变得重要的地方也可以在意图的认识中达到"。

当地人的讲述,是对他们的生活世界的呈现;将这些讲述不是经过民族志者修饰加工后进行"转述",而是直接呈现(裸呈)于民族志作品之中,这是主体民族志研究方法所要求的。这种"裸呈"的第一要义在于民族志必须从当地人的利益出发,而学者们从学科史的进展出发提出的"问题意识"被降到了次要地位。当地人是一种"存在者",而"存在者"的本质在于"存在",这是海德格尔从胡塞尔现象学中发展出来的思想。主体民族志"裸呈"的是"存在"而不是"存在者"。民族志是作为文化创造主体的"人"的一种自由创造,是"人"的显示,是人的"存在"形式,而不是"存在者"的

---

① 朱炳祥:《他者的表述》,中国社会科学出版社2018年版,第36页。
② 张祥龙:《从现象学到孔夫子》(增订版),商务印书馆2011年版,第35页。
③ 张祥龙:《从现象学到孔夫子》(增订版),商务印书馆2011年版,第40页。

形式。为了显示人的存在，只能采取由主体直接呈现、阐释、澄明存在的意义结构的方法，即"裸呈"。主体民族志强调"裸呈"是采用"说"的形式而非"写"的形式。作者引用苏格拉底的话进行说明。苏格拉底认为，书写较之于言说，是更次一等的表达。文字并不是心灵的直接符号，只有语言才是。他又引用海德格尔的论述，认为语言是"存在"的家园，是人"存在"的领域。①

主体民族志对于"裸呈"的运用是坚决的、彻底的。朱炳祥在周城白族村的田野工作中，当地农民段绍升自由地、系统地进行讲述就有64次，持续了15年。在这过程中，"民族志者除了倾听，还是倾听，彻底奉行'三不主义'：开头不提问，中间不追问，事后不补问。民族志者不能预设任何场景与问题去干扰对方，他们'在场'的意义仅仅在于营造讲述的氛围与创造讲述的条件"②。他说，他与段绍升之间完全摆脱了那种单向的、答问式的机械关系，段绍升只是按他自己的兴趣进行讲述。在《他者的表述》这部作品中，全书共有18章，作者给出其中的12章让段绍升的讲述直接呈现。《对蹠人》其他作品中也同样如此：《自我的解释》中当事人的陈述占39%，《蟒蛇共蝴蝶》中当地人的讲述占31%，《知识人》中第一主体的讲述达到40%。这种"裸呈"与经典民族志者在概括材料过程中使用的科学"归纳法"和"演绎法"是不同的。归纳法只能短距离地根据某种实际经验总结出人类某一方面的知识，不能产生总体的人类构想与目标的追求。演绎法重视逻辑推理与意义解释，而这是研究者的事情，并不能当作当地文化的呈现。"裸呈"是主体民族志超越客观主义、科学主义的经典民族志的一种新的直接呈现"生活世界"的民族志方法。

三 "互镜"中的"意向性"

在主体民族志的创构中，"互镜"的概念是被作为认识论问题而

---

① 朱炳祥：《他者的表述》，中国社会科学出版社2018年版，第37页。
② 朱炳祥：《他者的表述》，中国社会科学出版社2018年版，第36页。

提出的。"镜"的比喻来自美国哲学家罗蒂,但是主体民族志将"镜""无镜"转换为"互镜"的新内涵,却是胡塞尔"意向性"理论中"对象在意识中的构造问题"的意蕴。

认识论问题从来都离不开对于主体与客体关系的阐释。经典民族志的认识论是一种"自然科学"的态度,它对异文化进行描述,在逻辑关系中进行归纳与概括,这种态度不关心认识批判。胡塞尔说:

> 在自然的精神态度中,我们直观地和思维地朝向实事,这些实事被给予我们,并且是自明地被给予。……我们的判断所涉及的正是这个世界。关于事物、事物的相互关系、事物的变化、事物的功能变化的依赖性和变化规律,我们表达那些由直接经验提供给我们的东西。①

普里查德的《努尔人》就是一个典型的例证。经典民族志者不会考虑"认识可能性"的问题,因为它对自然思维来说是自明的。它将认识看作"一个事实",认为"它是任何一个认识着的有机生物的体验,它是一个心理事实"②。而主体民族志的"互镜"概念把问题倒转了过来,"镜式哲学"强调主观图像与客观世界的"相似性","互镜"概念重在说明主体与对象二者之间的"相关性"。正是"相关性"为讨论"认识可能性"提供了新的前提。在田野工作和民族志写作中,感知(现在)、回忆(过去)、期待(未来)这些都是主体的体验,它受制于人的智力形式,从本质上说,它与对象就不是同一类的事物,它不能够"超越自身去准确地切中它的客体"。但是,经典民族志者对于"描述异文化"却信心满满,不过,在他们的民族志中那些看似清晰的描述其实是混乱的,因为它没有质疑他们的认识的前提条件。

胡塞尔的现象学哲学认为,认识论要通过对认识本质的研究来解

---

① [德]胡塞尔:《现象学的观念》,倪梁康译,商务印书馆2018年版,第27页。
② [德]胡塞尔:《现象学的观念》,倪梁康译,商务印书馆2018年版,第29页。

决有关认识、认识的意义、认识客体的相关问题,以及揭示认识对象的本质。①

> 认识批判怀疑一切,但不能始终停留在这里,否则它就是毫无意义的了。如果它不能把任何东西设定为已确定的认识,那么,它必须自己提出某种认识;如果它不能从其他地方得到这种认识,那么它自己必须给予这种认识。前提是,这种认识必须是第一性的认识,它不包含任何可疑性,它必须是完全明见的认识。②

这个"第一性的认识"在笛卡尔那里是"我思",胡塞尔则将其还原到"纯粹思维"(纯粹主体)上来。胡塞尔说:"无论如何,一门被理解为思维的纯粹现象的科学始终是第一性的,这是必定的","纯粹思维的被给予性是绝对的"。③

胡塞尔的现象学哲学在追问"认识的可能性"时将认识还原到第一性的"纯粹思维"(纯粹主体)上,而这个第一性的纯粹思维(纯粹主体)具有意向性,它意指某物,它以这种或那种方式与对象发生关系,这是认识体验的本质。在这里,"尽管对象不属于认识体验,但与对象发生的关系却属于认识体验"④。"意向性"是胡塞尔哲学思想的核心概念。"我们把意向性理解作一个体验的特性,即'作为对某物的意识'。……在每一活动的'我思'中,一种从纯粹自我放射出的目光指向该意识相关物的'对象',指向物体,指向事态等等,而且实行着极其不同的对它的意识。"⑤ 这里十分重要的问题是,意向性是纯粹主体的一种性质,意向性是意识的本质和根本特征。"意识的意向性就是一种广义的赋予意义、构成意义及其对象关系的活动

---

① [德]胡塞尔:《现象学的观念》,倪梁康译,商务印书馆2018年版,第32页。
② [德]胡塞尔:《现象学的观念》,倪梁康译,商务印书馆2018年版,第119页。
③ [德]胡塞尔:《现象学的观念》,倪梁康译,商务印书馆2018年版,第57、60页。
④ [德]胡塞尔:《现象学的观念》,倪梁康译,商务印书馆2018年版,第67页。
⑤ [德]胡塞尔:《纯粹现象学通论》,李幼蒸译,商务印书馆1992年版,第210—211页。

（'行为'）。"① 于是，"对象在意识中的构造问题就移到了胡塞尔思想的中心"②。在胡塞尔那里，"意向性"作为现象学的"不可或缺的起点概念和基本概念"标志着所有意识的本己特性，即"所有意识都是'关于某物的意识'并且作为这样一种意识而可以得到直接的指明和描述。关于某物的意识是指在广义上的意指行为与被意指之物本身之间可贯通的相互关系"③。在胡塞尔看来，人的意识不是对外界的被动记录和复制，而是主动地认识和构造世界。胡塞尔的意向性既意指对象，又构造对象。世界仍然存在着，但它是纯粹作为赋予它以存在意义的主观性之相关物而进入我们的视线之中的，即在主体的"意向性"中才"存在"。

主体民族志的"互镜"概念的核心内涵正是指"对象在意识中的构造问题"，当主体民族志将主体与对象之间的关系确定为"相关性"之后，"纯粹主体"就成为关注的焦点。这种"相关性"的实质在于将认识的"支点"不再放在对象那一头，而是放在"纯粹主体"上。故而，朱炳祥认为："与现实生活相比，民族志文本更有可能自圆其说，自成一体，构筑起独立王国，成为独立于现实生活的外部存在。"④

对于"意向性"在"互镜"中的显示，我们可以从朱炳祥所设置的那个"互镜"的场景来观察。眼下，民族志者在田野工作中已经坐到当地人的面前，他将民族志者设定为 A，将当地人设为 B。在第一种场景下，将民族志者的视点设定为 A1，他看着对面的 B，也只能看到对面的 B。此时，民族志者的身体就是他视点的所在处。然后，我们在他们两人旁边竖立一镜，建立起第二场景。当民族志者将目光转向镜中时，设定其视点为 A2，他在这面镜中不仅看到了对面的当地人（B），同时也看到了他自己（A1），还看到了他自己与当地人坐在相隔不远的地方，即两个主体之间的关系（A1—B）。而在

---

① 张祥龙：《从现象学到孔夫子》（增订版），商务印书馆2011年版，第23页。
② ［德］胡塞尔：《现象学的观念》，倪梁康译，商务印书馆2018年版，第3页。
③ 倪梁康：《胡塞尔现象学概念通释》（增补版），商务印书馆2016年版，第268页。
④ 朱炳祥：《自我的解释》，中国社会科学出版社2018年版，第46页。

这面镜子的对面再复立一镜，使两面镜子成为"互镜"，建立起第三场景。当民族志者转头朝第二面镜中看去时，设定其视点为A3，他在这第二面镜中看到的是一个复杂繁多的镜像。① 从这种场景来看，"互镜"中的复杂关系正是纯粹主体所构造的对象的关系。而这种对象的构造与纯粹主体A的认识支点（视点）移动相关，即先从A1向着A2移动，再从A2向着A3移动。"互镜"中的三个视点A1、A2、A3，是主体民族志所要表达的"主体的三重性"，即"我"既是田野工作中的"我"（A1），又是对田野材料进行分析、解释的"我"（A2），还是一个民族志书写的"我"（A3）。在"互镜"关系中，研究者既可以是社会文化的承担者，又可以是社会文化概念的反思与批判者，还可以是这种反思与批判的表述者。"互镜"概念的要点是在主体的三重性之间的视点移动，随着这种不断的移动而看到不同的镜像，起决定作用的是主体的视点，而不是客体对象。

在"互镜"的意向性关系中，由于认识支点的移动，完全不存在经典民族志意义上"描述异文化"的那种客观性。"互镜"中的认识移动是意向性的一种结构运动，即胡塞尔所说的两种活动：在我们的能动性的活动中，事物成为对象；但我们事后对我们的活动本身进行思考时，活动本身也成为对象。② 前一种是我们的身体在我们的主观的支配之下对于事物对象的活动，后一种是我们的主观对于我们活动的反思的活动。在第一种活动中，即我们与外界事物打交道的时候，我们获得了所谓的"客观知识"；在第二种活动中，即在自我反思的时候，我们获得了对于我们自己的知识。"这样一种主题的变换，总是以某种方式发挥功能的我们—主观性成了主题和对象，在这里，我们—主观性借以发挥功能的活动也成了主题……即作为对这个主题范围起作用的反思。"③ 我们发现了"我们"，我发现了"我"。朱炳祥

---

① 朱炳祥：《自我的解释》，中国社会科学出版社2018年版，第47—48页。
② ［德］胡塞尔：《欧洲科学的危机与超越论的现象学》，王炳文译，商务印书馆2001年版，第133页。
③ ［德］胡塞尔：《欧洲科学的危机与超越论的现象学》，王炳文译，商务印书馆2001年版，第133页。

曾用格尔兹关于"分层"与"并列"的论述以及费孝通先生的"我看人看我"论题的多重结构关系说明了这一点。① "胡塞尔认为，被意向的对象本身并不是意识的一部分，也不被意识包含在内。"② 在主体民族志的"互镜"中，对象也仅仅被限定在被意向、被指示、被构造、被命名的范围之内。

四 叙事的后现代哲学诉求

然而，胡塞尔的超越论的现象学属于现代哲学的范畴，从根本上说还是理性主义的、本质论的、基础论的哲学，它并不将"表述"问题作为一个基本的哲学问题来思考，而主体民族志最初对于经典民族志的反思恰恰是从"表述"问题开始的。③ 故而主体民族志并没有停留在现象主义哲学的框架之内，而是进入后现代哲学之中。于是，具有后现代哲学思想的人类学家格尔兹、法国后现代哲学家列奥塔，特别是美国新实用主义哲学家罗蒂进入了朱炳祥的学术视野，他们为主体民族志提供了另一种哲学基础与学术滋养。

"叙事"问题是后现代哲学的核心问题，因为叙事关系到列奥塔所说的"知识"的合法化和非法化的问题。④ 列奥塔在《后现代主义》一书中指出，科学在追求真理性陈述的同时，没有方法和能力依靠自身来证明其合法，这就出现了如下的悖论：

> 科学知识不可能知道或让人知道它是真理性知识，除非它求助

---

① 朱炳祥：《自我的解释》，中国社会科学出版社2018年版，第49—51页。
② [丹] 丹·扎哈维：《胡塞尔现象学》，李忠伟译，上海译文出版社2007年版，第14页。
③ 参见朱炳祥《反思与重构：论"主体民族志"》（《民族研究》2011年第3期）、《三论"主体民族志"——走出"表述的危机"》（《民族研究》2014年第2期）以及《他者的表述》（中国社会科学出版社2018年版）等。
④ 后现代人类学也同样将叙事（即"表述"）问题作为核心问题来讨论。马尔库塞和费彻尔说："我们在此最感兴趣的部分，是我们所说的'表述危机'（crisis of representation）。这一危机是人类学实验性写作的生命源泉。它源于对描述社会现实的手段之充分怀疑。"（参见 [美] 马尔库塞、费彻尔《作为文化批评的人类学》，王铭铭等译，生活·读书·新知三联书店1998年版，第25页）。

于另一种知识即叙事知识,但从科学知识的眼光看,叙事知识根本就不算知识。不向叙事知识求援,科学便处于一种假定自己合法的位置,并屈从于它所谴责的毛病:易招非议,依赖偏见。然而,若把叙事当作自己的权威,科学岂不也会落入同样的圈套?①

于是,叙事的地位在科学的地位之上。而罗蒂的后现代哲学更是强调反再现论、反本质论和反基础论的哲学,他的核心观点是认为哲学的本质在于"叙述"的偶然性与反讽性,而不在于"理论"的正确性与真理性。哲学是用不同的语汇来重新描述真理、语言、心灵等概念以及哲学工作本身,重新描述的好坏,要看是不是符合哲学家的目标和兴趣。1979年,他出版了《哲学与自然之镜》② 一书,指出近代哲学把心灵比喻为一面可以反映实在的镜子,知识的目标就是将实在忠实地再现出来,在这种观点下,知识论变成了第一哲学。在罗蒂的理论中,知识论仅是一种再现哲学,它忽略了人类知识生产的历史条件,认为哲学的主要任务是使人们所宣称的知识命题能够更加准确地反映实在。而罗蒂却承认他自己坚持的信仰、欲望、价值以及他自己用来描述理想自我的语汇,都是偶然的、历史的和环境的产物。这"意味着一个更大的转变;亦即抛弃理论,转向叙述。此转向的发生,表示我们已经不再试图利用一个单一的观点来涵盖生命的一切面向"③。由于世界上的各种语言都是在不同的环境之中、不同的条件之下,由不同的人群创造的,因而它们之间出现各种差异纯属偶然,这些语言所表述的"真理""事物""世界状态"等都是偶然的。真理只是人类语言创造的东西。任何事物都可以重新描述,使其看起来更好或者更坏。④ 将语言视为"再现"(事物)的媒介或"表现"

---

① [法]让-弗朗索瓦·列奥塔:《后现代主义》,赵一凡等译,社会科学文献出版社1999年版,第7页。
② [美]理查德·罗蒂:《哲学和自然之镜》,李幼蒸译,商务印书馆2003年版。
③ [美]理查德·罗蒂:《偶然、反讽与团结》,徐文瑞译,商务印书馆2003年版,第8页。
④ [美]理查德·罗蒂:《偶然、反讽与团结》,徐文瑞译,商务印书馆2003年版,第16页。

（心灵）的媒介，都将陷入歧途。

"抛弃理论，转向叙述"是一个具有时代意义的响亮口号，它意味着将"叙述"前推至首要地位。受到罗蒂哲学的影响，在主体民族志诸卷中，"叙事"成为一个中心的概念。朱炳祥将罗蒂的这句名言作为《对蹠人》首卷首章的题词，且又引用叙事学家热奈特的"叙事多么有威力，又多么诡计多端"的论述进一步佐证与强化，可见他对这个问题的重视。他还用自己的一则题词来表达对罗蒂和热奈特的语意的释读："水把月映入杯中，我却说月就在杯中。"映入水中之月本来是一种虚幻的存在，而"我"（叙事者）却将其看作真实的月亮（月在杯中），这一自嘲与反讽之语指出了叙事的本质：叙事本身并不是一种真实事物的反映，它本身就创造着事物。他还进一步说明，民族志是"转喻"而不是"隐喻"。他批评经典民族志将作者的叙事等同于当地的文化事实，以为他们描述的就是当地的"异文化"；而主体民族志则认为民族志者的"叙事"与当地文化"事实"之间不具有同一性。"故事空间"和"叙述空间"相区别，是"转喻"的基本特征。这是主体民族志对民族志性质的另一种表述，即民族志的本质就是一种叙事。《他者的表述》"导言"的题目就是"从格尔兹出发"，而格尔兹批判人类学的著作《论著与生活》讲的就是叙事问题。在格尔兹那里，民族志文本被看穿了，人类学的建构只是一种"语言的诱惑"，修辞竞争推动学术，人类学家"为愉悦而写作"[1]。

当将叙述问题作为哲学问题时，罗蒂推崇"反讽主义者"[2]，因为他们懂得"语言的偶然"和"自我的偶然"，向对那些自以为崇高的作者持强烈的讽刺和批判态度。他说："由于始终都意识到他们自我描述所使用的词语是可以改变的，也始终意识到他们的终极语汇以及他们的自我是偶然的，纤弱易逝的，所以他们永远无法把自己看得很认真。"[3] 在

---

[1] [美]克利福德·格尔兹：《论著与生活》，方静文等译，中国人民大学出版社2013年版，第205页。

[2] 这里的"反讽主义者"是指"反讽的自由主义者"而不是指"反讽的理论家"。

[3] [美]理查德·罗蒂：《偶然、反讽与团结》，徐文瑞译，商务印书馆2003年版，第106页。

反讽主义者看来，哲学形上学的所谓进展，只是新语汇取代旧语汇。形上学家有几个词是很诱人的："进步""真理""人性""本质""文化""真实世界"，这些词与一个更伟大的力量结合在一起，这是形而上学的玩狠之处。反讽主义者认为，形上学的那些基本的语词太具有欺骗性，其实"都只是另一个文本，只是人类的另一堆芝麻小事而已"①。形上学家的作品企图以整体的观点从高空俯视一切事物，想要超越表象的杂多性，意外地发现一个统一性；反讽主义者认为，形上学家这种垂直的、由上往下看的隐喻，是非常有问题的。因此，他换成一种在水平轴线上回顾过去的历史主义式的隐喻。反讽主义者认为"自律"具有更重要的意义，让大家来裁判。他们不想超越时间。② 反讽主义者不认为他的工作是在与真实本质建立关系，而只是与过去建立关系，这种"过去"是指整个人类、整个文化的过去。

朱炳祥对他自己的叙事的偶然性以及田野工作的偶然性都有着深入的认识。他到周城白族村做田野工作是偶然，他选择报道人是偶然，他的民族志也是偶然。这些都与罗蒂哲学所主张的"自我的偶然""语言的偶然"具有相同的内涵。而对于反讽，主体民族志的运用更是彻底的。朱炳祥对于那些貌似崇高的事物充满了调侃与不屑，他希望不仅用他自己的叙事来达到对于这些权威事物与崇高事物的解构，同时也对自我进行解构。在他的作品中，通过暴露民族志者自身的立场、观点、方法乃至情性特征，通过"反讽式的重新语境化"③等手段来破坏包括他自己在内的作为民族志者的叙事权威，击破其过度自我扩张的欲望，敲碎其可能产生的傲慢与偏见。在反讽的理念下，朱炳祥提出了"三重主体叙事"的自我解构、自我限定的主体民族志的叙事形式。经典民族志作品是由掌握笔杆子的民族志者进行叙事的，但这样的做法有着很大的局限性。在他看来，本来，民族志

---

① [美]理查德·罗蒂：《偶然、反讽与团结》，徐文瑞译，商务印书馆2003年版，第132页。
② [美]理查德·罗蒂：《偶然、反讽与团结》，徐文瑞译，商务印书馆2003年版，第138—139页。
③ [英]马克·柯里：《后现代叙事理论》，宁一中译，北京大学出版社2003年版，第110页。

文本是由当地人、民族志者以及批评家和读者共同创造的，但在经典民族志那里却由民族志作者独占了叙事权力。为了消除经典民族志的叙事话语霸权，主体民族志倡导由三个不同的主体分享叙事权力。"第一主体"叙事指当地人的叙事。他将以前在民族志中没有任何位置的当地人放在主体民族志的"第一"的位置上。"第二主体"叙事指民族志者的叙事。作为知识的生产者之一，民族志者也需要言说，但他应当处在次于当地人的"第二主体"的位置，其权力已经由替代当地人叙事退到只是依据当地人的讲述说点什么；而且还需要将民族志者自身"所持立场、研究目的、研究方法、思想观点、个人情性乃至生活经历"诸要素进行坦诚交代。这就是对民族志者的叙事进行历史的限定，破除叙事的真理性和权威性。"第三主体"叙事指批评家和读者的叙事。第三主体一般在作品出版之后才作为读者出现，但主体民族志认为它作为一种"隐性的主体"的形态从头至尾都与第一、二主体同时在场。他们是民族志出生、成长与消亡的催化剂与动力，是民族志规范的制定者与监督执行者。与此同时，第三主体也可以作者的身份直接参与作品的创构。朱炳祥与中国社会科学院刘海涛研究员共同发表的《"三重叙事"的主体民族志的微型实验：一个白族人宗教信仰的"裸呈"及其解读和反思》①的论文就是一个很好的实验范例。段绍升、朱炳祥、刘海涛三个人作为第一主体、第二主体、第三主体分别进行叙事，而又连为一体。段绍升的叙事是对于"生活世界"的直接呈现，朱炳祥的叙事是一个民族志者的分析，而刘海涛的叙事则是一个批评家对于段绍升与朱炳祥双重叙事的评价与批评。三重不同的主体叙事使民族志文本具有一种"肯定—否定"动力机制，留下了多重解释的空间。

为了彻底反思作为人类学者可以因探险式的田野工作以及描述异文化的民族志作品而获得权力，朱炳祥提出一个"学术自戕"的概念。如果说主体民族志想获得某种权力，那么也只是从为了否定经典民族志而需要某种力量的意义上说的。主体民族志批判权威、破坏权

---

① 朱炳祥、刘海涛：《"三重主体叙事的微型实验：一个白族人宗教信仰的"裸呈"及其解读和反思》，《民族研究》2015 年第 1 期。

威，为达此目的，它愿意自我牺牲，即所谓"时日曷丧，予及汝皆亡"①。对于民族志者（首先是他自己）叙事力量的死亡，他认为是"一种愉快的思想"。他批判福柯的策略：福柯设想没有国王的权力，于是，福柯自己成了国王，打破权力的口号总是重新成为权力的工具。他还有意在书的最后一页留下象征性的空白页，等待读者去重新书写；甚至可以放弃了一部著作的结论的写作，也等待读者去书写。《对蹠人》第三卷的题词"我从未征服一切，也从未被一切征服"，可以看作他希望在解构民族志权力的同时不自我建构权力的宣誓。

然而，主体民族志对于罗蒂哲学叙事理论的借鉴与运用，同样没有驻足于其中而流连忘返，它需要继续前行；因为主体民族志并非为了叙事而叙事，仅仅是追求罗蒂所说的"再描述"的"完美"，而是为了实现它自己的目的论诉求。在这里，它已经无法囿于罗蒂的后现代哲学的框架了。

五 "终极关怀"与中国传统哲学的基本精神

主体民族志对象论的重置、方法论的求新、认识论的思考以及叙事论的改变，全都围绕着一个真正的核心，这一核心就是它在伦理哲学意义上的目的论关怀。朱炳祥曾说，主体民族志就是一种"目的论的民族志形态"②。而对于目的论的哲学诉求，主体民族志跨越了胡塞尔与罗蒂，回归至中国传统哲学的基本精神。

目的论的关怀，是朱炳祥学术和人生合二为一的追求。在《太始有道》一书中，朱炳祥曾说明他走上人类学道路的过程。他不是因为受到某个人的影响或某本书的影响，也不是出于某种考量而跨进了某一个学科接受训练，而是根源于他对人与人之间的理解问题的长期困惑。从童年时代那个幼稚的要与失约小伙伴"交换灵魂"的"初始问题"，到青年时代对于战争的困惑，再到中年时代在高级机关工作

---

① 朱炳祥：《知识人》，中国社会科学出版社 2021 年版，第 10 页。
② 参见朱炳祥《再论"主体民族志"——民族志范式的转换及其"自明性基础"的探求》，《民族研究》2013 年第 2 期。

中对于人际关系恶性竞争的厌恶，使他在 1987 年完成了一次"思想觉醒"，他将之比喻为"聆听上帝"，这一"上帝"就是心灵的呼唤。这一次思想觉醒对于他的人生道路与学术研究道路具有决定性意义，他说：

> 在这次觉醒中，人类学成为一种"真正的召唤"，这种召唤不是书本教给我的，也不是别人指引我的，而是我在自己身上发现的。我坚定地选择人类学这一学科，不是被动的、外在职业需要的选择，而是主动的、内在灵魂需要的选择。我将人类学学科的终极目标理解为对人类前途的终极关怀。①

这时，他开始了有目的性地、自觉地发愤读书。在《太始有道》中，他自述在此后的三年中所阅读的大约 100 本书中，哲学成为他知识结构的重要组成部分，为他"提供思维方式与思维逻辑的借鉴"。他对哲学的重视还表现在 2000 年以后又用了三年时间，对近现代西方哲学史上的重要著作进行了通读与浏览。② 朱炳祥将知识分子的责任感理解为对于"人类"的责任感，并认为我们平时所说的"社会责任感"应该被包含在对"人类的责任感"之内而不能超越其上。他对"社会"这一语词的使用谨慎且有保留，在《地域社会的构成》一书中，他认为，"社会"仅仅是一个地域性群体单位的局部概念，如家庭、社区、族群、民族、国家；而"人类"则是指一个整体性概念。当他说"民族志是一种人志"的时候，当他说"需要将对象从文化背景中抽离出来，放到人的背景中去"的时候，当他说"在'个人''家庭''地区''集团''民族''国家'利益之上，永远高悬着'人类'共同利益的太阳"③ 的时候，都是在显示主体民族志研

---

① 朱炳祥：《太始有道：田野散记》，中国社会科学出版社 2022 年版，第 31 页。
② 参见朱炳祥《太始有道：田野散记》，中国社会科学出版社 2022 年版，第 34—35 页。
③ 朱炳祥：《蟒蛇共蝴蝶：周城神话研究》，中国社会科学出版社 2021 年版，第 262 页。

究的目的论诉求。

"对人类前途的终极关怀"这一思想与情怀，是朱炳祥1987年思想觉醒的核心内涵。最早的文字表述见之于他在1997年出版的《伏羲与中国文化》一书中。① 在《蟒蛇共蝴蝶》的"后记"中，他又说：

> 人类学者的职责在于思考和研究"人类"问题。我做人类学研究与撰写民族志的目的也是希望对我自己、我所属的群体以及我所接触到的各种文化中的个体与群体有所思考、有所关怀，进而对人类终极前途有所思考、有所关怀。……"主体"的问题，说到底，最核心的思想是将对"人类共同体"的终极关怀作为一个重要命题。②

《对蹠人》从开卷《他者的表述》的卷首"人志"的题词到终卷《太始有道》的末篇"终极问题"，其六卷都围绕着这一核心。

主体民族志对于目的论的诉求，是作为人类学者对于人类的当下状态看法以及对于学科进展的双重思考。朱炳祥认为，当今的人类处于一种危机之中，最大的危机并不是来自自然界的灾害，也不是来自于别的物种的袭扰，而是来自他自己和自己过不去。他们总是想一些以"我"为中心的东西：在人类与自然界的关系上，表现出"人类中心主义"；在不同民族（族群）之间的关系上表现出"本民族（族群）中心主义"；在个人与他人关系上，表现出"自我中心主义"。这种思维方式已经给人类自身带来了极大的痛苦与深灾大难。首先，人类此一群体对于彼一群体、这个人对那个人的小视与支配欲望，不断诱发着民族（族群）中心主义和自我中心主义所导致的各种各样的群体冲突与个体冲突、残杀，最典型的是20世纪上半叶的两次世界大战。其次，人类中心主义所导致的征服与统治自然界的欲望，使本来仅仅作为自然界一个类属的人类站到了整个自然界的对立面，不断地欺压、杀戮

---

① 参见朱炳祥《伏羲与中国文化》，湖北教育出版社1997年版，第219页。
② 朱炳祥：《蟒蛇共蝴蝶：周城神话研究》，中国社会科学出版社2021年版，第272页。

自然界中的其他物种。环境污染、全球气候变暖、植被破坏、南极冰山融化等，这些都是他给自己种下的苦果，已经使人类陷入灭顶之灾的危险。在人类遭遇整体性危机的当下，人类学者与民族志者的责任，需要将"人类"作为一个总体系统来研究。正是由于人类当下所面临的问题，"研究人类"的人类学学科内部也蕴含着一种学术思想进展的迫切要求。在全球化背景下的 21 世纪民族志，需要获得一种超越国家、地域中心主义和自我中心主义的立场以及超越某一具体历史时期的人类整体世界历史目光和新视野。他认为："只有当人类学将对'人'的研究作为这门学科的基础任务，以对人类前途的终极关怀作为学科的目的从而确立其自明性基础，人类学才是一门自觉、自为和成熟的学科。"①

主体民族志的目的论诉求，根源于中国哲学的基本精神，吸纳了中国哲学中"天人合一"理念以及"大同社会"的理想。张东荪在《知识与文化》一书中指出，西方哲学上的知识论、宇宙本体论只不过是"人生哲学的前奏曲"，中国哲学"把人生意义与政治问题列在前面"，是真正的"实践哲学"，中国是"以道德为中心的文明"。②中国哲学探索人生的意义，不问"什么是生"，而是思考"如何以生"；中国哲学将宇宙、社会和道德会合在一起，不是一种个体的哲学，而是"整体"的哲学。③儒学对仁、义、礼、智、信的道德追求，是一种伦理原则，用以处理人与人的关系，也用以管辖人的身心活动，正"因为道德意识强，所以主体才会首先透露出来"④。儒学的根基正是对个体主体性的"深刻肯定"，"知命""立命"是个人主体性的探索追求；"致中和"的目标，是对人与自然、人与社会和谐相处境界的理想追求，"万物并育而不相害，道并行而不相悖"这一和谐局面是其对人类社会理想状态的期待。当李泽厚先生用"半哲学""半宗教"给儒学定位说的正是儒学对人类"终极关怀"所体现的"宗教

---

① 朱炳祥：《再论"主体民族志"》，《民族研究》2013 年第 3 期。
② 张东荪：《知识与文化》，岳麓书社 2011 年版，第 87、88 页。
③ 张东荪：《知识与文化》，岳麓书社 2011 年版，第 118、119 页。
④ 牟宗三：《中国哲学十九讲》，贵州人民出版社 2020 年版，第 68 页。

品格"。① 老子的哲学在牟宗三先生看来有一种"文化生命"意识的唤醒②，同样是从主体出发的探索。"无"是实践、生活观念和人生问题。道家向往的是自然、不做作，是"矜"，是节制，是"致虚极，守静笃"，这是自然生命舒展的根本，人的主体不能陷入欲望和贪婪里。老子的哲学思想同样指向对人与自然、人与自我、人与他人、人与社会关系理想的探索。

在《对蹠人》诸卷中，我们随处都可以看到儒道哲学的基本精神贯穿于字里行间。朱炳祥曾说他喜欢《礼记·礼运篇》，喜欢庄子，其原因在于"这是因为我的心志与情性与他们的书中的论述相合"③。总体来看，道家哲学特别是庄子哲学对主体民族志的影响最为显著。主体民族志关于裸呈的方法论上所展现的研究的自然主义取向，三种主体叙事上对自我权威的瓦解以及作者的"生性—个性—文化"的"树形"隐喻的观念都有浓厚的庄子哲学的意蕴。庄子哲学追求自然、歌颂生命自我、自在自得，讲万物平等，宽容他人，这都在主体民族志作品中有充分体现。朱炳祥出门做田野不带地图、不设课题，田野点的选择听凭"高傲的汽车方向盘"的转动而决定；部队推荐他上大学，他因为自小就不喜欢读书而云淡风轻地放弃了；在戈壁滩"无路的荒原"上，他走出了各种各样的不同路径；在土家族"没得店"吃上了"色味都好"的青菜面条；他还作打油诗进行自我揶揄："我生之日入梦游，觉未醒来已白头。问君何能如此耳？呼呼噜噜无理由。"④ 如此等等，都显示了一种作为"人"的自然品质与形态，与道家的"自然无为"理念有一致之处。而庄子哲学强调主体的自察自省，更是他在《对蹠人》中的重要追求。在庄子看来，仁义在于自得，完善在于率性任情，聪明在于自省自察，明达在于内视自己而非看清别人⑤，这些与主体民族志强烈的反思精神息息相通。如果

---

① 李泽厚：《论语今读》，生活·读书·新知三联书店2004年版，第3、18页。
② 牟宗三：《中国哲学十九讲》，贵州人民出版社2020年版，第77页。
③ 朱炳祥：《自我的解释》，中国社会科学出版社2018年版，第243页。
④ 参见王红艳《封面学者：朱炳祥》，《广西民族大学学报》2016年第4期。
⑤ 参见陈鼓应注译《庄子今注今译》，中华书局1983年版，第265页。

仅从学术背景来看，朱炳祥似乎更应该研究中国古代文化与文学。他出版过研究"伏羲"的专著①，出版过研究中国古代诗歌的专著②，与人合作出版过《楚辞》研究的专著③；仅就1992年至1995年三年中发表的关于中国古代文化研究、追索儒道文化源头的研究、文字与语言研究以及《诗经》和《楚辞》研究的论文就有12篇，而且还有一部《汉语言文字发生学》的书稿一直放在他的书柜里尚未出版。④这些都说明，他本来应该继续在中国古代文化与文学研究的领域中进行耕耘，然而，他却顺应他的情性，在1995年以后突然转向人类学。⑤这种无视"得"与"失"的权衡，听凭心性驱使与理想追求去做学术研究的态度，都与庄子哲学的内蕴相通。甚至如第六卷《太始有道》的书名，也得益于道家哲学的意蕴。而对于儒家哲学，主体民族志也从中汲取了多种营养。朱炳祥曾指出："儒家思想文化的最高哲学范畴也是'道'，讲的也是人与社会、人与他人、人与自我的和谐统一关系。"⑥他在《他者的表述》和《蟒蛇共蝴蝶》中所推崇的"双向的善"⑦，以及《太始有道》《地域社会构成》和《自我的解释》中描写了许多美丽动人的人情故事，所显示的是《礼记·大学篇》"至善"思想的承继和《礼记·礼运篇》关于"大道之行"的"天下为公"社会的理想追求。他的"学术自戕"意识，对于"期盼死亡"的执念以及"死后回归大海"⑧的遗书，所显示的是儒家哲学关于"己所不欲，勿施于人"的理念。他对于自我的限定、对于"宇宙道德"的思考⑨和许多篇章中关于动物故事的描写，所显示的是宋代理

---

① 参见朱炳祥《伏羲与中国文化》，湖北教育出版社1997年版。
② 参见朱炳祥《中国诗歌发生史》，武汉出版社2000年版。
③ 参见李中华、朱炳祥《楚辞学史》，武汉出版社1996年版。
④ 参见朱炳祥《太始有道：田野散记》，中国社会科学出版社2022年版，第57页。
⑤ 关于这次学术转身的原因，在《他者的表述》的第二章"寻觅对蹠人"和《太始有道》的第二篇"行脚前注"中都有说明。
⑥ 朱炳祥、徐杰舜：《构建人类学中国体系——访武汉大学朱炳祥》，《白色学院学报》2007年第4期。
⑦ 参见朱炳祥《他者的表述》，中国社会科学出版社2018年版，第268—272页；朱炳祥《蟒蛇共蝴蝶：周城神话研究》，中国社会科学出版社2021年版，第160页。
⑧ 朱炳祥：《太始有道：田野散记》，中国社会科学出版社2022年版，第104—105页。
⑨ 朱炳祥：《他者的表述》，中国社会科学出版社2018年版，第30页。

学家张载关于"民吾同胞,物吾与也"①的哲学思想。

主体民族志对人、人的主体性及理想社会的探索是中国传统哲学的主题,也是中国知识分子"天下"观的当代回归。这同时也承继了中国人类学者近代以来学科本土化和构建自身主体性的传统。以吴文藻、费孝通先生为代表的一代人类学者,在近代中国面临危局之际,始终坚持学科的本土化努力和学术为国家建设服务的立场,同时秉持"天下大同"的"世界性的人类学关怀"②。吴文藻先生坚持认为,西方的理论必须服务于中国的经验,最终创建我们自己的理论以服务中国社会建设,"理论与事实糅和一起,获得一种新综合,而后现实的社会学才能植根于中国土壤之上……"③ 对费孝通先生而言,学术研究首先是为了更好地认识我们的国家,在此基础上,找到符合中国国情,最能描述中国经验的概念、话语(他的"差序格局"、长幼有序、男女有别、无讼等都是其代表)推动人类学学术的建设,最终为实现"各美其美,美人之美,美美与共,天下大同"④ 的世界大同理想。主体民族志的探索正是中国人类学者共同以中国文化实践为基点对以往民族志西方文化立场、观点与方法的某种反思路径。而有所不同的是,近代中国人类学者在共同人类与国家意识并重的思考中,因救亡图存的时代背景而偏向了国家,"为国为民的主题成为早期中国民族志实践的主旋律和研究目的所在"⑤,而与共和国同龄的朱炳祥生活在中华民族复兴之际,他在国家意识和人类意识的思考中偏向了后者,将对人类未来和人类共同体作为讨论核心。这是在对中国社会与国家的重建实现后,在"世界的世界化"(the worldlization of world)后,重新找回"天下的当代性"的思考,其核心是承认多样性的兼容,也就是真正回到《中庸》所说万物并育、道并行,希望

---

① (宋)张载:《西铭》。
② 赵旭东:《构建一种美好社会的人类学——从费孝通"四美句"思想的世界性谈起》,《中国社会科学评价》2021年第3期。
③ 吴文藻:《论社会学中国化》,陈恕、王庆仁编,商务印书馆2010年版,第4页。
④ 费孝通:《人的研究在中国:个人的经历》,《读书》1990年第10期。
⑤ 何菊:《中国民族志早期实践中的主体建构——基于〈江村经济〉〈金翼〉的分析》,《广西民族大学学报》(哲学社会科学版)2016年第4期。

建立一个"以共在为原则的世界存在秩序"①，真正天下一家。这和今天我们国家重新思考人类整体前途和人类共同体是殊途同归的。

六　结语

综上所述，主体民族志贡献了一种民族志实验的新文本，它包含对象论、方法论、认识论、叙事论、目的论诸方面的构建。就其哲学基础而言，胡塞尔的现代哲学、罗蒂的后现代哲学以及中国传统哲学作为三根支柱支撑了主体民族志的房厦。首先，主体民族志以胡塞尔现象学悬搁"客观科学"的理论，确立以"人志"概念为核心的新的民族志研究对象和以"裸呈"概念为核心的民族志方法；并且借鉴胡塞尔的"意向性"理论，构建了以"互镜"概念为中心的认识论。接着，主体民族志依据罗蒂的新实用主义哲学的叙述理论，以"三重主体叙事"的方式，提出了民族志的新的叙述理念。最后，主体民族志回归中国传统哲学，接通了儒道伦理哲学的基本精神，以"对人类前途终极关怀"作为目的论诉求。

---

① 赵汀阳：《天下的当代性：世界秩序的实践与想象》，中信出版社2015年版，第10页。

论"主体民族志"的伦理诉求*

徐嘉鸿

【摘要】 伦理学的基本问题是"善"。主体民族志的伦理诉求的基本理念立足于对人类终极问题的关怀，它包含了三个方面"善"的内涵：在"人与他人"的关系上，诉诸"双向的善"的原则；在"人与自我"的关系上，诉诸"学术自戕""期盼死亡"的原则；在"人与自然"的关系上，诉诸"宇宙道德"的原则。主体民族志的伦理观将"人类"作为一个整体，将"未来"作为目标，其伦理诉求与西方伦理学中诉诸"个人"的"利己的快乐主义伦理学"、诉诸"社会群体"的"功利主义伦理学"以及诉诸"西方中心主义"的"进化伦理学"三个主要流派的伦理观具有不同性质。

一 引言

自2009年朱炳祥教授提出"主体民族志"的概念后[①]，他先后独撰或与其他学者合作发表了六篇学术论文及一篇学术访谈对此进行了论述，并在中国社会科学出版社出版了以"对蹠人"为题名的主体民族志系列作品六卷，创构了一种新的主体民族志形态，受到学术界的广泛关注。《广西民族大学学报》（哲学社会科学版）2016年第4期"封面学者"介绍了作者，并在主打栏目"主体民族志"发表了5篇关于"主体民族志"的文章和一篇专访文章。《对蹠人》系列民

---

* 原载《广西民族大学学报》2023年第5期，本次有修改。
① 参见朱炳祥《社会人类学》（第二版），武汉大学出版社2009年版，第265页。

族志出版后,《青海民族研究》《湖北民族大学学报》等学术期刊开辟了主体民族志专题栏目进行了讨论,另有多篇关于主体民族志的专题评论。

朱炳祥教授将主体民族志看作一种"目的论的民族志"①,这个"目的"就是伦理学诉求的目的。伦理学的基本问题是"善",英国伦理哲学家摩尔在他的《伦理学原理》一书中说:"处理'什么事物或什么特性是善的'这一问题,伦理学的存在就是为了回答这类问题。"② 虽然也有一些伦理哲学家将伦理学的主要问题看作"正义""正当""自由"③,但这些概念的具体内涵都已经包含在"善"的概念的总内涵之内。美国伦理史学家布尔克在《西方伦理学史》中说:"正是在这个道德关系中对于'善'或'恶'作出的各种不同的解释,才使伦理学历史上出现了各种不同的观点立场。"④

《对蹠人》系列民族志诸卷都贯穿着一条"善"的红线,可以说,"善"是主体民族志的第一诉求、最高目标与最终归宿,因此,伦理学诉求在主体民族志的研究中具有特别的重要性。本文以"善"这一概念作为基点,从人与他人、人与自我、人与自然三重关系中寻绎主体民族志的伦理诉求的核心思想及其意义。

二 "双向的善":人与他人关系的伦理诉求

我们先从《对蹠人》第一卷《他者的表述》第九章中"善有善报"切入——这一章可以被看作《对蹠人》六卷主体民族志伦理诉求的"文眼"。在该章中,段绍升先生讲述了1967年他与另外两个村

---

① 朱炳祥:《再论"主体民族志"——民族志范式的转换及其"自明性基础"的探求》,《民族研究》2013年第3期。
② [英] G. E. 摩尔:《伦理学原理》,陈德中译,商务印书馆2018年版,第93页。
③ 参见 [法] 伊曼努尔·列维纳斯《伦理与无限》,王土盛译,南京大学出版社2020年版;[美] 约翰·罗尔斯《正义论》,何怀宏、何包钢、廖申白译,中国社会科学出版社2009年版;[英] 亨利·西季威克《伦理学方法》,廖申白译,商务印书馆2020年版;[荷兰] 斯宾诺莎《伦理学》(《斯宾诺莎文集》第4卷),贺麟译,商务印书馆2014年版。
④ [美] 布尔克:《西方伦理学史》,黄慰愿译,华东师范大学出版社2021年版,第2页。

民去丽江买灯泡所经历的几个小故事。① 这一段讲述被朱炳祥借来表达主体民族志关于"善"的理念的主要思路。他列出段绍升讲述文字中关于"善报"的12个小事件，并将其分为三种类型（见图1）。

$$A \underset{L}{\overset{L}{\rightleftarrows}} B \qquad A \underset{L+1}{\overset{L}{\rightleftarrows}} B \qquad A \underset{S}{\overset{S}{\rightleftarrows}} B$$

类型 I　　　　　类型 II　　　　　类型 III

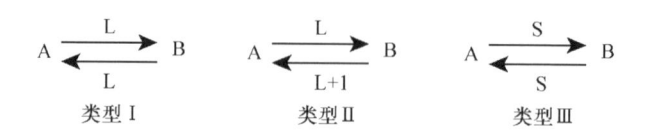

图1　"善报"的三种类型

图1中的"A"为送礼者，"B"为回礼者，"L"为礼物，数字"1"表示增量，"S"表示善意的赠送与善意的回报。作者分析说，在类型 I 中，回礼的数量与收到的数量相等，这是"礼物 = 礼物"的模式。在类型 II 中，回礼有一个增量，这是"礼物 > 礼物"的模式；但因增量过于微小，不足以改变整个交换的性质。而类型 III 已经不是"送礼—回礼"的交换模式，而是一种"善的赠予"和"善的回报"模式。②

在这里，主体民族志的伦理诉求与经典人类学的伦理诉求进行了一次有效的对话。朱炳祥认为，传统的"礼物交换"是从利益关系出发的，因而无法建立起自我与他者之间的良善关系。他批评萨林斯在论述莫斯《礼物》③一书的贡献时的理论观点并不准确。萨林斯说："莫斯用人与人之间的交换，替代了人与人之间的斗争。……礼物意味着联合、团结和结盟——简言之，和平，这正是早期哲学家，著名的霍布斯在国家中发现的伟大道德。"④ 在主体民族志的伦理观中，"联合、团结和结盟"并不能成为"伟大道德"，因为其基础建立在"利益"关系之上。以"交换"而形成联盟关系的社会团体，可以因"利益"而结盟，也可以因"利益"而重新分裂、开战。他

---

① 参见朱炳祥《他者的表述》，中国社会科学出版社2018年版，第116—123页。
② 参见朱炳祥《他者的表述》，中国社会科学出版社2018年版，第268—272页。
③ ［法］马歇尔·莫斯：《礼物》，汲喆译，上海人民出版社2002年版。
④ ［美］马歇尔·萨林斯：《石器时代的经济学》，张经纬等译，生活·读书·新知三联书店2009年版，第196页。

从《礼物》一书中找出了反驳的"内证",即一个美拉尼西亚部落因交换而发生冲突的例子。① 于是,作者提出了如下的看法:

> 礼物交换本身只能建立联系,不能决定这种联系到底是什么性质。利益关系是礼物关系的本质。只要利益均衡因某种原因被打破,战争即刻来临。同时,只要战争的利益大于交换的利益,战争也会立即发生。"送礼"也好,"收礼"与"回礼"也好,其出发点与目的都是利己主义的。《礼物》远承苏格拉底和柏拉图的政治学传统,近接霍布斯的国家学说和卢梭的社会契约论述。这些传统都是建立在利益关系之上的西方政治传统,而利益主义总是非常容易失去均衡而导致非和平。②

据此,作者进一步认为,在物的流动形式中,既有利益交换关系的礼物型,即图1中的类型Ⅰ和类型Ⅱ;也有非利益交换关系的"善"的类型,即图1中的类型Ⅲ。类型Ⅲ的基本要义是:交换发起方并不是为了利益而交换,而在于不求回报的"善"意③;而交换的回应方也不是出于义务性的还礼,同样也是无视个人利益得失的"善"的回报。他从中国古代文献《诗经》中发掘出"赠予型—交换型—强取型"三种"物"的流动形式作为佐证,说明类型Ⅲ与类型Ⅰ和类型Ⅱ的伦理内涵具有不同的性质。接着,朱炳祥又从人类社会宏观历史发展进行溯源,认为"礼"是在人类社会继"天下为公"④阶段之后的"天下为家"时代出现的,它是用来协调这个私有制时代人与人之间、社会群体与社会群体之间关系的伦理规范。这就是

---

① 参见[法]马歇尔·莫斯《礼物》,汲喆译,上海人民出版社2002年版,第208页。
② 参见朱炳祥《他者的表述》,中国社会科学出版社2018年版,第273—274页。
③ 司马迁《史记·淮阴侯列传》中所载"漂母饭信"可以作为一个说明性例证:"信钓于城下,诸母漂,有一母见信饥,饭信,竟漂数十日。信喜,谓漂母曰:'吾必有以重报母。'母怒曰:'大丈夫不能自食,吾哀王孙而进食,岂望报乎?'"
④ "天下为公"与"天下为家"语出《礼记·礼运篇》(参见(元)陈澔《礼记集说》,上海古籍出版社1987年版,第120、121页)。

说，主体民族志的作者发现，在民间的礼物交往过程中，存在着与莫斯在《礼物》交换研究中所提出的"送礼—收礼—回礼"的经典模式不同性质的新模式，这一新模式被表述为"双向的善"① 模式，即"善的赠予—善的回报"的"善的交换"模式。主体民族志的这种伦理诉求的目的是强调只有通过"双向的善"而不是"礼物交换"方能建立起人与他人之间、此一社会群体与彼一社会群体之间的"善"的道德关系。在传统的礼物交换中，"回礼"是一种"义务"，一种"责任"，这种道德义务与道德责任是建立在"利益"关系之上的，这种伦理关系无法维持永久的人类和平。而主体民族志发掘"善"的民间存在，追溯"善"的古代文化的根源，却是为了说明在人与他人之间、社会群体与社会群体之间基于"利益"的"责任""义务"的伦理关系之外，还可以有一种基于"非利益"的"善"的伦理关系。

这里所说的社会的"义务"与"责任"的伦理关系，也包括诸如"公正""诚信""勇敢""谦卑"等，就是英国伦理学家西季威克所说的"常识道德"，它是在现实社会生活中"那些基本有效的"道德规则。而这些就是"功利主义伦理学"所主张的规则。"功利主义在这里所指的是这样的伦理学理论：在特定的环境下，客观的正当的行为是将能产生最大整体幸福的行为，即把其幸福将受到影响的所有存在物都考虑进来的行为。"② 由于功利主义伦理学追求某一群体内所有人的最大幸福，故而也被称为"普遍快乐主义"伦理学。它区别于我们下文要谈及的"利己的快乐主义"的伦理学。功利主义伦理学有一个最显著的特征，就是将普遍快乐（仅指某一群体内的所有人的普遍快乐）当作个人快乐的手段与前提条件，最终的还是一种为了个体的利己的快乐。西季威克说："根据边沁的心理学说，即每个人都在追求他自己最大的显明的幸福……按照这种观点，在实际地解决道德问题时必须把利己的考虑和普遍的考虑这两者结合起来。……

---

① 朱炳祥：《他者的表述》，中国社会科学出版社2018年版，第271页。
② ［英］亨利·西季威克：《伦理学方法》，廖申白译，商务印书馆2020年版，第473页。

由于每个人都自然地追求他自己的幸福，所以他应当追求其他人的幸福。"① 达尔文也论述过这种功利主义特征："当部落成员的推理能力和料事能力逐渐有所增进之际，每一个人都会认识到，如果他帮助别人，他一般也会受到旁人的帮助，有投桃，就有报李。从这样一个不太崇高的动机出发，他有可能养成一个帮助人的习惯。"② 因此可以说，功利主义伦理学与利己主义伦理学在"目的"上是一致的，只不过"手段"不同而已。主体民族志伦理观的"善"，排斥了西方伦理学建立在"利益"关系之上的"义务""公正"之类的人际关系，它仅将"非利益关系"的"利他"行为看作道德上的"善"，这就与功利主义的伦理观具有本质上的不同。

主体民族志的这种伦理观，可以从柏格森的论述中找到一些解释的线索。柏格森在《道德与宗教的两个来源》中区别了"社会道德"和"人的道德"，前者是一个小团体的道德，后者才是人类的道德。

> 在我们迄今一直在处理的道德与我们正要探究的道德之间，在起码的道德与最高的道德之间，即在两个极端之间，存在着一种不光是程度不同而且类型也不相同的道德。③
>
> 第二种道德与第一种的区别，就在于它是人的道德而不仅仅是社会的道德。……社会道德与人的道德之间的差异不仅是量的，而且也是质的。前一种道德是这样一种道德，即当我们感到某种自然义务时一般所想到的道德。在这些得到明确界定的责任之上，我们还爱设想另外的义务。④

---

① ［英］亨利·西季威克：《伦理学方法》，廖申白译，商务印书馆2020年版，第119—120页。

② ［英］达尔文：《人类的由来》（上册），潘光旦、胡寿文译，商务印书馆1983年版，第202页。

③ ［法］亨利·柏格森：《道德与宗教的两个来源》，王作虹、成穷译，贵州人民出版社2000年版，第25页。

④ ［法］亨利·柏格森：《道德与宗教的两个来源》，王作虹、成穷译，贵州人民出版社2000年版，第27页。

"义务""责任"这些属于柏格森所说的"社会道德"的范畴,收受礼物者有回礼的义务,这种义务是"社会道德"所赋予的,这是"起码的道德",主体民族志不将其作为"善"的范畴,是因为它是从柏格森所说的"人的道德"这种"最高的道德"出发的,这个"最高的道德"才具有"善"的内涵。

主体民族志这一伦理诉求在《蟒蛇共蝴蝶》中得到了集中表达。《蟒蛇共蝴蝶》是一部将"善"作为全书主题的民族志作品,可以将其看作一部伦理民族志作品。在对周城白族众村民讲述的杜朝选神话的研究中,作者将46个变体区别为两种类型:一种是主干型神话,另一种是分枝型神话。在对主干型神话的意义分析中,作者提出了一个"善的交换"的模式。这一模式有两个基本要义:第一,舍身杀蟒的猎人杜朝选作为奉献的那一方并非为了得到回报而付出,而是出自"善"意而自愿付出;第二,两位娘娘作为接受的那一方的"回报"也远非用有价的同等的量进行"礼物式"的交换,"成婚"是她们的"善"的表达。因此,"'礼物交换'的利益模式不能解释主干型神话的意义,'善的交换'才是主干型神话的真正意义"[①]。而分枝型神话的主题则呈现出围绕着主干型神话的主题钟摆式左右摆动:摆动到左边是对主干型神话的"善"的主题进行了加强,无论是杜朝选的"舍身"杀蟒还是二位娘娘"跳潭"付出了无价的生命,都达到了一种"大善"或"至善",这更不是"礼物的交换"所能言说的。摆动到右边是对主干型神话"善"的主题进行了削弱,但是这种削弱并没有走向"恶"的一端,而是摆动到"非善非恶"的中线位置即停止。这种"非善非恶"的中线位置恰恰就是"礼物交换"的要义。因而,分枝型神话的意义围绕的中心点依然是"善"。而之所以存在着分枝型神话的这种摆动状态,作者从两个方面作了解释:第一,分枝型神话的意义是一种"重复","重复"具有叙事学意义。他引用热奈特的话说:"'重复'事实上是思想的构筑,它去除每次出现的特点,保留它与同类别其他次出现的共同点,是一

[①] 朱炳祥:《蟒蛇共蝴蝶:周城神话研究》,中国社会科学出版社2021年版,第160页。

种抽象。"① 分枝型神话的区别性意义在摆动中的重复，起到强化主干型神话意义的效果，进而抽象出"善的交换"模式。第二，分枝型神话是一种"变奏"，变奏的意义是多元的，是一种包容性的"善"。这种包容性的"善"与主干型神话的"善"相互映照，进一步论证了主干型神话的意义，同样也起到了强化主干型神话意义的效果。②

"双向的善"是一种"交互主体性"之善。对于人与他人的伦理关系，主体民族志强调的是行为者的发出者一方，是以主动奉献、不求回报作为前提，即将"善"本身作为目的而不是作为手段；而行动的回报者的一方，也同样以"善"作为目的而不是作为手段。这是从"人""人类"的整体来考虑人与人之间、群体与群体之间的伦理关系的，而不是从作为小团体的"社会"来考虑人与人之间、群体与群体之间的伦理关系的。"绝不能把人只看作一种手段，而永远要把他看作自身的目标，并以此来对待他。"③ "人"是其所是，非其所非；"善"也同样是其所是，非其所非。在"人与他人"的关系中，将"他人"看作目的，而决不是将其作为达成自我快乐的手段，这是主体民族志的伦理诉求与功利主义伦理学的根本区别之点。

三 "学术自戕""期盼死亡"：人与自我关系的伦理诉求

我们阅读《对蹠人》六卷作品，时常看到主体民族志那种对于"自我"的辛辣的嘲讽和坚决的批评态度——这在经典民族志中是没有的，它所显示的是主体民族志对于"人与自我"关系上的伦理学诉求。我们以朱炳祥教授提出的"学术自戕"和"期盼死亡"这两

---

① ［法］热拉尔·热奈特：《叙事话语》，王文融译，中国社会科学出版社1990年版，第73页。
② 朱炳祥：《蟒蛇共蝴蝶：周城神话研究》，中国社会科学出版社2021年版，第163—164页。
③ ［德］卡尔·雅斯贝尔斯：《论历史的起源与目标》，李雪涛译，华东师范大学出版社2018年版，第53页。

个概念作为代表性的观点。

"学术自戕"的概念化用了被称为"自我人类学家"的法国画家高更的"伐木"事证。① "高更逃向太平洋,显然是为了寻找那种失落了的单纯。然而,他在自己身上却发现了野蛮与罪恶。"② 在一次与当地的一个小伙子去砍树(伐木)的过程中,高更用伐木来隐喻"把情欲的森林连根砍掉",达到对他自己身上的"野蛮与罪恶"的根除。朱炳祥解释说:"高更的'伐木'同样是一个隐喻,在此过程中,他完成了蜕变。他砍倒了欧洲文明驯化出来的那个老头,他砍倒了情欲的森林。他自戕了,他死了,与文明、与恶最终告别了。……'伐木'为自戕的隐喻:斧柄是树木制成,又用于砍伐树木。"③ "期盼死亡"的概念则是朱炳祥对于哲学家马赫、文学批判家热奈特和叙事学家米勒的观点的综合性表述:

> 民族志者"在短暂的一瞬间工作,或不如说为短暂的一瞬间工作。"……对于本书来说,"死亡"既是一种"恐惧",更是一种"愿望":"恐惧"在于怕它不能唤醒本应该被唤醒的东西;"愿望"在于"它被抛弃之前能暂时有些用场",一旦它真的实现了这一目标,它就愿意立即死于速朽之中。"我们都在心中暗暗期盼死亡,但只是想以自己的方式,在自己觉得合适的时候去死"。"死亡作为摆脱个人特点来看,甚至可以成为一种愉快的思想。"这部民族志只一回运用于斯二人,而斯二人将逝,如此而已,仅此而已!只有在这里,才会产生出某种透彻心扉的愉悦和快慰。④

---

① 另外,"学术自戕"的概念也可能受到鲁迅先生《野草·墓碣文》中"抉心自食,欲知本味"一语的灵感启发,对此,可参见《知识人》,中国社会科学出版社2021年版,第245页。

② [爱尔兰]泰特罗:《本文人类学》,王宇根等译,北京大学出版社1996年版,第19页。

③ 朱炳祥:《他者的表述》,中国社会科学出版社2018年版,第214页。

④ 朱炳祥:《他者的表述》,中国社会科学出版社2018年版,第11页。

"学术自戕"和"期盼死亡"的伦理内涵既是对于自我的限定，又是对于自我的否定。这两个概念的基本意蕴并非我们在其他著作中经常看到的那种用法，即强调"凤凰涅槃"式的新生；而是在彻底的意义上希望自我在"只一回运用"以后就"愿意立即死于速朽之中"。当然，这种自我牺牲意志是有前提条件的：作者及其所创造的作品并不想白白地去"死"，而是想有所作为然后去"死"，这个"有所作为"就是破除带有殖民色彩的经典民族志的那种独霸天下、自以为是的权力意识。作者借用了《尚书·汤誓》中"时日曷丧？予及汝偕亡"来表达他愿意"死亡"的条件①，这也就是说，他将自己所批判对象的"死亡"看得比他自己的作品的"生存"更为重要。

　　这种对于自我限定与自我批判的民族志理念，贯穿于主体民族志诸卷之中。在《他者的表述》中，他说他自己的民族志作品是具有一个"肯定—否定"机制的：在批判方面是一种"肯定"，在建构方面是一种"否定"，即在批判经典民族志的话语霸权的同时，不建立自己的话语霸权。"水把月映入杯中，我却说月就在杯中"的题词，"三重主体叙事""事—叙事—元叙事"的叙事规则，就是作者对于自我叙事的反省与限定的理念与方法。这些"反省"与"限定"，都是为了"击破民族志者的过度自我扩张的欲望，敲碎民族志者的傲慢与偏见"②。这部著作甚至连结论都没有写，并且"在书稿的最后留下一个具有象征意义的空白页，等待读者的书写"③。在《自我的解释》中，作者写了一则《我问》的自题："我为何这般模样，头脑被安插在上方？双目浅且凹，两腿直而长？"一般被认为是常识的问题，在这里成了被质询的对象。这是朱炳祥哲思式的"人问"④，即不仅在向个体的"自我"发问，也是在向群体的"社会"发问，更是在向整体的"人类"发问。有的学者已经敏锐地关注到"自我的表征"

---

① 朱炳祥：《知识人》，中国社会科学出版社2021年版，第10页。
② 朱炳祥：《他者的表述》，中国社会科学出版社2018年版，第5页。
③ 朱炳祥：《他者的表述》，中国社会科学出版社2018年版，第9页。
④ 参见朱炳祥《地域社会的构成》，中国社会科学出版社2018年版，第224—232页。

就是"社会的隐喻"①，当然也同样是一种对"人类"的表征与隐喻。在这部"自我民族志"的作品中，作者的"自我批判"意识涉及各个方面，甚至不惜损毁他自己的个人形象。他不隐匿少年时偷生产队萝卜吃的经历，不掩盖在职场中给科长送礼的经历，不藏匿当秘书为一个玩物丧志的高级领导张罗"弄鸡、要狗、抓鸟、挖花"的行为，不隐藏他自己因为好面子而不懂装懂的行为，如此等等。他还借用母亲的话，揶揄他自己愚笨如"榆木疙瘩"。通过这些文字，他在明确地告诉读者：作为一个知识人，"形体的我"既怪异又丑陋，"精神的我"既不聪明，也不高尚。而作者在这里所说的每一个"我"，全部都具有"个体的自我""社会的自我"和"人类的自我"三种含义，通过对于"个体的自我"毫不留情的批判，指向对社会问题的鞭挞和对人类问题的反思。在《蟒蛇共蝴蝶》中，他根据哲学解释学的原理，对于神话的解释提出了一个"符号扇面"②的分析性概念，指出一种解释只要不越出"扇面"都可以被容许，每一种解释都不能排斥其他解释的存在。而作者自己的解释也只能作为众多解释之一，不能超越其他的解释而存在。在《太始有道》中，他明确地说他的人类学研究走的是从"批判人类学"到"自我批判"的路径，这是对自他1987年的"思想觉醒"至2022年此书的出版共35年的人类学与民族志实践的总结与概括。"当我最初确定走上人类学道路的时候，我的'批判人类学'的思想取向已经初露端倪，在随后的研究工作中，特别是在摩哈苴彝族村、捞车土家族村和周城白族村的田野工作中，随着对于'自我'的反思，这种'批判人类学'的思想取向逐步转化为'自我批判'研究路径。"③作者还对他自己的旧作进行了真诚的反思与自我批评。在对摩哈苴的田野材料的解释中，他用"头脑灵活的我""刨根问底的我""聪明的我""智慧的我"等一系列具有强烈讽刺意味的词进行自我批判。在土家族的"天浴"

---

① 刘海涛：《自我的表征与社会的隐喻："自我民族志"析论及反思》，《湖北民族大学学报》2023年第1期。
② 这一概念有时也被表述为"词语扇面"。
③ 朱炳祥：《太始有道：田野散记》，中国社会科学出版社2022年版，第237页。

面前，他又狠狠地嘲笑了包括他自己在内的一群知识人不知道"衣服起源于某种邪念"的无知，以及与土家女子"毫不雕琢，自然天成"相对照的"那种虚饰与伪善"……所有这些，都是为了使自我否定与限定的伦理诉求达到一定的厚度与强度。

更进一步而言，作者的"自戕"意识以及"死亡"理念，还从精神层面、学术层面延伸到作者个体物质存在的身体层面。他说："对于一个具有'自知之明'的主体来说，'死'的主题较之'生'的主题远为重要与关键。这个世界需要不断地更生，时间、空间与资源都是有限的，旧的事物占据得太多就会影响新的事物的生长。"①在一次参观土家族博物馆时，他感慨于土家先民节约资源的"悬棺葬"，有着如下一段表述：

> 土家先民让自己回归山崖，并不占地为坟，这是一种节约资源的方式。而现代社会有的人却要花费大量钱财去购买风水宝地，还要修建大型坟墓，想死后继续过那种荣华富贵的生活。人为何如此贪婪呢？……作为人类学者，学术理念与个人实践应该是一致的，我已经写下了遗嘱："我死后，不告亲友，不举行任何仪式，骨灰撒入长江，流经长江下游我父母的坟墓旁，向双亲告别，然后回归大海。"②

"作为人类学者，学术理念与个人实践应该是一致的"是朱炳祥教授欲将灵与肉统一起来的自我伦理要求，而且这种灵与肉的统一性不仅涉及"生前"，也涉及"死后"，即将"作品之死"与"作者之死"联结起来，其所显示的是作者永远不允许他自己的灵与肉在时间与空间中进行扩张。

主体民族志在"人与自我"关系上的伦理学诉求，是与"人与他人"的伦理诉求相呼应的，二者具有完全的一致性。法国伦理哲学家列维纳斯曾指出，在整个西方哲学和伦理学传统中，"他者"被化

---

① 朱炳祥：《他者的表述》，中国社会科学出版社2018年版，第11页。
② 朱炳祥：《太始有道：田野散记》，中国社会科学出版社2022年版，第104—105页。

约、吮吸、咀嚼直至被吞没，沦落为"自我"维持生存整体的能量来源。列维纳斯认为，这是一种"自我中心主义"论说，并且给现代社会带来伦理危机。他主张建立一种与"自我中心主义"相对立的"异质性"的"他者"理论。这个无限的他者是彻底的外在，不能被任何本体论、认识论整合到同一性中，是不可被还原为自我的陌生者。"同者并不以任何方式囊括他者。"① 人类学领域的情况也相似。人类学自发端以来一直秉承西方伦理哲学传统，以西方文化为中心，坚守着"同一性"的原则，认为人类心灵具有一致性，构建出了"西方中心主义"的"蒙昧—野蛮—文明"的文化进化模式，这一传统作为一条主线被延续了下来。现代人类学与民族志虽然也在"描述异文化"的同时"反思本文化"，但是并没有从根本上改变"西方中心主义"的传统思维模式，自我对他者负有伦理责任的关系并未真正建立起来。"对于他者的遗忘"使西方出现了一种以自我为中心的"利己的快乐主义"的伦理学流派。西季威克说："利己主义这一术语指称一种把行为规定为达到个人的幸福或快乐目的的手段的体系。这样一种体系中的主导性的动机通常被说成是'自爱'""我把利己主义一词等同于利己的快乐主义，指个人把他自己的最大幸福当作其行为的终极目的。"② 摩尔在论述此流派的特点时也说道："所有的伦理学原则中也许最为有名，并且是最被广泛坚持的一个原则，这个原则认为，唯有快乐才是善的。"③ "快乐主义一词表示这样一种学说，这种学说认为，快乐本身就是作为目的的善。……快乐主义者主张，除了快乐，一切其他事物，无论是行为、德性还是知识，无论是生命、自然还是美，全都只是作为快乐的手段或是为了快乐才是善的。"④ 利己的快乐主义的自我扩张以及"对于他者的遗忘"与主体民族志的伦理理念正好相反。

---

① ［法］伊曼努尔·列维纳斯：《伦理与无限》，王士盛译，南京大学出版社 2020 年版，第 30 页。
② ［英］亨利·西季威克：《伦理学方法》，廖申白译，商务印书馆 2020 年版，第 124、157 页。
③ ［英］G. E. 摩尔：《伦理学原理》，陈德中译，商务印书馆 2018 年版，第 63 页。
④ ［英］G. E. 摩尔：《伦理学原理》，陈德中译，商务印书馆 2018 年版，第 77 页。

四 "宇宙道德":人与自然关系的伦理诉求

我们在讨论伦理关系时,往往会理所当然地限定在人类世界之内,例如西季威克就说过:"离开了人的存在……任何东西都不具有这种善性。"① 这种观点将人理所当然地作为标杆去衡量物。主体民族志认为,这一传统的"人类中心主义"的伦理观应该得到更新,伦理关系应该包含"人与自然"的关系,即包含人与他所生活的周围环境之间的关系。柏格森所谓"人的道德"的内涵就包括了人与自然的关系。他说:"(道德的)另一种态度则是开放精神所具有的态度。这种态度的内涵是什么?如果我们说,这种态度拥抱全人类,那我们并未走得太远,我们几乎还走得不够远,因为这种爱可以广及动物、植物和全部自然。"② 柏格森明确地指出"人的道德"应该包含人与"动物、植物和全部自然"的关系所具有的道德态度。在自然界和人类社会中,人是一个"有智力装置"的社会动物,他不断地扩张他自己,侵犯到本来安排他如此生活的自然。人是自然的创造物,自然赋予了人以智慧,但人也就利用了这种智慧,愚弄自然、侵害自然。这种行为有违人与自然之间的道德关系。然而,这也是人类愚蠢的表现,人类不知道他的那点小聪明是无法与自然的大智慧相比的。人类永远无法脱离自然,更无法征服自然。"在从社会团体到普天同爱的过程中,我们与一种特殊的自然分离,却不是与一切自然分离。把斯宾诺莎的话稍加修改,就可以说,我们与被产生的自然脱离正是为了回到能产生的自然那里去。"③ 人类最终还是要与自然环境建立起和谐共存、相互依赖、相互尊重的伦理关系。柏格森将人类过度扩张的道德称为"智力之下的"道德,而将人类重视人与自然和

---

① [英]亨利·西李威克:《伦理学方法》,廖申白译,商务印书馆2020年版,第151页。
② [法]亨利·柏格森:《道德与宗教的两个来源》,王作虹、成穷译,贵州人民出版社2000年版,第29—30页。
③ [法]亨利·柏格森:《道德与宗教的两个来源》,王作虹、成穷译,贵州人民出版社2000年版,第48页。

谐相处、重新回归自然的道德称为"智力之上的"道德。①

人类学是一门"研究人类的科学"②。人类学者理应思考人与自然、人与万物的伦理关系。主体民族志的"宇宙道德"概念，就是在民族志的思考中将人与自然的伦理关系置于一个重要的位置。朱炳祥认为，人类对自身的自觉意识，仅仅在"本文化"与"异文化"比较中并不能很好地予以定位，而应该将"人类"作为一个整体放在与宇宙空间各种生物的平等比较中找到其适当的位置。这种比较的前提就是要摒除"人类中心主义"。他指出，古籍中所谓"惟人，万物之灵"③的说法缺乏方法论依据，因为这种评价是人类自己给自己贴的标签。他引用萨特的观点作为论据。萨特说"人真是了不起啊"这样的判断是荒谬的，因为只有狗或者马才有资格对人作出这种总估价，然而，它们从来没有作出这种总估价。④我们可以想象一下，如果狗与马对人进行评价，它们一定对它们自己的屈辱状态极为不满与愤怒，定会将人视为宇宙间最残忍、最霸道的动物。作者反问道："如果存在着一种万物公认的'宇宙道德'，那么对人类这种行径该如何评判呢？人类难道可以不受任何法则的束缚为所欲为吗？"⑤这是主体民族志"对人类文明的反思"所提出来的"人与自然"的伦理关系问题。作者要表达的意思是：人类对于地球的全面掠夺可能很快会让地球丧失对各种生命体的承载力，使人类所处的这个星球前景黯淡，这种行为是违背"宇宙道德"的。他认为，人类应该自救。

> 人类只有改变既有的思维定式才有可能实现自救。地球上实际存在的既有事物都有其意义，所有的生命都有其自身的价值。除了满足基本的生活需要，人类无权破坏生命的多样性，不能出

---

① [法] 亨利·柏格森：《道德与宗教的两个来源》，王作虹、成穷译，贵州人民出版社 2000 年版，第 55 页。
② [英] 马林诺夫斯基：《文化论》，费孝通译，华夏出版社 2002 年版，第 1 页。
③ 语出《尚书·泰誓》（参见（宋）蔡沈注《书经集传》，上海古籍出版社 1987 年版，第 65 页）。
④ 朱炳祥：《他者的表述》，中国社会科学出版社 2018 年版，第 29 页。
⑤ 朱炳祥：《他者的表述》，中国社会科学出版社 2018 年版，第 30 页。

于无节制的贪欲滥用和牺牲非人类的生命。人类如果成为毫无自我约束的动物，就会成为自然万物的可怕的敌人，也就会遭到大自然的唾弃。人类不能例外地不遵守"宇宙道德"。①

他在接受徐杰舜教授的访谈中，将"他者"的概念内涵大大拓展了：

> 对于"他者"，其内涵更要丰富与宽泛得多，不仅仅是指"异民族""异文化"，甚至也不仅仅指"人类"，还是指非人类的生命体乃至无生命体。……应该将"人类"作为一个整体在与其他星球的"类人生物"或地球上的"非人物类"的比较中进行定位。这种比较的目的就是要消除"人类中心主义"。……只有我们跳出人类中心主义的那种思维方式，不认为宇宙中的其他事物比我们下等，我们才可以形成对人类自身的真正深刻的反思。②

那么，人与自然到底怎样相处方能符合"宇宙道德"呢？主体民族志对此有其自己的观念。人类学者并不歌颂贫穷，朱炳祥对于摩哈苴生活的描述及褒扬，是从人与自然环境之间伦理关系的角度思考问题的。他将摩哈苴有限地消耗资源的俭朴生活模式借来反思当代物欲横流的弊端。1995年，他在摩哈苴田野工作期间，一位村民曾向他讲述他的生活诉求：

> 一个人能够有一套接待客人的衣服，有一套好一点的衣服，上街能够穿的。……冬天有棉衣。……纯收入一年个人平均1000元。……两三天吃一顿肉。住上瓦房，不要漏雨。一家最少三间（房），一般还要一间厨房，基本上四五个人才好住。……达到这个标准基本上就可以了。③

---

① 朱炳祥：《他者的表述》，中国社会科学出版社2018年版，第31页。
② 徐杰舜问，朱炳祥答：《主体民族志与民族志范式的变迁——人类学学者访谈之七十九》，《广西民族大学学报》2016年第4期。
③ 朱炳祥：《地域社会的构成》，中国社会科学出版社2018年版，第237页。

在2022年出版的《太始有道》一书中,他又引用这一段文字并且将其概括为"生活等于生活"的模式,并说明了他的人与自然资源关系的理念:"我在摩哈苴的田野工作中……感触最深、感慨最多的,是他们那种至简的物质生活。我既关注这种物质生活所达到的接近于当代一些哲学家所推崇的'极点生活方式'的程度,更关注他们对于这种至简生活的态度。"① 他将他自己在摩哈苴彝族村的生活状态和在周城白族村的生活状态进行对比和评论:在摩哈苴,如果他自己做饭,是"一饭一汤"或者"一饭一菜一汤";如果在农家吃饭,就跟着当地人一起吃。他认为这样的生活很好,并且欣赏当地菜肴的鲜美。但在另一个富裕的周城白族村,他过的是一种"生活多于生活"的生活:

> 在周城……大部分时间每顿都有一个肉菜、一两个素菜和一碗汤,有时我还贪婪地要上两个肉菜。隔一段时间我就要花上一二十元吃一次酸辣洱海鱼。碰到过于饥饿的时候,我就发狠多吃,甚至奢侈到一顿五个菜,花上几十块、上百块钱的情况都有。那个时候,思想和情绪处于一种混乱的状态,一种贪吃的念头占据上风。……在周城,我一顿就吃掉了在摩哈苴一天生活费十几倍、二十倍。我不断变换花样满足口腹之欲的需要,对于消费了多少资源我是没有意识的。当我将周城的生活与摩哈苴生活进行比较的时候,我才知道我在周城过的是一种"生活多于生活"的生活。②

作者将他自己在两个村庄的生活进行比较的目的,同样是希望通过自我批判而达到社会批判与人类批判,他认为,在周城的生活近乎奢侈,过度地浪费了生活资源,这种生活已经不是弗洛姆意义上的"生存"的需要而是一种"占有"的需要。作者还请当地一位村民详细讲述了家庭经济开支情况,从人类学节约资源的角度精密地计量生

---

① 朱炳祥:《太始有道:田野散记》,中国社会科学出版社2022年版,第83页。
② 朱炳祥:《太始有道:田野散记》,中国社会科学出版社2022年版,第200—202页。

活需要量和他们的实际消费量之间的关系,思考人类这个物种与整个地球资源之间应该怎样达到平衡,以便人类与地球上其他物种能够协调发展,尽可能更为长久地生存下去。从这种观点来看,这一家村民"多"出来的消费部分有七个方面,包括"食物的优化""时尚衣装和其他生活用品的增加""家庭娱乐消费和社区娱乐消费""子女的教育""各种复杂的亲属关系中的送往迎来""隆重的仪式花去的费用"以及"大面积兴建远超家庭需要的住房"。对此,朱炳祥认为,即使这种并不算富裕的生活,从"人的自觉"出发考虑人类的需要量与环境资源的给出量之间的关系来看,也存在着对于资源开发与利用中的浪费。这种看起来并不尽意的普通生活尚且如此,遑论城市中那种眼花缭乱的奢靡了。这种人类过度消费的生活方式将会导致地球上的自然资源加速耗竭,不符合"宇宙道德"。

然而,西方一些伦理学家却不对人的欲望特别是过度需求的欲望进行反思,反而认为这就是"善"。斯宾诺莎说:

> 一个人愈努力并且愈能够寻求他自己的利益或保持他自己的存在,则他便愈具有德性,反之,只要一个人忽略他自己的利益或忽略他自己存在的保持,则他便算是软弱无能。
>
> 欲望,不论是要求良好行为的欲望或要求快乐生活的欲望,即是人的本质,换言之,亦即人竭力保持他自己存在的努力。……保存自我的努力乃是德性的首先的唯一的基础。①

这是一种自然主义伦理学的观点。但是,"保存自我的努力"并不能成为"善"。"尽管某些并非自身值得欲求的行为的表现,也许可被解释为保存生命的必要手段,也没有理由去赞美它们。"② 现代社会生活中不断地、无限制地追求物质需求,不断地、无限制地追求个体的欲望的满足,就是一种自然主义伦理学中的"进化伦理学"

---

① [荷兰]斯宾诺莎:《伦理学》(《斯宾诺莎文集》第 4 卷),贺麟译,商务印书馆 2014 年版,第 185—187 页。

② [英] G. E. 摩尔:《伦理学原理》,陈德中译,商务印书馆 2018 年版,第 56 页。

观念。摩尔说:

> 目前最为流行的尝试是在将"进化"术语用于伦理问题的活动中,即在一些被称作"进化论的"伦理学说中。这种学说主张,展示我们进化方向的"进化"过程,因而并由此向我们显示了我们应该发展的方向。……这一理想就是:"生命的量要由宽度和长度来衡量",或者,用居约的话来说,要由"生命的拓展与强度"来决定。①

达尔文的进化论只是说适者生存,并没有说这些适者是"善"的。自然选择出的优等物种并不是"善"的。

> 适者生存并不像有人所假设的那样,意味着最适宜于满足一个善的目标的生存者为了一个善的目的而更好地改变了。最终,它仅仅意味着最适宜于生存的生存了下来。这一科学理论的价值……就在于它表明了什么是产生某些生活效果的原因。至于这些效果是善是恶,它并不想要对之进行判断。②

进化的方向本来是自然力的方向,但在自然科学、伦理学、人类学中往往被推为正确的方向,这是错误的;因为"进化"并不是大自然努力的唯一方向,"退化"同样是大自然努力的方向。"达尔文的自然法则,在其他环境下使得不可避免的不是进化,不是从低级到高级的发展,而是被称为退化的相反的过程。……在另外一种情况下,不是人的发展,而是人的灭绝。无论如何我们没有理由去相信,环境永远适宜于进一步发展,自然永远是往进化方向努力。"③

主体民族志的"宇宙道德"是与进化伦理学相反的伦理观。在主体民族志诸卷中,增加生活的"量"并非善的,甚至可能是恶的。

---

① [英] G. E. 摩尔:《伦理学原理》,陈德中译,商务印书馆2018年版,第58页。
② [英] G. E. 摩尔:《伦理学原理》,陈德中译,商务印书馆2018年版,第60页。
③ [英] G. E. 摩尔:《伦理学原理》,陈德中译,商务印书馆2018年版,第70页。

克制人类自己的物质欲望、为了他者的利益考虑才是"善"的，而为了他者的利益减少乃至放弃"生命的量"的行为则是"大善""至善"。《蟒蛇共蝴蝶》中的杜朝选"杀蟒"就是一种"至善"，因为他是以缩短自己的生命的量甚至舍弃自己生命的余量作为行动前提的。而两位女子"跳潭"也同样是"大善""至善"，因为她们为了报恩已经实践了缩短她们自己的生命的量。对于周城生活与摩哈苴生活的对比，显示了主体民族志在人与自然关系上的"善"的理念。朱炳祥认为，摩哈苴人的"生活等于生活"是将人与人之间的关系放到人与自然的和谐关系当中来理解和处理的，而周城一些人的"生活多于生活"则是将人与自然的关系放到人与人的竞争关系当中来理解和处理的。他崇尚摩哈苴人的生活方式，而对周城的生活方式颇有微词，是为了强调人的索取与自然资源能够供给之间达到平衡在伦理上的重要性。节约资源，执行古代思想家老子提出的"啬俭"原则①，尊重自然，将万物作为与人具有同等地位的事物，与万物和谐共处，"民吾同胞，物吾与也"②，这些就是主体民族志"宇宙道德"的伦理学内涵。

五 "终极问题"

虽然民族志并不是伦理学文本，但任何民族志都有其自己的伦理诉求。在上文的讨论中，我们看到主体民族志有着较为系统的伦理学思想，它在"人与他人"的关系、"人与自我"的关系、"人与自然"的关系三个方面勾勒出了伦理学的主要架构。当向着这些诉求的终点追索的时候，我们发现这些诉求服从于一个最高目的，这一目的就是主体民族志对于人类的未来问题、人类的终极前途问题存在的一种强烈的伦理关怀。这里可以析分出两个层面：第一个是"社会—人类"的

---

① 语出《老子》第五十九章："治人事天莫若啬"；第六十七章："俭故能广"（参见任继愈译著《老子新译》，上海古籍出版社1985年版，第187、207页）。

② 语出（宋）张载《西铭》（参见（宋）张载《张载集》，中华书局1978年版，第62页）。

空间层面,第二个是"现实—未来"的时间层面。在这两个比较层面上,主体民族志的伦理诉求都与西方伦理学的主要流派的诉求形成对照。

在"社会—人类"的空间层面上,西方伦理学的一个共同指向就是面向"社会"而非"人类",这些理论重视"社会道德"而非"人的道德"。它们诉诸当下的西方社会自身,为论证当下西方社会制度服务,将维持西方现代社会的稳定与平衡作为目的。在"现实—未来"的时间层面上,西方伦理学只是论证当下的"现实"问题,并不论证"未来"的问题。而且,在以上两个层面上,西方伦理学只是考虑人类自身的问题,并没有将人类的伦理问题放到人与自然的关系中去考察。基于此,"正当""正义""应当""义务""责任"这些从西方社会出发所提出的"社会道德",就被看作一种"善",它们都是基于个人利益或社会集团利益之上的,奉行公平、对等交换的原则。这是建立在"契约精神"之上的西方伦理传统,同时也是西方的政治传统和哲学传统。

主体民族志的"终极问题"是指"人类"问题和"未来"的问题。"人类"问题包含着"社会"与"个人",但不仅仅是"社会"与"个人",更重要的是整体人类共同体;"未来"问题包含着"现实",但不仅仅是"现实",更重要的是将"过去""现实"和"未来"统一起来。主体民族志将"社会道德"与"人的道德"看作两个不同层级,又将"现实"与"未来"看作两个不同的层级,其所思考的"终极问题"是一种觉醒意识,根源于作者对当代人类存在着两大整体性"危机"状态的忧虑以及希望能够尽到一个人类学者的"社会改造"责任。作者认为,当下的人类的第一大危机是人类过度破坏环境所造成的人与自然关系的危机,这是外部危机;第二大危机是人类各个体之间、各地域之间、各民族之间、各国家之间的相互斗争与战争所造成的人类整体的深灾大难,这是内部危机。这两大危机致使人类"存在彻底毁灭的危险"。而造成这两大危机的原因在作者看来,是由于人类还不成熟,还处于"童年"时代[①],尚未出现

[①] "人类童年说"的概念参见朱炳祥《他者的表述》,中国社会科学出版社 2018 年版,第 29 页。

整体性的自觉。因此，他呼唤："人类需要走出巨婴时代！我们需要迅速成长起来、成熟起来，我们需要创构新的思想体系。"① 他引用德国哲学家雅斯贝尔斯的论述，认为人类将走向"二次开端"，出现"人类精神的第二次觉醒"。对人类前途的终极关怀，是主体民族志伦理诉求的最高点。在《太始有道》的终篇同时也是《对蹠人》系列民族志的终篇中，作者写道：

> 我们现在需要选择一条人与自然、人与社会、人与他人、人与自我之间更为和谐相处的前行道路，选择更加考虑人类终极前途与命运而不是只考虑眼前利益的前行道路。在这条道路上，人类各群体之间一定会相互理解，将"他人即自我、社会即自我、自然即自我"作为一种共识与践行的基点，最终达到人类的整体自觉。当代人类学者的职责就是通过田野工作提供各种文化、各地区的人类能够相互理解、相互尊重、相互接纳的渠道，为"人类共同体"的整体觉醒而创造条件。②

主体民族志"人类童年说""巨婴"的概念、"整体觉醒"的观点，并不是从思辨的角度提出来的猜想与假说，而是一个人类学者对于历史的思考、对于当下现实的田野思考提出来的关于对人类整体、对人类未来看法的思想观点。因此，主体民族志的所谓"终极关怀"是过去的"曾在"、当下的"现在"与未来的"将在"三个层面关系的统一体的伦理诉求。德国哲学家布洛赫在《希望的原理》一书中认为，希望是指历史过程的某种终极目标，"具体的真正的希望则是最真诚的行善者"。③ 然而，"迄今'未来'并未得到十分恰当的注意。这导致一种可称之为占主导地位的静态思维方式，这种思维方式并不理解这一未来特性，而且在业已形成的东西中一再

---

① 朱炳祥：《太始有道：田野散记》，中国社会科学出版社2022年版，第242页。
② 朱炳祥：《太始有道：田野散记》，中国社会科学出版社2022年版，第243页。
③ ［德］恩斯特·布洛赫：《希望的原理》，梦海译，上海译文出版社2012年版，第4页。

结束未来"①。在布洛赫看来,"作为人类学范畴的希望最清楚地表达出走向人类发展更美好未来的意图",因为"'希望'作为宇宙发展和人类社会发展的内在动力,在人与自然、人与社会的相互作用中把一切都组织为一个整体或'总体',使之奔向理想的目的地"。② 人类学范畴的"希望",其所具有的内涵既指历史过程的某种终极目标,又指某种伦理德性的终极诉求。"希望"使民族志者立足当下现实的人类状况,回首过去人类的全部发展历史,展望未来人类可能达到的理想。希望照明未来视域,纵览全体,构成各种未来思想的基础。《圣经·新约》言:"如今常存的有信,有望,有爱:这三样,其中最大的是爱。"我们可以将其解读为三种不同的伦理原则。"信"为对人的"诚信"原则,这是建立在"契约精神"之上的现代社会所践行的原则,这是低层级的伦理要求。"爱"即是"善"的表达,是"善"的奉献;"望"是对未来的希望,是对未来的"爱"与"善",是对人类未来前途关怀的表达。此二者是高层级的伦理要求。主体民族志较少讨论"信"的问题,而对于"善"的现实表达"爱"和"善"的未来表达"望"则是其关注的两个重要话题。

从主体民族志的理念观之,人类学这一学科就是对人类共同体的命运和前途负责。民族志虽然不是未来哲学,但民族志同样指向未来。人类学者和民族志者的"希望"是建立在现实基础之上并有可能在未来实现的希望,而绝非虚妄的空想。此即布洛赫所说的"尚未存在的存在论","尚未"的反映形式是预先推定,这一反映形式完全不同于梦想。这些理想是人类现实中希望的客观内容,而这种客观内容从人的现实生活,特别是社会生活和历史生活里用活生生的实例证明了人类绚丽多姿的希望图景。主体民族志同样认为:"理想社会并非凭空就能够实现,它一定是在现实社会的基础之上建立起来的,而现实社会中也存在着理想的种子。人类总是从'现实性'走向

---

① [德]恩斯特·布洛赫:《希望的原理》,梦海译,上海译文出版社2012年版,第5—6页。
② [德]恩斯特·布洛赫:《希望的原理》,梦海译,上海译文出版社2012年版,中译本序第15页。

'可能性'。"①《对蹠人》六卷即是建立在对人类前途终极关怀的基础之上，建立在"希望的原理"之上。"理想"与"希望"是精神世界的奥德赛，是被期待的目标，它给人以鼓舞，给人以力量，给人以方向。主体民族志发掘"善"的民间存在，说明"善"的古代文化的根源，强调"善"的社会理想意义，提倡一种"双向的善"的伦理而非"礼物交换"的伦理，都表明着一种面向人类整体、面向人类未来的社会改造态度。

总而言之，主体民族志的伦理观将"人类"作为一个整体，将"未来"作为目标，其在"人与他人""人与自我""人与自然"等方面的伦理诉求与西方伦理学理论诉诸"个人"的"利己的快乐主义伦理学"、诉诸"社会群体"的"功利主义伦理学"以及诉诸"西方中心主义"的"进化伦理学"等几个主要流派将西方"社会"的"现实"作为目标的伦理观具有不同性质与重大区别。而经典民族志总是受到西方伦理学理论的影响并与其保持一致性，就此而言，主体民族志与经典民族志的伦理诉求同样具有不同性质与重大区别。

---

① 朱炳祥：《蟒蛇共蝴蝶：周城神话研究》，中国社会科学出版社2021年版，第274页。

第二编 批评与定位

《自我的解释》读后意见[*]

徐新建[**]

无论在汉语还是西文表述里，人类学（Anthropology）都指关于人类的研究。它的核心在于追问和揭示"人是什么"，若深入一点，还会力图以第一人称的复数方式解答"我们从哪来，在哪里"，以及"到何处去"。由此言之，人类学还可理解为人类以自己为对象的"自我研究"。

但一段时间以来，人类学时常被片面地界定为研究"异文化"的学问，人类学家的写作不过是针对"他者"的描写和解释而已。于是，人类学工作即被概括为到他者的"异文化"去做较持久的田野考察，然后返回其自己的"本文化"写作并发表"民族志"作品——其中的佳作能为认识具有多样性的人类整体增添举一反三的实证案例及理论阐述，从而为特定的利益集团提供治理帮助，或为学术史与社会实践关联角度所需的"世界档案"填补空白。

在这样的理解支配下，不但缺少对考察者"本文化"的自觉考察，更鲜见对叙事者的自我叙事。也就是说，以人类学家各自为界，人类被分割为考察及被考察、叙事与被叙事——也即是表述和被表述——彼此区分的二元存在。结果导致人类学最核心的"人"消失不见，演变为仅为特定"我群"服务的言说工具，整体人类和个体自我皆随之消失。在我看来，这样的研究与人类学相去甚远，顶多可称为"群学"或"他者学"（国家—社会学、异群—民族学）。

---

[*] 原载朱炳祥《自我的解释》一书序言。
[**] 徐新建，四川大学文学与人类学研究所教授。

然而，如今面临的问题是：一方面以往研究史上早已有过的以整体人类或个体自我为对象的表述值得继承；另一方面，演变至今的世界现实更急切地呼唤能将整体与个体、自我与他群相互关联为新人类学，亦即我所言的"整体人类学"。

以此为背景，我以为朱炳祥教授的《自我的解释》开拓了人类学写作的多重意义。其中的突出成就表现为三个层面：聚焦个体、自我镜像和民族志哲学。

总体而论，朱炳祥《自我的解释》是一部具有开创意义的著作。该书超越人类学表述他者群像的叙事传统，由民族志的自我叙事切入，再通过"人志""互镜""对蹠人""日记裸呈"及"自我田野""本体论事实"等精致议题逐层展开，其论题已超越了人类学写作的体裁类别，而进入更为广泛的深层思辨。在我看来，《自我的解释》的贡献与其说是为认知中国社会添加了人类学家的个体案例，不如说是另辟了人类学写作的自我镜像，并由此关联出对民族志哲学的方法论思考。对于创建百年的中国人类学来说，这样的论述绝非过多而是太少。自《松花江下游的赫哲族》与《江村经济》以来，汉语学界出现了一批批各具特色的民族志书写，但对于什么是民族志书写的追问却远远不够。

就一个多世纪来的西学东渐进程而言，汉语世界需要立足本土又超越其中的深度思考。其中，对民族志写作的话语开辟，无疑将担起重要职责，从而使本土的学科理论有望借助哲学层面的突破，重建人类学整体。在这个意义上，我把朱炳祥教授看作汉语学界稀有的哲学人类学家，尽管其提出的一些论点还有待商榷，我仍认为他以"对蹠人"题名的系列作品称得上与西学对话的哲学人类学佳作。

"三重叙事"的主体民族志微型实验
——一个白族人宗教信仰的"裸呈"及其解读和反思*

段绍升** 朱炳祥 刘海涛***

【摘要】 本文是"主体民族志"的一项微型实验,旨在通过"第一主体"关于宗教问题讲述的直接呈现,"第二主体"解读过程的曲折显示,"第三主体"审读意见的公开展出,提出一种新的民族志文本方式,以回应后现代实验民族志"对话性文本"所面临的"两种危险"和"一种批评"困境,进而走出"表述的危机"。

一 缘起:"第二主体"自述

我自1999年底至今在云南省大理周城白族村一共进行了700多天的田野工作,其中包括2000年为期一年的完整周期。我是当了教授以后去周城白族村做田野工作的,目的并非完成博士学位论文,以便谋求某种教职;也不是出人头地,享受名望的光环。我做田野工作的原动力来自1987年的一次思想觉醒,那是一个痛苦的思考过程,自此我将对"人"(作为文化的人)的研究作为我的学术研究的自觉选择。我的田野工作没有模仿马林诺夫斯基的所谓"科学"方法,其原因有三:第一,我认识到"参与观察"与"访谈"(包括下文述

---

* 原载《民族研究》2015年第1期,本次按照三位作者投稿的原始稿件收入文集。
** 段绍升,云南省大理市喜洲镇周城村村民。
*** 刘海涛,中国社会科学院民族学与人类学研究所研究员。

及的后现代"对话"的方法）只是作者按照自己设置的问题去"看"（观察）去"听"（访谈），并非当地人及当地文化的直接显示。在运用这些方法时，民族志学者与当地人犹如双人舞中的当事者，他们在快乐的旋转中相互之间是"测不准"对方的。我认为，《西太平洋的航海者》这一类所谓"科学民族志"作品的每一处，都应该加上"我认为""我看见""我听说""我疑问""我感叹"这一类词语，方不至于将民族志学者所表述的替代那里实际存在的。第二，我认为，现代人类学在创构之初就滞后于那个时代的思想步伐。就拿现代人类学诞生的1922年来说，人类学有马林诺夫斯基的《西太平洋的航海者》与拉德克利夫—布朗的《安达曼岛民》问世，其他学科也有一些重要事件发生：在哲学领域，维特根斯坦《逻辑实证论》面世；在文学领域，乔伊斯的《尤利西斯》出版，普鲁斯特的《追忆逝水流年》第二卷出版，卡夫卡的《城堡》写于此年，艾略特的《荒原》、里尔克的《杜伊诺哀歌》、瓦雷里的《幻美集》都在这一年发表；在语言学领域，索绪尔的《普通语言学教程》出了第二版；在历史哲学领域，斯宾格勒的《西方的没落》出版，如此等等。这些作品以及同时代的更多作品所反映出的20世纪的时代精神已经不再追求从文艺复兴至19世纪所崇尚的"科学"精神了，而是有一种强烈的反思与批判的时代意识。20世纪的各门学科研究工作的基础都在更新，这种更新总的趋向是"由外向内"转变。如物理学领域中的"相对论是为通达自然本身的道路提供条件的理论"；生物学领域中抛弃了机械论与活力论的种种规定，"深入这种种规定之后进行追问，要重新规定生命体之为生命体的存在方式"；在具有历史学性质的精神科学中，"直趋历史现实本身的倾向日益强烈"[①]。而人类学对于异文化的研究至今为止并没有进入"内部"，只是学者们在外围转悠而不重视当地文化的自身呈现。第三，我对服务于殖民主义的理论与方法有一种憎恶感，这是我的情感取向。我知道这是非理性的，对学术研究不利，但它的确存在，我不能隐瞒。

---

① ［德］海德格尔：《存在与时间》，陈嘉映等译，生活·读书·新知三联书店1987年版，第13页。

后来，我读到后现代人类学家的著述以及一些实验民族志作品，他们对"科学民族志"的批评与反思在我心中引发共鸣。但我很快发现这些作品因作者所持西方文化的立场、观点与方法的介入，在批判经典民族志的"诗学与政治学"特征的同时，无法进行自我批判。"对话性文本"是后现代实验民族志典型形态之一，仅以德耶尔的《摩洛哥对话》为例来说明。① 德耶尔尖锐批评"科学民族志"为研究主体（西方"自我"）创造了一个与研究主体严格区别的客体（非西方"他者"），而为了使田野材料与"科学"的学术规范削足适履地一致起来，人类学家舍弃了与主题无关的细节材料，又将分离的事件联结起来，并且忽略了年代学。为此，他摆脱传统，创构了一种"事件+对话"主题（"event + dialogues" motif）的"对话性文本"②。在这种民族志文本中，作者已经没有殖民时代那种"白种欧洲男性"的傲然，他们意在运用对话的方式来消解传统的话语霸权，消除田野工作和民族志写作中"自我"与"他者"对立（即西方文化与非西方文化对立）。他们作出了贡献，却也存在着无法摆脱的困境。第一，在《摩洛哥对话》中，作者引以为豪且被宣称为民族志独特方法的"经验"，是"自我"与"他者"相遇的经验。当作者将这种经验转变为文本时，民族志作品的主体部分已经不是异文化的描述，而是田野工作经验的书写，"民族志"就变成了"田野志"。第二，传统民族志总是希望从某一处田野提升与概括出一个新的命题，以便与既有的理论进行对话；而"对话性文本"由于研究对象已经不同，就不再具有这种意识。因此，这一类"田野志"除了在方法上的创新之外，对异文化研究的理论意图是不明确的，或者说是不关

---

① Kevin Dwyer, *Morocco Dialogues: Anthropology in Question*, Prospect Heights: Waveland Press, 1987. 其他例证可参见 Vincent Crapanzano, *Tuhami: Portrait of a Moroccan*, Chicago: University of Chicago Press, 1980; Jean-Paul Dumont, *The Headman and I*, Prospect Heights: Waveland Press, 1992. 另外，虽非"对话性文本"，但却同样是全部或局部田野经验书写的文本，如 Paul Rabinow, *Reflections Fieldwork in Morocco*. Berkeley and Los Angeles: University of California Press, 1977; Marjorie Shostak, *Nisa: The Life and Words of a! Kung Woman*, Cambridge, Massachusetts: Harvard University Press, 1981.

② Kevin Dwyer, *Morocco Dialogues: Anthropology in Question*, Prospect Heights: Waveland Press, 1987, pp. 15–18.

注的。如另一部对话性文本《图哈米：一位摩洛哥人的肖像》的作者克位潘扎诺就说道，他的研究理想是认为人类学应该引导我们去提问而不是去证实我们自己的假设（not to confirm our own presumptions）。① 第三，在田野中，依然是民族志学者设置了问题，"事实"是被"问"出来的，并非当地人自觉地直接呈现的；而在书斋中完成的民族志写作，"对话"又是民族志学者"编辑"的，当地人并未参加。故而"双重表述"只是表面，深层仍然是学者们的单一叙事。以上三个方面，就是马尔库塞和费彻尔所指出的"对话性文本"需要应对的"两种危险"和"一种批评"：

> 一种危险是现代主义的探究可能不知不觉地陷入田野经验的公开表白和忏悔之中；另一种危险是，它可能不知不觉地陷入衰弱的虚无主义之中，使得我们不可能从民族志经验概括和归纳出任何东西。这两种危险总的来说都是变人类学者与被研究者之间的对话为唯一的或者首要的研究旨趣。如果民族志文本如此做，那它们便不成其为民族志了。最近的一种批评已经提出，既然民族志作者终究是掌握笔杆子的人，那么现代主义实验所表述的就不是真实的对话。②

这就使后现代民族志作品依然没有走出他们所批评的经典民族志的"表述的危机"。虽然其后人类学向着各个方面不断探索，但这个20世纪末留下来的问题并没有得到根本解决。

"真正的科学'运动'是通过修正基本概念的方式发生的……一门科学在何种程度上能够承受其基本概念的危机，这一点规定着这门科学的水平。"③ 人类学这门年轻学科当前遇到的危机就是"表述的

---

① Vincent Crapanzano, *Tuhami*: *Portrait of a Moroccan*, Chicago: University of Chicago Press, 1980, p. 14.
② ［美］马尔库塞、费彻尔:《作为文化批评的人类学》，王铭铭等译，生活·读书·新知三联书店1998年版，第102—103页。
③ ［德］海德格尔:《存在与时间》，陈嘉映等译，生活·读书·新知三联书店1987年版，第12页。

危机",人类学学科并没有被这种危机压垮,它承受了这种危机并努力消解着这种危机。我的思考正是从这里开始提出了"主体民族志"概念,意在将民族志田野工作与写作过程中的三重主体作为一个相互关联的整体,采取直接呈现(裸呈)的方式,以此来应对后现代"对话性文本"在推进民族志的进展中所遭遇的困境。本文是一部微型民族志,以"第一主体"(白族村民段绍升)关于宗教信仰讲述的"裸呈"以及第二主体(民族志者朱炳祥)的解读和第三主体(读者和评论家刘海涛)的评论来进行这种实验。

二 "第一主体"陈述①

(一)"神鬼我不相信"

神鬼我不相信。我见过两次"鬼",但我解开了。

幼儿时期见着我们家族里面有一个我的爷爷辈的这么一个,他在吃每顿饭时都把第一碗舀起,高高举起,说南无阿弥陀佛,他还说些什么记不得了,以后再坐拢吃饭。因为他们家里是我们周城这一带唯一的食馆,在公路边,像模像样一点的食馆,旧社会的时候。他孙孙是我的同龄人,现在西安有色金属研究所,也退休了。我们是一个家族的,也在他家吃了不少饭,经常看见他那种行为。他们家的楼上窗户里边有一些佛爷爷,有好几个,实际上是铜的,我们那时以为是金子的。小时候看得很神秘。柜子里也放着一些书籍对联之类,他们家的古董放到柜子里面。

但有那么一次那个院子烧起来了,他倒是从公路边的食馆里面去了。他以为其他在家里面的同院的人把它烧起来的。他拿了一个棒棒,跑上来,说谁把它烧起来的就要把他拉到火里面一同烧死。他很愤怒地就这么叫,一面救火,一面叫。救不起来了,整个院都烧完了。那一次,可以说是我儿时最恐怖的一次。最后查对起来,结果是从他那个佛爷爷前面的香炉烧起来的。在家里的人听见就像飞机声

---

① 从2000年至本文发稿时段绍升的讲述共有56次,田野录音资料整理共有50多万字。在这个微型实验文本中,仅仅节录了9000多字关于宗教的讲述。

音——过去抗日战争的时候经常有飞机，就是美国的飞虎队，也曾经有被击毁的飞机掉落在我们这一片。他们听见"嗡嗡嗡"，以为是飞机，再听听又不是，一打开门西边那房子就是那个佛爷爷的那个位置上已经烧红了。把整个院子里的人都叫起来，发动起来，已经没有办法救了。因为他那个房子已经很古老，再加上是土木结构，木头的东西很易燃。他认为其他人失了火，说谁烧起来就拖出来丢在火里一起烧死。核对下来就是那个香炉引起的火灾。大家就说是他把它烧起来了，既然这样，大家就要把他丢到火里边。他也害怕了，逃掉了。

  从那件事开始，就产生了对这些迷信活动的思考，觉得不可信。如果说那几个佛爷爷威力无比，应该得好报，但恰好是他那个地方烧起来了。儿时当然也不敢发什么议论，心里想这些不起作用，所以对佛爷爷的信仰就开始产生了动摇。再加上长大一点到学校里老师们的教育。再加上银相寺，有很多佛爷爷，我们教室也有很多佛爷爷，在佛龛下面摆桌子上课，老师上课说不要怕，这些是泥塑的。后来要扩大一些教室，就推翻了。把最神秘的魁神，楼上，有一个魁阁楼，上面是魁神，下面是财神。那个样子我至今还记得很清晰。财神也要推倒。那些事我都参加了。尤其是魁神要拉下来，用打井水的绳子就把它套起来，一拉它就跌下来了。还有，也是为了腾出教室，学生人数多起来了，就把第一道大门两边的两个佛爷爷，实际上就是哼哈二将，推倒了。推倒的时候我们都参加了。

  紧接着离银相寺后面一点点，那西北角又有一个寺庙，就是北本主庙。有柏子树很高，很密，大概有五几亩①都种满了柏子树，学校要把这个寺庙利用上。旧社会的时候已经占用这个北本主庙，当区政府用，也当过保公所。那里杜朝选②也在，北方的房子楼上没有佛爷爷，就利用它办公，也住着一些保安之类的。每年春节要唱戏，把城里面的戏班子请下来也住在寺庙里面。我们学校要扩建的时候也就利用上它了。我就记得杜朝选、大娘娘都是用木头雕刻着的。每个佛爷爷中间是一根木头，周围是草绳，其他是泥巴。木头挖空了，放一些

---

① "五几亩"即五亩几。
② "杜朝选"为周城村本主神。

宝器，是一些银制品，不是金的，不大，比较小，价值就值现在的几十块，不是很贵重。所以从那个时期开始就逐步对这些东西不信了。把它推倒了，也不见得有什么事。而且杜朝选庙里都是木头雕刻的，背到学校里来，有一个炊事员，现在我都还记得，体质比较好，就拿大斧头砍，我们在旁边看。他什么都不怕，而且用来煮狗肉。

在那样一种环境下成长，对于封建迷信社会上有一套，主要还是信仰了学校老师的教育，是唯物主义不是唯心主义。"文化大革命"中破四旧把这些封建迷信破掉，思想里面同意，也有这种观点。

我们同村有一个，周城对他也比较迷信的一个，就等于是神汉，信他的人很多。他门口常常停着高级轿车，甚至部队里面的车都有。他说得很灵很神。他是我的学生，我当民办教师时，他是三乙班的学生之一。他对我还是比较好的，他读书的时候，他的学习成绩是中下，但是做好事他是第一人。比如说我说教室打扫得不像样，要重新整理，哪一个吃了早饭，来把他弄一弄好不好，具体的哪一个来做？第一个举手的就是他，而且他实实在在地完成了。又如有一次，我们那个很简陋，用石头砌成的单墙倒了，这个要把它砌起来。他说：段老师，我来砌，我吃了早饭以后马上就把它砌起来。我出来一看，确实是。我问哪个砌的，他说：是我。他就怕我问到他信什么教。他脑子很灵。他马上来一个主动地给我答复。他说，段老师，"教"不一定是什么教，我这个很奇怪，我只要一说就算，是一种脑子的灵感，是神圣的东西给你的一种灵感。他来，让我给他祈祷，给他求，他出了什么事，什么原因？哦 ，这个肯定是遭了火灾，所以我就要在火灾方面怎么来认识说上一通，恰好正是他家出了火灾。这个人的娃娃可能死了。我就这么……他又说，啊——，这一种忙得很，天上开会。他说出了这么一句。我说，天上开什么会？他说，基本上人都齐了，就等我。他在我面前还装神弄鬼地说了那么几句。问他天上什么人开会，他说，马克思、恩格斯、列宁、斯大林、毛泽东、周恩来、朱德、陈毅，他恰好说了九个人。"还等你？是十个人的会议？"他说："是是是。"（笑）对于他的那种信仰，他自己也说不是什么教。那个就是迷信的东西，他自己也说不清。我想，你是他们的士兵都还不够,他们的卫士还不够,通信兵也不够,人家还等你?

但他这种也有对社会好处的一面。因为人家一般找他的人,就是家里出了不愉快的事的人,他弄来弄去,不一定一句话就说得准确,他这样问那样问就会套出来一些话。他用些套话把人家套出来了。比方说,他是跳到水里面去自杀的,他就会说,啊——,这个人现在已经活到36岁,本来18岁的时候就应该死了。他是不是那个时候病过一次?他们就细细一想,当然这个人十七八岁时也可能有点事。但是你们对他太疼爱了。"因为我舍不得你们,"他以那个人的口气说,"我如果现在不这样死的话,以后就会给你们带来什么什么灾难。"让人家的心理就平衡了。他虽然死了,还给我们家里带来个平安,好像这样就给人家起到平衡作用。或者人家里有病,无奈了去找他。他说有解有解,好办,你们到红山本主那里去敬香,因为红山本主的兵对你们有一点干扰,你们只要去那里敬一次香。他又得了几个钱,也让人家心理上平衡了。

这种我根本不信!但为什么有史以来,历代都有这种历史记载?对封建迷信都反对,但这一直还存在。他存在的原因何在?为什么在老百姓里边根深蒂固,世世代代不可磨灭?总之对人们的心理平衡起到作用,对社会的稳定起到作用。但也有对社会动乱起作用的,也有这样的事例,当然那一种就要用法律来制裁。但只要对社会没有起坏的作用,对人们的心理起到平衡作用,你有你的一点信仰。[①]

(二)"我们两个本主都敬"

我们两个本主都敬,南方广[②]去南本主庙,北方广去龙泉寺,因为原来杜朝选庙被占用成学校了,所以在龙泉寺。我们属于北本主庙,现在大年初二两边都敬,过去几个姓苏、周、桂、杨的在北本主庙敬。重大的事情以隆重的形式敬北本主,南本主用几个老妈妈去敬一敬。我们以隆重的仪式敬南本主,不是距离的原因,从距离来说,

---

① 2007年2月12日上午讲述。

② "南方广"指"南方广莲池会",下文"北方广"指"北方广莲池会",皆为周城女性参加的宗教组织。

南本主庙还远一些。但是包括大充路那边盖房子都要以南本主庙为主。但本主节全村又敬北本主。①

海东有个红山本主,我经常跟他们开玩笑,既然是红山的本主,我们还要去敬他?如果敬本地的山神土地还差不多,他是管我们这一片,保我们的安宁。我们又不是红山,我们是苍山,去敬人家的本主有什么意思?他们说那个很怪,管辖的范围很广,我们这儿对他很信奉。那边叫红山,但下面那个村也不叫作红家村,而叫双廊。就是在南诏风情岛旁边。每年四月十五去敬。1946年我爷爷病倒在床上,没有办法,他们说要去那边敬一敬,就请我的外公帮我们去,还有我爷爷下面有一个兄弟,我们叫他二爷二爷的,也帮我们去。那个时候交通不方便,当天去,敬了以后就回不来了,就住了一晚上。我记得那么一回事。但是我们也好几年没有去了,新中国成立以前就去了那么一次,当然也没有把我的爷爷救活过来。敬还是白去了,我的爷爷1946年还是不在了。这是事实,但心理上还是要去敬一敬。

年底还敬山神,那天朱教授看到没有,还是有些人吧?那是一个月的时间,天天都有人,还有好几处,每天都有四五十家这么敬,那么敬。家家户户都少不了公鸡,少不了肉,少不了鱼,拿着鸡蛋、鸭蛋这样去敬。②

我去过几次红山本主庙,因为儿子媳妇要去。爸爸你和我们去,我如果不信就不去,就不和他们打成一片也不好。而且他们有一种寄托,有一些唯心思想的人对家里的孝敬这些起码稍稍有些好处,不是说绝对的坏,而且迎合了他们的心理。但我基本上不磕头。如果他们弄不开,没有人给他们在佛爷爷面前说一些讨好的话,祝贺的话,我可以顶替。我也给他们说一些哀求的话,就给他们万事如意啊,心想事成啊,空手出门抱财回家啊,养鸡鸡就像凤凰,养猪猪就大如象等等那些,弄上一些,(笑)这样起到安慰的作用。

我们每次家里面有大点事也到本主庙去进香。我思想里面不信,但是人家去我硬翘翘的这么一个人不去,就和家族的人搭不拢

---

① 2004年8月8日中午讲述。
② 2002年2月18日下午讲述。

了。所以我迎合人家的心理也去。人家这么叫我也这么叫："打开猪头，段氏门中吃不愁用不愁；打开鸡蛋，段氏门中大发大旺；打开鸭蛋，段氏门中平平安安；红干那，绿干那，段氏门中金银财宝堆满仓。"有时我也顺口说一些，因为他考上大学了，我们这儿也请一些客，敬一点香，也说一些话。求学者，金榜题名，求官者，步步高升。

如果不和他们打成一片，偏偏要这样，不跟他们走，思想也苦恼，也搞得孤独。包括老大①在农村里面生活，他也要和人家打成一片，不得不参加这些活动。但他不宣扬。基本就是这样。也有例子，机关里回来一个。他很认真，信马列，封建迷信不信，磕头也不磕，好像丢了共产党员的人格。最后很孤立很孤独。这一方面我父亲的认识和我有点不同。他是唯物主义者，不信。死了人，我们是不是问吊一下？他说问吊可以，我最害怕磕头。有一次我和他交流：我的看法是这样，这是一种礼节，死人了，做给活人看。我们是尊重人家。这是一个礼节，死了就平等。我们正统的礼节是鞠躬，或者行礼，但是老百姓磕头也是礼节。人家都磕头，我们在那里敬礼，我们在那里鞠躬，相反就不好看，就尴尬。人家磕头我们也磕头。他沉默了，微微地笑笑。大姑妈死了，我说这个一定要磕头。（笑）他说就怕跪下去站不起来。（我说）我负责招呼你。就到河邑城去了。哦——，我爸爸那个人，他过去唱戏都唱过，他的那一套做起来，作揖啦，磕头啦，样子做得多认真！就像一个演员，多标准！一般人都不像他那个。恭恭敬敬，不磕就不磕，磕起来相当标准，很稳重，是一个舞台动作。（笑）②

我哥哥也不敬香，也不磕头。但三个娃娃，两个大学，一个中专，好上加好。按迷信，他们要受到惩罚，但他们很好。（我媳妇说）这是些唯心的东西，信它干啥？但我又对她说，最好参加莲池会，和大家打成一片，人家敬香我们也敬香，不管有没有作用。她说，不信，为什么要这样做。我说因为心理的平衡，没有办法的办

---

① 段绍升长子段晓云时为周城村党总支书记。
② 2007年2月12日上午讲述。

法，好像上天安排的，注定的。现在来说，唯心的东西对社会和谐有好处。

我想把这些东西想出来的，是聪明人，想出来的人，他肯定不信，是为了社会服务的方法。如送鬼，有几个客要送走，否则就不得安宁。社会上不三不四的人找麻烦，只能忍让。如要饭的，你还是说一点好话，少给一点。你指责他，骂他，那么就可能为你家带来不好的后果。他来收拾你，小事成大事。所以对社会稳定有它的作用。起到和谐稳定的作用。①

普遍的就是它到人家的家里面，人家有病请人看，就说有鬼，那都是尤头鬼。就像社会上的流窜犯，也要送。我们家没有送过，我想想……基本上没有送过，我们家不信。但好多人都信这个，要送鬼。我有一个朋友，他信，但他也不送。他给我这样说，他说这一段我们家不安宁，家里有鬼，请了个神婆看，她说我们家有三个，三个鬼。（笑）怎么办，得送。他的娃娃们说要送，他的爱人也说要送，既然看出有鬼非送不可。他说不送，我就是不送，他说你一送，它干惯了，这些鬼。（笑）结果我就是不送，结果隔了三天，那几个鬼饿得不得了。他住西坊房子，他说那几个鬼到他二婶那里去了，北坊房子去了。结果他们北坊马上送。一看，他们家有三个鬼。他说这三个鬼实际上我们没有送。他跟我说得神乎其神的。他说我们家就是不送，就让它饿个够，不让它吃东西。它本来住西坊，它就跑到北坊来了，就是另一家。以后我二婶家，马上就送，好好地送。结果她更糟糕了，一送，原先是三个，后来又进来五个。（大笑，大笑不止）他说五个送出去又进来七个。他说不要送，我们家不送，就不敢来。因为他不送，鬼就不来骚扰他了，他们家也就没有事了，病也不病了。但是北坊不得安宁。因为这一家马上送，它就觉得西边这一家欺侮不了，北边这一家好欺侮。鬼拿他没有办法。那个人很好玩，现在不在世了。他是相信有，但是在相信有的当中，他就来一个以恶制恶。你恶我比你恶，你要吃，我就不给你吃。②

---

① 2006年7月17日上午讲述。
② 2002年1月30日晚上讲述。

(三)"老公公出现了"

这段时间到底我们段家的事还有什么一些故事性的东西,当然这是偶然的巧合,2000年6月15日,农历的,你也去了①,我是在最后。最后扫尾的时候,家族里面的我的叔叔这个也在那里收拾。我说你先去嘛,我在后面再等一下。我看见他在那里收拾东西,我认为我来收拾,他是我的长辈。他说不必,我还有事。我说你有什么事?他说我要给龙王爷,——就是我们那个老公公,要挂一个红。他家里这几年不顺。他请算命先生,巫婆神汉,到底是那些人说什么我不知道,他说请人看了以后,看出来要给龙王挂挂红,谢谢(龙王)。他们好像得罪了龙王爷②,他的娃娃,小孙女长一些疮,一摸水就马上皮肤反应。这么一回事。为了达到他心理平衡,我也就给龙王爷祈求,我说龙王爷,我们的老公公,你要给我们行行好,我们的叔叔家,如果有什么得罪了你,你饶他算了。我那个说法,有一点对他是一个安慰,我也为他说好话。我的思想里面也有一点奇怪……③

怎么办呢,还得继续修,有些人忍不下这口气:他不修我修!不像话。难道就少你不成。结果就由出姓的一个兄弟把它完成。那么如果讲迷信呢,这个人很顺当。那个时候他的儿子还没有毕业,毕业以后很好,讨了一个媳妇也很好。是大理人,家里各方面的发展都很顺当。

而原先这个已经承担了,为了这样一些事情他逃跑。那一天他④在那边要挂一道红,说他家里面什么事,当然我也不好追究谁帮你看的这个事。我还觉得这个人说得很神,他确实是得罪了我们的龙王爷。像他那种态度,对我们的祖宗不忠了嘛。(笑)当然我说这个事,也不是说……我本身那么多年的共产党员,受党的教育,我也不

---

① 指我参加2000年农历六月十五段氏龙王节。
② 段氏宗族二世祖段隆被尊为"治水龙王"。
③ 以下讲述的是家族中一位成员开头承诺修龙王庙,后来半途而废导致家庭遭灾之事。
④ 指段绍升的叔叔。

信神。这些东西在一个地区有这么一种信仰，它有一种凝聚力。而且从我们这儿朱教授你们都知道，包括我们整个村的本主杜朝选，他是为民除害，我们把他树为本主。我们这个村谁也不姓杜。有个姓杜的人为我们做了好事我们就要把他追称为本主，这对后人有好处。对你们，包括其他外来人为我们这儿做好事的人，都有一种启发，周城还有这个异姓，你只要为人家做了好事，对你还要这样的追念。这是一种美德。我们这个祖先，他不是一个恶棍，他不是一个大恶霸，他是一个勤勤恳恳的农民，他开垦了良田，他开辟了水利，这个怎么不应该受到后人的尊敬呢？这个当然要受到后人的尊敬。勤勤恳恳地劳动，为地方为后人做好事。这是故事当中的故事。——那一天这个事发生在你们走了以后。挂红挂一个红带子，烧香，祈祷。他跟我说的这件事。我本来也不相信这些事。但……①有一种唯心的在里面，占了我们的风水②，段家的都发不起来。这家也正是占了风水。老大盖了房子，老二也批了房基地。

过去龙王庙是一个小庙，有一块碑，有一个把我们的祖先的碑背回来了，那家就生病了。后来1973—1974年背上去了，又竖起来了。……（又）有个放牛娃，把神像的手弄下来了，后来就生病了。看出来是这个事，又规规矩矩修好了，那家请人去修。听着的人说祖先的英灵还在。

……有人提出塑个像，建个房子。第一天从祖先牌位往下挖时，下边有条30公分长的小蛇，红色的。段继兰看见，说是我们的老公公。他们就去敬香，就用筛子把它拿在盘子里面。段应龙说：老公公出现了，我给你们讲故事，讲朝珠花的故事。讲着讲着老公公不知什么时候就不见了，本来放在盘子里的，很神奇。个个磕头。火把节那天，段继兰还提起这件事。那条小蛇红色，脊梁上长满了刺一样的图案。

第一次塑神像，请人塑了一座，庙修好了，就搬迁神像，那一天仪式很隆重。我没参加。他们说我们老三去背神像，老三后来发展很

---

① 以上为2002年2月18日下午讲述。
② 指有一个家族占了段氏宗族在苍山上的坟地，这块坟地风水好。

好，我们这一带叫他财神爷。[1]

（四）"有一种信仰对社会有好处"

小时候吃饭的时候，泼饭，不爱惜粮食，下雨雷响就怕，妈妈就会说，不怕不怕，给老天爷说，我们错了，这次我们泼饭了，以后不了，雷就不响了。就想老天爷连泼饭也知道。还有，小时候也爱学大人，用镰刀削一些东西。没有什么玩的，喜欢玩陀螺。小时候娃娃玩的东西也不多，好多东西要制造。但我现在想正因为制造，自己要学着做，哪怕剁着手，在实践中磨炼，过去的人，什么都懂一点，与那些有关。削那些陀螺的时候，哪边方便就哪边剁。在门槛上一剁，哦——，这还了得。门槛你剁一刀我剁一刀就剁烂了，但是他不这么说，为什么不能剁，只简单地说上一句，你在门槛子上用砍刀剁，下一辈子就要缺鼻子，就是鼻子长不拢。（笑）那个难看，所以就剁不得了。用这样的方法很灵，谁也不敢了。一些小动物，抓了一只蝴蝶，一只蜜蜂，就把它弄死。尤其是蝴蝶，好看，尤其是我们这边蝴蝶泉，那个时期的蝴蝶比现在多得多，在我们幼儿的时候，也爱抓蝴蝶，跑来跑去抓。当然老年人说这个蝴蝶飞来飞去多好看，你这个抓一个把它弄死，那个抓一个把它弄死，所以他就想一个办法：哦——，做不得，你弄死蝴蝶你妈妈就会挤不出奶来。就很害怕。它就起到了对小动物的一种保护作用。以后好像打雷，就害怕，就跪下磕头，向老天爷求饶，以后吃饭就不敢泼饭。把饭吃完，把碗舔得干干净净。敬饭得饭吃，敬衣得衣穿。而且观察到，真正有一种信仰的人他不做坏事，做善事。

社会上的生活、生存逐步观察，就又感到了，逐步对它又有了新的认识。例如杜朝选，那个时候我们手上把它弄倒了，后来人家还是把它竖上了。再听听杜朝选的故事，又有了那样的感觉。他是为民除害，做了好事的人就要得到后人的尊崇，这个是弘扬正气的表现。

再加上看见社会上的不伦不类的事，尤其是社会道德不如过去的

---

[1] 以上为2006年7月24日讲述。

人。我们这一辈的人就不抵上几辈的人，而我们后辈人更不如我们这一辈人，我们觉得很看不惯。比如我爷爷喂猪，猪死了，就把它弄得远远的。起码有个道德，不要把它丢在人群多的地方。家里的扫地灰就有一个箩箩扫在里面，不像现在这样的污染。现在年轻妇女扫了倒在充充巷巷里，如果信仰上帝的人他就不这样做，或者他信正儿八经的马列，他也不这样做。但他什么信仰也没有，他既不懂马列，也不信宗教迷信，什么都不信。

以我个人的看法，人在社会里面，现在提出要搞和谐社会，怎么和谐起来？这些宗教信仰，我的想法，他要有一种信仰，用正确的信仰来指导他的思想，对社会有好处，这些信仰弥补了法律的不足。因为人们把社会上的事情归结为天、地、人，靠天时、地利、人和。一个家庭没有一个好的社会环境就是有天大的本事也发展不起来，这个是天。地，有一个好的生存的地区。例如我们这里有区位的优势，我们有苍山洱海，大气候搞旅游，我们又在蝴蝶泉风景区的边上，就是地利。人和，要有一个统一的认识，我们要搞旅游业，怎么把旅游业搞上去？人和里面上级和下级相比上级重要，领导和群众相比还是领导重要。领导起这个头的作用，可以左右村寨的发展的思想正确如何。能不能统一，能不能一致，这就是人和了么，一致了就是人和了。天地人缺一不可。有的归结到天理、国法、人情。有些事三个在一条线上，但又不可能绝对在一条线上，有的产生矛盾。如《水浒》里面梁山好汉，一百零八将，他们大理上是正义，所以他们才那样做，他们才杀了人，但是国法上不容，他是杀人犯，有些是盗窃犯。某些人太坏了，弄死他，作为人情天理对这个地区稳定有好处，但国法上不容。只要有正当理由，你就可以杀人，任何朝代国法都不可能这样定。所以这些东西（宗教），对于稳定社会，明的暗的、说不清的正好弥补了法律所不能达到的东西。宗教信仰起到这方面的作用。

又比如说，我们这儿过去祖传的一个村子除了两个本主庙以外，还有龙泉寺，过去不理解匾上的"三教同元"，不认识它的时候只知道是封建迷信的东西，后来对它产生了兴趣。我们的先辈们三教同元里面的内涵很深。佛教道教儒教三教都合在一起。过去我不敢这么说，现在正确不正确是一回事，这与当地的各党派的联合很相似。佛教有自己的教规教义，道教有道教的，互相之间不是完全的统一，但大同小异。大同在什么地方，就是如何做贡献，做好事，就是善有善报，恶有恶报。不是不报，时间未到。有这样的认识以后对社会的稳定多好。小异：教规有一点矛盾，那个是各人的理解不同。我们的前人塑造这些东西，又崇拜文昌了，又崇拜关公了。那些他有他的故事，只要崇拜关公就会讲义气，讲忠诚，诚实。与现在归纳为诚信又有什么区别呢？所以社会的组成是很复杂的，用这些东西来统一人们有好处。

这是在社会实践中的感知，以后才对它又有新的认识。我就说只要他——信哪一教不管，只要他把那一教信得真真实实，他就按照那一教的教规教义来行事，那么对社会肯定是有好处的，对他本人肯定是有好处的。你不要不伦不类。有一次我们家请人念经，苏法师，他念经我倒确实不懂。一起吃一顿饭的时候，因为我过去是斗批改领导小组组长，曾经是那么几年的治安主任，也曾经是公安人员，我发觉他们对我的眼光，我是一个很正统的唯物主义者，对他们这些我肯定是反对的。我只是为了避免他们与我的隔阂，所以我就说，苏法师，人只要有一种信仰就好办，人就怕他没有信仰。就像苏法师你们这个也是一种信仰。到底你们这个是佛教还是道教，他答应我是道教。

所以更崇拜伟大领袖毛主席，中国共产党，本来他是唯物主义的，为什么第一部宪法把宗教信仰自由制订到宪法里面？这个对社会稳定有好处。如果只要你不相信的就要扑灭，对社会没有好处。例如伊拉克，（美国）好像就是想扑灭它，信仰入迷了，可以为你死。伊拉克与美国那么强大的武力相比，它算老几。但是给美国、给英国造成了很大的麻烦。造成了几千亿美金的损失，人在伊拉克死了三千多。为什么呢？因为有那些信仰的人为那个信仰而死。今天自杀性爆炸明天自杀性爆炸。如果能以和谐这一种，沟通这一种，他有他的信仰让他自由，多沟通，一次沟通不了两次，两次沟通不了三次，逐渐走拢了就好了嘛。过去我们与美国之间关系不好，后来反对苏修，毛主席还说了一些过头的话，要反对一万年，后来减掉了两千年，八千年。实际上没有那么回事,不到那么长,我们也就和好了。和好了多好呢!他们一些技术,和则双赢。美国也是。我们有很多产品出口给他,他的很多先进一点我们需要的东西把它弄进来,你信仰你的,我信仰我的,以和谐来沟通。所以我的认识就是宗教信仰应该让它存在。不是提倡,让他自由的自生自灭,如果它不对,他会灭亡。如果他这个很对,对社会对人有好处,它会发扬光大。现在才更回味毛主席信教自由,有它的道理。①

三　目的论的宗教观:"第二主体"解读②

我对段绍升关于宗教信仰讲述的解读经历了一个思想过程。马克斯·韦伯的宗教观是我所不满意的,但它启迪了我进行反向思维。韦伯曾提出"世界的祛魅"的著名观点,认为:"我们的时代是一个世界理性化、智化,特别是祛魅的时代。""就是说,知道或者相信:只要想知道什么,随时都可以知道,原则上没有从中作梗的神秘不可测的力量;原则上说,可以借助计算把握万物。这却意味着世界的祛魅——从魔幻中解脱出来。……技术手段与计算使人祛魅。这是理智化本身的主要意义。"③韦伯这种看法脱不开单线进化论的嫌疑。在当代的现实生活中,宗教并没有随着科学的发展、经济理性主义的高涨而消失,甚至也没有消失的迹象。"在当代日益高涨的世俗化潮流中,宗教几乎仍是文化的普遍属性"。④

功能主义理论也是我没有采用的。表面上看来,段绍升的宗教观好像是崇尚有用性,这诚然不错,但功能主义"重文化对于人类生活

---

① 2007年2月12日上午讲述。
② 在完整的"主体民族志"中,这一部分解读是与第一主体的讲述同样重要的,应占更大的篇幅,问题也应得到更详尽而全面的展开。而在微型文本中,本节仅是一种示意式表述。
③ [德]马克斯·韦伯:《以学术为业》,载《韦伯文集》(上),王容芬译,中国广播电视出版社2000年版,第102、83页。
④ [美]罗伯特·墨菲:《文化与社会人类学引论》,王卓君等译,商务印书馆1991年版,第205页。

之效用及功能",主张"人类之目的在生活,此乃生物界之常态,文化乃人类用以达到此目的之手段"。① 在我的观念中,功能主义把问题说反了:人的文化创构的目的并不在于衣食住行、饮食男女之类的生活,而在于创造实现自身的意义世界,这是人之所以为人的本质特征。

于是我尝试综合马克斯·缪勒和涂尔干的宗教起源理论来解释段绍升的宗教观。马克斯·缪勒在《宗教的起源与发展》中提出过宗教起源于"把握无限"的问题②,涂尔干在《宗教生活的基本形式》中就认为宗教发源于群体生活。③ 在当代人的现实生活中,无论是"自然"还是"社会",都并未因为科学技术的发展而使"无限"的领域消失。老天怎么总是下雨?地里的苞谷没收成怎么办?孩子高考不知能否上个好大学这可以在村人面前露一露脸?出门打工能否赚到钱回来盖新房?婚姻无论是旁人介绍还是自由恋爱终归是赌一把不知运气如何?家人怎么突然就病了呢什么时候能够好起来?诸如此类的问题依然是我们无法得知的"无限"领域。我们不能在日常生活中把握它,我们起码可以在敬神的思想实践中达到某种心理平衡与暗示效果。因此,神灵观念在这里有着继续存在的空间。

这种单一解释当然是表层的,因为段绍升的信仰充满矛盾性。一方面,他自认"是一个很正统的唯物主义者",并且用一种逻辑严密的理性认知方式证明鬼神并不存在:①敬神的人(家族中的一位爷爷)不仅没有受到神的保佑,反倒是遭了灾;②亵渎神灵的人(炊事员及学生)并未遭殃;③持无神论信仰的人(他的哥哥与父亲)都是有知识、有文化、有社会地位的人,事业发展都很好;④神职人员(村中的神汉)言语行为具有荒诞性;⑤宗教神自身的逻辑悖谬。另一方面,他又有着一种非理性思维方式,一连七个关于祖先神灵应

---

① [英]马林诺夫斯基:《文化论》,费孝通译,华夏出版社2002年版,"费孝通译序"第2页。
② [德]马克斯·缪勒:《宗教的起源与发展》,金泽译,上海人民出版社1989年版,第122页。
③ [法]爱弥尔·涂尔干:《宗教生活的基本形式》,汲喆译,上海人民出版社1999年版,第549—561页。

验的神秘事件的讲述，使得神鬼存在似乎得到了明确而清晰的肯定。在这里，我必须解释互不相容的两种观念在他的思想中是怎样统一起来的。我认为，对于段绍升来说，信仰某种东西，一定是他认为具有价值和意义的东西。而神灵特别是祖先神并非虚无，而是一种对于社会生活具有意义的精神实体。至于神灵是否作为具体事物存在，可以悬而不论。杜朝选"为民除害"，段隆"是一个勤勤恳恳的农民"，这些是真实的；段隆的"至诚"① 精神也是真实的。这些代表了白族文化的精神，代表了段氏家族的精神，它们作为一种精神实体是存在的，是有价值、有意义的。而段绍升信神敬神的目的就在于弘扬这种精神。这是一种目的论的宗教观，它可以展开为三个方面的目的性寻求：在"个人"层面上，他寻求的是：宗教可以实现个人心理平衡，不做坏事多行善举，并可以沟通人际关系，这是自我修身及与人相处之道；在"家国"层面上，他寻求的是：宗教可以安定社会人心，缓和社会矛盾，弘扬社会正气，这是理家治国之道；在"天下"层面上，他寻求的是：不同信仰集团相互沟通、相互尊重，敌对国家之间互利共赢、和谐相处，这是人类理想社会构建之道。在这种目的论的宗教之下，二者的分裂特征消失了，相互矛盾的观念得到了统一。

即使在这种目的论理解刚产生之时，我就已经认识到它不仅是一种可能的解释，而且是一种浅易的、局部的、粗略的解释，既不深刻也不全面更不精致。但只有在这里，我与段绍升在视界上出现了融合。也就是说，我之所以选取目的论的解释，是因为与我自己做人类学研究的目的论诉求相关。我做研究是对人类社会的某种终极思考与关怀使然，我试图创构新的民族志形态正是为了实现我对于"人与人之间的关系"及出于对人类社会变得更加美好有所推动的愿望，哪怕这种推动力很小很小。我在1987年的精神觉醒中所领悟到的正是这一点，这是我的学术情怀和学术情结所在，是我的生命价值与意义所在。我之所以在当教授以后的"知天命"的年龄上还要去周城白族

---

① 在段隆之孙段福的墓志铭中记载的段隆的故事有"至诚感神"语。

村进行 700 多天的田野工作，连续十数年的寒暑假都在田野中艰苦跋涉也正是为了这个。而在几千里之外的异乡异土异文化中，我通过白族村民段绍升的讲述，如果说不能全面、起码可以局部表征我自己的理想诉求。我的目的论解释带有我鲜明的个性特征，但我只能如此。我的研究既被我的精神追求所决定，也为其所限定。

当我将这篇文章寄呈《民族研究》编辑部时，我很幸运地得到责任编辑刘海涛博士的批评性意见，"第三主体"此时由隐性在场转为显性在场了。刘海涛博士的意见构成了另一种表述。

四 "第三主体"在场

朱炳祥教授在《民族研究》2011 年第 3 期、2013 年第 3 期、2014 年第 2 期上陆续发表了三篇民族志理论文章，提出了主体民族志的概念和理论体系，并就其特点与意义作出了详细的阐释与论证。作为《民族研究》的一名责任编辑，我有机会参加了这些文章的初审与编辑，其间与朱老师进行了多次讨论，提出了一些修改意见。此外，我还与他约稿，即能不能给出一个主体民族志田野个案，用具体个案来展示主体民族志的特色。朱老师经过剪裁、取舍，从上百万字的相关材料中相对完整地"切割"出了一个主体民族志微型实验（即本文），将"第一主体""第二主体""第三主体"三重主体、三个维度共置在一篇微型民族志中，用一条线索（一个白族人的宗教信仰）将其有机串接起来，由此为直观认识和理解主体民族志提供了实证基础。虽然朱老师在来信中反复提及，自认为本文很不成功，未能将三个角度真正融合在一起，但它毕竟提供了主体民族志的一种"活态"样式，其"亮点"与面临的"挑战"，可在这个微型实验中得到一定程度的展示。朱老师确定此时发表这样一篇文章，目的亦在于在学术批评与争鸣之中进一步完善主体民族志。根据主体民族志叙事话语体系的要求，在此集中摆出"第三主体"的代表即我个人的并不十分成熟的批评意见，目的则在于引发国内学界对主体民族志的进一步关注，也期待国内学界在"后现代实验民族志之后民族志如何前行"这样一个核心性的问题场域中就如何促进"新型民族志研究与实践"贡献出不同角度的解题思路和智慧。

从理论上看，主体民族志逻辑严密，自成体系，有独到的特点及亮点，为走出科学民族志、后现代实验民族志都未能解决的"表述危机"提供了一种新的解题思路，展示了主体民族志在知识论（认识论）上的重要成就，在一定程度上推进了对知识论（认识论）的深入思考。我在《民族研究》2014年第4期上刊登《民族志理论与范式专题学术研讨会综述》一文中对此有过总结，此处不再赘述。

从本文（即"活态"的主体民族志田野个案）来看，主体民族志的批评焦点之一（也是本文的重要贡献）在于后现代实验民族志的"对话体"，代之以当地人即"第一主体"的陈述与独白，以及本文作者即"第二主体"的解读、分析与概括，以及由"后台"直接走到"前台"的评审者即"第三主体"的学术批评，使用了三个主体分别且同时在场的叙事方式。作为中国版"实验民族志"的一种微型实验，本文具有后现代实验民族志的特色，推进了实验民族志在中国学界的深入探索，同时也充满了超越后现代实验民族志的新的探索精神，为中国民族志争取了更大的国际学术话语空间。这种超越在我个人看来，主要在于：主体民族志给予田野对象即"第一主体"充分的话语权，最大限度地发挥"第一主体"的主体性；同时，承认研究者即"第二主体"的主观性，并利用各种方式（包括交代研究背景，展示评判者即"第三主体"对主体民族志知识生产的规范约束）将研究者的主观性最大限度地控制在合理范围之内。也正由于主体民族志具有如上特点，它可能会面临如下挑战：

其一，主体民族志给予田野对象即"第一主体""充分"的话语权，可能依然掌握在研究者即"第二主体"的"笔杆子"之下。

就本文而言，我是初审者及读者，同时还具有另外一个特殊身份。2013年7月，我和朱老师的学生何菊博士一起去过大理周城白族村。我们与先期在此做田野的朱老师的另一个博士生杨雪共同拜访了段绍升先生，与段先生见过面，聊过天，在他家做过客。因此，我对本文"第一主体"段绍升先生有着一面之缘的直观了解。在那次大理周城之行之后，朱老师笔下的人，我头脑中的人，我直接观察到的人，现实生活中的人，对我而言，才逐次构成了一幅完整的认知"图画"。与主体民族志者认知"图画"的顺序（现实生活中的人、民族志者直接观察到的人、民族志者头脑中的人、民族志者笔下的人）①正好是相反的。作为这种特殊身份的评审者而言，自然会有这样一种特殊的期待："段绍升先生的陈述是不是被'真实'展示出来了？"

在我的印象之中，段绍升先生很健谈，也有学识，他的谈话中会有如"在这个意义上讲呢"这样的学术语句，但他讲的话毕竟是逻辑上不太连贯的口语。②可以说，朱炳祥老师写出来的东西才是超越口语、引人入胜、有一定逻辑性的书面"故事"。如果不是朱老师妙笔生辉，我们不一定能看到这样的"故事"，换言之，田野经验不足的民族志者不一定能够整理出这样的"故事"。从这个意义上讲，尽管主体民族志给予了段绍升先生充分的话语权，段绍升先生个人可以不受任何限制地自由陈述与独白，事实上也"真实"代表了段先生本人有关宗教信仰的一般认识，但最终还是经过了朱老师即"第二主体"（民族志者）的文字处理、过滤，甚至是转写（transcription）。即是说，现实生活中的人与朱老师笔下的人，由于中间隔着研究者直接观察到的人、研究者头脑中的人，由于受到这些多个层面上的人之间复杂的"互镜"作用③，依然是存在差别的：与其说是段先生的陈述与独白，不如说是朱老师在讲段先生的"故事"，段先生的陈述与独白是借助朱老师之笔来向外界传递的。总之，主体民族志给予田野对象即"第一主体"的"充分"的话语权，可能依然掌握在研究者即"第二主体"的"笔杆子"之下。

---

① 参见朱炳祥《反思与重构：论"主体民族志"》，《民族研究》2011 年第 3 期。
② 需要强调指出的一点是，段绍升先生应该是当地普通群众中的"精英"。在周城的那段日子里，我也曾与当地一些普通群众进行了访谈。零散、杂乱是此类访谈的共同特点。因此，要让读者能够读得懂、看明白，需要作者进行转写，只是程度不同罢了。作为当地普通群众之"精英"的段绍升先生所讲的东西，可能要少一些转写。而当地普通群众讲的东西可能要多一些转写。但总的来说，"第一主体"即当地人的陈述与独白，可能在本质上依然是程度不同的"第二主体"即民族志者的转写。
③ 参见朱炳祥《反思与重构：论"主体民族志"》，《民族研究》2011 年第 3 期。

其二，主体民族志最大限度地给予田野对象即"第一主体"的话语权，最大限度地控制研究者即"第二主体"的主观性，以这种方式来"对待研究过程中难以避免的研究者的主观性"、走出"表述的危机"，是一种解题思路，但可能并不是唯一途径。换言之，这种解题思路的理论价值和意义可能也是存在挑战的。

北京大学蔡华教授的文章《当代民族志方法论——对J. 克利福德质疑民族志可行性的质疑》（刊于《民族研究》2014年第3期）指出，当代科学民族志通过自身严密有序的不因人而异的公共客观的"铁的"方法论体系，可以将研究者的主观性排除在外，生产出客观科学的民族志知识；意大利人类学学者马力罗教授的文章《时间与民族志：权威、授权与作者》（刊于《民族研究》2014年第5期）则认为，彰显他者的主体性、向他性开放，并不意味着客观中立性，也很难基于方法的客观性来消除研究者自我，一个人的偏见是其视域的构成要素，而人类学家正是从他的视域出发阐释事实，因为事实本身都是建构起来的，社会事实如此，自然科学事实概莫能外；清华大学张小军教授的文章《走向"文化志"的人类学：传统"民族志"概念反思》（刊于《民族研究》2014年第4期）则认为，研究者与当地人之间的经验互动，是理解当地人的关键，研究者的主体性不应夸大，但也不应当袪除，它反而是理解当地人的重要条件，因为民族志揭示的是一种与明确的科学事实不同的充满歧义的基于经验之上的文化事实。

其三，忽略参与观察是后现代实验民族志、主体民族志的共同问题。后现代实验民族志由于推崇"对话体"，对具有研究者主观色彩的参与观察有所忽视；在某种意义上讲，主体民族志由于要最大限度地彰显田野对象即"第一主体"的主体性、最大限度地控制研究者即"第二主体"的主观性，同样忽略了带有研究者主观色彩的参与观察的重要价值。事实上，我们不但要听其言，更要观其行。换言之，至少主体民族志应该涵盖"第二主体"对"第一主体"的行为描写，尽管这种行为描写本身不得不经过"第二主体"之"有色眼镜"的过滤（这种过滤，与主体民族志让"第一主体"来"独白"，一定要经过"第二主体"的过滤，在性质上并无二致，即是说，既然可以承认"第一主体"的"独白"经过了"第二主体"的"过滤",也应该允许带有"第二主体"主观色彩的参与观察)。进一步来讲,注明"第二主体"戴着有色眼镜去观察描写和展示"第一主体"的行为,总比"第二主体"忽视观察描写和展示"第一主体"的行为,更能体现出"第一主体"的主体性。

2013年中元节前几天,我在段绍升先生家做客的时候,曾观察到这样一个细节。晚上从他家屋里走出来的时候,由于天黑不小心差点碰到他家院内屋前的香炉。当时香炉里正在燃着香。在我道歉请求见谅的时候,段绍升先生和他的爱人并未表现出拘谨与难堪,而是笑着作出解释:"就是随便烧烧香。"其言外之意不是那种神圣的烧香仪式,也不是封建迷信那一套,只是中元节祭祀祖先的一种表达方式而已,让我不必见怪。对田野对象的言行进行参与观察和展示,应该是揭示段绍升先生关于宗教信仰的一般认识的不容忽视的重要途径。主体民族志应该有参与观察的内容,因为参与观察也是彰显田野对象即"第一主体"主体性的重要手段,尽管参与观察之中的确是戴着研究者的有色眼镜的,研究者的主观性可能会给研究带来一定的影响。

如果一篇田野民族志中访谈资料过多,不管是"对话",还是"独白",都会使一篇学术研究论文变得有些像"讲故事",难免会被人类学民族学之外的人文社会科学学者所诟病。虽然本文不太符合"田野调查与研究"栏目对民族学人类学田野叙事的惯常要求(即重视参与观察材料而不主张过多的访谈材料),其"讲故事"的风格同样可能受到不同学科读者的诟病,但这并不影响文章具有较高的学术水准,也不能否认文章可贵的探索实验精神。

其四,主体民族志可能还会面临研究队伍亟待大力培养的现实问题。无论是展示田野对象即"第一主体"的陈述,还是研究者即"第二主体"对此展开的解读、分析与概括,主体民族志对研究者即"第二主体"都有较高的要求,一般只适合像朱炳祥教授这样拥有长期田野经验且有较高理论素养的民族志者。给"第一主体"充分的话语权,让其自由、随机讲述,这种缺乏中心议题的"散点叙事"可能会使研究陷入一种"碎片化"的境地,一般的民族志者很难掌控,很难作出有取有舍的展示,更难在此基础上加以解释、分析与概括。

针对我提出的上述建设性批评意见,朱炳祥教授在本文中已经进行了某些调整与修改,就某些不一定中肯合适的意见进行了必要的回应,并把某些意见当作了将来主体民族志逐步完善的一种参考。

五 结语:"第二主体"总结

以上文字以及我正在写作的这一段"结语",既是三重主体的各自陈述,又构成相互关联、相互楔入、相互融合的整体。当然在严格意义上说,本文不具备一部完整民族志的全部形态特征,它仅提供了"主体民族志"的某种理念、某种"示意图"、某种说明,我只是借此应对后现代人类学理论家所提出的"两种危险"与"一种批评"。

首先,民族志作者是"搬运者",这回应了将民族志写成田野志的"危险"。"对话性文本"将"民族志"写成了"田野志",而本文"裸呈"当地人的讲述与当地人的文化,这就避免了"现代主义的探究可能不知不觉地陷入田野经验的公开表白和忏悔之中"以至于"民族志不成为民族志"。"主体民族志"的形式要求民族志学者将田野工作点的"文化原木"不改样地搬运回来,并在作品中直接呈现。在我的理想性的文本中,编辑工作只是删除重复、改正错字、去除"啊""呵"之类的无意义的口语中的停顿用词。① 这与"对话性文本"的编辑有着性质上的不同。"第一主体"也参与了这种搬运:段绍升对我整理的录音材料进行审阅之后,作了个别词语的修改,分别于 2012 年和 2013 年两次写信同意用他的真名公开发表或出版,表明他希望他自己的讲述在相异于白族的社会文化中有其确定的价值。"第三主体"则代表了社会的一般的价值观、学术思潮与学术规范。他们始终在场,他们是期待方,是意念上的搬运者。如果没有他们允许、他们的阅读与批评、他们同意出版,民族志作品永远也不会产生。他们对作品具有生杀大权。对于这三重主体,本文的策略是让它

---

① 这是我在《对蹠人》第一卷《他者的表述》中进行的工作,本文由于篇幅限制,无法在纯粹意义上进行这种实践,故而在编辑方面只能有所选择,这是不得已而为之的事。

们相互连锁地平等叙事。①

其次，民族志作者是"创造者"，这回应了民族志不去"概括和归纳出任何东西"的虚无主义的"危险"。如格尔兹所言，民族志总要"就什么说点什么"②，即表明作者的某种思想创造意图。第一主体的讲述本身就是一种创造。第二主体因为"去了那里"，他们将"文化原木"搬运回来直接呈现，并且首先对这些材料的用处进行了创造性的设计。本文对段绍升的口述材料进行了分析，概括了一种"目的论的宗教观"，我虽然极不满意但它表明了我的创造性意图。第三主体的评述同样也是一种创造。

最后，民族志作者是"自律者"，这回应了"掌握笔杆子的人所表述的就不是真实的对话"的批评。本文破除了民族志学者那种"君临一切"的田野工作方式与写作方式。在田野工作中，我不采取"答问"形式和双向"对话"方式。"答问"是一种"采访"，具有主动性、进攻性乃至侵略性，得到的材料具有瞬时性、片断性与表层性特征。"对话"是一种"访谈"，虽略显中性，但"访"与"谈"的双向特征使得它们在"互镜"的关系中相互影响巨大。笔者选用"讲述"的方式。在田野工作中，我将谈话内容及形式的主动权乃至谈话的时间及地点的主动权全部交给段绍升，请他讲所历、所思、所见、所闻，讲他愿意讲的一切的一切。他想起有什么话要说，随时打电话找我，然后我快速赶到。③ 我除了倾听外，还是倾听，奉行"四

---

① "第二主体"的解释与第三主体的在场，也同样是一种"裸呈"。
② ［美］克利福特·格尔兹：《文化的解释》，纳日碧力戈等译，上海人民出版社1999年版，第507页。
③ 对这一点，他的日记原稿可以证明。2007年寒假，我在周城做田野工作，一边采访段绍升，一边请段绍升及其五子将2007年2月12日至2007年3月12日整一个月的日常生活事务记载下来。段绍升2月14日记载："他向我说过，如果我想起什么故事就给他电话。晚饭后我试着与朱教授手机联系，通了，我说想起一点，他就来到我家。我说了两个故事：一是杜朝选、杜敦的相似性；二是父亲撰写的两个中堂诗词的因果关系差点惹起的麻烦。"2月21日记载："今早我9点才到晓云的绣花房，刚到，朱教授也到了。我又与朱聊起来。仍然是我想起什么就说什么。我今天说的主题是自改革开放以来周城三代领导班子'政绩'。"2月22日记载："上午9点至11点仍在晓云宅基地简易房接受朱教授的采访。还是由我想起什么就说什么；我的主要话题是：人们对我的评说及对我的认可程度的实例及对合作化、人民公社、集体生产时期的感受。"

不主义"：不插嘴，不导引，不追问，不拦阻。在民族志写作中，我奉行另一种"四不主义"："不断章、不对话、不修饰、不打岔"①，我坚定不移地要全面呈现第一主体的讲述。我在对段绍升讲述的解读中，一边建构自我，一边解构自我。我的解释只是在"词语扇面"所限定的范围内作出有限的、相对的解释，我自觉意识到这种有限性与相对性并且不断提醒读者注意我对自我的一种限制乃至贬损与嘲讽。②

---

① 在这个微型文本中有"断章"现象。
② "第一主体"与"第三主体"也有自律性问题。

主体民族志与当代民族志的走向

刘海涛

【摘要】 主体民族志是后现代实验民族志之后一种新的民族志知识形态：不仅是对后现代实验民族志"对话性文本"的超越，以走出科学民族志、后现代实验民族志同样面临的"表述"的危机；而且，通过"裸呈"的方法，重在揭示他者（"被书写者"）的生活世界和精神世界，寻求民族志者与他者之间的视界融合及其所依赖的共同概念基础，比照西方人类学学术史语境中的"民族志新本体论回归"而言，具有局部体现和路径补充的重要学术价值。在"后现代实验民族志之后民族志如何前行"这个关乎民族志未来发展方向的核心问题场域中，存在不同的解题思路与探索路径。由主体民族志所集中体现出的包容民族志者、他者以及读者等各种主体诉求在内的"人志"走向，是民族志前行的一种代表性发展方向。

一 本文问题的引出

2011年以来，武汉大学朱炳祥教授在《民族研究》上发表了以"主体民族志"为研讨中心的系列文章，包括2011年第3期上的《反思与重构：论"主体民族志"》、2013年第3期中的《再论"主体民族志"：民族志范式的转换及其"自明性基础"的探求》、2014年第2期上的《三论"主体民族志"：走出"表述的危机"》、2015年第1期上的《"三重叙事"的"主体民族志"微型实验——一个白

---

* 原载《广西民族大学学报》2016年第4期。本次按作者投稿时的原稿收入文集。

族人宗教信仰的"裸呈"及其解读和反思》,提出了"主体民族志"的概念,系统论证了"主体民族志"概念提出的学理依据。此外,还给出了一个微型的"主体民族志"田野个案,以一个具体的田野个案从一个局部侧面展示了"主体民族志"的基本特点。

朱炳祥教授的教育部哲学社会科学研究后期资助重大项目(项目编号:14JHQ028)于2015年11月10日的结题稿(即将正式出版),即《对蹠人》第一卷《主体民族志:一个白族人的"裸述"》①,利用周城村一位白族农民段绍升的讲述材料,系统完整地构建了一种"主体民族志"文本。此稿分为上、中、下三篇:上篇为关于主体民族志的理论思考,中篇为段绍升的直接讲述,下篇为朱炳祥教授的分析、解释文字。该书稿全面地展示了"主体民族志"的基本样态,而其中的理论思考部分则更为深刻地诠释了"主体民族志"的学理依据,就"后现代实验民族志之后民族志如何前行"这个关乎民族志未来发展方向的核心问题展开了进一步的理论思考,借此更为清晰地折射出主体民族志的基本样态、理论抱负以及伦理情怀。

笔者在《民族志理论与范式专题学术探讨会综述》一文中曾把主体民族志归为基于伦理诉求的民族志理论类型,对其基本特点进行了总结和简单评论。②另外,在《"三重叙事"的"主体民族志"微型实验——一个白族人宗教信仰的"裸呈"及其解读和反思》中,还以第三主体的身份直接参与到主体民族志的文本构建中来。在该文第四部分(即"第三主体"即评审者在场)中,笔者对主体民族志在方法论上的创新及其面临的挑战给出了一个相对全面的评论。评论关注的焦点在于:主体民族志如何对后现代实验民族志"对话性文本"进行超越,以走出科学民族志与后现代实验民族志同样面临的"表述"的危机,以及由此主体民族志自身可能会面临哪些挑战和问题。③关于这些内容,本文不再赘述。

---

① 此书出版时更名为《他者的表述》。
② 刘海涛:《民族志理论与范式专题学术探讨会综述》,《民族研究》2014年第4期。
③ 朱炳祥、刘海涛:《"三重叙事"的"主体民族志"微型实验——一个白族人宗教信仰的"裸呈"及其解读和反思》,《民族研究》2015年第1期。

北京大学王铭铭教授在《民族研究》2015 年第 3 期上发表文章《当代民族志形态的形成：从知识论的转向到新本体论的回归》[1]，就西方人类学学术史语境中的"民族志新本体论回归"及相关问题进行了专题讨论。本文将主体民族志放在"民族志新本体论回归"的视野之下，以"民族志新本体论回归"为比照对象来进一步揭示主体民族志的亮点与特色；在此基础上，对主体民族志在"后现代实验民族志之后民族志前行"中的定位进行评析。

据笔者掌握的材料来看，朱炳祥教授一直不断调整、完善着现存样态的主体民族志，逐步拓展主体民族志的理论空间。主体民族志所展示的田野空间与理论空间，不是一个"自说自话型"的封闭空间，而是一个不断吸纳有关成果、充满对话活力、方兴未艾的开放性空间。在某种意义上讲，这恰恰是由主体民族志本身具有的"三个主体"相互影响、共同创造了民族志知识这一内在的根本特点所决定的。因此，包括本文在内的对主体民族志的若干评论，都只能是一种过程性、阶段性认识，需要相应的发展和不断更新。

以上对主体民族志的点滴理解，包括下文的延伸性评论，均为笔者个人时下的一些并不成熟的一孔之见，尚处于初步的规范性应然判断阶段，缺乏进一步的经验性实然佐证，期待学界方家尤其是朱炳祥教授的批评指正。本文写作的目的在于，促进国内学界对主体民族志的进一步关注，引发更多的学者在"后现代实验民族志之后民族志如何前行"这个关乎民族志未来发展方向的核心问题场域中贡献新的民族志类型。

二 主体民族志："民族志新本体论回归"的局部体现和路径补充

（一）主体民族志的基本特点与突出特色

1. 基本特点

对上述朱炳祥教授有关主体民族志的系列著述进行总结，笔者认

---

[1] 王铭铭：《当代民族志形态的形成：从知识论的转向到新本体论的回归》，《民族研究》2015 年第 3 期。

为，迄今为止，主体民族志的基本特点在于以下几个方面。

主体民族志的提出，直接对应"后现代实验民族志之后民族志如何前行"这个关乎民族志未来发展方向的核心问题。

在主体民族志知识生产链条中，民族志知识是由三个相互影响的主体分工合作共同创造的："第一主体"为当地人，是田野叙事的真正主体，为民族志知识生产提供了材料来源；"第二主体"为民族志书写者，是民族志知识生产的组织者，是民族志知识的加工生产者；"第三主体"为读者和批评家，可以说是民族志知识生产的"助产士"。

承认当地人、民族志书写者、读者和批评家，即三个主体之间形成的多重主客关系，由此认为他们之间的互动对民族志知识生产的影响不仅是不可避免的，而且认为这种互动是民族志知识生产不可或缺的重要条件；同时，承认民族志知识生产过程中田野主体、观念主体与书写主体的差异性和统一性，由此认为田野对象与基于田野对象而生产出的民族志知识之间既是一种解释关系，也是一种事实关系。

在主体民族志中，解释与事实是协调统一在一个"符号扇面"上的，并不是截然对立、非此即彼的。"'主体民族志'诉诸两种不同的叙事：对于'事物'和'事实'的确定性追寻，以及对'意义'的不确定的，却是深层的，并允许多元解释的探求。"①

主体民族志采用的是一种"裸呈"的方法和叙事方式，即借助"第二主体"手中的笔杆子，直接呈现"第一主体"的自由讲述，由此来表达当地人的生活世界和精神世界。"裸呈"就是直接呈现，不作归纳，不作演绎，但寻求"第一主体"与"第二主体"之间的视界融合及其所依赖的共同概念基础。

主体民族志始终拒斥建立永恒模式和探寻永恒真理，承认其所达到的认识仅仅具有相对意义与价值。其目的在于彰显当地人、民族志书写者、读者和批评家多重主体觉醒以及在这种觉醒下的各种主体性诉求，将"民族志"还原为"人志"，由此代表了后现代实验民族志

---

① 朱炳祥：《三论"主体民族志"：走出"表述的危机"》，《民族研究》2014年第2期。

之后民族志如何前行的一种具体走向。

2. 突出特色

在笔者看来,作为后现代实验民族志之后一种新的民族志知识形态,主体民族志不仅是对后现代实验民族志"对话性文本"的超越,以走出科学民族志、解释民族志,尤其是后现代实验民族志同样面临的"表述"的危机;而且,通过"裸呈"的方法,重在回归他者("被书写者")的生活世界和精神世界,寻求民族志者与他者之间的视界融合及其所依赖的共同概念基础。民族志者与他者之间的视界融合构成主体民族志的一个突出特色。

在《"三重叙事"的"主体民族志"微型实验——一个白族人宗教信仰的"裸呈"及其解读和反思》一文中,朱炳祥教授从"神鬼我不信""我们两个本主都敬""老公公出现了""有一种信仰对社会有好处"等几个方面来呈现"第一主体"即田野对象(段绍升)关于宗教信仰的自由讲述。从表面上看,这部分很松散,缺乏理论提升与概括,信奉美国哲学家理查德·罗蒂(Richard Rorty)"抛弃理论,转向叙述"的哲言①,但在第二主体(民族志者,即朱炳祥教授自己)随后的相关解读中则有着明显的理论关怀。我们会发现,朱炳祥教授通过"裸呈"段绍升关于宗教信仰的自由讲述,意在揭示段绍升"神鬼我不信""有一种信仰对社会有好处"这两种互不相容的观念如何在段绍升的思想中统一的基础——人的文化创构的目的在于创造实现自身的意义世界。在"神鬼我不信"的段绍升看来,"神灵特别是祖先神并非虚无,而是一种对于社会生活具有意义的精神实体",段绍升信神敬神的目的在于弘扬这种对于社会生活具有意义的精神。

与上述第一主体段绍升的目的论的宗教观相比,作为第二主体的民族志者朱炳祥教授,也有进行人类学研究的目的论诉求,"我做研究的目的在于人类社会的某种终极思考与关怀,我试图创构的新的民族志形态正是为了实现我对于'人与人之间的关系'及人类社会变

---

① 参见朱炳祥《对蹠人》第一卷《主体民族志:一个白族人的"裸述"》[未刊稿,即朱炳祥教授的教育部哲学社会科学研究后期资助重大项目(项目编号:14JHQ028)2015年11月10日的结题稿],第16页。

得更加美好有所推动的愿望，哪怕这种推动力很小很小"，由此，民族志者（第二主体）与他者（第一主体）之间在视界上实现了融合，二者具有共同的概念基础。

（二）"民族志新本体论回归"的基本特点

"民族志新本体论回归"主要基于西方人类学学术史语境之上，主要指民族志在经历了由本体论到知识论的转向之后，又出现了新的本体论转向。"本体论转向"的由来，与巴西人类学家维韦罗斯·德·卡斯特罗（Eduardo Viveiros de Castro）于2003年在曼城大学召开的社会人类学会年会餐后发言中提出的观点有关。① 这里需要着重指出的是，对如何评判这种"民族志新本体论回归"，目前并无定论②。

在西方人类学史上，本体论与知识论是相对而言的两类求索，是民族志一贯兼有的两面，但在不同历史阶段，各有侧重，先后出现了本体论面向、知识论面向、新本体论面向。北京大学王铭铭教授对此作了较为全面的总结；同时，还着重对"民族志新本体论回归"进行了深入的剖析：

> 20世纪70年代之前，民族志书写者侧重于"土著"的存在与价值，致力于从中引申出思想，民族志表现为本体论面向；之后，在后现代思潮的影响下，则侧重于外在于民族志对象世界的知识论问题，民族志表现为知识论面向；20世纪90年代以来，民族志重新放在"对象世界"（此时已作为认识主体存在）的本体论阐述上，在接近民族志的本体论阶段时被广为运用的规则之同时，有其新意，因此可被称为新本体论面向。
>
> 这种"新本体论"面向，主要有三个方面的表现：其一，致

---

① 王铭铭：《当代民族志形态的形成：从知识论的转向到新本体论的回归》，《民族研究》2015年第3期。
② 比如，北京大学蔡华教授等对此持批判态度。笔者获悉，蔡华教授正在组织有关讨论，对此进行深入的专题研究。

力于整理"民族志书写的区域传统"(regional traditions of ethnographic writing),在既有民族志书写的传统区域基础上进行进一步的研究,重新焕发民族志书写的区域传统;其二,致力于以文化概念的复兴而回归被研究者的世界观和社会观,重新焕发民族志书写的宇宙论传统;其三,作为"土著宇宙论"研究的延续,从"土著"的本体论(即"土著"的生活与观念中的"在")直接引申概念的研究,即哲学化"土著观念"的研究,对作为"关系的土著"的被研究者与研究者的本体论进行贯通。

总之,"新本体论转向"将民族志研究者的注意力引向被研究"世界"本身的生活之认识,引向这些"世界"的构成原理之求索。这类民族志,对于贯通被研究者与研究者的本体论,给予了空前的关注;并且,由于其侧重点不是"作者的解释"而是作者与"被书写者"之间关系所依赖的共同概念基础,因而有着促进民族志书写者与"土著"形成合乎情理的道德和政治关系的作用。①

(三) 主体民族志:"民族志新本体论回归"的局部体现和路径补充

笔者在与朱炳祥教授的几次讨论中获悉,他对"民族志新本体论回归"是持批判态度的。他认为,西方人类学学术史语境之中"民族志新本体论回归"的概念并不具有概括意义,不能概括当代民族志的共同发展趋向。他指出,西方民族志一直处在一种"分裂的对转"的逻辑发展之中:科学民族志在"描述异文化"的同时,又执行着"反思本文化"的任务,使得科学民族志是一项不缺乏历史、人文、思想内涵的工作,是一种既科学又人文的研究姿态;而后现代民族志将科学民族志的研究目标反转为"反思本文化",对民族志知识的本质进行追问,即仅仅在对"田野作业的反思"之中完成民族志的写作,而将"描述异文化"的任务置于脑后。在朱炳祥教授看来,当

---

① 王铭铭:《当代民族志形态的形成:从知识论的转向到新本体论的回归》,《民族研究》2015年第3期。

代民族志的基本特征是当地人、民族志者以及读者的多重主体觉醒以及这种觉醒下的各种主体性诉求。

这里暂且将朱炳祥教授对于西方人类学学术史语境中"民族志新本体论回归"的上述评论悬置起来,也不论朱炳祥教授提出的当代民族志的基本特征是不是在于当地人、民族志者以及读者的多种主体性诉求,单就主体民族志的核心旨趣与"民族志新本体论回归"进行比照来看,即把主体民族志放在"民族志新本体论回归"的视野之下来看,事实上,主体民族志局部体现了"民族志新本体论回归"的一些特点,只是采取了与"民族志新本体论回归"不同的思考路径和叙事路径。

无论是主体民族志,还是"民族志新本体论",都意在回归他者("被书写者")的生活世界和精神世界,寻求民族志者与他者之间的视界融合及其所依赖的共同概念基础,都在促进民族志书写者与他者之间形成合乎情理的各种关系。这是主体民族志与"民族志新本体论"共同拥有的特点,这些共有特点对于二者来说又都是根本性的。

从具体路径来看,如上所述,"民族志新本体论"主要有三种路径,即重新焕发民族志书写的区域传统、宇宙论传统以及哲学化"土著观念"。对于主体民族志而言,由于主要采用了既不同于归纳,也不同于演绎的"裸呈"土著生活世界和观念世界的叙事方式,因此对于"民族志新本体论回归"而言,主体民族志具有路径补充的重要学术价值。

三 后现代实验民族志之后民族志前行的不同走向

在"后现代实验民族志之后民族志如何前行"这个关乎民族志未来发展方向的核心问题场域中,虽然学者们经过了对于科学民族志的"描述异文化悖论"(即我不是他者,我又何能描述他者)以及对于后现代实验民族志的"反思本文化悖论"(即我是我自己,我又何能批判与反思自己）的共同追问①，但在如下几个方面依然存在着不尽相同的见解。

其一，异文化认知的可能问题。

其二，异文化描写中田野叙事主体被民族志者"越俎代庖"的问题。②

其三，民族志知识生产过程中，研究者的主体性控制问题。

其四，民族志知识生产过程中的理论建构问题。

朱炳祥教授在主体民族志的系列著述中，就上述几个基本问题给出了他自己的答案，由此形成了后现代实验民族志之后民族志前行的一个重要走向。当然，也存在对于这几个基本问题的不尽相同的其他解答，由此出现了"当代科学民族志"走向、"互经验文化志"走向等不同的发展路径。

（一）"人志"走向

在主体民族志中，异文化是可以认知的，但受到具体的主客观条件的诸多限制。异文化认知过程既是一种对于"事物"和"事实"的确定性追寻，也是一种对"意义"的不确定的、深层的，并允许多元解释的探求。异文化描写所揭示的是他者（"被书写者"）的生活世界和精神世界。由于主体民族志采取了既非归纳又非演绎的"裸呈"他者生活世界和精神世界的研究方法，因此，异文化描写中田野叙事主体不会被民族志者"越俎代庖"。由于主体民族志重在追求民族志者与他者之间的视界融合，因此民族志知识生产过程中研究者的主体性会自然得到合理控制，民族志知识生产过程中的理论建构既不会缺失，也不会建于流沙之上。由第一主体（他者）的独白、第二主体（民族志者）的解读、第三主体（读者）的评论组合而成的"众声喧哗"的主体民族志，彰显的是多重主体觉醒以及在这种觉醒

---

① 以上两个悖论属于哲学层面上"不可知论"的两个陷阱，参见朱炳祥《再论"主体民族志"：民族志范式的转换及其"自明性基础"的探求》，《民族研究》2013年第3期。

② 由于民族志书写者掌握着民族志知识书写的"笔杆子"，因此民族志知识生产过程中自然存在以民族志书写者替代田野叙事主体的可能。

下的各种主体性诉求，由此展示了"民族志"被还原为"人志"的学术走向。

（二）"当代科学民族志"走向

20世纪70年代以来，在后现代实验民族志绽放异彩的同时，传统的科学民族志也在自我更新与完善，悄然进行着由传统到当代的艰难转身。

北京大学蔡华教授将民族志知识生产视为一种科学活动，认为作为异文化的他性是可以被认知的，客观观察和忠实描写异文化是一个可能完成的使命，通过如自然科学那样自身严密有序、不因人而异的公共客观的"铁的"方法论体系，完全可以将研究者的主观性排除在外，生产出关于异文化的客观科学的民族志知识。民族志知识并不包含土著与民族志者联合谈判和讨论的结果。关于土著文化的细节应当怎样解释，民族志者没有发言权。民族志者的使命是学习和记录作为研究对象的民族信仰体系和生活方式，最终分析该社会的运作机制。①

> 民族志是对一个民族在持续一年（或几年）时间里鲜活的制度体系、知识体系、艺术体系和技术体系及它们支配的行为之描写。它是民族志者在其长时段田野工作时期被研究民族历史的一个横截面。作为一项力求完善的科学研究结果之著述，民族志不仅以被土著的言行证实的材料为主要内容，而且必须在可能的范围内使用一切既存的历史文献和实物资料，以求最大限度地厘清民族志者田野期间认定的各种文化事实的前因后果；同时，作为描写的必然后续，它亦当包括对一个民族的文化事实和社会事实及其结构的分析，以及对该民族社会运作机制的揭示。②

---

① 蔡华：《当代民族志方法论——对J.克利福德质疑民族志可行性的质疑》，《民族研究》2014年第3期。
② 蔡华：《20世纪社会科学的困惑与出路——与格尔兹〈浓描：迈向文化的解释理论〉的对话》，《民族研究》2015年第6期。

这是一种"当代科学民族志"的学术走向。①

(三)"互经验文化志"走向

清华大学张小军教授通过揭示作为"信息编码系统"的文化以及基于"互经验"的文化真实,将民族志还原为一种"互经验的文化志"(inter-experience ethnography)。

他认为,文化是人类遵照其相应的自组织规律对人类及其全部生活事物的各种联系,运用信息进行秩序创造并共享其意义的具有动态再生产性的编码系统。不同的文化具有不同的编码,包含了不同的逻辑,因此必然产生不同的歧义。人们追求的所谓的真实性,只不过是在歧义性的普遍中,寻求达成的某种相对一致。在人类学的意义上,相对一致的真实是一种文化的真实——大家运用共同的文化编码达成的文化共识。沟通者之间的文化编码和逻辑越接近,他们越会感到彼此经验的一致,越容易对某一事物认知的真实性达成一致。因此,理解当事人的想法是完全可能的,但要完全明白是困难的,而相同文化体系的人容易相互理解。人类学家之所以要学习当地语言,进行长时间的田野工作,就是要更加接近当地文化,进入他者的经验世界,学习他者的文化经验,以便更好地理解他们。事实上,经验是一种认知方式,即认知主体与被认知对象之间经反复信息互动形成的知识编码(文化)。文化的尊重和平等是田野研究中互主体性沟通的基本原则。

在此基础上,张小军教授主张将实验民族志对研究者和叙事(如文学化)之开放主张与传统经验文化志之文化经验研究结合起来,强调互经验的叙事和写作。因为研究者主体的经验可以反映研究对象的状况,因此将主体经验甚至基于主体经验的文学化引入文化志是合理的,但是要反对超越经验的主观判断和随意的文学化倾向。在文化认

---

① 意大利人类学学者马力罗(Roberto Malighetti)对此有不同的见解。他认为,彰显他者的主体性,向他性(otherness)开放,并不意味着客观中立性,也很难基于方法的客观性来消除研究者自我,一个人的偏见是其视域的构成要素,而人类学家正是从他的视域出发阐释事实,因为事实本身都是建构起来的,社会事实如此,自然科学事实概莫能外。(参见[意]马力罗《时间与民族志:权威、授权与作者》,吴晓黎译,《民族研究》2014年第5期。)

知的基础上，训练有素的人类学家通过深入的田野工作和互经验文化志研究，能够不断揭示和呈现人类基于互经验之上的文化的真实。①

总之，这种见解代表了一种"互经验文化志"的学术走向：异文化是可以认知的，但异文化认知是一种模糊的不精确的文化活动，不是一种明确的精准严格的科学活动。研究者与当地人之间的经验互动，是理解当地人的关键，研究者的主体性不应夸大，但也不应当祛除，它是理解当地人的重要条件，因为民族志揭示的是一种与明确的科学事实不同的，充满歧义的，基于研究者与当地人之间互经验之上的文化的真实。

在后现代实验民族志之后的民族志前行中，虽然存在以上不同的探索路径，但在"民族志新本体论回归"（表现为重新焕发民族志书写的区域传统、宇宙论传统以及哲学化"土著观念"三条具体路径）在这个对照点上它们又具有一致的一面：都以他者的生活世界和精神世界为关注对象及表述对象。在此意义上讲，"人志""当代科学民族志""互经验文化志"，可以归结为"民族志新本体论回归"中新的三条不同路径，是中国版的"民族志新本体论"。

无论是"人志"，还是"当代科学民族志"，抑或是"互经验文化志"，尽管在异文化认知的途径和方式上有所不同，但都承认异文化是可以被认知的，都清醒地认识到后现代实验民族志从总体上讲过于看重差异性，而不关注共同性的弊端，看到其彰显的异文化"不可知论"的危害，从而为"后现代实验民族志之后民族志如何前行"这个关乎民族志未来发展方向的核心问题贡献了具有差异性的集体智慧。

综上可见，由主体民族志所集中体现出的包容民族志者、他者以及读者等各种主体诉求在内的"人志"走向，作为后现代实验民族志之后民族志前行的一种代表性方向，面临着来自不同方向的潜在挑战。据此也可以说，主体民族志存在进一步拓展空间的外在客观条件。另外，值得注意的是，目前的主体民族志的"裸呈"方法，只

---

① 张小军、木合塔尔·阿皮孜：《走向"文化志"的人类学：传统"民族志"概念反思》，《民族研究》2014年第4期。

是使用了"自由呈现他者的自由讲述"这样一种"他者独白言说"的叙事方式,忽视了其他感官及手段的应用,没有注意到"裸呈"方式可能存在的多样性。与感官民族志①、认知人类学相比较,单就研究方法和叙事方式而言,主体民族志自身亦存在需要不断完善的内在方面。可以肯定的是,主体民族志会在民族志知识生产过程中逐步实现自动更新与升级,这是由主体民族志本身所具有的"开放性",即"三个主体"相互影响、共同创造民族志知识这一内在的根本特点所决定的。

作为一种新的民族志知识形态,主体民族志尽管存在继续拓展的空间,但毕竟为后现代实验民族志之后的民族志前行提供了新的反思空间,提供了具体明确的探索路径和方向。

四 余论:上述相关讨论带来的两个启发性问题

由上述有关评论带来了两个启发性问题,这里作为余论进行简单的延伸讨论,以飨读者。

第一,民族学人类学的研究本体究竟是什么?众所周知,任何一门学科要成为一门学科,一定要有属于其自己的研究范畴,要有其自己的研究本体(例如,语言学的研究本体为语言,历史学的研究本体为历史)。当然,每一学科基于其自己的研究本体,可以逐步拓展新的研究空间。在跨学科研究与合作已经成为当今学科发展总体趋势的大前提下依然如此。概览西方民族学人类学的学术发展史,可以看到,虽然民族学人类学研究对象出现了由异文化到异文化知识、再重新回到异文化的这样一个阶段性变化(与此相关联的是研究者与研究对象之间关系的阶段性变化,以及研究方法的阶段性变化),但是,民族学人类学的研究本体作为异文化这一根本基点并未有多大的变化。

---

① 张连海:《感官民族志:理论、实践与表征》,《民族研究》2015 年第 2 期。

毋庸置疑的是，"我者"历来不是纯一的，"他者"历来也不是纯一的，"我者"与"他者"历来不能截然分开，况且世界各地的"土著"正在与全球化运动发生着复杂的互动，因此，完全封闭的纯粹的异文化研究空间事实上是不存在的。即使如此，时至今日，异文化现象依然普遍存在，民族学人类学的研究本体应该还是异文化，本土文化研究或许只是民族学人类学基于异文化研究本体而逐步拓展出的一种新的研究空间。

当然，这只是"民族学人类学的研究本体是什么"的一种可能答案。换言之，就目前而言，"民族学人类学的研究本体是什么"依然是一个需要认真反思和回答的问题。事实上，更为实质性的问题在于，经过后现代实验民族志的洗礼之后，民族学人类学如何锁定或者更好地锁定它自己的研究本体？

第二，异文化与民族志知识之间到底是何种关系？如果认为民族学人类学的研究本体为异文化，那么异文化与民族志知识之间到底是何种关系呢？总的来看，民族志知识不等于异文化本身，也不能替代异文化本身，因为"词"不等于"物"，也不能代替"物"。但是，通过聚焦田野对象，关注民族志者与田野对象之间关系所起的各种作用，借助深度访谈与参与观察，同时借助其他可能的作为人体感官延伸的手段，在描述的基础上，能够生产出"主观见之于客观"的并不"精致"的关于异文化的民族志知识，进而为认识异文化不断累积知识基础。由此，从剖析民族志知识生产过程来看，异文化虽然不等于民族志知识，也不能用民族志知识来替代，但异文化是可以通过民族志知识来加以表述的。

当然，这只是一种并不成熟的个人的初步见解。重要的是，"异文化与民族志知识之间到底是何种关系"的问题需要在田野实践中、在理论反思中不断引向深入。

自我的表征与社会的隐喻："自我民族志"析论及反思*

刘海涛

【摘要】 2011年以来，武汉大学朱炳祥教授基于《对蹠人》系列民族志研究，提出了"主体民族志"概念，探索了"主体民族志"实践路径，为超越后现代实验民族志开辟了新的方向，推进了实验民族志在中国的发展。朱炳祥教授近年来的新著《自我的解释》和《知识人》，一方面，继续践行"主体民族志"思想，是在"主体民族志"思想的整体观照之下完成的；另一方面，更为值得注意的是，逐渐显露出以"自我"为研究取向的另外一种具有重要影响力的新型实验民族志——"自我民族志"——之底色与亮色。它们直接指向和叩问"个体自我"和"群体自我"双重维度的"自我"，初步彰显出"自我民族志"所蕴含的独特理论价值，对于"后现代实验民族志之后民族志如何前行"这个问题场域有着新的扩展意义。本文对此进行深入揭示，以进一步推动民族志范式和理论的更新、发展与反思。

一 自我民族志："中国版"实验民族志的一种新尝试

从传统意义上的人类学学科视角来看，"田野"既是一个与

---

* 原载《湖北民族大学学报》2023年第1期。此次按作者投稿时的原文收入文集。

"此地"相分离的异域地理文化空间,也是人类学学者生产关于"他者"的专业知识的工作场域。随着时代变迁与社会发展,"此地"与"彼地"越来越密不可分,"我者"与"他者"日益相互杂糅在一起。在当下全球一体化、网络一体化的社会条件下,如何界定"田野"以及从事"田野工作"已经成为一个需要不断反思的学术问题。"在这个时空日益被媒体和交通浓缩的世界上,所谓的'田野'更像是一种怀旧,一种对于文化杂糅的遮掩。"① "当下,由于流动成为社会生活常态,田野工作也渐渐向'多点'(multiple sites)发展。"②

20世纪90年代以来,特别是进入新世纪以来,随着西方人类学理论的不断引入,尤其是受到西方反思人类学"解构"思想和后现代实验民族志实践的影响,中国人类学的田野调查与研究出现了一些新的变化,面临着由传统叙事范式向现代叙事范式转换的学术转型。如何进一步将西方理论方法与本土学术资源有机结合起来,对日益受到现代性影响、不断流变的"中国田野"作出新的描述与分析,构建出中国特色人类学学科体系、学术体系和话语体系,成为这一时期中国人类学学者新的探索方向。

2011年以来,在《反思与重构:论"主体民族志"》《再论"主体民族志":民族志范式的转换及其自明性基础的探求》《三论"主体民族志":走出"表述的危机"》《"三重叙事"的"主体民族志"微型实验——一个白族人宗教信仰的"裸呈"及其解读和反思》《事·叙事·元叙事:"主体民族志"叙事的本体论考察》等系列论文中③,

---

① 潘蛟:《田野调查:修辞与问题》,《民族研究》2002年第5期。
② 范可:《在野的全球化——流动、信任与认同》,知识产权出版社2015年版,第64页。
③ 朱炳祥:《反思与重构:论"主体民族志"》,《民族研究》2011年第3期;朱炳祥:《再论"主体民族志":民族志范式的转换及其自明性基础的探求》,《民族研究》2013年第3期;朱炳祥:《三论"主体民族志":走出"表述的危机"》,《民族研究》2014年第2期;朱炳祥,刘海涛:《"三重叙事"的"主体民族志"微型实验——一个白族人宗教信仰的"裸呈"及其解读和反思》,《民族研究》2015年第1期;朱炳祥:《事·叙事·元叙事:"主体民族志"叙事的本体论考察》,《民族研究》2018年第2期。

以及在《他者的表述》等专著中①，武汉大学朱炳祥教授提出了"主体民族志"概念，探索了"主体民族志"实践路径，为超越后现代实验民族志开辟了新的方向，推进了实验民族志在中国的发展。②

2018年以来，在"主体民族志"思想的整体观照之下，朱炳祥教授又出版了两部新的具有前后接续关系的"中国版"实验民族志专著——《自我的解释》和《知识人》。

《自我的解释》，如朱老师所言，"践行的是主体民族志'三重主体叙事'理念"③。因此，《自我的解释》首先是一部"主体民族志"，为进一步推进"主体民族志"的深入探索而不断注入新的理论元素和田野素材。此外，它还是一部解释自我的民族志，是民族志自我书写的范例。它以日记体的形式"裸呈"（直接呈现）了朱老师本人的69则日记，其间穿插着朱老师个人的一些理论评注，其写作意图和主旨"并非在于个人生活史的叙事，更不是自传，而是希望通过作为他者的'自我'来叙述并论述个体的'生性''个性''文化性'之间的关系，进而回应既有的相关理论"④。

《知识人》缘起于对研究目的的怀疑、对研究客观性的怀疑、对叙事的原罪的认知三种研究中的困惑，其直接的问题意识则来自"我（朱炳祥）自1987年以来30多年的高校教师生活中对于'知识人'的'群体自我'的生长过程、存在状态、学术追求等问题的思考"⑤。在叙事风格上，《知识人》延续了《自我的解释》的"日记体"叙事风格，"裸呈"（直接呈现）了一位父亲对孩子成长的记录，一位初中生、一位高中生、一位大学生的学习生活日记，一位女大学生的情感日记，一位博士生专业化训练自述，其间同样穿插着朱老师个人的一些理论评注，分析展示了知识人之所以成为知识人的历时性过程，

---

① 朱炳祥：《他者的表述》，中国社会科学出版社2018年版。
② 刘海涛：《主体民族志与当代民族志的走向》，《广西民族大学学报》2016年第4期；刘海涛：《民族志理论与范式专题学术研讨会综述》，《民族研究》2014年第4期。
③ 朱炳祥：《自我的解释》，中国社会科学出版社2018年版，第5页。
④ 朱炳祥：《自我的解释》，中国社会科学出版社2018年版，第4页。
⑤ 朱炳祥：《知识人》，中国社会科学出版社2021年版，第1页。

在此基础上构建出知识人的"生长的逻辑"。①

在朱老师看来,《知识人》可以看作《自我的解释》的续篇:《自我的解释》,叙述的是个体的"自我";《知识人》叙述的是群体的"自我"。②

四川大学徐新建教授在《序言:〈自我的解释〉读后意见》中,曾对《自我的解释》有一个评析,认为《自我的解释》开拓了人类学写作的多重意义,其中的突出成就表现为聚焦个体、自我镜像和民族志哲学三个层面③;在《自我民族志:整体人类学的路径反思》一文中,则从整体人类学路径反思的角度对人类学的多维表述与个体转向、自我民族志何以可能、自我民族志表述范式的建构等问题进行了系统探讨④,指出"《自我的解释》可被视为一类堪称自我民族志、具有开创意义的实验作品,代表着民族志写作的一种创新发展"⑤,为深入解读《自我的解释》提供了新的理论反思途径。

若将《自我的解释》和《知识人》放到一起来看,一方面,这两部民族志都蕴含着一定的"主体民族志"思想,是在"主体民族志"思想的整体观照之下完成的;另一方面,更为值得注意的是,这两部民族志逐渐显露出以"自我"为核心研究取向的另外一种具有重要影响力的新型实验民族志——"自我民族志"——之底色与亮色。它们直接指向和叩问"个体自我"和"群体自我"双重维度的"自我",初步彰显出"自我民族志"所蕴含的独特理论价值:通过聚焦"自我"这一研究主题,民族志研究中的一些基本理论问题,如我者与他者的视界融合、个人与社会的视界融合、社会事实表征等,能够得到更为鲜明的聚焦式集中反映和新的阐释,对于"后现代

---

① 朱炳祥:《知识人》,中国社会科学出版社2021年版,前言第2页。
② 朱炳祥:《知识人》,中国社会科学出版社2021年版,前言第1页。
③ 徐新建:《序言:〈自我的解释〉读后意见》,载朱炳祥《自我的解释》,中国社会科学出版社2018年版,第5—6页。
④ 徐新建:《自我民族志:整体人类学的路径反思》,《民族研究》2018年第5期。我是这篇文章的责任编辑,曾与徐老师就相关问题有过直接的交流和互动。在此对徐新建老师深表感谢!
⑤ 徐新建:《自我民族志:整体人类学的路径反思》,《民族研究》2018年第5期。

实验民族志之后民族志如何前行"这个问题场域有着新的扩展意义。本文将结合国内学者的相关评论，尝试对此进行深入揭示，以进一步推动民族志范式和理论的更新、发展与反思。①

二 自我民族志：我者与他者的视界融合

自 20 世纪初严格意义上的科学民族志诞生以来，传统人类学一般将异文化当作研究对象，由此型构了我者与他者的二元对立，我者与他者的视界融合问题亦应运而生，我者如何认识他者的讨论相伴而来。第二次世界大战后受到后现代思潮影响而出现的后现代实验民族志认为，民族志描述的他者文化，并非他者文化本身，而是我者建构出来的有关他者的文化表征（cultural representation）。写出来的文化（writing culture）并非原汁原味的文化本身。它与原汁原味的文化本身是一种换喻关系，而非隐喻关系。由此，如何实现我者与他者的视界融合成为近年来国内外很多人类学学者的关注主题，他们为此贡献了不同角度的解题思路。

实现我者与他者的视界融合，其中的一个重要关键点在于如何认识及处理"研究过程中研究者的主观性"。北京大学蔡华教授指出，当代科学民族志通过自身严密有序的不因人而异的公共客观的"铁的"方法论体系，可以将研究者的主观性排除在外，生产出客观科学的民族志知识。② 意大利米兰大学马力罗（Roberto Malighetti）教授认

---

① 我是朱炳祥教授的晚辈。我与朱老师从相识到密切交往，缘起于朱老师将有关"主体民族志"的稿件投给《民族研究》。朱老师首次系统完整地展示主体民族志，选择的是《民族研究》这个平台。作为《民族研究》民族学人类学学科板块的初审编辑，我有幸成为"主体民族志"的第一位读者和首位评议者。之后，我与朱炳祥教授的交往日甚一日，成为主体民族志实践中的一员，成为"实验民族志之后民族志如何前行"问题讨论中的一员。上述林林总总，既归因于《民族研究》刊物的品质，也归功于朱炳祥教授在民族志领域的贡献。本文将再次以一个近水楼台的受益者的身份讲一下对朱老师新作《自我的解释》《知识人》的粗浅认识。事实上，朱老师发表的主体民族志相关论文和论著，包括《自我的解释》《知识人》这两本新作在内，留下了很多重要的有学术研讨价值的问题线索，有必要也有可能循此进一步展开研究。

② 蔡华：《当代民族志方法论——对 J. 克利福德质疑民族志可行性的质疑》，《民族研究》2014 年第 3 期。

为，彰显他者的主体性，向他性（otherness）开放，并不意味着客观中立性，也很难基于方法的客观性来消除研究者的自我，一个人的偏见是其视域的构成要素，而人类学家正是从他的视域出发阐释事实，因为事实本身都是建构起来的，社会事实如此，自然科学事实概莫能外。①清华大学张小军教授强调，研究者与当地人之间的经验互动，是理解当地人的关键，研究者的主体性不应夸大，但也不应当祛除，它反而是理解当地人的重要条件，因为民族志揭示的是一种与明确的科学事实不同的，充满歧义的，基于研究者与当地人之间互经验（inter-experience）的文化事实。②美国哈佛大学赫兹菲尔德（Michael Herzfeld）教授认为，人类通过感官获取知识的方式决定知识本身具有不完美属性。知识是打破原有分类的事实，它出现在人们意识到其观点存在缺陷的时候。人类学家必须打破原有的认识和分类体系，这也是在异文化中进行田野调查的重要价值所在。人类学家应当认识到知识的有限性，有限性也在变化，无法也不必追求确定性。承认不确定性本身就是一种事实。与其说文化可以被认为是一种科学或社会科学，还不如说社会科学在普遍和具体双重层面上展现了一种制度性文化，这种制度性文化完美地展现了文化的不确定状态。"文化亲密性"（cultural intimacy）指的是在每一种文化环境和制度下的一种对比，民族志写作者就是要从"局内人"和"局外人"两方面来理解这种"文化亲密性"的环境，本地语言通常是获得"文化亲密性"的钥匙。③

朱炳祥教授提出的"主体民族志"思想在认识、处理"研究过程中研究者的主观性"以及实现我者与他者视界融合问题上则给出了新的解题思路和新的贡献："主体民族志"承认了田野调查与研究中三个主体的存在，他们都是主体，通过"互镜"又都互为主客关系。

---

① 马力罗：《时间与民族志：权威、授权与作者》，吴晓黎编译，《民族研究》2014年第5期。
② 张小军、木合塔尔·阿皮孜：《走向"文化志"的人类学：传统"民族志"概念反思》，《民族研究》2014年第4期。
③ 丁岩妍：《"社会科学在什么意义上能够成为科学"国际学术研讨会综述》，《民族研究》2017年第2期。

三个主体分别且同时在场的叙事方式,要求"主体民族志"给予田野对象即"第一主体""充分"的话语权,以最大限度地发挥"第一主体"的主体性;同时,重申了民族志者即"第二主体"的理论建构责任,认可了由之而来的"第二主体"的主观性,并利用各种方式(包括"第二主体"明确交代研究背景、着重强调"第二主体"的自律性、展示评审者即"第三主体"对民族志知识生产的学术规范约束、展示"第一主体"对由"第二主体"记录和转写的"第一主体"自我讲述文本的修改意见和有关建议等)将这种主观性最大限度地控制在合理范围之内。①"主体民族志"通过三个主体之间的"互镜",借助"裸呈"(直接呈现)这种叙事手段,以三个主体、两个最大限度的方式规避"研究过程中难以避免的研究者的主观性",由此实现我者与他者之间的视界融合。

《自我的解释》首先是一部"主体民族志"的经验作品,具有如上所述"主体民族志"在实现我者与他者视界融合问题上的突出特色;同时,作为"自我民族志"的一种初步实验作品,它在实现我者与他者的视界融合中亦提供了新的理论建树及实践贡献:

朱老师已经出版的作为《对蹠人》系列民族志之一的《他者的表述》,应该是《自我的解释》的姊妹篇。若将《他者的表述》与《自我的解释》这两部民族志作品并置在一起,能够更为清楚地彰显出我者与他者视界融合问题提出的逻辑依据和前提。正如朱老师在《自我的解释》这部"自我民族志"作品的前言之中所强调指出的:"'人'的研究包括'他者'与'自我',认识'他者'与理解'自我',二者互为条件亦互为结果。对于'他者'的研究只有在'自我'研究中才能确定其位置并获得意义,对于'自我'研究也同样只能在'他者'的研究中才能确定其位置并获得意义。"②

"自我民族志"要书写"自我",再现"自我",描述作为"他者"的"自我",那"我者"(作为作者本人的"自我")与"他者"

---

① 朱炳祥、刘海涛:《"三重叙事"的"主体民族志"微型实验——一个白族人宗教信仰的"裸呈"及其解读和反思》,《民族研究》2015年第1期。
② 朱炳祥:《自我的解释》,中国社会科学出版社2018年版,第2页。

(再现的"自我")是同属一个视界,还是分属两种不同的视界?这其实是人能不能认识自己或者说人能不能认识不断变化发展的自己的问题,也是《自我的解释》所深刻蕴含的人生和人性叩问。在《自我的解释》所"裸呈"(直接呈现)的朱老师自己所写的69则日记中,朱老师通过展示其自身社会角色的演变——知青、电灌站打水员、实习记者、军队中的基层连队战士、电台台长、作战参谋、高层领导秘书、高校的行政人员、教师等,以及通过展示朱老师所观察到的诸多其他社会角色——汽车司机、离休干部、高校行政科长、想出国的一名大学骨干老师等,呈现出了多种叙事主体,呈现出了因多种叙事主体互为主客关系所形成的"互镜式"叙事,为"我者"(作为作者本人的"自我")与"他者"(再现的"自我")之间的视界融合问题提供了一种事实性呈现和解答。"作为人类学的'自我民族志'作者,朱炳祥将多个不同的'我'和'她(他)'们作了跨年代和跨人物引申关联,把个人、文化和历史巧妙地连为一体。他向读者呈现的'镜像'由此得到了与'自我'合一的内在联系。"① 这种事实性的呈现和解答,远比哲学抽象讨论更富建设意义。而真正的话语解释空间则留给了共鸣的读者("主体民族志"中的第三主体),留由读者根据各自的哲学观对此给出开放性的评判。

《自我的解释》《知识人》这两部民族志也可互为姊妹篇。如前所述,在《自我的解释》中,叙述的是个体的"自我";在《知识人》中,叙述的是群体的"自我"。小晨、小晨的父亲、中学生李文保、女大学生张春醒、女研究生山月朵,作为群体的"自我"被"裸呈"(直接呈现)出来。与《自我的解释》一样,读者从《知识人》中获取的同样是群体生活中的个人生活、社会变迁中的个人生活,是不同的社会角色所型构的多种叙事主体以及由此型构的包括读者在内的多种叙事主体"互镜式"关系。《知识人》中的"互镜式"呈现,为"我者"(作为作者本人的"群体自我")与"他者"(再现的"群

---

① 徐新建:《自我民族志:整体人类学路径反思》,《民族研究》2018年第5期。

体自我"）之间的视界融合提供了另一种事实性呈现和解答。

三 自我民族志：个人与社会的视界融合

根据费孝通先生的有关论述，徐新建老师曾对自我、个人与社会之间的关系给出了一个清晰的总结：个体由生物人和社会人两个层面组成，自我是个人与社会的"辩证统一体"，其特征主要有如下方面：其一，对于社会而言，"个人既是载体也是实体"；其二，社会可以限制个人却泯灭不了自我；其三，自我不只是社会细胞，更是具有独立思想和感情的行为主体，社会实体的演进离不开个人的主观作用，也就是离不开具有能动性的自我主体；其四，自我难以摆脱具有超生物巨大能量之社会实体的掌控甚至同化，同时也会在本性力量驱使下抵制社会、反抗社会。① 无论是《自我的解释》还是《知识人》，虽然都未专门从理论上对个人与社会的视界融合问题进行详尽论述，但这两部民族志作品所提供的实践路径为自我民族志何以实现个人与社会的视界融合提供了重要的探索方向。

《自我的解释》这部民族志取材于朱老师本人所写的69则日记，但它并不是单纯的个人生活史呈现，而是一个以个人生活史片段为线索，通过截取并展示个人生活中出现的一些在作者看来有意义、值得书写的特殊的社会事件，绘写出一种宏大的流动的活态的社会生活变迁场景，将中国一定时期里的社会变迁淋漓尽致地描绘展示出来。从此意义上讲，作者所截取的与其说是个人生活片段，不如说是社会生活片段。个人的所思、所想、所为镶嵌在社会问题之中，个人被置放在宏大社会变迁之中，个人被置放在群体生活之中，"自我"由此得以充分彰显。"炳祥老师为了替无以辨识自我的一代人找到了一个锚定自我的依据，引入了'生性'的概念，这是一种为自己也是为一代人自我安慰、自我拯救的学术努力。"② 因此，"自我民族志"中的

---

① 徐新建：《自我民族志：整体人类学路径反思》，《民族研究》2018年第5期。
② 高丙中：《序言："生性"的再发现》，载朱炳祥《自我的解释》，中国社会科学出版社2018年版，第4页。

"自我"本身就是个人与社会视界融合的产物。

《自我的解释》这部民族志在于对自我的书写和描述,因此它首先关注的是个体内在的心态研究①;但是,其目的诉求并非仅仅在于描绘出一种"自我"形象,而是基于"自我"形象的建构展示出一种超越"自我"的集体表象,描绘出一幅活态的如清明上河图那样的宏大社会生活广角。借助这一社会广角,改革开放之初的中国社会是如何一点点地悄然转型为今日的中国社会的过程便跃然纸上。改革开放之初的中国社会与当今中国社会的差异,应该是打动包括民族学人类学专业读者在内的广大受众(即主体民族志中的第三主体)驻足欣赏、引起共鸣的地方。这部民族志所提供的鲜活材料,也会成为当代中国史研究中不亚于档案一手材料的原始基础材料,其材料价值会随着时代的发展而愈加弥足珍贵,会发挥出更大和更为长久的社会影响力。因此,"自我民族志"中的"自我"本身就有超越自我的深刻社会意涵,是审视个人与社会视界融合的极佳维度。

从个人与社会视界融合的角度来讲,《自我的解释》所表征的"自我"与朱老师本人之间首先应该是一种隐喻关系,但同时也是一种换喻关系。

《知识人》的叙事策略在处理个人与社会的视界融合上,同样是成功的。在《知识人·天工开智》一章中,朱老师以20世纪80年代从幼儿园老师和中小学老师那里收集到的日记为材料,以一种儿童的视角展示了20世纪80年代的中国社会,展示了那个时代个人与社会之间的张力关系。阅读这些生动鲜活的日记材料,不同时代的读者会有不同的反应。1977年底出生的小晨如今已经长大成人,不管他现在从事何种工作,不管他现在有着怎样的生活,当他作为"主体民族志的第三主体"看到这些日记的时候,会产生怎样的个人认同?对于在网络社会中成长起来的新一代读者而言,对小晨的儿童生活会有怎样的群体认同?这些共鸣的产生,标志着个人与社会的视界正在逐步融合。

---

① 徐新建:《自我民族志:整体人类学路径反思》,《民族研究》2018年第5期。

"作为知识生产的学术论文的写作训练,应该是一种独创性的自主训练,虽然这种独创性有着各种因素的共同扶持,存在着知识生产各个要素之间的相互作用,但是研究生的自我主体性是贯穿全部过程和各个要素的主导要素。"① 这原本是博士生山月朵在其学位论文写作中得出的最重要的个人学习经验,是山月朵个人自我认知飞升的重要条件,但同样也是当代研究生群体可以共同分享的论文写作箴言。由此,《知识人·蝉变》一章与其说是女研究生山月朵个人对其研究生生活的一种自我认知,倒不如说这是研究生群体的一种自我认知,"山月朵"变成了"山月朵们"。

小晨日记对其初中生活的描述,李文保日记对其高中和大学生活的描述,女大学生张春醒日记对其大学生活的描述,女研究生山月朵对其研究生生活的描述,是以自我认知,即发现和认识自己为线索展开的,但读者却能够看到群体的初中、高中、大学和研究生生活。

总之,《知识人》通过独特的"自我民族志"叙事,将"片段"的"个体自我认知"整合为"整体"的"群体自我认知",由此实现个人与社会的视界融合。

四 自我民族志:社会事实表征

自涂尔干(Émile Durkheim)提出"社会事实"概念以来,学界对作为物的社会事实的捕捉就一直在进行之中。② 从后现代的视野来看,社会事实与被表征出来的社会事实是两回事,是一种"换喻"关系。事实上,社会事实与被表征出来的社会事实的确不是一回事(甚至可以说,"表征"这个概念本身就是对"事实"存在的一种"反讽"),但是,社会事实与被表征出来的社会事实之间有着密不可分的联系,应该是一种"隐喻"关系。这种"隐喻"关系有着多种表现形式,其中重要之一则为社会事实与社会生活传统之间的关系,

---

① 朱炳祥:《知识人》,中国社会科学出版社2021年版,第241页。
② 王铭铭:《当代民族志形态的形成:从知识论的转向到新本体论的回归》,《民族研究》2015年第3期。

即被表征和建构出来的社会事实应该是一种由碎片化的社会事实整合起来的社会生活传统，对作为物的"社会事实"的捕捉应该是对这种社会生活传统的展示。具有概述和细节描述功能的民族志叙事不啻捕捉"社会事实"的一种重要手段，在整合碎片化的社会事实、揭示特定时代特定群体特定地域的社会生活传统上具有得天独厚的优势。即基于民族志在地研究，通过细节描述和一定程度的概述，可以相对容易地对碎片化的社会事实进行整合，展示某时代某群体某地域独特的社会生活传统。这也是民族志叙事所特有的重要功能之一。[①]

"自我"，包括"个体自我"和"群体自我"在内，是贯穿《自我的解释》《知识人》这两部主体民族志的主线索和核心关键词。它们围绕"自我"展开，无论是问题、方法、材料、观点，都建基于"自我"之上。《自我的解释》《知识人》通过对事实的描述（以各种叙事主体的日记的形式来"裸呈"）与对事实的解释（穿插朱老师个人的一些理论评注）的结合，基于"个体自我"和"群体自我"的特殊呈现，将碎片化的社会事实整合为一种社会生活传统，由此达到揭示社会生活传统的目的，实现对作为"物"的社会事实的捕捉。

《自我的解释》对"自我"的描述，不仅仅是个体自我"生性"的再现[②]，也是一种社会生活传统的再现。通过阅读《自我的解释》《知识人》，读者能够知道和了解中国的人类学家是怎样成长的以及中国社会的发展是怎样悄然进行的，即知道和了解与西方世界所不同的另外一种社会生活传统。这种社会生活传统，源自"个体自我"和"群体自我"；这种社会生活传统的再现，也是通过作者（朱老

[①] 这只是个人结合田野经验与理论阅读的一种并不成熟的拙见，可供学界批评。徐新建老师在《自我民族志：整体人类学路径反思》中认为，无论《萨摩亚人的成年》《西太平洋的航海者》，还是《松花江下游的赫哲族》《湘西苗族考察报告》，它们呈现的都只是被叫作萨摩亚人、航海者、赫哲族和苗族的抽象整体和模糊群像，这种样式的描写把人类学引向只关注抽象的"社会"和"文化"。因此，需要从仅关注中观群体的民族志陷阱中走出来，回归联通个人与人类两端的人类学整体（参见徐新建《自我民族志：整体人类学路径反思》，《民族研究》2018 年第 5 期）。

[②] 高丙中：《序言："生性"的再发现》，载朱炳祥《自我的解释》，中国社会科学出版社 2018 年版，第 1—4 页。

师)的笔写出来的,究竟能不能得到认可,取决于读者(尤其是那些亲身经历过那个时代的读者)的共鸣与评判,其启示意义会随着时间的延续和时代的发展而逐步显现。这应该是《自我的解释》《知识人》这两部民族志作品作为"自我民族志"所体现出来的重要特色之一,也是"自我民族志"所独具的特殊贡献之一。《自我的解释》《知识人》为社会事实表征提供了一种特殊的呈现方式,其贡献亦蕴含在这种特殊呈现方式之中。

"个体自我"和"群体自我"的特殊呈现,按照朱老师的思路和见解,主要通过"自我"("个体自我"和"群体自我")的表征来实现对社会的隐喻:

在朱老师的笔下,"自我"存在三种状态:我"在场",是事件的"主角";我"在",是旁观者和目击证人,是事件的"配角";我"隐形在场",即通过叙事策略和修辞手法如传统民族志所采用的叙事策略和修辞手法,将故事的讲述者看到和听到的"转换"为我们(即读者)看到和听到的,将"我"——故事的讲述者——隐形。我"隐形在场",即在叙事上看不到"我"在场,但其依然是一种"事实在场",而非"小说虚构"。在"自我"的这三种存在状态中,"自我"有时是事件的主角,有时是参与者,有时又仅仅是旁观者和记录员。朱老师将这三种类型的"自我"集中在民族志中展示出来,其理论价值在于,完整系统地揭示出"自我"的真实存在状态。各种主体参与民族志是以这种实实在在的"自我"真实存在方式来完成的,从此意义上讲,各种主体参与民族志,事实上参与的是社会生活,多种主体以及多重身份得以在一种独特的社会生活传统中展示出来。我们既是社会的创造者,也是过客;我们既存在于时代,也逃匿于时代。自我民族志中的"自我",既不是社会事实的完全的参与者,也不是社会事实的完全的旁观者,而处于一种特殊的多层面、多色带的"中间状态"。这是"自我"的一种真实生存状态。通过描述、展示和研究"自我民族志"中的"自我"——这种特殊的多层面、多色带的"中间状态"(这种真实的社会存在状态),碎片化的社会事实被整合起来,社会事实被表征出来,某时代某群体某地域独特的社会生活传统被展示出来。由此,作者变成"我",读者变成"你",主题变成"我们"。①

无论是《自我的解释》"裸呈"的"个体自我",还是《知识人》"裸呈"的"群体自我",都是一种"自我"的心路历程的再现（represent）和建构（construct）,体现了现实的"自我"与被表征的"自我"视域融合的过程;同时,这种"自我",是被不同叙事主体以"互镜"的方式表征（represent）和建构（construct）出来的,"自我"被表征和建构的过程,也就是个人与社会视界融合的过程,"自我"被隐喻为社会的过程。由此,《自我的解释》《知识人》这两部自我民族志所传达出来的更进一层的理论意涵在于：从各种叙事主体"互镜"关系的角度来讲,表征的社会事实与社会事实之间是一种隐喻的关系;从通过建构超越自我的集体表象的角度来讲,表征的社会事实与社会事实之间是一种换喻的关系。

五 小结

《自我的解释》《知识人》通过展示"自我民族志"的特殊实践路径和理论旨趣,揭示出"自我民族志"在"后现代实验民族志之后民族志如何前行"问题场域中所特有的新的扩展意义,同时也清晰地彰显了中国学者在此问题场域探索中的特殊地位。

人认识自我,需要从他者来反思自我,也需要从作为他者的自我来反思自我。以自我民族志来推进主体民族志的发展,是朱炳祥教授对"后现代实验民族志之后民族志如何前行"问题的新的思考和新的推动。

作为"中国版"实验民族志的一种新型实验,《自我的解释》《知识人》与其他主体民族志作品一样,共同推进了实验民族志在中国的发展,同时也充满了超越后现代实验民族志的新的探索精神,为中国民族志争取了更大的国际学术话语表达空间。② 正如四川大学徐

---

① 徐新建:《自我民族志:整体人类学路径反思》,《民族研究》2018年第5期。
② 朱炳祥、刘海涛:《"三重叙事"的"主体民族志"微型实验——一个白族人宗教信仰的"裸呈"及其解读和反思》,《民族研究》2015年第1期。

新建教授所指出的:"与其说《自我的解释》为认知中国社会添加了人类学家的个体案例,不如说另辟了人类学写作的自我镜像,并由此促进对民族志的方法论思考。"① 这种回归个体、回归自我的"自我民族志"是整体人类学路径反思的重要维度之一。②

《自我的解释》《知识人》既体现出主体民族志的关怀与拓展,也展示出自我民族志的底色与特色,体现了"中国版"实验民族志的不断延续与新的尝试。这种新的尝试,主要体现在自我民族志的实践探索以及田野叙事上,因此也期待朱老师将来能够为"自我民族志"作出更多理论论证上的新贡献。

在《自我的解释》中,承蒙朱老师热情邀约,笔者不揣浅陋,曾给《自我的解释》写了一个简短的序言。③ 本文延续了笔者为《自我的解释》所写序言中的问题分析进路来完整解读《自我的解释》《知识人》,揭示了这两部民族志作品逐渐显露出的"自我民族志"的新的研究取向,意在说明这种新的取向不仅代表着"主体民族志"的不断拓展,而且发挥出超越"主体民族志"视野范围的新的学术影响,并由此进一步促进对"后现代实验民族志之后民族志如何前行"这个根本问题的深入理解。

本文从"自我民族志"的若干(并非全部)理论意义出发对《自我的解释》《知识人》所作的粗浅评述和解读,是在阅读欣赏《自我的解释》《知识人》中所萌发的,是在朱炳祥教授"主体民族志""自我民族志"学术思想的"照耀"下产生出来的,期待它们能够成为朱老师这两部新作留给学界的重要启示。以上浅见难免以偏概全,难免有误解作者和误导读者之处,敬请朱老师以及《自我的解释》《知识人》等《对蹠人》系列民族志的多种主体批评指正!

---

① 徐新建:《自我民族志:整体人类学路径反思》,《民族研究》2018 年第 5 期。
② 徐新建:《自我民族志:整体人类学路径反思》,《民族研究》2018 年第 5 期。
③ 刘海涛:《序言:超越自我——朱炳祥教授〈自我的解释〉的启示》,载朱炳祥《自我的解释》,中国社会科学出版社 2018 年版,"序言"第 21—23 页。

直面认识论难题的"主体民族志"

梁永佳

【摘要】 本文以朱炳祥教授六卷本"对蹠人"系列民族志中的《他者的表述》和《自我的解释》为例,讨论"主体民族志"的认识论贡献。作者认为,"主体民族志"超越了"表述危机"提出的认识论难题,构成了现象学意义上的民族志文类,具有解放个体意识、应对人类总体危机的目的论抱负,彰显了人类学的"自明性"。该主张有着难得一见的原创性,建立在创立者本人的哲学深度和独特的人生观基础之上,但仍需要进一步回应研究异文化所涉及的"文化翻译"问题。

朱炳祥先生退休四年,出了六本书。这些书是在这四年里出的,写书的过程却长达半个世纪。第一本书叫《他者的表述》,"裸呈"一位白族老人家15年的口述,创构了一部"主体民族志"文本形式,致力于解决民族志的"表述危机"。第二本《地域社会的构成》,比较了云南楚雄一个彝族村庄和大理一个白族村庄的继嗣群和祭祀圈,采取了以实践活动解释地域社会构成的发生学模式。第三本《自我的解释》是中国第一本"自我民族志",用69篇日记呈现自我,提出了"文化性—个性—生性"的解释模式。第四本《蟒蛇共蝴蝶》,以白族著名的"杜朝选神话"的46个变体为对象,分析其结构、意义和语境,主张以回归"希望的本原、道德的基础、社会的柱石"对

---

* 原载《西北民族研究》2022年第5期。此次按作者投稿的原稿收入。
** 梁永佳,浙江大学社会学系教授。

话功能主义、结构主义、解释学。第五本《知识人》则以四个人的日记为对象，研究人从孩提时代到研究生阶段的"生长的逻辑"。第六本《太始有道》，记录了作者在新疆戈壁、青藏高原、西南山区从事田野工作和穿梭旅行的感受。朱先生说，这六本书反映了他自己一生寻找和对话异文化的努力，可以称为"《对蹠人》系列民族志"。"对蹠人"的直接意义指地球直径对蹠点的人类，其隐喻意义则指各种不同的文化。①

好学者随处可见，真学者凤毛麟角。退休之后出书，超脱名利的羁绊，这是真学者。了解朱先生的人都知道，他的为学为人岂止超越名利！不做健康检查，不去医院治病，不带救生工具横渡长江。朱炳祥先生是我的人类学启蒙导师。1991年，我修了他三门课，贪婪地记录他说的每句话，阅读每一本有"人类学"三个字的作品，决心成为一名人类学者。由他启蒙是近乎奢侈的幸运，其中一条就是朱师一直对我平等相待，鼓励我坚持自己的观点，不要畏惧学术权威，也不要怕与老师争论，甚至鼓励我直呼其名。"伟人站着，凡人跪着，仅此而已！"朱师说。这教导让我很早就能鉴别"真学者"——只要看他如何对待批评就够了。多年前，朱师曾经用几个下午倾听我对他的新著的"犀利批评"，此情此景历历在目。多年后，我仍然愿意秉笔直书，并破例在本文中直呼朱炳祥师的名讳，以示读者与作者的平等，以诚心回报朱老师的教诲。

朱炳祥的这六卷著作各成一体，又彼此衔接，最好做总体评述。限于篇幅，本文将以"对蹠人"第一部《他者的表述》和第三部《自我的解释》为主，展开对"裸呈"的讨论，并提出如下结论："主体民族志"超越了"表述危机"提出的认识论难题，构成了现象学意义上的民族志文类，具有解放个体意识、应对人类总体危机的目的论抱负，彰显了人类学的"自明性"。该主张有着难得一见的原创性，建立在创立者本人的哲学深度和独特的人生观基础之上，但仍需要进一步回应研究异文化所涉及的"文化翻译"问题。

---

① 朱炳祥：《他者的表述》，中国社会科学出版社2018年版，第27页。

一 主体民族志：超越"表述危机"的"裸呈"

朱炳祥认为，民族志是作为一种科学方法诞生的，目的在于描述"异文化"。到了20世纪中后叶，马林诺夫斯基的《一本严格意义上的日记》①、弗里曼的《玛格丽特·米德和萨摩亚》②等著作，让人类学家怀疑民族志的客观性、科学性。《东方学》更是让民族志的偏见、选择性、制作性大白于天下。③ 最终，《写文化》④ 颠覆了民族志的权威，造成了人类学的"表述危机"（crisis of representation）。一方面，"人类学是殖民主义的一部分，而且在当下也无法回避过去"⑤。另一方面，"由于人类学者本身依赖于描述的和半文学性的表达方式来描写文化，他们的研究歪曲了非西方民族的社会现实"⑥。

朱炳祥的概括切中要害：格尔兹（Clifford Geertz）、拉宾诺（Paul Rabinow）、克利福德（James Clifford）、马尔库斯（George Marcus）、罗萨多（Reneto Rosaldo）、费舍尔（Michae Fischer）、阿萨德（Talal Asad）等一流人类学家，质疑以往民族志理论的"科学"承诺，质疑民族志叙述的男性偏见、殖民者偏见、白人偏见、中产阶级偏见，揭示民族志写作中的"虚构性""不确定性""流动性""学究气"，等等。人们纷纷尝试"另类"的田野工作和民族志写作实验。多点民族志、实验民族志、合作民族志、自我民族志、多物种民族志等尝试层出不穷。但是，危机似乎并未解决，每过几年就有人声称"人类学已经终结""民族志应该改成文化研究""把对对象的研究作为研究对象"。他们聚焦于民族志的"政治学"和"诗学"，提出文化所

---

① Bronislaw Malinowski, *A Diary in the Strict Sense of the Term*, Stanford: Stanford University Press, 1967.
② Derek Freeman, *Margaret Mead and Samoa: The Making and Unmaking of an Anthropological Myth*, Australian National University Press, 1983.
③ Edward Said, *Orientalism: Western Concepts of the Orient*, New York: Pantheon, 1978.
④ James Clifford & George Marcus (eds.), *Writing Culture: The Poetics and Politics of Ethnography*, Berkeley: University of California Press, 1986.
⑤ 朱炳祥：《他者的表述》，中国社会科学出版社2018年版，第18页。
⑥ 朱炳祥：《他者的表述》，中国社会科学出版社2018年版，第18页。

有者问题、表述权威问题、文本建构问题、研究立场问题，试图突破种种具有某种原罪性质的"民族志权威"。

朱炳祥认为，表述危机实质上是认识论问题，即民族志在何种意义上构成了何种知识？后现代作品让"民族志的性质改变了，民族志只是'神秘地记录'，而非'记录神秘'，是幻想的现实和现实的幻想"[①]。他提出三个转换回应这个问题：将间接描述转换为"当地人直接陈述文化事实"，将学术生产转换为"服务于当地人利益的研究实践取向"，将"民族志者自身的立场、观点、情性、写作策略等要素作为民族志能够成立的前提直接坦陈于民族志中，并承认民族志者对当地文化的解释是想象的事业"[②]。最终，朱炳祥提出"裸呈"的主张。

"裸呈"指原原本本地呈现当事人的自发叙述。它要求除了简单编辑外，尽量减少作者的参与，追求将当事人的叙述"自然而然地呈现"出来。它不再强调"参与观察""深度访谈"等人类学田野工作的看家本领，不再通过民族志学者与当事人的对话生产文本。他明确地说，裸呈首先是一种"获得材料的方法"，让当事人自己决定讲述什么，"彻底奉行'三不主义'：开头不提问，中间不追问，事后不补问"[③]。其次，裸呈是"获取知识的方法"，即将当地人的叙述本身视为"地方性知识"，而不是素材。最后，裸呈还是一种"创造知识的方法"，强调研究者在此基础上的陈述。因此，"裸呈"包含了"三重主体叙事"：当地人叙事、民族志者叙事、读者和批评家的叙事。最后一个是隐形的，只有在专著出版之后才会出现。

这就是《他者的表述》呈现给我们的结构：在长达346页的专著里，有三分之二的篇幅是大理周城人段绍升先生本人的原始叙述，剩下三分之一则以理论方法探讨和解读段绍升裸呈的形式，分列书的头尾。"裸呈"与我们熟悉的田野民族志十分不同，里面没有作者对人对事的铺陈，没有"社区背景""历史沿革""生产生活"等常见的

[①] 朱炳祥：《他者的表述》，中国社会科学出版社2018年版，第3页。
[②] 朱炳祥：《他者的表述》，中国社会科学出版社2018年版，第4页。
[③] 朱炳祥：《他者的表述》，中国社会科学出版社2018年版，第36页。

套路,更不遵循那种"以小见大"的"人生史""口述史"格式。这种全"干货"式的民族志写作,令人耳目一新。在我有限的知识里,近似于裸呈的人类学作品,恐怕只有1935年出版的《骡子与人》(Mules and Men)可以勉强与之相提并论。① 作者赫斯顿有意原原本本地用当地人的俚语俗谚记录普通人讲的故事,让读者读起来感到妙趣横生。但相比之下,《他者的表述》在呈现当事人叙述上坚决彻底地剔除了研究者本人,并有着细密的认识论讨论。②

《自我的解释》构成了《他者的表述》的姊妹篇,也是中国第一部"自我民族志"。该书贯彻同样的原则,朱炳祥"将材料的问题放到关键位置,重视初始材料不可重塑的原质,坚持主体民族志'裸呈'初始材料的方法。我将50多年中不同时期记载的日记选择了69篇作为本民族志的基础材料,作为我个人思想与生活的直接证据。对这些日记的编辑原则与《对蹠人》第一卷中对当地人讲述的编辑原则相同,保持其原初记录的自然形态,只进行'最低限度的编辑'"③。但与《他者的表述》的编排顺序不同,《自我的解释》中的日记分别聚集在"文化性""个性""生性"三个主题之下,并在每章最后配有较为详细的反思性评语。这两本书遵循共同的原则——尽量质朴地呈现当事人的叙述。

为什么要搬山填海,坚持把当事人的自发陈述原原本本地呈现出来呢?朱炳祥的理由是在认识论意义上展开的。他说,针对表述危机,人类学家提出的三个路径——"求知主体对象化""对话式写作""开放表述"——是不够的。二者都有着鲜明的西方立场,甚至鲜明的基督教世界观,"这就像一个人拔着头发无法离开地球一样"④。出路在于扬弃科学民族志那种"殖民心态"和"自我中心主义",吸收主观性的反思与批判精神,更需吸收时代精神。

---

① Zora Neale Hurston, *Mules and Men*, J. B., Lippincott Company, 1935.
② 赫斯顿的导师、美国人类学之父博厄斯(Franz Boas)虽然为该书作序,但对这种文体不以为然。多年以后,这种文体却成为后现代人类学家推崇的文体。
③ 朱炳祥:《自我的解释》,中国社会科学出版社2018年版,第33页。
④ 朱炳祥:《他者的表述》,中国社会科学出版社2018年版,第22页。

经典民族志的"参与观察"和"访谈"的田野工作方法有着"极大的主观性"①。观察者与被观察者的互动在本质上就是一个无法获得"客观"材料的方式,提问更因其进攻性而无法得到"真正的异文化事实"。提出"裸呈"的理由在于②:

> 民族志者所接触到的当地文化,犹如突变论所说的"魔盒"。"魔盒"是封闭的,经典民族志者使用的"参与观察""访谈""对话"犹如一种"输入输出法",即输入一个信息(一个作者自己设计的问题),看"魔盒"里的反应与回答并输出了什么,而"魔盒"里到底是什么东西以及它怎么运作是不被知道的。我们应该让当地人自愿地、自动地打开他们的"魔盒",使里面的东西自动"裸呈"出来。显然,这些东西与从外面"观察"到的、"问"出来的或者在"对话"中被"逗引"出来的东西并不相同,甚至可能大相径庭。
>
> "裸呈民族志"让研究者成为"纯粹理论上的旁观者"。其基本要义是让"异文化"里的当事人打开"魔盒",直接呈现,让他们自己说,它是真正的"内部视角"。③

"让'异文化'里的当事人打开'魔盒'",民族志因此被赋予了不同的使命。它不再是对某一地域社会的文化、历史、习俗的记述,也不是对某个"大时代的小人物"做"口述史"研究。它的描述对象不再是一个个被定义的、外在于主体、貌似客观的"存在物"。它描述的对象成了"存在"本身。了解现象学的人都知道,这是一种追求"确定性"的努力。不论是"群体"还是"个人",都只是被建构的、看似连贯的"存在者",但这个"存在者"其实并不能确定,所以笛卡尔说,只有"我思"是确定的。胡塞尔以降的现象学试图将"我思"扩展到"存在"本身,即"客观的被给与性",但作为客体的"存在者"

---

① 朱炳祥:《他者的表述》,中国社会科学出版社2018年版,第33页。
② 朱炳祥:《他者的表述》,中国社会科学出版社2018年版,第34页。
③ 朱炳祥:《他者的表述》,中国社会科学出版社2018年版,第34页。

始终是不能确知的。这就是为什么朱炳祥说,"只有'存在'而不是'存在者'才能为民族志提供充分的基础","存在"即"确定存在者作为存在者的那种东西,是使一切存在者得以成为其自身的先决条件"。①

这个论断的分量极重,它意味着民族志不再是关于"事实"的记录,而是关于"本质"的记录。这个本质,就是"存在"的直接"涌现"(emergence)。这就是"裸呈"的认识论根据:"当地文化只能通过当地人的讲述(而不是民族志者去描述)才能显示其'存在'。让当地人围绕着他们感兴趣的问题自由讲述当地的文化及其个人的所历所思,所感所悟,而不是由第二主体越俎代庖,这是基本前提。"② 他尤其提醒读者,我们要对自己的民族志工作有"自知之明",不必追究事后建构的"元叙事",也不必一味地解构"权力"。"元叙事"只是一种未必高明的"存在者",并非"存在"本身;解构权力也是危险的:"福柯设想没有国王的权力,于是,福柯自己成了国王。打破权力的口号总是重新成为权力的工具。因为我已经认识到这一点,所以才让段绍升裸述。"③ 这是珍贵的洞识,也只有超脱生死境界的学者才可能如此考虑:重要的不是身体的"不朽"、文字的"不朽"、思想的"不朽",而是体验人生的行云流水、白驹过隙。"这世界需要不断地更生,时间、空间和资源都是有限的。我们完成自己,就可以离开了。"④ 这就是《他者的表述》,它"只一回运用于斯二人,而斯二人将逝,如此而已,仅此而已!"⑤

在《自我的解释》中,朱炳祥继续了他的现象学认识论。从康德经胡塞尔、海德格尔,现象学区别客观世界与认识世界,只承认两者具有相关性。"这一重要成果对于民族志的意义在于它规定了民族志的性质:一部民族志根本不是从知觉到概念的理性化运动,它始于概念也终于概念。"⑥ 在罗蒂"无镜的哲学"启发下,朱炳祥提出自我

---

① 朱炳祥:《他者的表述》,中国社会科学出版社2018年版,第34页。
② 朱炳祥:《他者的表述》,中国社会科学出版社2018年版,第35页。
③ 朱炳祥:《他者的表述》,中国社会科学出版社2018年版,第11页。
④ 朱炳祥:《他者的表述》,中国社会科学出版社2018年版,第11页。
⑤ 朱炳祥:《他者的表述》,中国社会科学出版社2018年版,第11页。
⑥ 朱炳祥:《自我的解释》,中国社会科学出版社2018年版,第46页。

民族志的"互镜"概念,"重在说明主体与对象之间的'相关性',进而将此作为民族志自我认识的基点以达到在自我解释中的实际运用"①。这类似格尔兹的"分层—并列"以及费孝通的"我看人看我"。面对他自己过去半个世纪的日记,朱炳祥说,"我"既是又不是过去的"我",两者既相关又无关。当"我"看过去的"我"如何看"我"的时候,我看到的只是"镜像"。由于认识支点的移动,主客体的关系发生了多重互动与转换,一方面"这里并不存在纯然的客观知识"②,另一方面,"主体也不能随心所欲地建构,因为客体已在镜像之中"③。对于任何一项研究,"这一切只不过是一个思想实验,如此而已,仅此而已!"

两个"如此而已,仅此而已!"渗透着朱炳祥对民族志认识论的深刻思考。它来自对前人的融会贯通,更来自他独一无二的人生哲学:一面是对自我、他者、人生、人类、天地的不懈追问;另一面是对功名利禄毅然决然的拒斥。所以,"主体民族志"不仅仅是认识论,更是人生观。"人之相与,俯仰之间",感怀思辨,颠沛流离,都是白驹过隙,转瞬即逝,如此而已,仅此而已!不必看重,才明白生命中不可承受之"轻"——生活中无处不在、无伤大雅,却不可救药的"毛病"——矫饰、虚伪、自负、无奈——透露着人性的弱点、社会的不公、世界的悖谬。这固然受到了现象学和存在主义哲学的影响,但字里行间那些强烈的道德操守、自我否定、心灵冲突,都说明作者虽然随遇而安,但从不随波逐流。他的"为学"不仅是"为己之学",而且是"为人之学",他的愿望是撰写"人志",诘问"人类"。这几本极具个性的民族志,背后是极具个性、发自"生性"的人生。不理解这个性的极致,就难以理解1.8万篇日记的存世和60万字"裸述"的诞生。这或许是《对蹠人》最具价值之处,也是最值得探讨之处。

---

① 朱炳祥:《自我的解释》,中国社会科学出版社2018年版,第47页。
② 朱炳祥:《自我的解释》,中国社会科学出版社2018年版,第48页。
③ 朱炳祥:《自我的解释》,中国社会科学出版社2018年版,第49页。

二 后现代、可行性与文化翻译

与朱炳祥相同,我对《写文化》和《作为文化批评的人类学》存在很大的疑问。"表述危机"声色俱厉地斥责民族志者的偏见,要求对"研究者"展开研究。但这些质疑者对他们批评的"科学"抱有深深的误解[①],对前人的文本有着执拗的"洁癖"。更大的问题在于,多数质疑者深陷"平等主义"这个当代西方社会的意识形态,将一本本民族志推向平等主义的"宗教裁判所"。以表述危机的重要质疑——文本合法性为例。后现代学者认为,只有在百分之百的平等、自愿、不伤害对方的条件下产生的文本,才算文本。但是,这是不可能实现的。如果我们检视一下欧美高校的伦理审查程序,就会发现人类学家们不得不承诺:要在对方签署"知情同意书"的情况下、以合法的手段获得材料。但是,人类学家明知田野工作难以区分收集数据和不收集数据的状态,只能沉浸在研究环境中等待"数据"自发呈现。那么,你如何让一场丧礼、一次口角、一个节庆的所有参加者都来签署"知情同意书"?"表述危机"所追究的权力、阶级、性别、种族等问题,难道不是田野工作的自然状态吗?那些所谓"偏见"真的可以被"克服"吗?那些"偏见""自我中心主义",难道不是生产知识的源泉吗?再进一步讲,推崇表述危机的学者所关心的问题,难道不是同样充满偏见的、美国中产阶级的关切吗?他们要求对每一部民族志都召开一场听证会,甚至要求民族志文本像呈堂供词一样具有法律效力,这是新自由主义时代一场关于"政治正确"的人类学讨论,《写文化》无疑是讨论的始作俑者。

所以,朱炳祥将"表述危机"视为一个认识论问题,我疑心他高估了后现代人类学家的学术境界。实际上,他所对话的人类学家多半

---

① 例如,马林诺夫斯基所说的"科学",并非后现代学者口中的某种机械的、客观的反映。他在《日记》里说:"即使观察者不变,写作经验也会导致完全不同的结果——更不用说不同的观察者了!因此,我们不能说存在客观的事实:理论创造事实。"我不觉得后现代学者超越了这个见识。

不具备他的哲学素养，甚至拒绝阅读希腊罗马以来的"白种死男人"作品，有的人干脆拒绝征引前人，因为那些人大都是男性学者。① 有一位留学生跟我说，他所在的美国某著名大学人类学系，已经不再阅读马林诺夫斯基，"因为他是种族主义者"！荒唐至此，人类学真的要变成"抖机灵学"了——不仅不必读书就能成才，甚至只有不读书才能成才了。更重要的是，后现代学者对"科学民族志"不依不饶，但自己却难以生产出高质量的民族志。很多人类学家，包括暴得大名的拉宾诺、阿萨德、马尔库斯、哈拉维（Donna Haraway），尤其是《尼萨》和《重访尼萨》的作者肖斯塔克（Seth Shostak），其田野工作平平，民族志材料稀薄，只好凭借美国学术的政治正确，掀桌子、砸场子，一笔勾销前人的工作。而他们自己却纠缠于身体、身份、性别、权力、文本、解释等等在哲学和文学批评中"老生常谈"的话题，提不出什么新见解。这些研究大都以"重新思考"开头，传播"后来居下"的观念，吸引"涉世不深"的学子。他们否定传统民族志，自己却写不出有深度的民族志。我们从那些粗疏的夹叙夹议中读不到远方的生活，只能读到无休无止的、俄罗斯套娃般的"反思"，甚至连篇累牍地自我介绍——我的阶级、我的教育、我的种族、我的性别，我的……

在表述危机的冲击下，人类学一度退化成"文化研究"，成为"聪明人"说"漂亮话"，连田野工作和民族志都不再重要。可是，没尝过田野工作的七荤八素，没经历过衣食住行、吃喝拉撒都没着落的日子，没有赖在当地经历各种文化的冲击，不仅不可能写出《西太平洋的航海者》，更不可能写出《一本严格意义上的日记》。我同意格尔兹②的观点：《航海者》和《一本严格意义上的日记》都是人类学民族志，一个是近经验，一个是远经验。这里并不是真假问题、科学与否的问题。总之，朱炳祥提出"裸呈"的概念，是"表述危机"

---

① Cymene Howe, *Ecologics: Wind and Power in the Anthropocene*, Durham: Duke University Press, 2019, p. 15.

② Clifford Geertz, " 'From the Native's Point of View': On the Nature of Anthropological Understanding", *Bulletin of the American Academy of Arts and Sciences*, 1974, 28 (1), pp. 26–45.

倒逼出来的。但是，朱炳祥的格局更大、思考更深、境界更高，"表述危机"只是他的切入点。在我看来，马尔库斯、克利福德、费舍尔、拉宾诺，乃至格尔兹，都没有到达这个高度，更没有想到过这个办法。

令我担心的并不是"裸呈"的高度，而是它的难度。除非田野工作做到极致，否则谁能让当地人"自动"开口？在《他者的表述》中，见多识广的段绍升能向朱炳祥和盘托出他的经历，并写下承诺书允许朱炳祥以真名发表这些叙述，这已经远远超出一般田野工作者所能取得的信任。这只能通过让人望而生畏的田野工作才可能做到。段绍升的"裸呈"是在与朱炳祥的潜在对话中完成的。没有朱炳祥的深度在场，就不会有段先生的彻底"裸呈"。从1999年在大理周城度过第一个自然年开始，朱炳祥先后回访周城14次，从事田野工作700余天。其中，与段绍升见面数百次，记录他正式讲述64次，录音整理60多万字。他对这些材料的分析，也花费了常人难以付出的精力。田野工作做到这个强度，研究者与被研究者互相信任到这种程度，在中国乃至世界人类学界即使不是绝无仅有，也是十分罕见的。正因为如此，我认为"裸呈"不管有多大的革命性，都难以成为一个"范式"。因为这种研究过于困难，甚至无法复制。

《自我的解释》的写作难度则更大，甚至不可复制。本书的69篇日记是从50年里几乎不间断地记录的日记中选取的，象征了作者已经走过的69个年头。也就是说，69份日记背后是18000份日记。如果从"互镜"的角度来看，为了写这样一本书，我们需要18000个审视"我"的"我的样本"，还要加上18000个审视这种审视的"我"。这样巨量的材料，分明要耗尽一生一世，哪里是"人类学"这三个字能够囊括的？这种高强度的自我民族志既无法通过社会科学手段"收集"，更无法在学术机构里向年轻人传授。也就是说，《对蹠人》的两部主要作品——《他者的表述》和《自我的解释》，不是"范例""通例"，而是"孤例"。如果将"勇气"二字放在里面，"裸呈"的难度则更让人望而生畏。不论是《他者的表述》里的段绍升，还是《自我的解释》里的朱炳祥，都有着非凡的勇气。他们敢于直面自己，敢于呈现自己，具备托尔斯泰那种"把手术刀割向自己的勇气"。这种敢于裸呈自己的勇气只有极少数人具备,甚至需要某种偶然。例如,段绍升先生就是在一场大病之后决心授权朱炳祥裸呈的。总之,这两本书贯彻的"裸呈"民族志方法过于困难,因此我相信这是空前甚至可能是绝后的民族志,难以构成教科书式的"人类学方法"。

我猜测,上述两个问题并非朱炳祥的旨趣,也不能动摇"裸呈"的认识论贡献。但是,我认为"裸呈"仍然可能存在的认识论问题,就是"文化翻译"的问题。我同意朱炳祥将现象学运用在人类学中的主张,认为这是人类学仅有的几条道路之一,甚至可能是唯一的道路。因为在我看来,当下人类学在摆脱"表述危机"之后,又陷入了我建议称为"交际危机"的困境。当下欧美主流人类学过于外溢,过于投身于与其他学科的交叉,却很少反思和打磨自身的认识论根基,这将使人类学越做越失去自我。与此同时,人类学越做越"越界"。向上研究"机制""政治经济学""组织""大历史",向下研究"本能""认知""基因",岂不知这些领域都有着成熟的方法论,人类学只能依附在边缘地带,等着某种"始乱终弃"的宿命。究其原因,人类学太喜欢"交际",而对其自己的认识论根基却考虑得太少了!

因此,朱炳祥回归现象学有正本清源的意义。因此,当朱炳祥说"人类学之根在哲学"①的时候,他道尽了人类学与社会学、历史学、民族学、法学、艺术学、文学、进化生物学之间的差异。尼达姆(Rodney Needham)和他所在的牛津人类学,或许是最早主张人类学是"经验哲学"(empirical philosophy)的团体,他们提倡从经验上提出和思考哲学命题。② 但是,如果朱炳祥也承认人类学不是纯然的哲学,而是通过经验世界思考哲学问题的话,那么现象学就不得不面对它很少考虑的"跨文化"问题。

通过研究与自身相异的文化来体会自身和"人",是人类学最基本的承诺。《对蹠人》各卷也不否认这一点,且多处强调其研究的是处于远方的"异文化",这正是"对蹠人"的本意,也是"裸呈"的

---

① 朱炳祥:《自我的解释》,中国社会科学出版社 2018 年版,第 19 页。
② 梁永佳:《读罗德尼·尼达姆的象征分类研究》,《西北民族研究》2006 年第 2 期。

目的。但是,"裸呈"却是在研究者和当事人共享同样的"语言意识形态"的条件下展开的,双方的沟通几乎不存在问题,写作的文本也不需要翻译。但是,以研究异文化为己任的人类学民族志田野工作并非如此,民族志者与资讯人之间存在语言差异、观念形态差异,这是难以逾越的鸿沟,也是田野工作最大的障碍。从技术上看,如果将来有人采用"裸呈"的方式写作民族志,他将面对如下的两难境地:如果将对方的表述原原本本地"裸呈"给读不懂这些语言的读者,那么这样的著作既没有出版的意义,也不会有"第三方主体"(即读者);如果他将"裸呈"翻译成人类学者所在的学术共同体的语言,那么这个文本就不再是"裸呈"而是翻译了。

这不仅仅是一个"技术"问题,更是认识论问题。现象学固然主张超越词语,但现象学者并不太考虑跨语言的问题,更不用说跨文化的"语言意识形态"[1]。他们认为他们自己的诘问更加根本。对他们来说,连本族语言都要超越,何况他人的语言。但"裸呈"则不同,它面对的是人类学所承诺的经验世界,"裸呈"并非对一切"存在"的描述,而是对"言语"(speech)和"语篇"(discourse,此处并非指福柯意义上的"话语")的呈现。它不得不依赖"文字"这个"方便法门"。或者说,为了得到"存在"这条"鱼",它不得不依赖语言这个"荃"。这意味着,裸呈只适用于当事人、民族志者、读者处于共同的符号宇宙的情况,并不适合研究"异文化"。

研究"异文化"需要"解释",相当于德国学术传统里的 *verstehen*,大致对应英文中的 interpretation,中文可以说"解释",也有人主张翻译成"解读",也可以翻译成"翻译"。无论如何,*verstehen* 类似于一种"同情地理解""像当事人那样感受",这是里克特、韦伯、齐美尔、舒茨等人特别重视的概念,并构成了韦伯理论大厦的根基。但从事田野工作的人类学家很快就发现,田野中的"现象"或者"存在"仍然要通过"语汇"表达。把这些"语汇"说清楚十分困难,甚至关系到整个田野工作的成败。这就是为什么埃文斯—普里查

---

[1] M. Silverstein, "Language Structure and Linguistic Ideology", In P. Clyne, W. Hanks, and C. Hofbauer (eds.), *The Elements*, Chicago: Chicago Linguistic Society, 1979, pp. 193–248.

德说，人类学是"文化翻译"，田野工作的成败取决于对某些关键词的"翻译"（interpretation）。① 胡塞尔、海德格尔、萨特、罗蒂割断意识与主体之间的相似性，只承认相关性。但这种意识并非纯然自由的、自足的、自在的，而是后天的，是一个在孩提时代就被周遭的符号世界"格式化"的产物。换句话说，那种看似自主的"意识"，实际上只是人"成长的代价"。成年人自以为自由的"意识"，实际上是头脑在"童年失忆"后形成的、被自身符号宇宙主宰的"活动"，这一点，朱炳祥熟悉的学者皮亚杰揭示过了。总之，意识看似自主，但它不得不符合"符号的语法"，并不存在无文化的"意识"。符号的语法类似于涂尔干所说的"集体表现"（collective representation），他的继承人之一列维-斯特劳斯甚至说，人类学是符号学的一个分支，研究非言语符号体系。总之，我认为人类生活在不同的符号宇宙之中，实现跨越非常困难。它是真实的，构成了绝大多数人的生活，是经验研究面对的主要现象。人类学需要现象学的认识论，胡塞尔尤其是海德格尔一再强调，现象是超越语言的，我们不要被语汇所干扰。海德格尔的目标之一，就是用"现象"代替"解释"。人类学家盖尔纳也认为，分析哲学太过于形式化，变成了文字游戏。② 但是我仍然认为，人类学在本质上是一个做"文化翻译"的学科。

　　据我理解，朱炳祥在《他者的表述》中用"麻雀""马儿""门槛"这样的意象展开"点式"分析，就是希望超脱文化的"表现"（representation，正是"表述危机"里的"表述"二字）而直面"现象"。他认为，三个意象都构成了段绍升人生的关键点。例如，当段绍升去关玉家退婚的时候，15 岁的关玉放他过了门槛，也打开了内心的大门，可段绍升仍然退了婚。这里，朱炳祥试图超越象征符号分析，而强调"门槛"的意象在段绍升回忆中多次出现的意义。那门槛表达着某种"缠绵不断的情感和良心上的不安"③，它不是某种象

---

① E. E. Evans-Pritchard, *Social Anthropology and Other Essays*, London: The Free Press, 1964.
② Ernest Gellner, Words and Things, *A Critical Account of Linguistic Philosophy and a Study in Ideology*, London: Gollancz, 1959.
③ 朱炳祥：《他者的表述》，中国社会科学出版社 2018 年版，第 235 页。

征家户内外的公共符号。但是,"门槛"的意向是无法超脱被"表现"的性质的。只有理解"门槛"对于白族的社会含义,才能展开对门槛的现象学分析,朱炳祥也是这么做的。原因不难理解:门槛内外的当事人双方(年轻的段绍升和关玉)都是沉浸在自身符号宇宙的人,他们的所作所为都是基于这一事实展开的。

以现象学的认识论展开民族志描述是当代人类学的一条重要途径,甚至可能成为主流。这一点,朱炳祥的思路跟正在进行中的本体论转向、多模态民族志(multi-modal ethnography)、世界诸人类学(world anthropologies)等探索有着相似的问题意识。这样的问题意识远高于"表述危机"的问题意识。但是,"裸呈"仍需要对如何处理"异文化"问题作出回应。同时,这一方案注定只属于少数彻底的人、全心的人。这或许是思想大家难以超脱的宿命:走得太远,注定孤独。

三 主体民族志与人类的命运

如果说《写文化》过于侧重民族志的"政治学",朱炳祥的"主体民族志"则更重视民族志的"诗学"——不仅是如何做文本,而且是如何"做人",那正是亚里士多德《诗学》的本意。在朱炳祥看来,民族志的问题不是求知,也不在于当地人能否被表述、怎样被表述。真正的问题是:当地人必须能被表述,否则作为整体的人类就无法自救。如果人类连互相理解的能力都不再具备了,那么我们在什么意义上构成一个物种呢?所以,朱炳祥创立主体民族志的目的,不仅是提出一个基于现象学认识论的"裸呈"主张,而且表达了一种回应人类危机的目的论。

在朱炳祥看来,当今人类最大的危机,是"人类自己和自己过不去",是那种"寡廉鲜耻的'自我表扬'",是"人类中心主义"。主体民族志让我们认识到的不是"人的伟大",而是"人的渺小":

他们总是想一些以"我"为中心的东西:在人类与自然界的关系上,表现出"人类中心主义";在不同民族(族群)之间的关系上表现出"本民族(族群)中心主义";在个人与他人的关系上,表现出"自我中心主义"。①

当下,人类遭遇整体性危机,人类学与民族志者的责任,是将"人类"作为一个总体系统的研究。这种研究不仅表现为本体论和认识论的研究,更重要的应该是表现为主体的目的论的研究。②

这个关怀是终极性的,不再为求知而求知,不再拘泥于韦伯式的"价值中立",更有着对人类命运的思考。主体民族志因此更接近于费孝通所说的"迈向人民的人类学"③,也呼应了当下的参与人类学(engaged anthropology)。但与他们不同的是,朱炳祥的考虑是从哲学出发的。在这一点上,朱炳祥与玛丽莲·斯特拉森(Marilyn Strathern)能够互补。斯特拉森不满"写文化"的"写"字,不满"表述危机"学者的"多点田野"方法,不满他们以"表述"回应"表述危机"的思路。她主张"多点时间"(multi-temporal)方法④,到本体论里找出路;朱炳祥同样不满"写文化",但他不满的是"文化"二字,不满将"民族志"等同于"文化志"。他主张民族志是"人志",到认识论里找出路。他说,"人"不只是"文化"里的人,也不只是个性里的"性情中人",人具有与生俱来的"生性",那是根本的"人"。

但这并非禅语机锋,朱炳祥说,真正的问题并不是《写文化》所说的"自我"与"他者"的权力关系问题、表述权威问题、文本建构问题。真正的问题在于人类的存续和人类对自身存续的漠视。人类学研究应该回归"人的研究",民族志应该称为"人志":

---

① 朱炳祥:《他者的表述》,中国社会科学出版社2018年版,第29页。
② 朱炳祥:《他者的表述》,中国社会科学出版社2018年版,第31页。
③ 费孝通:《迈向人民的人类学》(《论人类学与文化自觉》),华夏出版社2004年版。
④ Martin Holbraad, Morten Pedersen, *The Ontological Turn: An Anthropological Exposition*, Cambridge: Cambridge University Press, 2017, pp. 140–151.

"主体民族志"是研究作为主体的"人"本身的一种志书，它在对人类历史与现状进行反思的基础上，将"人"作为基本研究对象，其目的应该从那种"知识的努力"变革成除了在追问"研究什么"这一对象问题、"怎样研究"这一方法问题之外，更要追问"为什么"研究这一目的性问题，并以对人类前途终极关怀作为学科的目的，从而确立其自明性基础，使人类学成为一门自觉的、自为的学科。①

我理解的"主体民族志"是将过去、现在和未来统一在一起的民族志写作，它并非对某个"文化"或"社会"的"描述"和"反思"，而是对"人"的"创造性"写作。"所谓'主体'，是指具有目的和创造性的人。人的行动不是源于外在机制而是源于他自己的决定。"② 从本体论上讲，朱炳祥将作为总体的人类与世界的关系确立为人类学对"人类"的判断。人类不能再以自我为中心，必须摆脱生发于基督教文明的人类中心主义世界观。在认识论上，主体民族志的全部动机与归宿是呈现芸芸众生的生活世界，不论那个世界多么"荒诞不经"、多么被精英贬斥为粗陋无趣，但都是最为真实的。呈现这个世界乃是人类学的使命。"裸呈"因此不同于绝大多数社会科学，它追求以人为单位的"呈现""表述"，既不将人视为某种宏大力量、社会组织的玩偶，也不将人视为基因、本能的奴仆。用朱炳祥的话来说："其上物无，其下亦无物。"从目的论上看，主体民族志对人类命运的终极关怀，超越了以权力、支配、治理、增长、地缘、策略、利益最大化等耳熟能详的社会科学诸议题，回归人类学从边缘反思主流的本意。对于一个危机四伏的学科来说，朱炳祥为人类学重新建立了一种几乎不可替代的"自明性"。

让我们审视一下这种"目的论"的内涵。朱炳祥在论述主体民族志的目的论时，借用了一段胡塞尔的话：

---

① 朱炳祥：《他者的表述》，中国社会科学出版社2018年版，第32页。
② 朱炳祥：《他者的表述》，中国社会科学出版社2018年版，第32页。

从普遍的人类本身的观点出发,将自身表明为一种新的人类时代的出现和发展的开端。这种新的人类,只想生活于并且只能生活于从理性的理念出发,从无限的任务出发,自由构造自己的存在,自由构造自己的历史的生活和活动之中。这种精神上的目标是一种无限的理念……并将人类的实践引向更高更新的发展阶段。①

朱炳祥接着说:"这也正是'主体民族志'的理念。"② 我理解,朱炳祥对人类抱有极大的期待,期待通过类似"主体民族志"这样的方法,原原本本地呈现人的人文世界,以此为每一段生活赋权,超越科学范式,解放人的能动性,发挥每个人与生俱来的"生性"。关于这种理想,我们可以从很多思想家身上看到,最近一位恐怕要数哈贝马斯了。他提出"交往行为理论",目的就在于通过理性沟通实现共同行动,以克服"体系"(即基于片面科学规律形成的组织化权力)对"生活世界"的殖民,充分实现人的解放,完成启蒙运动的未竟事业。哈贝马斯的核心问题同样是"语言",即寻求沟通的真诚、务实和理性。与朱炳祥所说人类必须可以"被表述"的主张相同,哈贝马斯的主张也是规范性的:不是说人类可以理性地行动,而是人类必须理性地行动。③

如果说朱炳祥(以及哈贝马斯)为人类的存续找到了一线希望的话,那么与之相反的证据则多如牛毛。在短短的一万年中,人类灭绝了大量生物,并从采集狩猎社会历经游牧、园耕、农业、工业社会,快速进入了人、物、观念、资本的海量移动时代。世界不仅出现了众多超级都市,而且越来越像。它们各自吸纳巨量的物资、人才和信息,排出巨量的垃圾、废气和命令。人们躲在都市里,任凭地球天翻地覆。这个世界的特点之一就是迷恋囤积,竭力囤积各种跟维系生物存在没有关系的东西:财产、房屋、子女、物资、观念、暴力、权

---

① [德]胡塞尔:《欧洲科学的危机与超越论的现象学》,王炳文译,商务印书馆2001年版,第656页。
② 朱炳祥:《他者的表述》,中国社会科学出版社2018年版,第33页。
③ [德]哈贝马斯:《交往行为理论》,曹卫东译,上海人民出版社2004年版。

威、黄金、知识、时间、世系、荣誉、道德、忠诚、记忆、信息……今天的超级都市，只是为囤积这一切而打造的"节点""中心"。当代社会狂热地修公路、桥梁、电缆、基站、卫星，尤其是机场，就是要尽量铺设好支撑这些囤积活动的"基础设施"。人、财、物的高速度大规模流动，只是囤积的衍生现象。

人类最近的一万年对于地质学的量级来说相当短暂，却引发了"人类世"（anthropocene）这样一个具有末世意味的地质学概念。或许，人类只不过是一个正在快速走向灭绝的平凡物种。与在几百万年、上千万年中并没有怎么"进化"的水母、蟑螂、鳄鱼等物种相比，人类适应环境的能力捉襟见肘，多次濒临灭绝。今天的智人，不过是大约10万—6万年前走出非洲的某个直立人种属。在过去的几万年中，智人不得不快速演化以适应各种生存危机。直立行走、尾巴消失、汗腺发育、早产、群居、组织化等看似"进步"的能力，同样反映了人类在演化道路上上气不接下气的窘态。人类今天不可或缺的"文化"，只是在漫长的演化过程中出现的一次"突变"，一次因为直立行走、婴儿早产、认知革命而形成的、表现世界的"能力"。这一突变的代价几乎可以用"惨重"来形容：人类在极短的时间内进入了"文明"社会，并在刹那之间创造了农耕、文字、城市、工业、后工业等不同的生活方式。资本主义的一个特征，就是强迫其他的生活方式接受它自己所宣称的"进步"。最终，人类进入了"人类世"的总体危机中。韩启德说今天很多的慢性病的成因，在于人类生计方式和生活方式变化过快，导致人的生物能力无法适应。可这只是人类自己惹的麻烦中最不麻烦的而已。瘟疫、税赋、苦役、等级、战争，都是人类自己发明的痛苦。相比之下，日常生活中的不公、漠视与矫饰，或许只是正义、勇敢与真诚的伴生物。"长短相形，高下相倾"，按照章太炎的意见，善与恶都是"俱分进化"的，谁也别想压倒谁。列维－斯特劳斯在他著名的"一堂书写课"中，也指出"文字"的发明并非什么人类的进步。[①] 实际上，一切努力都可能是徒劳的，人

---

① 转引自 Ernest Gellner, Words and Things, *A Critical Account of Linguistic Philosophy and a Study in Ideology*, London: Gollancz, 1959, p.542。

的行动本身并没有意义,更不用说目的了。这正是列维－斯特劳斯想要传递的信息:"如果引导行动的思想会导致发现意义不存在的话,那么行动又有何用?"甚至,"人类学实际上可以改成为熵类学(enthropology),改成研究最高层次解体过程的学问"①。

简言之,朱炳祥对人类命运的终极关怀是高尚的,与胡塞尔、哈贝马斯等西方前辈,与孔子、朱熹等中国先贤并无二致。"主体民族志"正是在这个意义上奠定了人类学的基础——发现、表述、解放每一个人、每一段人生。让"人"真正回归其"类本质",克服"异化"。但是,"密涅瓦河上的猫头鹰只在黄昏飞行":当我们意识到人类的存续成为问题的时候,一切或许已经太晚了,人类在"作死"道路上的飞奔或许不可逆转,例如,地球平均温度的升高可能意味着新病毒会接踵而至,但人类真的有能力降低地球温度吗?

经历第一次世界大战浩劫的年鉴派掌门人莫斯,希望通过"礼物模式"探索和平的可能性。他并不要求人类高尚;礼物模式并非代表一种不求回报的自愿模式,它没有排斥算计、自私,它揭示的是人类契约道德的起源与变异、和平的可能性。莫斯说,礼物既是自愿的又是义务的,既是慷慨的又是算计的,因为人既是利他的又是自私的。这或许更像人的"类本质"——不好也不坏,不善也不恶,不勇敢也不懦弱。但是,当朱炳祥分析段绍升"善有善报"的时候,主张在礼物与人情关系的交往中,只有不求回报的"善",才符合一种理想人格的要求。这并非《礼物》的本意,却是美好的愿景,即使在《诗经》《礼记》时代,也只能作为一种乌托邦形式出现。真是的,世界是轮回的、折腾的,直到我们的环境再也受不了我们,这或许是"因果"的本意。

从总体上讲,人是盲目的,人类恐怕难以改变自身的宿命,人类世或许是最短的地质时代。虽然人类世可能长达千年、万年、数十万年,但在地质学意义上不过是倏忽之间。人类曾经通过分层和宗教延缓文明的自毁倾向,最具有智慧的社会安排可以称为"抑制演化"(devolution):这种限制资源和权力集中的案例在历史和现实中星罗

---

① 韩启德:《医学的温度》,商务印书馆2020年版,第544页。

棋布——虚位君主、遁世修行、典范中心、小传统、顽童国王、星系政体、库拉交换、逃避统治。但是，这一切在今天都已经不再可能，等级、宗教、抑制演化都失去了合法性，绝大多数人类都被纳入竞争性民族—国家体系和资本主义生产方式里。这两种系统对环境生态充满敌意，难以通过自身的改进真正解决人类的危机。人类从来没有像今天这样贪大求全、不知节制、自高自大、不容差异、互相倾轧、极度竞争。以我有限的知识，我看不出人类有什么办法警醒过来，找到自救的出路。哈贝马斯是对的，人类必须按交往行为理论沟通；朱炳祥也是对的，人类必须被表述。但人真有这个能力和耐心吗？尽管违背多数人的愿望，但作为一个物种，人类的"总解体"大概不可避免，人类学或许只能成为"熵类学"。

四 结语

朱炳祥师的六本《对蹠人》民族志，比我上面的文字要丰富得多。我相信，将来会有更多的人加入解读的行列，构成一个庞大的"第三个主体"队伍。作为一名研究大理的人类学者，我正在深入解读这些珍贵的甚至是空前绝后的民族志文本。本文从认识论和目的论两个角度探讨《他者的表述》和《自我的解释》的含义，并且夹带了我自己对人类学的感受、感念、感慨。从认识论上，我认为朱师提出的"主体民族志"，在"表述"上独树一帜的，在"表述危机"之外开辟了一个新的"写"法，一个现象学民族志文类。对于"裸呈"如何实现跨语言、跨符号宇宙实现"文化翻译"的问题，我期待朱师的进一步论述。在目的论上，我认为朱师为人类学赋予了新的意义，志在通过解放每一个人来拯救人类。我十分敬佩这一立场，认为他与众多古今圣贤一样，悲悯包括人类在内的天下万物，这不同于我对人类的悲观立场。

人类学在中国经常被认为是一个"幼稚"的学科，舶来很晚，中断很长，重建很弱，目前更是危机四伏。在中国的学科架构中，人类学一直处于相当边缘的位置，一方面不得不跟社会学、民族学分食，另一方面又要打起精神，跟并不看好自己的历史学、艺术学、文学、医学等学科交叉。但无论是纵向的继嗣关系，还是横向的联姻关系，都未能帮助人类学解决自身的本体论、认识论、方法论。中国人类学者其实并不擅长自我反省，主流学者仍然以消费欧美"高端"理论为其言说路径，鲜有开创研究脉络的气象。在这个背景下，朱炳祥师的"主体民族志"有着高度的原创性。它从表述危机开始，以"裸呈"布局，以现象学搏杀，以人类命运收官。六本著作，无一星半点附会成说的愿望。如此恢宏的气度，就算不是绝无仅有，也是难得一见。就当代人类学来说，"主体民族志"既不同于后现代"俄罗斯套娃般的自我反思"，又不同于政治经济学"伪机制分析"，也不同于后殖民主义的"老家例外论"，也不同于本体论转向的"新西方中心主义"，更不同于热衷学科交叉的"交际花人类学"①。"主体民族志"在与中西哲学的具体论辩中别开生面，为人类学奠定了无可争议的"自明性"。这一创见对于国内国际人类学界，都具有非凡的意义。

  我的人类学是由朱炳祥师启蒙的。跟他学习九年之后，我负笈北上攻读博士。记得毕业后重访武汉，朱师到站台接我，隔着车窗一路跟着进站的火车奔跑。这一切历历在目，就像发生在昨天。他愿意继续教导我，可我还是选择了漂泊，在二十多年里我的学问和见识都没有多大长进，心灵更是无处安家。这让我越发感叹朱师的纯粹与彻底，感叹自己难以像他那样超然天地、体察万物。我于是想到明代大理隐士杨黼，他"慕蜀中无际大师，往访之"，途中遇一老僧说"见无际不如见活佛"。黼问："活佛安在?"僧曰："但东归，见披衾倒屣者是矣。"黼遂东归至家，"夜半叩门，母闻声喜甚，遂披衾倒屣而出。"杨黼于是大悟：原来自己苦苦外求的法门，其实在求法之初，就曾近在眼前！中国人类学或许还要继续它不幸的身世和不快的交往，但我特别期待将来能有一两位青年才俊脱颖而出，可以像朱炳祥师那样堂堂正正为学、纯纯粹粹做人，可以让人类学得到尊重，也让我们这一代人有勇气继续守夜。

---

  ① "俄罗斯套娃般的自我反思""伪机制分析""老家例外论""新西方中心主义""交际花人类学"，是我对当代人类学几个主要取向的一己之见。我希望能有机会一一论述我的理由。

实验民族志在中国

——朱炳祥教授的主体民族志探索*

马丹丹**

【摘要】 写文化在表征权力的不平等的批判和改变方面作出的努力，在中国人类学同行的实验民族志思潮中有了进一步的推进。作为直面表征危机的主体民族志，就是此种努力之一。朱炳祥从早期对区域社会结构和文化变迁经验的理论化探索，走向表征的断裂，然后通过裸呈获得他者与自我的"语言平权"，巩固了其自身对"本体论许诺"的语言学范式，最后提出"生性"概念，将作者对殖民主义的批判上升到主体性的理论高度。主体民族志的争议意味着中国人类学经历了一场深刻的写文化启蒙，与此同时，也孕育了迈向实践并直面社会现实新议题的转向的可能。

一 引言

《写文化》和《作为文化批评的人类学》自1986年出版已有30余年。回顾20世纪70年代以来美国人类学所感受到的人文主义理论氛围，"写文化"（writing culture）在文化研究的转向中应运而生，很快就形成了与传统人类学的决裂局面。

《写文化》揭示了"民族志者是作者"，意图终结人类学宏大历史。过往人类学的一些基石，诸如使命、方法、概念甚至对象等遭到了全面拆除，引发人们思考民族志表征中的诗学、认识论和政治困境

---

* 原载《西北民族研究》2022年第5期，本次有修改。
** 马丹丹，上海大学社会学院副教授。

等问题。它鼓励实验性民族志,批评的矛头指向民族志现实主义;其推崇的文本转向田野关系、对话的参与(engagement),披露了现实主义假设的局限性。

囿于视野的狭窄,根深蒂固的单一化介绍与引进,还有学科史研究的叙事贫困,中国人类学无法以综合的、动态的态度"身临"西方人类学"写文化"三十年的变化,更无从谈及对其的涵盖与驾驭。① 但不管怎样,在西方的刺激下,中国人类学家有意识地引进并尝试"写文化"创作,由此开辟了自我实验的空间。其中,朱炳祥的主体民族志是直面表征危机较为瞩目的主张和实践。

本文以朱炳祥的"主体民族志"为聚焦对象展示中国人类学家这方面的探索,但又把他的努力放在同时代中外学者的共同探讨氛围里给予理解,以便把握其特色。对朱炳祥主体民族志的呈现,本文遵循的次序是:先介绍他的主体民族志内容,其次将之放在其一生的学术实践脉络里理出头绪,最后置于他个人的生命史和心理意识中加以考察。作为一项知识人类学考察,这里实际上涉及四个层面。

二 主体民族志的基本面貌

自 2011 年起,朱炳祥在《民族研究》上先后发表了四篇文章,介绍了他自己的主体民族志概念、理论主张和学术实践。

朱炳祥以对后现代民族志的不满为开篇(《反思与重构:论"主体民族志"》)。他从殖民主义和基督教意识形态的延续和翻版切入,开展对后现代人类学的批评。他认为,他们的文化批评著作或民族志

---

① 高丙中以拉比诺的《摩洛哥田野作业反思》为叙述反思民族志的开始,认为拉比诺把"田野作业本身作为记叙的对象"具有人类学的划时代意义。高丙中虽然指出了《写文化》问世后产生爆炸性反响的事实,但并没有交代《写文化》问世 20 年来始终处在西方人类学边缘地位的尴尬。笔者以为,高氏较好地把握了马库斯和克利福德的文章《民族志文本的制作:一个初探》,但并未深入研读马库斯的论文集《通过深与浅的民族志》。尽管他将写文化开辟的"民族志变得更开放"与中国人类学正处于的风格多样、研究领域多样化的局面联系了起来,但这一联系和中国人类学是否开始接受写文化的启蒙、是否形成其自己成熟的写文化实验条件之间无法建立对等性(高丙中:《民族志发展的三个时代》,《广西民族学院学报》2006 年第 3 期)。

作品"具有鲜明的西方立场与西方文化的特点"。在批判了拉比诺的《摩洛哥田野工作反思》存在诸种问题之后，他亮明了其"主体民族志"（subjective ethnography）观念，并期许是对"经典民族志与后现代民族志的否定之否定的超越"①。

"互镜理论"作为主体民族志的认识论基础，将研究者细化为活动主体、观念主体和写作主体三个层次，并不断增加互镜的多维镜像。朱炳祥探讨了主体民族志的实践方式或实现路径，其最令人瞩目的是：视角转换的"散点叙事"方式。具体涉及"时间维度""空间维度"和"个体经验维度"。按照笔者的理解，任何有可能被现代民族志处理为客观的知识条件的对象化联系，在主体民族志的"写机器"中均转变为会说话、会思考的主体，相对稳定的对象化联系无时无刻不在移动、流变并呈现互镜效应。

在《再论"主体民族志"》一文中，朱炳祥对主体民族志的定位及相关问题作了进一步探讨。②他指出，20世纪的中国人类学也犯下了如同西方学者一样的错误："反思本文化悖论"。由此，他探索学科的自明性基础，将研究目的提到一个更高的位置予以阐发："只有当人类学将对'人'的研究作为这门学科的基础任务，以对人类前途的终极关怀作为学科的目的从而确立其自明性基础，人类学才是一门自觉、自为和成熟的学科。"

后来，朱炳祥尝试走出表述的危机（见《"三论'主体民族志'"》），将视角转换的散点叙事落实为一个可操作性的概念——"裸呈"。③"裸呈"的一个突出特点是具备全面的开放性：借助不同主体的视角转换，来消除民族志学者的笔杆子权威。笔者以为，裸呈和录音机在田野调查中的运用有一定的联系。早在20世纪初博厄斯就注重当地人的声音，早期自传成为人类学者关注的核心，这一努力

---

① 朱炳祥：《反思与重构：论"主体民族志"》，《民族研究》2011年第3期。
② 朱炳祥：《再论"主体民族志"：民族志范式的转换及其"自明性基础"的探求》，《民族研究》2013年第3期。
③ 朱炳祥、刘海涛：《"三重叙事"的"主体民族志"——一个白族人宗教信仰的"裸呈"及其解读和反思》，《民族研究》2015年第1期。

在磁带录音机（tape recorders）的辅助下得到了发展，一方面是民族志者认识到自我的感知和偏见，对权力关系越来越敏感；另一方面族群自我意识持续增长，文化成为很多族群的集体自我认同的一个象征（emblem），人类学者开始关注人们在文化结构性的社会环境中如何获得自我感知。① 可以说，中国人类学者在尊重、实现、赋予他者的主体性方面做了极大的努力。在笔者看来，就民族志作者权威的消解程度而言，比起"写文化"的美国人类学同行所实践的合作项目，中国人类学者做得恐怕还要激进。倡导实验民族志的中国人类学者以东西方认识论系统的差异为着眼点，频频提出具有鲜明个人特色的实验民族志术语，丰富了民族志范式的知识花园。

在主体民族志的微型实验中，"裸呈"的工作是围绕喜洲周城村村民段绍升的宗教信仰的讲述而铺开的。段的讲述是从长期的田野调查中汇集起来的。作为第三主体，编辑的批评有三点：（1）有无可能让第一主体直接撰写其自己的自由讲述，即自己握笔杆子？（2）参与观察被忽略。（3）研究队伍亟待培养。在串接"三个主体"的结论中，朱炳祥强调了民族志作者集搬运者、创造者和自律者三个角色于一体的状态。

笔者发现，朱炳祥将散点叙事因观察点的移动而出现的无限镜像关系转变为三重主体之间的互镜关系。其中，第三主体是不发生田野关系的读者与文本之间的对话关系。这一调整试图保持文本的开放性，但是又将田野关系变量无限增加，致使田野的对话关系不得不搬离田野现场，最终沦为伦理批评会话。作者心怀坦诚，试图通过自我暴露来瓦解民族志自身的权威。这与马库斯瓦解格尔茨主张的局内人和局外人的"亲密关系""角色转换自如"和"文本共谋"的阐释策略有关联，但又有不同。马库斯在多点民族志的实践中以"应时而动的行动主义"吸纳了"亲密关系"，而"亲密关系"依旧是多点民族志不可或缺的田野技术传统。朱炳祥尽量以倾听、再倾听的田野在场方式，规避"亲密关系"，并克服其对第一主体的干预、渗透。裸呈

---

① Ward H. Goodenough, "Anthropology in the 20th Century and Beyond", *American Anthropologist*, 2002, No. 2, pp. 432 – 433.

以近乎洁癖的知识论追求"保留"了完整的主体声音，解释、解释的解释颇有"画外音"效果。从这里可以看出，朱炳祥坚持贯彻纯洁的知识论理想。

为了克服研究者自我主观性权重值过大的问题，朱炳祥对解释主体进行了技术限定，由此探索真正理解的可能性。在笔者看来，主体民族志是解释人类学和对话体现代主义文本相折中的产物。主体民族志怀着铲除表述危机根源（也是民族志"画面调度"描写的前提）的梦想，摒弃了带有主观色彩和自我中心嫌疑的参与观察的干预，在录音机记录的声音中寻找本真。① 对这种探索精神，我们应该给予肯定。

在后续思考中，朱炳祥又进一步将主体民族志的"裸呈"方法修正为"呈现"，并发展出"叙事的本体论"②。在新本体论转向的压力下，朱炳祥回应了主体民族志的定位问题。他认为，新本体论显然是一种对"本体论的许诺"理论，由此继续在事实与表征的关系中为主体民族志做辩护。③ 他的结论是："主体民族志"叙事是一个包含着事、叙事、元叙事三种形态的统一性结构。叙事对"事"进行了本体论许诺，元叙事对叙事进行了同样的本体论许诺。元叙事在主体民族志中体现为三重主体平行交织的话语关系："当地人的言说、民

---

① 李文钢以录音机来比喻主体民族志的裸呈，其先例是刘易斯的《桑切斯的孩子们》（参见李文钢《实验民族志的文本写作反思》，《广西民族研究》2017年第4期）。朱炳祥正面回应了"录音机"的质疑，他在倾听中奉行"三不主义"：事前不提问，事间不追问，事后不补问，虽然"三不主义"是一种操作技术，但更重要的是一种理念，其核心思想是尊重当地人，破除民族志者的权力意识。而就技术层面而言，并非指田野工作中的民族志者绝对等同于一台录音机。

② 朱炳祥：《事·叙事·元叙事："主体民族志"叙事的本体论考察》，《民族研究》2018年第2期。

③ 笔者以为，本体论接近土著宇宙观、认识论之理解的可能性，它不能完全化约"对本体论的承诺"这一表征问题，更多地归属于哲学命题。斯科特强调哲学家关注的是关系，倾向于辩论。斯科特满意于"引出（elicit）差异并让历史活起来"这样的浸淫田野状态（Michael Scott, "Steps to a Methodological Non-dualism?", *Critique of Anthropology*, Vol. 33, No. 3, 2013, p. 8）。如果这样理解本体论的概念，那么"裸呈"又是几乎不需要据纯的整体（pleroma），民族志者不是在关系中、在辩论中引出差异、发生共鸣，而是努力寻找自己的共鸣。显然，方法论的讨论太需要放在概念的辨析中来考量了。

族志者的解读、读者的批评三者之间可以构成'主体民族志'交相辉映的图谱。"

笔者以为，主体民族志暴露了画框的存在，转喻突破了解释人类学根深蒂固的"把社会作为文本"的隐喻基石，将画框的框定、解释的主观因素、作者的理论建构意图暴露在读者面前，鼓励读者加入解释的创造自由之中。如果将主体民族志看作未完成的行为艺术或瞬间的行为艺术，那么，笔者以为，主体民族志在安置他者主体性和自我的主体性反思方面游刃有余，当主体民族志进入叙事与元叙事的转喻关系，并试图增容元叙事的转喻层次时，主体民族志反倒再次与拉比诺的《摩洛哥田野反思》中所贯穿的田野遭遇场景"狭路相逢"。曾经被朱炳祥批判为否定了对象世界的拉比诺的"我"的出场和自我拷问，作为"作者转喻"，破坏了象征人类学通过文化的阐释成就的画面整体，反倒成为主体民族志的认识论基础。

那么主体民族志是如何被元叙事的破坏和颠覆力量成就的呢？主体民族志在实现三重主体共同叙事之后，是否还有更大的创作自由通往作者所言说的目的论："人志"或"人类志"？① 显然，这一问题仍旧需要主体民族志的实践者加以回答。

三 缺失主体性的早期研究：多重文化时空中的叠合思考

这就需要回溯主体民族志是在怎样的田野工作积累基础上进行的突变了。

如果没有对社会变迁、文化变迁规律的不断探索，主体民族志对呈现、解释和建构的极致探索不会成为作者的激进选择。主位研究是

---

① 徐杰舜问，朱炳祥答：《主体民族志与民族志范式变迁——人类学学者访谈论之七十九》，《广西民族大学学报》2016年第4期。朱炳祥在访谈中援引费孝通将人类学转变为研究"人民"的学科，进一步总结道：将民族志还原为"人志""人民志""人类志"，这是时代对人类学与民族志"新志"的要求。

对田野材料处理方法的"变革"。这场变革将"呈现"放在核心地位。就研究任务和目标而言，与社会—文化的抽象表述发生了质的不同。也许从朱炳祥的过往思考中，能够找到主体民族志（思想观念和方法论）骤变的原因与脉络。

早在《"文化叠合"与"文化还原"》一文中，朱炳祥就提出了"多重文化时空层叠整合"概念，表达了他对文化变迁的理解：（1）旧文化经过选择、转换及再解释，被层叠和整合到新的文化结构中；（2）外来传播文化经过选择、转换与再解释，也被层叠和整合到新的文化结构中，形成新旧文化并存的形态；（3）层叠整合不是一次完成的，需要经过多次积累。① 从中可以看出，那时他还受限于经典理论思路的约束，并未和田野资料相结合。或者说，零星的田野经验只是提供了接近概念的文学感觉。

在《一个文化变迁的斜向结构》一文中，朱炳祥将生动的田野处理为诠释文化变迁概念的活水之源，把同质文化和异质文化的叠合看作文化变迁的斜向结构。② 直到对三个村庄神龛的文化变迁进行比较后，"多重文化时空叠合"才被提升为一个具有田野经验色彩的理论化概念。③ 然后，在不同案例思考的基础上，朱炳祥又糅合进了"国家政治权力与意识形态影响"的考量，将学术概念调整为"多重文化时空层叠整合"。可是，他并没有就此止步。在关于全球化与本土化关系的论述中，这一概念在内涵上又得到进一步扩容："经济技术发展全球化，社会文化变迁本土化。"④

后来，多重时空叠合概念又逐渐扩展为"地域社会的构成"思想。朱炳祥将对新旧文化并存的变迁过程之考察，转移到通婚圈对地域社会构成的支持作用上。田野地点为云南的摩哈苴村，涉及女人的

---

① 朱炳祥：《"文化叠合"与"文化还原"》，《广西民族学院学报》2000年第6期。
② 朱炳祥：《一个文化变迁的斜向结构：周城"蜚蛇其蝴蝶"文化现象的田野调查及分析》，《湖北民族学院学报》2001年第1期。
③ 朱炳祥：《民族宗教文化的现代化——以三个少数民族村庄神龛变迁为例》，《民族研究》2002年第3期。
④ 朱炳祥：《全球化与本土化相互关系的发生学阐释》，《武汉大学学报》2002年第5期。

交换和男人的交换如何形塑了地域社会等问题。他发现："在一个地域性社会结构形成过程中，血缘、姻缘、地缘三者具有时空的一致性，它们所构成的地域空间是重叠的。"①

改革开放以来，宗族在基层政治经济制度中处于什么位置？朱炳祥的"村民自治与宗族"专题调查发现，宗族的政治经济力量太弱，而且宗族在国家强大的干预和驱动力量当中无法施展，也无力施展。②他对宗族复兴的批判态度，就文化的"弱表达"方面而言，略有缓和。这集中体现在祭祀圈发挥的地域社会构成力量上，又和旅游经济结合起来。例如周城"朝珠广场"旅游景点的开发。③作者对捞车村和摩哈苴村的"宗族的民族性"的弱表达问题作了比较，分类描述了文化叠合的方式：前者是"旧瓶装新酒"，后者是新旧并存。④在处理完这个小插曲后，朱炳祥又沿着地域社会的构成主题继续完善他的思路，勾勒出地域社会运转的"齿轮理论"雏形。可以说，这一概念考虑到了地方社会与外部世界的联系。作者进一步指出，该结论对"通婚圈是地域社会的构成途径"看法有所修正，即不再强调血缘、姻缘与地缘的重叠性，而是强调祭祀圈、市场圈和通婚圈的不完全重合处。⑤

相较于市场圈有所拓展的摩哈苴村，周城村的市场规模更大，商品经济更加活跃。⑥由此，齿轮理论在整体论视角下形成完整的表述：在通婚圈、继嗣圈、市场圈和祭祀圈的相互作用下，重合的区域是村的范围（村是地域社会的整体），不重合的部分（如

---

① 朱炳祥：《继嗣与交换：地域社会的构成——对摩哈苴彝村的历史人类学分析》，《民族研究》2004年第5期。
② 徐良梅、朱炳祥：《"宗族弱化"的历史原因分析》，《武汉大学学报》2005年第6期。
③ 朱炳祥、蔡磊：《宗族在村治中的地位——周城白族村的田野观察》，《中南民族大学学报》2005年第3期。
④ 朱炳祥：《宗族的民族性特征及其在村民自治中的表达——对捞车土家村和摩哈苴彝族村的观察》，《民族研究》2005年第6期。
⑤ 朱炳祥：《摩哈苴彝族村"出行"群体与地域关系结构——"祭祀圈模式"解释力的局限》，《武汉大学学报》2007年第6期。
⑥ 朱炳祥：《地域社会的构成》，中国社会科学出版社2018年版，第130—136页。

同齿轮嵌入与其相邻的另一地域社会）形成齿轮式的内部结构和外部结构。① 进而，朱炳祥又从通婚群体切入，根据由近到远的距离与互渗程度，将"女人的交换"划分为嵌入式交换和触须式交换（在《地域社会的构成》中又延伸出远嫁外省或跨国婚姻的抛掷式交换），将这两者合并且归结为地域社会的外在形态学特征。

有意味的是，"多重文化时空叠合"在齿轮理论形成过程中逐渐淡出，作为地域社会的内在形态学特征又重现："因为某些意义的转换，改变了文化范畴之间的情境关系，出现某种'系统变迁'"，简称文化叠合。② 进一步而言，朱炳祥将多重时空文化叠合从文化变迁的描述维度提升为民族和谐的一般性规律。与汉族宗族的竞争和扩张不同，摩哈苴村的宗族裂变与迁徙遵循"削强扶弱、讲究和谐"精神，达到宗族内部与不同宗族之间的平衡。③ 在此，作者将编织地域社会的总体社会生活活动看作齿轮运行的外部形态，将文化叠合视为支撑不同文化活动重合的内在精神特质，颇类似和谐机制，或曰"民族性特征"。在笔者看来，作者对文化叠合的抽象表述和田野调查结合紧密且妥帖；相反，齿轮理论则逊色很多。笔者以为齿轮理论的机械性痕迹太重，个体的实践以及行动者的主体性几乎淹没在四个要素的重合程度考察之中。又，朱炳祥缺乏对区域社会内外交往关系权力批判的维度，过于看重文化的弱表达以及文化叠合，抽空了内卷化的殖民背景。虽然注意到国家强大的干预对记忆和传统延续造成了紊乱，但并未能切入"全球化与本土化"或"国家与社会"之间的权力批判。换言之，作者追求维系地域社会的内在边界、涵盖制度和超稳定力量，还有精神价值等内容。

---

① 朱炳祥：《地域社会的构成：整体论的视角》，《中南民族大学学报》2011 年第 3 期。
② 朱炳祥：《社会文化转型中的村庄变迁：兼论村庄的本性及其意义》，《社会学评论》2011 年第 3 期。
③ 朱炳祥：《民族和谐形成机制研究——以摩哈苴彝汉杂居村为例》，国际人类学与民族学联合会第 16 届大会论文，2009 年 7 月 27 日。

四　进入主体民族志的"断桥"之章

早在《社会文化变迁中的白族农民——大理周城村民段元参个人生活史研究》一文中，段绍升就作为主角进入朱炳祥的研究视野中。不过，这一叙事建构、分析与解释恰恰是朱炳祥后来否定的作者的主观性，而且在初次发表时还未使用段绍升的真名。作者从材料中意图揭示"白族农民适应现代市场经济环境的过程及其文化基础"①。

在《他者的表述》序言中，作者抛出了元叙事批判："民族志者在对当地人直接呈现的材料进行解读和创构的同时，暴露其个人条件及解读过程。'元叙事'把读者的注意力从叙述的事件转向叙事行为本身。"② 在笔者看来，这一宣言是朱氏从早期对区域社会结构和文化变迁经验的理论化探索走向表征的"断桥"准备，即作者将经验的理论化探索依托的田野关系以及田野遭遇切断，从而进入到主体性反思的激进实践当中。主体性反思由段绍升的故事空间和朱炳祥的叙事空间建立的转喻关系构成，主体性反思使裸呈的记录者/作者在解读过程中采取崭新的解释框架："点式"分析、"横面"阅读和"纵向"追释，放弃了归纳性结论的写作，在书稿的最后留下一个具有象征意义的空白页，邀请读者自己作出结论。正是因为元叙事也会成为权力本身的疑虑，朱炳祥干脆抹去自我印记，让段绍升裸述。作者交代了他自己对段绍升录音整理60万字所做的最低限度的编辑，可以说是用行动兑现了他自己对裸呈的承诺。而笔者对裸呈与解释的阅读和看法，显然又是朱炳祥早已预设好的第三主体：读者的隐性在场。

运用"裸呈"的方法，段绍升多层次的生命史呈现在读者面前，让读者感受到这是一个既冷静且理性，同时又具有丰富感情的、特定历史时期的小人物。他和他的家庭在计划经济物资匮乏的岁月里为生

---

① 朱炳祥：《社会文化变迁中的白族农民——大理周城村民段元参个人生活史研究》，《民族研究》2007年第2期。
② 朱炳祥：《他者的表述》，中国社会科学出版社2018年版，第5页。

存而挣扎，但并不悲观气馁，甚至还不乏苦中作乐的精神。这不仅是一部口述史，还伴随着讲述人的个人简历写作。① 长年的口述史文字稿整理、审阅与补充，让段绍升对自我的认知有了文学性的感知，这种自我意识的提升对于自我写作也产生了影响。当朱炳祥再次邀请段绍升撰写个人年谱时，他自觉地抹去了第一次写作当中存在的严重形式化、格式化痕迹；在他自觉有生命意义的时间段中扩展，显得细腻、流畅且富有生气。朱炳祥以"家国人生"来分析段绍升处理个人、家庭、社会和国家的关系。这样来看，段绍升适应市场经济的白族农民形象只不过是他的丰富生命史当中的一个片段。朱炳祥对段绍升的主体理解由此进入了他者生命意义的交汇之处，具体体现在他送给段绍升的楹联当中："行山行水行天下，为家为国为人生。"

朱炳祥对段绍升婚姻之外戏剧性的情感经历的分析体现在"门槛"和"马儿"中。其中，"马儿"的分析最为令人瞩目。段绍升在野外养马与"情人"对歌的插曲，深深地植根于"三月三"对歌和男女野外交往的社会风俗纽带之中。② 这里不仅展现了对歌的个人机智和才华，也展现了"三月三"社交礼仪在不同人民公社之间的传承以及带有幽默醋意的家庭生活，同时还呈现出了马歇尔·萨林斯意义上的深层次结构与图式逻辑。风俗给生活增添了审美愉悦，在段绍升的回忆里是一抹亮丽色彩。朱炳祥将马儿理解为"孤悬"着的抽象的"点"，且"点"的运动状态和文化叠合结合在一起；对唱的意蕴并未消失，一切均在绵延中。

笔者以为，当研究者主体建构的透明度加大时，转喻关系的链条无限延伸及不可穷尽，尽管研究者坚信它落在事实与解释的符号扇面上。试问：解释的信度和效用的评估如何发挥作用？这仍旧是笔者所提出的有关田野关系的商榷观点，自我与他者的对话关系是主轴，而无论多少衍生的读者评论，均无法泯灭以田野关系为纽带的相互参与、观点碰撞、价值冲突，在深入的交流和交往之后出现相互的价值

---

① 朱炳祥：《他者的表述》，中国社会科学出版社2018年版，第256—260页。
② 朱炳祥：《他者的表述》，中国社会科学出版社2018年版，第235—243页。

"传染"①。朱炳祥自信,他设计的三重阐释维度能达到文本的延伸语义阐释的极限。其实,这反而更加彰显出自我和他者之间的知识悬殊,将第二主体的生命感动与启蒙表征成"树洞"密语。主体民族志秉承"裸呈"信条,试图实现最大可能的他者"让渡",但是在自我的主观性和主体性几乎奄奄一息的情况下不断自我阉割,其结果正像"船在深海中维持正负抵消的零平衡状态而无法果断前行",因为船长已经在自我反思的沉重负荷下"赞同……语言游戏的倾向而已"。

然而,尽管如此,我们仍不能不承认裸呈本身的饱满度和研究者对意义的诠释之间存在相互援助关系,这是朱炳祥在主体民族志的理念和实践方面所作出的努力。"裸呈"发轫于朱炳祥在1999年周城田野期间,当时他面对报道人的自觉调整而意识到:"我对'裸述'已经有了朦胧的认识,这使我在他讲述时极少插嘴。"他披露了他自己做"村民自治与宗族"课题时的真实状态是"被"研究:"很快,我重新感到被捆绑的滋味,而且发现在学科史中被逻辑所确定的宗族主题与现实生活差距太大。我急需一次真正的自我启蒙。"这一开悟随后被运用到了2000年7月1日第一次见到段绍升的访谈中,"我只开了一个头,请他愿意说什么就说什么""'裸述'已经成为我的学术意识与田野方法的自觉追求",从此开始了与段绍升长达15年的田野工作。②

从这些披露中笔者感受到,在被问题意识和理论对话捆绑的田野经验探索过程中,主体民族志理念的萌生和实践是一种理路的断裂。

---

① 20世纪90年代从事中国乡村田野调查的人类学者,例如罗红光、景军、韩敏,对乡村礼俗、村庙重建、家族修谱等活动的参与度之高,给人留下深刻的印象。这些参与是依靠一个个鲜活的互动情境搭建起来的,这些片段既是参与观察,又是介入,甚至为村庄的文化建设作出了知识贡献。韩敏做宗族调查的调查成果又被村民用作宗族重建的谱系依据,韩敏帮助族人复原祭祖仪式,她也参与了仪式(具体见韩敏《回应革命与改革——皖北李村的社会变迁与延续》,陆益龙、徐新玉译,江苏人民出版社2007年版)。玛乔丽在完成《妮萨:一名昆族女子的生活与心声》后,妮萨的生活观和"做女人"的处世方式深深地影响了她的家庭生活,给孩子命名、对待分娩,尤其是生病后对降灵舞的求生盼望。毫无疑问,分别五年后,《妮萨:一名昆族女子的生活与心声》一书的出版让妮萨的经济发生了改观,家庭关系发生微妙变化(具体见[美]玛乔丽·肖斯塔克《重访妮萨》,丘金媛译,中国人民大学出版社2017年版,第1—71页)。

② 朱炳祥:《他者的表述》,中国社会科学出版社2018年版,第61—65页。

作者抛弃了长期束缚他的"被"研究枷锁，通过"裸呈"，获得解脱和"复活"。主体民族志被理解为"实验民族志的语言平权"之一种、"多声部发声的典型代表"之一①，将其放在民族志语言的权力关系的民主化维度给予高度肯定。

五　殖民主义阴影与生性

朱炳祥的书写中弥漫着一种西方阴影，就连个人功利性也和"西方文化烙印"相挂钩。他说，"我对服务于殖民主义的理论与方法有一种憎恶感"，从费孝通的"迈向人民的人类学"中得到共鸣，并下定决心与之决裂②况且将经典人类学、阐释人类学和实验民族志放在一个统一的标准下"第一主体被忽视"，这种表述危机的定义显然是为主体民族志"走出表述危机"服务的。

及至笔者读到朱炳祥撰写的自我民族志，从他筛选的 69 篇日记中了解到他的人生经历，才对其为什么如此深地厌恶殖民主义有所理解。1969 年，珍宝岛战役爆发，他毅然辞去报社记者工作，成为一名空军报务员。他很快对军营基层生活情有独钟，因为"执行的是反侵略任务而不是侵略任务"。他坦言："对侵略者的痛恨，是我最鲜明的个性特征。"③ 对侵略者的痛恨还扩展到他对嗜权者、弄权者的厌恶上。

作者摘录的 69 篇日记、笔记、独白、穿插别人的故事，探索了主体与真理的关系。④ 他自小热爱劳动，喜爱乡村，将劳动看作"诗性的劳动"。在电灌站任打水员的日子是愉快的，在空军服役亦令他以"战士的心灵"拥抱军营生活。在这些爱憎分明的情感体验中，从事田野工作终于让他回归到原点：自然、乡村与讲究和谐的少数民

---

① 李银兵、甘代军：《民族志言的象征性权力分析》，《学术界》2016 年第 12 期。
② 朱炳祥、刘海涛：《"三重叙事"的"主体民族志"微型实验——一个白族人宗教信仰的"裸呈"及其解读和反思》，《民族研究》2015 年第 1 期。
③ 朱炳祥：《自我的解释》，中国社会科学出版社 2018 年版，第 122 页。
④ [法] 福柯：《主体解释学》，佘碧平译，上海人民出版社 2010 年版，第 280 页。

族民风，与他的性情契合。由此，他提出"生性"的概念，"生性"又称为心性，是较之文化和个性更深层的存在，按照作者使用的"生性特征和禀赋类型"以及和内部信息源、DNA基因、"有纹路的大理石"等遗传因素，"生性"是天生使然，和物种的"趋利避害"习性相似，"生性"有排他性，主动选择与其自己的"生性"契合的其他生命存在并产生共鸣。正如殖民者、嗜权者和机关生活令他厌恶，他一次次地选择离开这些生活，去选择和他的"生性"靠拢的乡村、军队和田野，"这些触动过我的事件或事物，与我的生性相契合，心灵得到润泽，学术得到滋养"①。他进一步提出："生性为本，文化为用"，并将生性比喻为树根，长出个性之干和文化之冠。

朱炳祥试图在一个真空的环境里工作，但实际上田野作业是在细菌、雾霾和轻度污染的环境中进行的。朱炳祥为了过滤田野关系中研究者的主观性因素，试图模仿用蒸馏法提取盐的做法，但田野关系的现实并非如此。朱炳祥在生性的界定中间接回应了笔者的观点，他认为，一个人的境遇无论怎么改变，禀赋和生性不会改变。他又说："文化虽然可以浸染个体，但这只限于外表，不能及于本质。"② 朱炳祥对生性的生物学类比以及他个人对生性的现身说法，与罗安清论述的松茸与松树、橡树的共生关系形成了鲜明的对比。

据罗安清的研究，一个惊异的生物遗传现象是：菌丝消化岩石和朽木，给松树提供营养，松树生出短根，供菌根菌群聚集，松茸和松树缠绕在一起，彼此的基因也联结在一起，而真菌DNA的ITS区域依据"睦邻关系"创造了各种各样的区块，产生"群体感应"。孢子依附在松茸菌丝体垫，添加新的遗传物质赋予松茸种群活力，生命的轨迹缠结在一起，其结果是——没有"单一"的真菌子是自足的，就像松树对松茸不仅仅是宿主，松茸也在为森林搭建营养信息网络，传递交通信号，形成保存森林异质性的区块/集合体。松茸诉说的物种之间的合作以及区块扩张的不确定性，改写了主流进化论依据的"自

---

① 朱炳祥：《自我的解释》，中国社会科学出版社2018年版，第239—240页。
② 朱炳祥：《自我的解释》，中国社会科学出版社2018年版，第245页。

私的基因",而人的干扰意外地促进了区块间的交换,"多元物种相互聚集、缠绕、交染"①。"松茸从未被视为是自给自足的,而总是在关系中生长,因此也是在特定地点生长。"② 从松茸诉说的物种牵绊的关系中获得的启发是倾听、观察和关注,因为倾听不够,多种形式的觉察与关注才是森林复育计划的行动要点。由此,罗安清从松茸志愿者、环保组织在采摘者、农民、林业局之间"鼓励创造性地倾听",促进沟通,辨别差异的做法中获得启发,她反复强调盟友关系。③ 既然"自私的基因"的生命叙事被打破,既然倾听和介入并非抹煞自我与他者的差异性,也并非消融自我与他者的区隔,那么,为什么以倾听为工作方法的"裸呈"令人如此担忧,乃至恐惧自我与他者之间任何一种发生关联的污染的可能性?裸呈在创造了"纯粹"的他者表述之后,两个说真话的主体之间是如何通过对方"认识自己"的呢?寻求改变的自我教育如何可能?④ 生命的缠绕关系包含了依然在形成、在生长的过程中面向未来的无限可能性。⑤

六 走出表征危机

在杜靖对主体民族志的批评和回应当中,较为瞩目的是对读者参与的质疑,作为第三主体的"读者"是民族志工作者预先设想出来的。朱炳祥的主体民族志观念所生产的民族志是否为广大读者所接受?杜靖谈及民族志受众群的重要性:"没有形形色色读者的供养,

---

① 段颖:《废墟上的缠绕与重生》,澎湃新闻·上海书评,2020年10月13日。
② 罗安清:《末日松茸——资本主义废墟上的生活可能》,张晓佳译,华东师范大学出版社2020年版,第269、291—292页。
③ 罗安清:《末日松茸——资本主义废墟上的生活可能》,张晓佳译,华东师范大学出版社2020年版,第269、298、312页。
④ Tim Ingold 认为,参与观察包含两个要点:本体论承诺和教育目的。参与观察将遭遇放在第一位,倾向于人和事、向他们学习,跟随感知和实践。教育的初含义是将人们从可能接受的任何视角或立场中抽出来,导向外面的世界,教育的终极关怀是关心成长的趋势,他使用的是 attention 和 becoming,接纳参与观察充满不确定性的工作方式,就像驾一叶扁舟,前方还是一个未成形的世界。Tim Ingold, "That's Enough about Ethography", *Hau: Journal of Ethnographic Theory*, 2014, 4 (1), pp. 388 – 389.
⑤ Tim Ingold, *Lines: A Brief History*, London: Routledge, 2007.

民族志作家将会失业。"① 笔者以为，自主体民族志产生伊始，中国人类学完成了一场深刻的写文化启蒙，是《写文化》出版30年以来在中国人类学领域成就的可贵品质。②

2014年4月20日，《民族研究》编辑部邀请国内众多知名学者，在北京召开"民族志：理论与范式专题学术研讨会"③。当代科学民族志、互文化经验志、线索民族志、体性民族志等实验民族志术语均在这次会议上"百花齐放"。关于主体民族志的讨论也伴随着这次会议走向了一个小高潮。笔者以为，主体民族志在田野中纳入了"反思民族志"的变量，为了控制主体性反思给田野带来的破坏性力量和不可控因素，以不同的方法来缓解、弥补田野调查认识论基础的削弱。正如蔡华在批驳克利福德的真实性否定观点时，坚信"只要保证民族志生产程式的科学性，是可以生产出科学化的民族志知识的"④。朱炳祥也坚信主体民族志可以走出而且已经走出"表述的危机"。张小军采取用文化编码的理性同样表达了文化志可以揭示和呈现基于"互经验"之上的"文化的真实"⑤。

相对于他者的讲述，自我是主体民族志的第二主体，徐新建认为："人类学写作的自我转向标志着人类学写作的重大突破。"通过回顾费孝通探索自我观的变化，人类学的"自我志"方法开启了一条通往个体心灵内部的新路。⑥ 回到主体民族志走向元叙事的救赎与终结同在的矛盾结局，笔者以为，自我民族志将主体民族志转移到"自传体"探索心灵的呈现与觉悟，尚存争议。

---

① 杜靖：《知识人类学何以成为一种可能——试论知识人类学的哲学基础》，《青海民族研究》2019年第1期。
② 王铭铭反思本土化的观点富有启发性，他提醒说自我的主体反思并不仅仅是叙事变量，而且嵌入本土化的制度环境中。"与其他第三世界国家一样，在中国的人类学一面模仿西学，一面致力于'文化自觉'运动，这就使它具有双重心态和内部矛盾。"（王铭铭：《近代人类学史的另一条线索》，《西北民族研究》2012年第3期）。
③ 刘海涛：《民族志理论和范式专题学术研讨会综述》，《民族研究》2014年第4期。
④ 蔡华：《当代科学民族志方法论》，《民族研究》2014年第3期。
⑤ 张小军、木合塔尔·阿皮孜：《走向"文化志"的人类学：传统"民族志"概念反思》，《民族研究》2014年第4期。
⑥ 徐新建：《自我民族志：整体人类学的路径反思》，《民族研究》2018年第5期。

尽管主体民族志、人志、互经验文化志等实践被誉为"后现代实验民族志之后"①，面对的论敌是西方后现代主义的实验民族志，但由于受到这一对话结构的约束，他们难以摆脱"实验者"的角色。笔者以为，语言游戏的语义学倾向恰恰是后现代主义对表征的权力批判的鲜明特征。

需要说明，"本土"人类学家的身份经历变化在罗马尼亚、保加利亚、巴尔干半岛等地从事田野调查15年的女人类学家爱娃塔（Iveta Todorava-Pirgova）的身上体现得淋漓尽致。她认为，自我意识的人类学依赖于人类学家的自我感知与自我表征。这两者均与自我和他者的意象相联系，并存在于自我与他者的相互作用之中。在前后两个阶段，她经历了从"外国人"到"自己人"，从"自己人"到"外国人"的变化，它为爱娃塔提供了相对化和重新审视自身的专业化立场的可能性。她探寻自身立场的本质（hypostases）。"它们驱使我每一次重新考虑它，我做研究并且询问我自己'我的立场'是如何影响研究的，它是否允许我参与到包含人道主义知识的对话中。"②爱娃塔把她经历的身份意识运动看作实践与理论之间、认知过程中可能与实在之间的"桥梁或边界"，并且认为本土人类学家不可抹去的自我烙印所造成、所观察的事件与事件意象、事实与成见之间的游移不定，可以丰富科学的阐释。与爱娃塔拨冗立场探寻认识论的努力相较，来自拉科塔族（Lakota）的女人类学家贝爱（Bea Medicine）开拓了"迈向人民的人类学"道路。肩负美国土著和人类学家的双重身份，她动用她的亲属关系和部落纽带和人民建立了坚定的支持，针对保留地存在的酗酒、社群健康、精神健康、妇女赋权等社会议题，她发展出让学术术语更容易被当地人理解和接受的知识的翻译技术，将人类学知识与提高土著的权利、福利和文化认同紧密结合起来。贝爱用自身诠释了本土人

---

① 刘海涛：《主体民族志与当代民族志的走向》，《广西民族大学学报》2016年第4期。
② Iveta Todorava-Pirgova, "'Native' Anthropologist: On the Bridge or at the Border", *Anthropological Journal on European Cultures*, Vol. 8, No. 2, *The Politics of Anthropology at Home II* (1999), pp. 174, 186.

类学家和拉科塔人的双重身份在为土著服务的过程中是相互丰富的。①

2014 年以叙事为中心的民族志理论和范式专题学术研讨会以"后现代实验民族志之后民族志如何前行"为主题,将表征危机、主体性反思和实验民族志成功地嫁接到了中国人类学的平台,国学语言被有意识地诉诸其中以彰显中国特色。笔者以为,实验民族志在此次集体研讨"百花齐放"的知识状况是继 1995—2007 年本土化运动偃旗息鼓之后对"写文化"理念的尝试,而朱炳祥在主体民族志的理念与实践的结合力度方面付出了极大的心血。从主体民族志到知识人类学,以主体性反思纳入民族志叙事视野,中国人类学经历了一场深刻的写文化启蒙。主体民族志在自我袒露、探索说真话的主体方面作出了极大的努力,"生性"概念的提出有助于研究者在无法否认自身的主观性事实面前保持克制、自律和敬畏之心。与主体性反思大踏步迈入语言学范式、走出"表述的危机"的道路不同,捍卫民族志的科学性的声音不绝如缕,要么是主张当代科学民族志,消除克利福德的主体性反思造成削弱客观性认知基础的破坏因素,要么是主张回到功能—结构主义支配的科学民族志,而"互经验文化志"虽然提倡在情感的纽带中试图掌控文化编码的交流平衡,但尚缺乏实践。费孝通、贝爱等本土人类学家对自我立场的审视和拷问刻骨铭心,他们没有放弃让社会科学事业继续前行,最终的目的是迈向他者的经验世界,在自我悖论的驱使下探索文化的阐释,或者干脆借助科学、媒体、文化研究,探索"人类的知识"。从目的论再次提升的意义而言,人类学经历的认识论启蒙不仅仅满足于知识分子的知识愉悦,更应是"接受危机"驱使下迈向实践、准备新议题的挑战与磨砺。写文化继表征危机之后迅速迸发出的现实主义指向与现实主义动力,在《写文化》出版 10 年之后就已起步,并在 30 余年后创造了实验民族志冲击人类学主

---

① Medicine Beatrice, *Learning to Be an Anthropologist and Retaining "Native": Selected Writings*, Urbana: University of Illinois Press, 2001.

流的活力和革新。① 如此看来，中国人类学恰恰到了缩短写文化"时差"、直面社会转型时期复杂现实，迈入新的现实主义民族志的紧要关头。②

---

① 马库斯将20世纪80年代受后现代影响的表征结构、实践的激进转向与同一时期围绕美苏关系的美国外交话语联系起来，聚焦原子弹政策的权力/知识批评，探索激进变迁的条件和新假设（George E. Marcus, "Postmodernist Critique in the 1980s, Nuclear Diplomacy, and the 'Prisoner's Dilemma'——Probing Family Resemblances", in Critical Anthropology Now: Unexpected Contexts, Shifting Constituencies, Changing Agendas, Santa Fe: SAR Press, 1999, p. 337.）。

② 与中国人类学的现实主义思潮兴起相呼应的是美国写文化竭力主张的"遣返模式"，即回到美国本土社会。例如，城市研究，回到民族志者出生城市的跨文化环境。再如，美国社会问题研究（George E. Marcus, "Critical Anthropology Now", in George E. Marcus edited, Critical Anthropology Now: Unexpected Contexts, Shifting Constituencies, Changing Agendas, Santa Fe: SAR Press, 1999, pp. 3 - 28.）。

田野提纯与文本切割：
朱炳祥主体民族志的再思考
——兼论田野工作者的"媒介"角色*

孔文婷** 马丹丹**

【摘要】朱炳祥的主体民族志最为鲜明的"裸呈"主张探索了如何去除媒介而仍能传递他者声音的理论与方法论的实现路径，要求瓦解田野工作者的权威，以极大的耐心和缄默倾听他者的表述。而其"三重主体叙事"主张又是一种追求田野纯洁性与民族志解释性两者平衡的尝试。本文认为，主体民族志既是表征危机下实验民族志的个性回应，又是解释人类学传统之下的范式微调与修正。在肯定主体民族志的贡献之余，本文也从呈现的媒介角度对主体民族志提出四方面的问题。而对于各类型民族志在田野中的具体运用，是保留媒介还是摧毁媒介，须在真实的田野关系中依据研究需求进行讨论。

一 朱炳祥的主体民族志

主体民族志的产生源于对传统科学民族志的反思。20 世纪 60 年代以来，人类学家们开始意识到将民族志作为"客观的科学"研究并"书写"文化与地区在根本上也许是一个认识论的误区。[①] 萨义德在《东方学》中揭示跨文化研究中的权力关系，批评西方人通过描述异文

---

* 此文为首次发表。
** 孔文婷，上海大学社会学院硕士研究生。
① 朱炳祥：《他者的表述》，中国社会科学出版社 2018 年版，第 16 页。

化的文本对东方地区进行统治。① 费边在《时间与他者》中指出，人类学总是忽视非西方文化的历史②，用西方的时间取代"他者"的时间，从而以西方社会为中心来建构异文化。③ 从而民族志的表述似乎已成为纯粹的知识积累，成为研究者的"自说自话"。不仅如此，马林诺夫斯基日记的出版更是暴露出人类学家的"双面"形象，在《一本严格意义上的日记》中，他鄙夷当地人，痛恨参与观察，充分展现了自己阴暗的一面。④ 这显然与人类学者在学界与大众面前谦卑、客观的形象大相径庭。⑤ 弗里曼的《玛格丽特·米德与萨摩亚》直接质疑了米德经典作品的真实性与客观性，并认为该作品重要地位的获得与一系列社会、学界因素紧密相关。⑥ 如此，人类学者们对"纯粹学术"的坚持、对"描述真实"的追求、对"尊重当地人"的承诺与"科学客观"的原则受到了冲击。在"表述危机"与"伦理危机"下，人类学家充当"当地人"与"大众"间的媒介，运用民族志对田野进行尽可能贴近真实的还原的使命似乎也逐渐丧失了说服力。

人类学学科对异文化与他者的"解释"使命受到许多学者的强调。⑦ 从前，人类学家和大众理所当然地认为民族志的"解释性"功能是在"纯洁性"的前提下达成的，两者协调一致，并无冲突。人类学家的权威也是在这一前提下达成的，正因为人们信任人类学家客观的治学态度与科学的田野过程，才会相信人类学家对文化的解释与呈现。而表述危机与伦理危机的出现揭示了人类学家田野过程的阴暗一面，在民族志成文过程受到多方主体"污染"的情况下，其"解

---

① 陈瑛：《"东方主义"与"西方"话语权力——对萨义德"东方主义"的反思》，《求是学刊》2003 年第 4 期。
② 张连海：《从现代人类学到后现代人类学：演进、转向与对垒》，《民族研究》2013 年第 6 期。
③ Johannes Fabian, *Time and the Other: How Anthropology Makes Its Object*, NY: Columbia University Press, 1983, p.171.
④ Bronislaw Malinowski, *A Diary in the Strict Sense of the Term*, NY: Harcourt, Brace& World, 1967.
⑤ 王铭铭：《人类学讲义稿》，民主与建设出版社 2019 年版，第 303—341 页。
⑥ 张丽梅、胡鸿保：《米德·弗里曼·萨摩亚——兼论人类学田野调查与民族志写作》，《北方民族大学学报》(哲学社会科学版) 2009 年第 2 期。
⑦ 王铭铭：《格尔兹的解释人类学》，《教学与研究》1999 年第 4 期。

释性"又如何成立？片面追求"解释性"的民族志又最终是否成为学界的自说自话？

主体民族志正是朱炳祥解决这一困境的一次尝试。如果把民族志成品比作雕塑，则雕塑的原材料就是田野中收集的原始素材，民族志者就是雕塑家，当地人就是那些最初塑造原材料的风、溪流、雨水等自然力量。而对一座雕塑成品的鉴赏正是最初的自然力量、雕塑家与雕塑鉴赏家各方主体发挥作用的结果。要如何通过一块雕塑原原本本地呈现出自然的力量？一来，可以直接将经过自然力量形塑的原材料呈现给人们。不需要将石头雕刻成风的模样，其身上风化的痕迹就是风的力量的显现，同样，虫子爬过的轨迹、雨水冲刷的坑洼和闪电袭击过的焦痕无不原原本本地显示出自然的力量。而雕塑家作为"媒介"的加工只会损伤其"纯洁性"。二来，雕塑家需要坦诚地道出他对作品的加工与解释，并欢迎鉴赏家的任何评价。

"裸呈"与"三重主体叙事"作为主体民族志十分鲜明的特征，正符合上述两项原则。既然人类学家作为媒介可能会歪曲当地人的真实，那不如完全去掉"媒介"，让当地人原本地"裸呈"，以确保田野与民族志的纯洁性。同时，朱炳祥并未放弃民族志的"解释性"，大众理解当地人需要依靠民族志者的解读，在不妨害田野纯洁性的前提下，朱炳祥选择"三重主体叙事"，让作者在当地人叙述之后再进行他自己的叙事，阐释他自己对原始材料的解读。不仅如此，读者还需要对文本的呈现进行评价，以进一步消解传统民族志的"话语霸权"。

（一）裸呈

"裸呈"被应用于田野与民族志成文的全过程。其一，它要求研究者将田野工作的主动权完全让渡给当地人，在田野中完全由当地人发声，而研究者仅仅作为倾听者与记录者存在。其二，在文本的呈现上，"材料"永远大于"解释"，研究者应将通过"裸呈"收获的材料原原本本地呈现给读者。[①] 在科学民族志的成文过程中，"他者"

---

① 朱炳祥：《蟒蛇共蝴蝶：周城神话研究》，中国社会科学出版社2021年版，第10页。

的声音总要依靠人类学家这一媒介发出来，叙述、解读甚至评价的工作皆由人类学家承担。而以往的事实说明人类学家似乎并未很好地使用这一权力，传统民族志展现出其在还原真实、消解权力关系上的无力。而"裸呈"正是一种对研究者主体介入的近乎极端的切割，也是对当地人主体近乎完全地保留，这在对科学民族志的反动上做到了极致，是一种对田野"纯洁性"与"纯粹性""近乎洁癖"的追求。①

在还原真实方面，裸呈直接去除人类学家的"媒介"，完全由他者发声，以探索一条不损失、不扭曲、彻底完整地呈现他者的声音的路径。通过不提问、不追问、不补问的"三不原则"②，凭借极大的耐心和缄默来倾听他者的表述，田野中作者使在传统民族志中被切割、拼凑、引导的当地人的主体在"裸呈"中得到了完全的展示。当地人的语言，尽管可能也存在虚构的成分，但体现出其所认可的、具有地方特色的价值与知识。③ 真实本就是一个多维度的概念，所谓"假话"，实际上与主体的身份认同和社会认同关系密切，是一种自我生命意义的建构行为。④ 研究者剪裁拼贴田野材料所生成的"虚假"文本与之完全不可相提并论。通过让他者直接发声，从而使田野的纯洁性得以不受"媒介"的干扰与扭曲。

在伦理与道德方面，"裸呈"完成了"研究者"与"研究对象"权力关系的倒置。传统的田野收集资料中，主动权总是完全或大部分集中在研究者手中。研究者提问，当地人回答；研究者观察，当地人被解读。"裸呈"则将二者的位置倒转了，当地人可以言说任何他们自己想说的，可以选择他们自己说什么或不说什么，而研究者对此的话语权为零。当地人不需要别人"替"他们发声，只要给他们权力，他们可以为自己发声。此时，研究者无法再恃于身份与学识形成对当

---

① 马丹丹：《实验民族志在中国——朱炳祥教授的主体民族志探索》，《青海民族研究》2021年第1期。
② 朱炳祥：《他者的表述》，中国社会科学出版社2018年版，第35页。
③ 朱炳祥：《他者的表述》，中国社会科学出版社2018年版，第38页。
④ 刘亚秋：《口述史研究的人文性及其难解之题》，《社会学研究》2023年第1期。

地人的"隐性霸凌",因为在地方性知识上,当地人才是"局内人",是真正有优势的那一方,"裸呈"真正地将当地人该有的权力交还给了他们。研究者不再一个劲从当地人身上攫取材料,把他们的言说转变成他自己研究中的"亮点",把他们的生活拼贴成他自己的形式完美的作品。[1] 当地人也不再是被像用榨汁机一样"榨"出知识,而是与研究者建立一种温情的关系,在相处时,有想分享、想表达的东西积于胸中时,便将其抒发出来,是完全自发、自觉的行为。说到不想说时,就不再说,不用再费神。如此,当地人有了倾诉的对象,研究者也可以从田野中收获知识,且双方是基于平等、自愿的互动而形成关系的,这对双方都是一种滋养。

在追求田野纯粹性的前提下,朱炳祥的"裸呈"还探索了一个大文本的概念。所谓大文本囊括了多样化文本的样态,这从他的丰产作品中可以看到,在《他者的表述》中段绍升讲述其自己生命历程的口述史[2];《自我的解释》提供了朱炳祥披露自己真实心迹日记的"自我民族志"[3],《蟒蛇共蝴蝶》原原本本地放出大理周城一个神话传说的46则变体[4],《知识人》呈现了知识生发过程中从童年到博士生的成长日记[5],《太始有道》是由回顾自身田野经历的田野散记组成的"感性民族志"[6]……通过探索"叙事"的多种方式,朱炳祥极大地丰富了"裸呈"的内涵与应用性,将"呈现"的范围从口述扩展到书写与记录,在坚持田野纯洁性的同时在一定程度上提升了解释性的空间。

(二) 三重主体叙事

人类学作为一门学科,仍肩负着解释"他者"的使命。"裸呈"企图最大限度地去除田野中材料呈现的"媒介",由当地人自己发声,以达到对田野"纯洁性"的追求。而对民族志"解释性"的追

---

[1] 朱炳祥:《他者的表述》,中国社会科学出版社2018年版,第2页。
[2] 朱炳祥:《他者的表述》,中国社会科学出版社2018年版。
[3] 朱炳祥:《自我的解释》,中国社会科学出版社2018年版。
[4] 朱炳祥:《蟒蛇共蝴蝶:周城神话研究》,中国社会科学出版社2021年版。
[5] 朱炳祥:《知识人》,中国社会科学出版社2021年版。
[6] 朱炳祥:《太史有道:田野散记》,中国社会科学出版社2022年版。

求则由"三重主体叙事"来达成。

民族志从收集田野材料到写作,从成文到面世,从出版到读者阅读,每一环节无不渗透着多重主体的影响。第一重主体是研究对象的主体。这是显而易见的,"民族志"起初就是建立在直接观察与参与之上对研究对象文化与社会的书写。[①] 由于研究对象的复杂多样,民族志者收集到的资料也是丰富且各异的,一些材料之间甚至可能存在矛盾。这便给了民族志者极大的发挥空间,也就是民族志中渗透的第二重主体——作者主体。以往的科学民族志似乎忽略研究者的能动性,将民族志者理所当然地看成客观记录田野的工具。但对研究者主体性的忽视最终只会使读者陷入"客观性"的假象。如果说第一重主体是明显可见的,那民族志者的主体则隐藏在收集材料与书写文化的每一环节中。第三重主体是民族志企图面向的人群,也就是那些阅读民族志的人。比如编辑、读者、同行、田野行程的赞助者等。这一人群的影响主要体现在两个方面:其一,他们能够直接影响民族志写作的目的、过程与结果。其二,他们也会作为隐形的影响因素影响民族志的成文过程。正如费孝通的"我看人看我"概念中的"人"一样,外界社会的主流价值、利益关系都会影响到民族志者的书写,甚至会影响到当地人最初始的叙事。第三重主体一直悬置在前面两重主体的脑海中,让其不自觉地被规训,从而达成了对知识生产的塑造。

至少三重主体主动或被动地纠缠进了民族志的写作过程中。"裸呈"便是第一重主体叙事,将焦点放在研究对象的主体上。研究者的叙事是第二重主体叙事,这其中又包含两部分:一部分是对"裸呈"的解读,这一部分是人类学者与人类学知识产生联系的部分,是满足民族志"解释性"的部分,人类学家可以充分地表达他们自己对田野材料的看法与解释。但同时,这种自由不是无限的,人类学家需要对他们自己的解读进行"元叙事"[②],对自身叙事进行自我审视,坦诚地道出他们自己在解读与创造过程中的一切"主观因素",比如价

[①] 朱炳祥:《他者的表述》,中国社会科学出版社2018年版,第15页。
[②] 朱炳祥:《事·叙事·元叙事:"主体民族志"叙事的本体论考察》,《民族研究》2018年第2期。

值取向、研究目的、研究过程等，类似于研究者自己的"裸呈"，打开学术创作的"黑箱"，从而在一定程度上消解作者的权威。①"第三重主体叙事"读者、专家等在阅读民族志后的评论与意见，同样包含对田野材料进行自身的解读与对作者的解读进行评价两方面。②

"三重主体叙事"展现了朱炳祥在平衡民族志"解释性"与"纯洁性"方面的努力。一来，"裸呈"之外，研究者自我剖析并交与读者评价就是在消解自我话语的霸权③，是一种让渡传统民族志中作者专有的"解读"权力的示意。读者不再被动地接受作者的输出，而具有了他们自己的主体性。我们从中可以看出一种研究者的"克己"。科学民族志未能给研究者留下任何专有的言说空间，于是研究者的主体便寄生到民族志成文的全过程中。但是"三重主体叙事"给了研究者专门审视与反思自我的空间，从而也能够更好地克制他们自己不过多地介入研究对象的表达空间，看似"扬己"，实则"克己"，从而达到对田野过程"纯洁性"的追求。二来，民族志终究是人类学学科体系下的重要一环，担负着解释他者的使命。"三重主体叙事"为人类学家运用专业知识、对话理论、与学界产生联系提供了空间，从而使民族志能真正"言之有物"，发挥"解释"的功能。例如在《蟒蛇共蝴蝶》中，朱炳祥在"裸呈"46个神话变体后，分别与列维-斯特劳斯、格尔兹、涂尔干的理论进行对话，试图对"神话"作出解释，④力图在去掉媒介纯粹的"呈现"与"解释"间找到平衡点。此外，这种"三重主体叙事"在一定程度上达成了各方主体对自我与他者的反思，进而达到朱炳祥所追求的在田野过程中不断认识"自我"与"他者"，最终达到对"整体的人"的认识的目标。⑤

---

① 包括前提意识的检讨，例如许烺光的《祖荫下》激发的白族还是汉族的争论折射出前提意识的作用，视角主义的干预是看不见的，但是可以通过这场争论以及民族志跨越50年的生产显现出来。参见马丹丹《模棱两可与理解差异——喜洲的文本及回访文本阐释》，《青海民族研究》2018年第3期。
② 朱炳祥：《他者的表述》，中国社会科学出版社2018年版，第40页。
③ 朱炳祥：《知识人》，中国社会科学出版社2021年版，第10页。
④ 朱炳祥：《蟒蛇共蝴蝶：周城神话研究》，中国社会科学出版社2021年版。
⑤ 朱炳祥：《太史有道：田野散记》，中国社会科学出版社2022年版。

二　学术谱系中的主体民族志

人类学表征危机以来，许多学者都对人类学学科进行反思，思考田野过程的纯洁性与民族志的解释性关系，并作出了一系列尝试。本文则试图在这一学术谱系中为"主体民族志"找到一个位置。笔者认为，主体民族志既是解释人类学传统之下的范式微调与修正，也是表征危机下实验民族志的个性回应。

格尔兹被称为"反思人类学"的最早实践者①，他不认可传统现代人类学家对"科学"的迷信态度，而坚持人类学应该是"解释"的学科。②首先，他认为，人类的文化是符号的和解释性的，"意义"在人生与社会中扮演重要角色，试图从一种专家的、西方的、现代的经验转入当地的、非西方、非现代的解释体系中去。③这不是指人类学者要试图钻进当地人的脑海中，而是指应该"对当地人的解释进行解释"，强调当地人的意义、话语、符号象征与语言，认为人类学应该是阐释意义的人文学科而非探寻规律的社会科学④，从而使得人生知识与生命态度被表达。⑤人类学家对当地人的描述必须基于当地人对其本身经验的阐释，而这种文本的集合体正体现出当地的文化。⑥其次，格尔兹同时强调人类学家"解释文化"需要将主位与客位、近经验与远经验相结合。"近经验"指的是成为"局内人"，理解当地人的行为语言，而"远经验"则是以一种局外的眼光，将当地的文化与更大范围内的知识相联结，以"专业"的态度去"诊断"。⑦

---

① 王铭铭：《格尔兹的解释人类学》，《教学与研究》1999年第4期。
② 王铭铭：《人类学讲义稿》，民主与建设出版社2019年版，第303—341页。
③ 王铭铭：《格尔兹的解释人类学》，《教学与研究》1999年第4期。
④ 王铭铭：《20世纪西方人类学主要著作指南》，民主与建设出版社2019年版，第369—377页。
⑤ 王铭铭：《格尔兹的解释人类学》，《教学与研究》1999年第4期。
⑥ [美]克利福德·格尔兹：《文化的解释》，纳日碧力戈译，上海人民出版社1999年版，第3—38页。
⑦ Clifford Geertz, *Local Knowledge: Further Essays in Interpretive Anthropology*, New York: Basic Books, Inc., 1983, pp.59-72.

人类学家的工作应该是一种综合，谈论当地的文化便是谈论一种具有全球意义的知识。因此，格尔兹并不赞赏那种融入当地人、强行保持"客观"态度的田野方法，而强调一种真诚的、有距离的态度，认为研究者应注意"自我"的存在，尝试用"他者"的眼光看待他们自己，在他者与自我间形成比较，并将自我与他者都放在平等的、作为世界"无数个例中的一个个例"的位置来思考。①

在格尔兹之后，许多人类学家亦走上"反思人类学"的道路。他们不仅对传统民族志的"客观记录事实"与"科学"叙述风格进行反叛，而且进一步批判格尔兹，要求进一步揭示人类学田野工作和写作中隐含的性别、阶层、种族以及权力问题，此时便产生了一系列"实验民族志"②。"实验民族志"尤其关注民族志成文过程中的权力关系问题，将目光集中于田野研究的具体过程。同时，它们并不像科学民族志一般拥有较为规范的写作方式，而是在不同研究者的探索中摸索出了大量差异化的体裁模式、写作方法。在内容呈现上，许多实验民族志都极大地消减了人类学家作为媒介"代替"当地人表述的权力，并试图将话语权最大程度地"交还"给当地人。③ 比如刘易斯自传体的民族志《桑切斯的孩子们》，让每一个家庭成员用他们自己的语言讲述他们的生活经历。④ 再比如玛乔丽的《妮萨：一名昆族女子的生活与心声》，她与她的访谈对象妮萨之间形成了一种"最为单纯和直接"的关系，直接呈现了她与一位昆人女性的大量口述访谈实录。⑤ 在《妮萨：一名昆族女子的生活与心声》出版后，玛乔丽直接将一部分稿税赠予了妮萨，以感谢其与她"合作"完成一部民族志的举动。中国的实验民族志例如"村民日记"，让村民记录村里发生

---

① 王铭铭：《人类学讲义稿》，民主与建设出版社2019年版，第303—340页。
② 张连海：《从现代人类学到后现代人类学：演进、转向与对垒》，《民族研究》2013年第6期。
③ 李文钢：《实验民族志的文本写作反思》，《广西民族研究》2017年第4期。
④ [美]奥斯卡·刘易斯：《桑切斯的孩子们》，李雪顺译，上海译文出版社2013年版。
⑤ [美]玛乔丽·肖斯塔克：《妮萨：一名昆族女子的生活与心声》，杨志译，中国人民大学出版社2017年版。

的事与他们自己对事的解释与理解，乃至让村民拿起摄像机拍摄村里的节日、仪式与日常，从主位视角提供一种文化表述与解释。① 此外，在对"文化"的理解上，格尔兹强调将他自己与他者的文化进行比较，将特定文化放在众多文化中加以"相对化"。文化相对主义的当代争议激发了格尔兹对全球化浪潮下文化多样性的辩护，他以"反反相对主义"为题，表达博厄斯学派"老式"的理念与传统。"写文化"的作家们比格尔兹走得更远，他们认为，过去的人类学家对社会、民族、文化的分类太过武断，甚至认为"自我"与"他者"的概念实际上是西方所"强加"给世界的，转而寻找一种"共通人性"。②

通过梳理，我们可以看出朱炳祥"主体民族志"实际上是在解释人类学传统范式与后现代实验民族志尝试间的一种折中。折中主义表现得最为明显的前辈是克拉克洪，他对于进化论、功能结构主义、历史特殊主义从来都采取不置可否的态度，他对这些理论学派的某一部分持欣赏的态度，而在实际研究中采取博采众长的做法，读者能从他的民族志或者人类学常识介绍中汲取跨学科学识的广度以及兼容并包的开放式眼光。③ 解释人类学正视解释与描述不可分的写文化机制以及对研究者的"解释"工作的强调，与后现代实验民族志秉持激进的主体性作出的努力，二者之间或多或少存在着张力和断裂，主体民族志试图弥合二者的紧张关系，由此，笔者将其看作继克拉克洪之后折中主义的崭新表现。一方面，"主体民族志"的产生便源于对人类学表征危机的反思，是"实验民族志"的一种个性尝试。"裸呈"便是将表述的权力极大地归还给了当地人，研究者甚至不被允许在当地人叙述时进行任何的干涉。且第二主体的反思与第三主体的批评也贯穿民族志成文的全过程。同时，"主体民族志"还追求一种对"整体

---

① 孪义钢：《"村民日志"的实验民族志意蕴再审思》，《广西民族大学学报》（哲学社会科学版）2023 年第 1 期。
② 王铭铭：《人类学讲义稿》，民主与建设出版社 2019 年版，第 303—340 页。
③ Melville J. Herskovits., Clyde Kay Maben Kluckhohn (1905 – 1960), *National Academy of Sciences*, Washington D. C., 1964; Clyde Kluckhohn, *Mirror for Man*, New York, Toronto: McGraw-Hill. Subsequent printings: 2nd, 1949.

的人"的认识,反对将人作为文化或社会的载体,这与后现代人类学对"共通人性"的探索具有不谋而合之处。不同之处在于,西方实验民族志者试图将这种"共通人性"还原为经济、权力或生理心理因素,试图探究象征体系内的经济政治理性。① 而"主体民族志"则拒绝这种还原论的取向,坚持聚焦于"人"本身。另一方面,"主体民族志"没有放弃将人类学作为一门解释学科的原则。在当地人的裸呈之后,作者和读者都将对当地人的叙述进行解释。"三重主体叙事"正是一种近经验与远经验、主位与客位解释的结合,只是此处的"近经验"与"主位视角"则都由当地人自己的叙述与解释来完成。因此,此时人类学家的解释确实是基于当地人对本身的叙述而形成的"对解释的解释"。此外,格尔兹强调一种研究者与当地人真诚的关系,并要求用一种看待"他者"的目光看待"他者"。主体民族志亦追求这种田野工作者与研究对象之间的信任关系,要求研究者在田野过程中保持对自我主体的反思与审视。不同之处在于前者注重跨文化的比较,后者则强调研究者对完全让渡话语权的自律。

　　主体民族志试图在表征危机的实验民族志与解释人类学之间找到一条折中道路,由此创造出这样一种既不丢失科学民族志所赖以生存的描写"他者的世界"的学科本体与学科诉求,同时又巧妙地规避科学民族志因隐蔽的根深蒂固的权力不对等而导致的一系列殖民批评,从而在知识论与本体论间达到一种平衡。这条道路的关键在于将材料的呈现与解释完全分离,并在呈现部分完全去除人类学家的干扰。传统民族志中田野材料的呈现总要依靠人类学家作为媒介,由人类学家代当地人发言,从而也带来了两者间权力不平等与人类学家歪曲真实的极大风险。而朱炳祥无数次表明,他设计裸呈的初衷是取缔这种权力不对等。而对材料进行解释的部分则由人类学家在田野的"事后"完成。这条折中道路并不好走,因为它努力在嘈杂、纷乱和芜杂的田野环境中搭建一个搜集纯粹声音最为精良的"录音棚",也由此需要精良的录音设备,这种精良指向的是作者对他自己的在场有

---

① 王铭铭:《格尔兹的解释人类学》,《教学与研究》1999 年第 4 期。

着足够的自律和强悍的训诫，这是在长年田野调查的基础上锤炼出来的田野工作者的谦逊与耐心。由此，本文在肯定朱炳祥主体民族志的贡献之余，再次提出呈现的媒介问题。

从"沟通"的角度来看，费边说的相互主体性实际上指的是沟通，语言的沟通，通过沟通建立相互主体性。主体民族志的沟通似乎可以视作一种延迟沟通效应，即第一阶段研究者恪守扮演"收音机"的倾听本分，完成声音提纯的采录工作后，第二阶段进入实质的研究环节，即解释的释放。而沟通的工作则由第三阶段来完成，由听到裸呈和看到解释的读者来建立沟通的桥梁与媒介，于是沟通的责任和压力向第三方转移。这正是由于人类学家的沟通与媒介作用被认为具有污染田野的可能性，因此主体民族志干脆斩断这一媒介。那么一个关键的问题便接踵而至，言说的他者与解释的研究者之间的直接沟通是否需要被完全斩断并通过第三方的双向"收音"轨道才能站到桥梁的两端保留双边主体的完整性？人类学家在"言说""呈现"与"解释"间的沟通媒介作用究竟能否被割舍？通过去除呈现媒介，这条同时追求田野纯洁性与民族志解释性的折中道路，究竟能否真正达到两全？

三 呈现是否需要媒介

上文已经说过，主体民族志中颠覆科学民族志最为关键的一项便是去除人类学家在挖掘与呈现田野材料时的媒介作用，完全由研究对象"裸呈"。而在裸呈之后才由人类学家专门、单独地进行解释。对于这种将呈现与解释分离、完全去除呈现的媒介的做法，我们提出以下几点疑问。

首先，即使"他者"能够很好地表述他自己，可以生成属于他自己的文本，供人类学者解释，这种解释真的是发生在接近格尔兹所说的"事实之后"的"表述之后"。那么这些属于当地人"主体"范畴的文本，是否就是解释的全部？主体范畴之外与物质环境发生关联的更多样的文本是否被屏蔽在围绕主体范畴搭建的录音棚之外？例如考古、田野、档案等记录他者信息的文献编码与"我说"文本之间是什么关系？尽管"裸呈"涵盖了"大文本"的概念，但我们也看到朱炳祥的"主体民族志"具体探索基本上只会采用一种到两种类型的裸呈文本。而具体田野中所涵盖的"我说"之外的文本材料是如此的丰富，这些材料如同裸呈一样，是丰富的民间文献形态，例如家谱、方志等，研究者应该如何处置这些材料？在传统的田野中，研究者发挥媒介的作用，串联起不同的文本类型。而当主体民族志去除这一媒介后，似乎便无力处理丰富的文本材料，充实饱满的田野反而成为冗余的负担。我们看到，即便面对单一类型的裸呈材料，研究者仍需对材料进行一定程度的组织，这已经是研究者所能够干涉的极限了。那么，当面对真实田野中多位研究对象的叙述，面对田野中多类型的记载材料，研究者应该如何取舍？而这种取舍应该如何才能做到不打破"裸呈"的原则呢？而"裸呈"对文本材料的高要求也在一定程度上削弱了民族志文本的解释性功能。毕竟，各种文本都在一定程度上承载了研究者所渴望得到的"意义"，而在坚持田野"纯洁性"的前提下舍弃丰富文本便是将其所蕴含的丰富意义也舍去了。

其次，"我说"文本之外的言外之意如何"意会"？格尔兹提出的方法是关于解释的解释，将"他说"与作者混杂在一起，通过这种滚筒装置传递出符号的意义，把握符号意义的过程是深描，它是建立在主体间性当中的文本建筑形态，也是将文化转化为文本的工作方式。但是深描和裸呈几乎是大相径庭的，前者将两个主体之间的互动与影响放在深描的发生机制当中，由此捕捉到言语相关的表情、隐喻与行为。后者则是完全由当地人描述、解释、评价。虽然符号的意义是一个扇面，但是如何处理就连格尔兹的文本都控制不了的溢出的部分？文化的布景装置的隐含语言需要解释将其疏导、让其倾吐。关于解释的解释，是建立在田野工作的参与观察方法上的，关乎研究者的定位。恰恰是隐含语言，文化的虚构部分，是解释的源泉，是作者主体不可剥夺的神圣权利。在此基础上，可以讨论疏导和倾吐涉及的具体的技术性问题，如相互主体性，如现象学的现实基础，如他者自身使用的分类术语。① 将社会作为文本，将文化作为文本，以及主体民族志将主体作为文本，如此之精细的文本制作，如何处理不构成世界与符号表征关系的噪声、糙点和失序？模糊、含混与暧昧、没有那么清晰、没有那么准确，是物理世界的真实。研究对象行动与言说的意义弥散在整个行动的时间与空间中，仅仅"眨眼"就可以包含那么多种意义的解释方式，可见行动与表述的意义常常会溢出到言语之外。一个眼神、一场大笑、一次停顿、一个挥手，都可以蕴含无限的意义。在传统方法中，这就需要研究者发挥各种感官，去体验、观察、聆听、品味、触摸田野中的每一个场景与情景，作为媒介将那些研究对象无法言说的、只能意会的、没有意识到的内容传达给读者。将人类学家这一媒介抹去，则最终呈现的文本（当地人的叙述）仅为从田野丰富情景中割下的一部分，剩余的蕴含丰富意蕴的部分便只得浪费，从而民族志所能解释的原材料也极大地被割舍了。②

再次，裸呈对田野发生的条件要求相当之高，但田野的现实是来不及搭建录音棚，让他者准备好、款款进入、娓娓道来的。除非研究者将工作目标专门设为和他者建立合作关系，与他者作为共同作者来完成文化的书写。这便需要搭建"场棚"，从而使当地人"愿意"对研究者推心置腹、和盘托出，确保当地人享有完全的主动权。在《他者的表述》中，作者与段绍升有着长达 15 年的互动与交流，在如此深厚的情谊下，终于得以合作完成扎实的"裸呈"工作。也就是这个"录音棚"，作者用了整整 15 年才搭建起来，这种扎实的田野是许多学者可望而不可即的。但常规田野调查通常以一年为期，经历田野点四季的变化从而达成对当地人生计模式的更好认知。在来不及搭建

---

① Clifford Geertz, *The Social History of an Indonesian Town*, NY: The M.I.T. Press, 1965, p.141.
② 参考庄孔韶对田野材料"不浪费"的处理方式。庄教授的"不浪费"是指将学术研究与自身的生活方式紧密结合起来，除了正规的学术理论，还可以以诗、散文、小说、摄影摄像等多种方式记录研究过程。即除了经典的民族志写作，还要开拓诗歌、绘画等多元艺术表达渠道（参见庄孔韶《不浪费的人类学》，http://ias.cqu.edu.cn/info/1013/1409.htm, 2014 年 4 月 28 日；庄孔韶：《流动的人类学诗学——金翼山谷的歌谣与诗作》，《开放时代》2019 年第 2 期）。

的情况下，田野工作者会仓促地、匆匆地被田野带着走，走向一个又一个奇诡的场景、接触一个又一个不同的人，田野的嘈杂、混乱和意外、不可控混合在一起，我们无法预料下一刻会去哪，会发生什么，田野有它强大的主题与线索，将研究者编织进去。由此，人类学家需要将他们自己作为媒介，来将混乱的经验世界和狭窄的个人经历整理成一个完整的他者的世界，两个世界的人们不期而遇又转瞬即逝，联结两个世界的人是文化掮客，而田野工作者，是提供碎片化经验黏性的文化掮客的另一个联结者。① 在研究小摊贩时，城管来了研究者也得跟着跑；当城管成为研究主体时，研究者则会目睹城管在处理违章摆摊事件时，面对"弱者的武器"时的无所适从，面对上级主管部门只要结果不做解释的行政指令，当粗暴的执行方式遭遇"被治理"群众的质疑和抵制时，又让城管的工具价值的驯化变得短暂失效，情绪的压抑和矛盾变得突出。正是行政发包制的作用，让城管的双重处境变得极其富有挑战性②；在研究"小姐"时，研究者也得到娱乐场所、到街边、到一个个嘈杂迷幻的世界去，因为在包房的角落参与观察小姐与客人的互动，还有被误认为"小姐"的时刻。③ 田野不仅有舒适、安逸与静下心来的大段谈话，也充满着混乱、生猛、扑面而来的即时场景。当加速社会的田野接踵而来时，田野工作者需要找到适应加速社会的节奏和步伐的田野工作方法，换言之，在"裸呈"的实验室条件几乎是再怎么努力也实现不了的复杂田野现实中，田野工作者应该怎么办？同时，当田野中出现大量人类学者所陌生的知识时，他们应该如何面对？问，则破坏了裸呈的效果；不问，则最终的理解与解释如何达成？这些都是需要回答的问题。

---

① 参考马丹丹对《流动之城》的书评（马丹丹：《〈流动之城〉：旋转的纽约魔方里，性将不同阶层的人连接起来》，澎湃思想市场，2021年11月7日）；[美] 素德·文卡特斯《流动之城》，李斌译，中国人民大学出版社2021年版。
② 上海大学上海电影学院杨洋导演拍摄的纪录片《我是城管》生动地再现了城管作为行政发包制的一个执行环节，所参与的拆迁、治理商业步行街、整理市容市貌等种种职务时的个体困惑和集体焦虑。
③ 丁瑜：《她身之欲：珠三角流动人口社群特殊职业研究》，社会科学文献出版社2016年版，第68—104页。

最后，对于不具备自我表述能力或者自我表述能力欠佳的他者，"裸呈"如何发挥其作用？去掉媒介，呈现他者的声音，除了精良的设备，对于他者，也需要极其精确的设计与挑选，需要自我表述能力极佳的研究对象，所谓自我表述能力极佳，是指对方有良好的语言表达能力和书写能力以及反身性思考，这些完整的表述自我的能力是大文本概念之下具体文类生成的前提与基础。他者的表述不言而喻的设定是他者能够表述他自己，而且能很好地表述他自己，不需要代理人的辅助与启发。① 在这种情况下，裸呈的确可以作出它所能达到极限的努力。而此时研究者的干预、媒介在主体民族志中便是横行插入，污染了他者的表述。然而，当当地人丧失这一发生能力与条件之时，也正是人类学家作为媒介为他们赋权之时。否则便会出现一种吊诡的悖论：拥有裸呈能力的人可以发声，其他"沉默的大多数"只能继续沉默。因此，需要正视作者在唤起和鼓励他者释放表述潜能的能动性（agency）。虽然代理人事业是一个遭诟病甚多的殖民主义批评对象，不过，并不能因此全盘否定媒介的存在，为他者张目的代理人事业还要继续，而且是坚定不移地再现被权力遮蔽的、失声的大多数沉默者。同样，人类学家"媒介"的能动作用还在于其能激发研究对象更为丰富的"言说"材料。以一次田野经验为例，在田野中，通过和老兵的合作，笔者收获了很多崭新的合作经验。笔者首先记录了老兵的口述，在整理出来后，寄给他阅读；他又进行了书面语的撰写，在书写中，他祛除口语的重复和弥散，而呈现出书写的清晰与细节。此时他甚至激发了写作热情，撰写口述中不曾提及的事件与材料，语言生动丰富。面对他的两次表述，笔者不得不将他的书面语回写到口语中。老兵看到原稿中整理的其他人对某事件的口述，又激发了他对这件事的表述欲望与热情，并书写下来。这次写作的合作实验收获了崭新的经验，笔者和老兵的书写互动建立了相互激发的关系，彼此用书写来丰富历史的细节，增加历史的厚度。而当笔者无意中发

---

① 梁永佳曾指出语言的翻译问题，如果他者说的是研究者听不懂的母语，裸呈又该怎么进行？这一商榷意见的确指出裸呈在语言上的局限性，言说与倾听默认的前提是流通的语言。

现了军队档案后，档案记录的事件和细节又激发了老兵的口述史的触角，当笔者就档案披露的细节询问老兵时，老兵证实了档案的真实性并加入个体化的军队生活体验。笔者忍不住问他："你之前怎么不说啊？"老兵在电话里说道："你没问啊！"笔者哑然。试想如果没有接触这批档案，或没有向老兵提问，那也是无法激发他的历史表述储备的。通过这次书写实验，笔者体会到书写相互激发的关系并非口述与书写如此表层的媒介分歧，而是写文化的触发机制，档案与口述史也在相互激发，此种多模态文本的互文性以及作者在记录与书写之间的不断转化，都在创造为他者赋能的条件与支持，而没有人类学家作为媒介的辅助，这种生动精彩的互动与探索恐无法达成。

以上便是我们基于呈现与媒介的关系而提出的四个有关主体民族志的疑问。总结下来，一来，田野提纯究竟能否可行？要达成这一目标又需要田野工作者付出多少？牺牲多少？这种付出与牺牲是否值得？二来，田野提纯的饱和度与限度究竟在哪？其所面对的障碍与挑战是可以克服的，还是最终将极大地削弱民族志文本的解释性？

主体民族志体现了对田野纯洁性的极度追求，因此极力割舍了人类学者传递文化信息的媒介作用，从而使得文本在失去灵活媒介的情况下似乎显得笨拙、冗长与难以处理。尽管它也试图达到田野提纯与文本解释性两者间的平衡，但囿于篇幅的限制和界限分明的"呈现"与"解释"部分，这一折中道路势必将在一定程度上削弱最终文本的解释性。因此，主体民族志在追求田野"纯洁性"的同时，必将失去由媒介带来的文本的精巧布局和充分极致的对人类学解释传统的发挥，所谓"鱼和熊掌不可得兼"大抵如此。想要两全几乎是无解的，也因此，主体民族志基本上已经作出了平衡两者的折中道路的最大限度的尝试，并发展出"大文本"的系统概念，传递的是人志的核心理念。①

---

① 梁永佳对人志的价值进行了丰富的抒发，这一点笔者无需重复（参见梁永佳《直面认识论难题的"主体民族志"》，《西北民族研究》2022年第5期）。

四　主体民族志的现实启示

尽管有疑问，但我们不得不承认，朱炳祥"主体民族志"的主张是十分令人钦佩的。因为它不仅仅停留在反思与批判上，而是真实地作出了指导实践的尝试。不是巧言令色的文字游戏，不是无关痛痒的浅显批判，不是软弱无力的粉饰口号，不是拗口无聊的诡辩推理，而是实实在在地提出了如何认识当地人、认识自我的主张并严格贯彻之，并勇于接受"第三重主体"的评价；不是怯懦自满的"自说自话"，而是真诚放开的交流互动，着实令人折服。

而在田野中方法的具体运用，我们认为，保留媒介还是摧毁媒介，要在真实的田野关系中加以讨论，并由此理解田野工作者的支配与强势等能动状态的嵌入性存在。研究者对待口述史资料（最大程度地保留主体性、减少干预和干扰）的不同态度，是仍旧服务于研究需要的。换言之，裸呈作为方法，为研究服务。这一点或许背离作为主体民族志的设计师朱炳祥的初衷，不过，在有意识地将裸呈渗透入以笔者为主导的访谈模式之后，笔者深切地体会到裸呈的价值所在！它犹如一面镜子，让笔者意识到在访谈中，笔者难以按捺的支配与主导对受访人造成的暗示实际上是自己的"预设"的投射。也因此，笔者非常钦佩朱炳祥主张"裸呈"方法论当中所包含的激进的自我批判，它实际上是表征的权力批判。"裸呈"的主张者身体力行，在祛除权力压迫方面付出真挚而又惊人的努力。不过略待商榷的是，要完全取缔访谈者的主导与干预，似乎也不现实。笔者以为需要压制为了获得材料而急功近利的欲望。在处理访谈资料的时候需要寻求理解历史真实的直接和间接经验。在客观性方面，笔者寻求细节的构筑，它使得笔者更加自觉地寻求历史事实的客观表述，它可能是生活方式的物质环境基础和生计经济资料，在这方面，细节汲取得越多，研究者和历史亲历者通过访谈、沟通等对话方式，就越能够起到推进历史事实理解的作用。当然，访谈只是引入，真正的田野工作是参与观察，需要田野工作者观察他者生活环境与人们的生产生活方式。① 正如格尔兹评价马林诺夫斯基的话："他在情感上与他的研究对象隔绝甚至疏远，但他努力通过耐心地观察他们、与他们交谈、思考来理解他们。"通过"勤奋"，马林诺夫斯基间接地达到了民族志的最终目标。尽管无法与研究对象感同身受，但这种勤奋已使马林诺夫斯基"比大多数人走得更远"②。

或许我们应该转变态度，将科学民族志与丰富的实验民族志等方法的关系看作"和谐共存"而不是"非此即彼"。即我们对裸呈或声音提纯的做法与目标都没有异议。我们与作者商榷的是，研究者的能动性和创造性到底要放置于何种坐标上，包括对材料的剪裁和观点的建构性，在这些问题意识主导下必需的思想活动，应该怎么"自我尊重"——缓解自戕、自虐、自我怀疑的痛苦与焦虑，抛却田野工作者享受权力不对等关系的傲慢，重塑田野工作者基于专业训练素养在认知范畴的尊严。田野并非田野工作者的专属田野，还有其他从事地方文化志的业余爱好者的存在，在地方性知识重叠的领域，竞争在合作关系中逐渐呈现，有竞争就有自我证明，人类学者的专业素养如何体现？面对田野如影随形的不对等权力关系与"擦枪走火"的竞争对手，笔者也不禁重新发现了博厄斯当初无法忍受传教士、博物学等业余爱好者充斥人类学的学科队伍的现状而确立人类学的田野调查专业训练范式、在美国高校建立人类学专业的当代意义。③

对前述问题的回答将构成一个立体的连续，而研究者的田野与民族志写作方法可以根据他们的研究需求选择该空间上的任何一点，只要其能符合田野与研究伦理即可。具体何为研究伦理？主体民族志激励我们去反思该问题。我们的回答是，由于"裸呈"完全纯粹的主张，真正能够践行的也许只有一部分学者。但是其对于人类学者反思

---

① 笔者以为不必执着于"裸呈"还是干预的访谈方法的争论，重要的是，对问题的认识与分析。问题当然重要，它是研究拉开帷幕、增加层次的调查动力。更重要的是，是否建立文化的整体性视角。

② Clifford Geertz, "The New York Review of Books", *The New York Review of Books*, 1967 (4).

③ George W. Stocking, Jr, "Franz Boas and the Founding of the American Anthropological Association", *American Anthropologist*, 1960 (1).

其方法、反思其与研究对象的关系是具有普遍意义的。在实践中，我们或许无力做到完全地"裸呈"，但是这一主张鼓励我们时刻审视自己：我们有没有在引导研究对象？我们的写作是否基于现象学基础的事实？我们是否倚仗自己的身份、学识而试图用理论假设暗示、诱导研究对象？也许我们无法将控制权完全地交由当地人，但我们可以时刻警醒自己在纠缠关系中的"限度"在哪里，时刻注意自己的"能动性"，对当地人"不舒服"的态度保持灵敏，及时地反思自己。让"裸呈"的主张时刻悬置于研究者的脑海中，在研究者试图引导当地人说出他们自己想要的答案时，试图切割扭曲原始田野材料时，试图寻找材料"佐证"他们自己的预设时，及时警告研究者：不要跨越这条能动的界限！

三重开放本体：对"主体民族志"本体论意涵的解读*

杨海燕**

【摘要】 民族志作为一种认知和表征"他者"的知识中介活动，它能否彻底认识和解释"他者"的原初样态，一直是学界争论的问题。主体民族志将该问题置于民族志的认知发生过程中，指出民族志的认知作为一种实践认知，无法客观认知和完全含括"他者"的客观实在，进而主张建立一种将原初的客观实在从民族志中开放出来的民族志形态。在具体的开放路径上，主体民族志认为可以从认识论上彻底反思，从方法上"后撤"与"裸呈"以及民族志者的"自戕"三个维度将本体性事实开放出来。主体民族志通过多重开放本体，解决了西方后现代实验民族志中的反思不够彻底以及本体丢失的问题。而其对"民族志作为一种人志"，需要将"对象从文化背景中抽离出来，放到人的背景中去"的阐释范式，倒转了传统人类学对人与文化和社会之间关系的认知，具有新的实验性与开创性。

朱炳祥老师的《对蹠人》系列"主体民族志"已全部完成。作为朱老师过去的学生，我有幸在这六部主体民族志出版后即刻读到。作为读者，也作为主体民族志意义上的第三主体，我在阅读这六部民族志时形成了三种非常别样的感受。在初次阅读时，我总是把主体民族志作为一种文学作品，让它为我枯燥的博士训练过程增加一些美感

---

* 原载《西北民族研究》2022 年第 5 期。本次有修改。
** 杨海燕，澳门大学社会学系博士研究生，武汉大学人类学研究所客座研究员。

和文学滋养。当我放下已有的知识储备与理论渴求去阅读这些民族志作品时，它们带给我的是一种久久的回味感。这种回味感来源于主体民族志呈现的对象与其给我的熟悉感，以及朱老师对这些熟悉事物的那种超越日常、深刻且细腻的阐释洞见。尤其是与大理周城和楚雄摩哈苴两地相关的民族志，让我这个从小在云南长大的读者有种时光倒流的错觉，我出生和成长的环境与主体民族志笔下的"异文化"何其相似。作为第三主体的我，与作为第一主体的民族志者的田野曾处于同一个文化场域中，我与民族志者就他所描述的人、事、物达成了本体意义上的共鸣，而我的白族身份以及从小在云南生活长大的经验进一步强化了这种共鸣背后的本体论意涵。

当我品读完熟悉的文本内容后，整部民族志的知识架构便若隐若现地显示出来。我再次翻开目录进行前后对照，其知识架构变得非常清晰。我惊叹于朱老师对特定议题的把握与阐释能力，每一部民族志作品就一个特定的议题进行系统性地呈现、分析与阐释，并在此基础上与西方的经典人类学理论进行对话，提出与西方经典人类学概念与理论不同的概念与阐释。人类学作为一门从西方产生的学科，大部分的既有理论与概念都是基于特定的田野经验生成的。如果用基于特定区域的田野经验生成的概念和理论来阐释一个新的田野点，注定无法呈现新田野点的本体性。正因为如此，中国的社会学与人类学界一直倡导和追求学科的本土化。从符号与实在之间的角度出发，西方人类学的"本体论转向"也提出要从悬置和质询既有的概念图式去开放本体性事实。在这层意义上，"主体民族志"做到了摆脱已有的人类学知识与概念对其的束缚与影响，进一步推进了人类学知识的生产与更新。而这种更新也具有本体性意义，缩近了民族志文本、知识和现实实在之间的距离。

当我把这六部主体民族志读完时，一些自成一体的新的概念、分析和论述方式，从这些众多的文本内容中涌现出来。我发现这些概念中可能蕴含着颠覆传统民族志中某些固有的认知和分析范式的力量。"互镜""符号扇面""转喻"等概念揭示了民族志认知活动与民族志文本、知识和现实实在之间的非对等关系，而"裸呈""点式分析"

"序列"等概念则开创了民族志方法、文本呈现、资料分析以及文化元素间关系的新范式。"水把月映入杯中，我却说月就在杯中"，"将对象从文化背景中抽离出来，放到人的背景中去"等自题语句，凝结了朱老师对主体民族志的所有思想与创新之处。

每次阅读这六本主体民族志均有不同的感受，本文主要聚焦于主体民族志所具有的开放本体这一面向进行论述。民族志作为一种认知、表征和传播"他者"的中介活动，"他者"的原初本体样态经民族志这一中介"加载"之后变成一种知识形式被呈现出来。而主体民族志追求从民族志的认知、方法以及开放民族志者自身三个维度开放更多的本体性事实。本文将依次从认知解绑、方法呈现与民族志者自我呈现三个维度分析"主体民族志"的本体论意涵及其超越性。

一 "水把月映入杯中，我却说月就在杯中"

"水把月映入杯中，我却说月就在杯中"这句话是朱老师在《他者的表述》的导言部分自题的话语，反映了"主体民族志"对于民族志研究活动本质的认知与揭示。水把月映入杯中，是一个客观实在的现象。但民族志者可能为了美化意境或者由于自身认知上的偏差，而把这一客观实在描述为月就在杯中这一意象。将客观实在转化或建构为某种特定的意象这一过程就是民族志研究活动的本质。

事实上，对于民族志研究过程中的非客观性以及其中充满的权力与修辞关系在后现代的实验民族志中已有批判与反思。主体民族志对民族志认知活动本质的揭示不仅否定了现代民族志研究活动是一种科学、客观的研究活动，其对民族志研究活动本质的反思还进一步推进到民族志的认知发生过程本身。主体民族志认为，民族志之所以不是科学、客观的知识形态，是因为这种知识从田野中看到、感知到，再到认知和写作的过程，充满了民族志者自身的主观因素的影响。这种主观影响并非民族志者刻意为之的修辞策略，而是民族志研究活动背后的认识论基础,是认识得以发生的"互镜"哲学。①

民族志的研究活动不同于科学实验,科学实验可以通过不断的实验操作来认知不同元素之间的关系。民族志的研究活动是一种"到那里",即嵌入现实实在中的研究方式。在《太始有道:田野散记》中,朱老师指出了这种研究活动的本质:

> 此时此刻,在无边的原野之上,乃至在浩瀚的宇宙之中,唯有我,才是一个具有思维的物种;周围的世界,是以我的思维为中心的,我就是世界的中心。如果不以我为中心,我就不能想象这个世界。我的意志随着我的目光占领了整个荒原,占据了整个天地之间。而且,我站立的位置同样是一个中心,我之所以看到了周边,都是从这个中心出发的;如果不以我为中心,我就无法看到这个世界。在这里,"自我中心主义"得到了最合理的解释。田野工作者不就是这样吗?他站在自己的立场上去看世界,看问题,他就是中心,这个世界就成为他的世界。②

民族志者去到"田野"之后,正如置身在荒原中的人。原本无中心、无限的现实荒原,却因为民族志者的在场,开始以民族志者为中心,以民族志者的意志聚拢形成某种观感,进而得以在民族志者的认知中存在。但是民族志者观念中的荒原景象是客观无垠的荒原与民族志者观感中的荒原互相交织之后形成的。在这里,"主体民族志"认为,民族志所得的认知是主观与客观纠缠交杂的结果。

> 我在进入摩哈苴的初期,是抱着寻找客观性的想法遵循着人类学教科书上所教导的"参与观察"与"访谈"的方法去工作,在意识中总是感觉到有一个"客观"的东西在那里,我们的"主观"只是去认识,并且要符合客观才是正确的、科学的。后来,我才逐渐感觉到根本就没有什么客观性,因为客观性总是与

---

① 朱炳祥:《反思与重构:论"主体民族志"》,《民族研究》2011年第3期。
② 朱炳祥:《太始有道:田野散记》,中国社会科学出版社2022年版,第43页。

主观性纠缠在一起，无法分开。再后来，我进一步认为，将主观性作为田野工作与民族志写作的性质更为准确，因为客观性可以被包含于主观性之内，而主观性却无法被包含于客观性之内。①

客观实在进入民族志者的主观认知过程，经过了作为认知发生"工具"的身体。身体是信息机器和有知觉主体的有效身体，作为信息机器的身体用来传达被感知和"加工"的东西，而有知觉主体的有效身体通过激发民族志者的主体性来传递对观察到的事物的看法。这两个程序一个通过感官上的凝视、感觉、知觉来吸纳信息，一个通过主体意识的运作将观察到的现象，经过自身的概念体系与社会本体进行模拟和参照性的转化，变成他者的经验现实。② 在主体民族志的认识论中，将感性作为前者，将符号作为后者纳入认知发生的主观过程。主体民族志指出民族志认知活动是一种实践认知，在实践过程中，认知最先由感性经验触发。

> 由身体的感触而感知，由感知而感悟，由感悟而感思，是人认识对象世界的过程。在这一过程中，感性是人类认识世界和认识自我的出发点和基础，是理性所围绕的轴心……感性经验是指人们在同客观事物直接接触的过程中通过感觉器官获得的关于客观事物的现象和外部联系的认识，是在人的身体感觉与外界事物的接触过程中产生的。感性是实践的，一切理解都是由感觉得来的。③

另一个主观因素是民族志者自身所携带的符号。马歇尔·萨林斯（Marshall Sahlins）在反思西方基督教文化对西方社会科学和人类学的

---

① 朱炳祥：《太始有道：田野散记》，中国社会科学出版社2022年版，第97页。
② Faeta, F. (2021), "The Anthropologist's Eye: Ethnography, Visual Practices, Images", In Matera, V. & Angela, B. (eds.), *Ethnography: A Theoretically Oriented Practice*, Switzerland: Palgrave Macmillan, pp. 231–263.
③ 朱炳祥：《太始有道：田野散记》，中国社会科学出版社2022年版，第20页。

影响时，将这种符号视为西方基督教文化对人本性的认知。基督教关于人性本恶以及神的存在对于维持社会秩序必不可少的认知，深深植根于西方社会科学对于社会、政治和经济现象的认知中。"把个人需求和贪婪当成社会性之基础的不断尝试，已经成为传统人类学更能诱发人们关注的研究主题之一……这一种形式的人类学功能主义就是开化的亚当理论的另一种遗存……上帝并不是神话了的社会，相反社会是神话了的上帝。"① 萨林斯在《文化与实践理性》一书中指出，西方民族志者在认知"他者"时用自身社会作为本体参照去认知非西方社会。"大量的人类学研究都可以被认为是一种将其对象的最初分化状态综合起来的持续努力，把它未经反思就在各文化领域间作出的分析层面的区别综合起来，但显而易见的是，这种分化和区别是按照我们（西方）自己社会提供的模式作出的。"② 主体民族志并未详细论述民族志认知过程中符号的具体指代内容，但也指出了民族志者本身已有的社会性和文化性符号对认知的客观性的影响。

> 人类是符号的动物，我们只能通过符号去把握事物、认识事物，当实际存在的事物进入我们头脑的时候，它经过了符号的折射，总是出现重叠、变形、抽象，进而成为一种主观的意象。③

综上所述，空中之月成杯中之月，体现了"主体民族志"对于民族志作为一种实践认知活动本质特征的彻底反思：第一，民族志笔下之"月"与空中之"月"并非客观等同的两个事物，经过了民族志者作为"水"的折射作用，空中之月已然发生了改变。第二，空中之月作为一种本体性的存在，是无限的，是无法被任何的认知活动所完全掌握和含括的客观实在，但当其成为杯中之月时，其无限的存在

---

① ［美］马歇尔·萨林斯：《人性的西方幻象》，赵丙祥、胡宗泽译，生活·读书·新知三联书店2019年版，第75、77—78、118页。
② ［美］马歇尔·萨林斯：《文化与实践理性》，赵丙祥译，上海人民出版社2002年版，第266页。
③ 朱炳祥：《太始有道：田野散记》，中国社会科学出版社2022年版，第97页。

被民族志者"聚拢"成杯中一个有限的可把握之月。主体民族志对民族志认识本质的这一双重反思,使得客观本体性的实在得以从民族志作品的"笔下之物"中"解绑"。

二 "社会是否可以被质询呢?"

主体民族志对民族志认知本质的反思,揭示了民族志研究中所得出的知识、概念和异文化同现实实在之间的非对等关系和难以含括性。然而,在现实生活中,人们经常陷入"变名为实"的陷阱,这也是既有的知识和观念体系对民族志者的禁锢。民族志者要想从既有的社会观念、知识体系和无数的概念图式中解放出来,获得更多本体性的实在,就需要质询、悬置既有的概念图式。"社会是否可以被质询呢?"这句话见于朱老师的《地域社会的构成》一书的卷首语①,这句话作为《地域社会的构成》的卷首语,反映的是这部民族志对于人、社会和村庄原初状态的追溯与其为何变为如今"模样"的质询。但在本体论意义上,这句话蕴含着"主体民族志"对社会学和人类学中最为重要的"社会"这一概念的质询与悬置,彰显了"主体民族志"对于现实实在与既有的概念图式之间关系的思考。这也是西方人类学的"本体论转向"所倡导的重要内容之一,通过重新开放概念来呈现更多本体性的实在。

其所以通过悬置概念与既有的知识体系来开放重获本体的空间,是因为既有的民族志知识与概念只能代表"部分的真理",是建立在部分的实在与部分的事实基础之上的。但"变名为实"的认知逻辑使得这"部分的真理"取代了所有的实在,使得无数的本体性现实难以得到彰显并获得存在。主体民族志在质询概念之前先揭示民族志作品与现实实在之间的关系。既然民族志的认知过程是客观性和主观性互相纠缠的,那么在民族志的叙述中便存在客观依据与主观阐释两

---

① "社会是否可以被质询呢?"是《地域社会的构成》这本"主体民族志"中的"卷首语"。《地域社会的构成》是最不具有"主体民族志"特质的一部民族志作品。但朱老师用这句卷首语体现了"主体民族志"对于万物本原与人类命运关系的思考。

个部分。主体民族志通过将二者分离并画出分界,释放出部分的本体性存在,为未来事实的重新概念化提供空间。

主体民族志沿用了埃米尔·涂尔干(Emile Durkheim)"社会事实"的意涵来体现民族志叙事中的客观部分。事实是无垠的现实实在与民族志的叙事之间的一个中间层次,是一种真实存在的事或物。民族志的叙述无法含括和对等于现实实在,却可以围绕事实进行分析与阐释。因此,民族志的叙述虽然不能等同于客观实在,但是建立在事实基础之上的。据此,主体民族志将事实视为一种符号,而对事实的分析与阐释则被视为是对这一符号所指代的具体社会内涵的分析与阐释。基于此,主体民族志用"符号扇面"这一概念来表示事实与民族志叙述之间的关系。那么,何谓事实呢?主体民族志对事实的界定如下:

> 在符号的外部关系中,符号表达的是概念与指称对象之间的关系,这些对象大部分属于自然界和社会生活中实际存在的事物或事实。此时的解释者和研究者的任务就是要找到和确定那些事物或事实。在这个意义上,事实或事务具有确定性、客观性与封闭性,就恰似纸扇的那个"持手点"……而这里的一个要点是:"事实"与"事务"是由当地人确定而不由民族志者确定,即当地人所名之"物"和当地人所述之"言"和当地人所行之"事"。[①]

事实具有确定性、客观性与封闭性,但事实的叙事与事实之间的关系也并不具有对等性,因为民族志认知过程的主观性决定了对事实的阐释具有开放性与相对性。

> 我们可以将文化符号的社会性比喻为一把纸扇的扇面,主体的解释只能在"符号扇面"之内驰骋而不能越出扇面的两条边骨

---

① 朱炳祥:《地域社会的构成》,中国社会科学出版社2018年版,第32—33页。

之外。它永远是被限定的。研究者的"视界"要与他所解释的材料的"视界"融合才能进入理解……每个解释者可以根据自己的思想结构、时代要求在"符号扇面"上各取所需，却不能越出"扇面"的两条边骨所构成的界限之外。文化解释的相对性使得不同研究者对同一文化的不超越"符号扇面"的解释没有对错之分，对于其好与坏的评判标准只能是"深描"与"浅描"的区别。①

基于对民族志认知为非客观性的本质以及民族志作品的相对性与开放性的认定，为了给质询既有的概念和未来重新概念化事实提供空间与资料依据，"主体民族志"开创了"裸呈"的事实获取路径与民族志文本呈现方式。"主体民族志"认为，要想重新概念化事实，首先要开放事实本身，使事实以原初本真的状态得以获取并被呈现在民族志作品中。

> 当地人与当地文化自在自为、自因自果、自满自足、是其所是、为其所为。这就是"存在"的本原状态，他们自己解释着自己，民族志者应将其全面而系统的"裸呈"。②

传统的民族志获取资料方式是以民族志者为中心的，周围无垠的经验事实根据与民族志者关注点的远近差异而向其聚拢。这样获取所得的经验事实依然是事实，但其原初的状态因民族志者的注意力干预而受到"损害"。当这样的经验事实在民族志文本中呈现时，经过了民族志者自己的逻辑安排，扼杀了"当地人"或者异文化的"主体性"。为了给予"他者"或异文化呈现自身本体的主体性，主体民族志在获取事实的方法上让民族志者采取"后撤"的姿态，改变民族志者一如既往地去看、去问的主动出击方式，而是转为一个"被动"的姿态，"被动"的接收者位置会给予资料在民族志者的视野中自动

---

① 朱炳祥：《地域社会的构成》，中国社会科学出版社2018年版，第32页。
② 朱炳祥：《他者的表述》，中国社会科学出版社2018年版，第35页。

涌现的空间，进而使得资料以更接近其原初的状态在民族志者面前呈现出来。朱老师在捞车村的被动田野经历使其反思到原有的民族志方式对本体的"遮蔽"与"扼杀"。

> 这种只是将民族志者作为"主体"，而将当地人、当地文化作为"客体"来看待的观念在这次捞车村的田野工作中发生了变化。在被动的"倾听""观看""接触""体验"过程中，我听到的是当地人在讲述，看到的是当地人在行动，接触到的是当地人在表演，有时会产生一种"代入感"，想到自己就是他们中的一员，也在讲述、行动与表演，在体验着他们的情感与生活。于是，感觉就在瞬间完成了转变：那些讲述者、行动者、表演者与我一样，同样是鲜活的"主体"。这样，就产生了"当地人"和"田野工作者"两个"主体"的概念。对于这两个"主体"，我不仅在理性上知道他们是不同的，感性上也能感觉出他们是不同的。①

民族志者"后撤"之后，更多的本体性实在便可以获得自动涌现的空间。"让当地人自愿地、自动地打开他们的'魔盒'，使里面的东西自动'裸呈'出来。"② 在《对蹠人》系列"主体民族志"作品中，均有对大量的原初资料的直接呈现。

这种"裸呈"除了将本体性实在从民族志者的逻辑叙事中"解放"出来之外，还进一步追求将对象从被言说的困境中解放出来。在既有的民族志田野活动中，"当地人"只是以作为被研究的对象而存在，不具有作为一种主体而存在的条件，他们是以被研究、被问、被讲述、被写作的地位而存在于与民族志者的互动与民族志文本中。存在于民族志文本中的"人"只是依附在民族志者的逻辑推演或者理论建构的材料上，他们是被叙事、被建构的"他者"，是片面性的、段落性的或者是"寄生"在理论或文化中的人，他们的存在并未以

---

① 朱炳祥：《太始有道：田野散记》，中国社会科学出版社2022年版，第138—139页。
② 朱炳祥：《他者的表述》，中国社会科学出版社2018年版，第34页。

主体性的身份得到彰显。于是,"主体民族志"追求以"言说"的"裸呈"路径赋予民族志的对象——"当地人"主体性的存在。

> 存在者通过语言和思想而存在,语言和思想是存在的直接显现。言说把存在从存在者中崭露出来,解说存在本身。存在在思想中形成语言。语言是存在的家,人以语言为家。①

从类的属性来讲,能言说与有思想是人类与其他物种本质上的差异。因此,保留当地人自由言说的叙事权利以及书写他们的话语得以直接呈现的民族志文本,是使他们的存在与主体性身份显现的方式之一,也是建立他们与民族志者平等地位,互为"主体性"的民族志。

> 只有当地人获得了自由言说的权利,才能与民族志者达到平等的、双向的交谈,也才是民族志者与当地人互相尊重的具体表现。②

此外,对于作为独立个体的人而言,自我言说的权利也是显示其存在的重要方式。生活在统一的文化与社会模式中的个体,需要从这种共同性中发表他自己的见解来彰显自己,以此来建立一个文化性和社会性身份之外的独特性。在与外部互动过程中,自由言说成为他们彰显他们自己和显示他们自己独特性的重要方式。因此,"主体民族志"在民族志活动中保持个体可以自由言说的权利。

> 在基本层面上讲述是一种作为"主体"的"人"的存在的真实呈现,这种"真实"是主体自我的真实。③

独立的个体通过自我言说来讲述他们认为值得讲述、可以讲述的

---

① 朱炳祥:《他者的表述》,中国社会科学出版社2018年版,第37页。
② 朱炳祥:《太始有道:田野散记》,中国社会科学出版社2022年版,第232页。
③ 朱炳祥:《他者的表述》,中国社会科学出版社2018年版,第39页。

内容,尽管其讲述的内容从事实的角度来看是虚假的,但对其而言虚假本身具有主体性彰显自我的意义。他们通过讲述来建立他们作为独立个体的重要性、差异性与价值性,这是其确认自我存在的重要内容。他们被言说,就如小孩被父母"代言",他/她明明很想吃别人给的糖果,却被父母的一句"他/她不爱吃"代表了。因此,传统民族志中的"当地人"正如不许言说和被代言的小孩一样,他们的本体性与主体性被不许言说和被代言所"扼杀"。在这一点上,主体民族志超越了后现代反思田野调查过程的实验民族志,在反思主客体关系时,不仅赋予客体以主体地位,还通过自我言说与自由言说的"裸呈"路径来体现"当地人"的存在。这样的方法将事实以更具本体性的方式重新带回了民族志文本中,避免了民族志直接抹去"当地人"的存在,转而只研究"自己的工作方法"。而与传统的民族志相比,主体民族志的"裸呈"言说路径更能彰显对象的主体性存在。

三 "将对象从文化背景中抽离出来,放到人的背景中去"

在主体民族志看来,传统民族志那种"封闭"本体事实的写作是一种服务于民族志者自身知识权威的民族志实践。民族志者为了树立其建构的知识权威,既不给原初的本体性事实提供呈现的空间,也不给第三主体对其知识建构进行评判和重新概念化的依据。另外,既然现实实在是无穷的,无法完全把握的,那么民族志者应该就他们自己为何只"呈现"特定的部分事实作出说明。除此之外,主体民族志者认为,民族志作品与现实之间并不是"隐喻"的关系,而是"转喻"的关系。[①] 前者强调的是相似性,后者强调的是相关性,是一种"借物言物"的阐释方式。因此,民族志作品也应该对其作出的特定阐释有所交代,即对民族志的叙事进行"元叙事"。

---

① 朱炳祥:《他者的表述》,中国社会科学出版社2018年版,第6页。

所谓"元叙事",是对"叙事的自我审视",指的是民族志者在对当地人直接呈现材料进行解读与创构的同时,暴露其个人条件及解读过程……"元"就是"自见",在叙事的同时又把自己关于叙事的理念与见解表达出来,其目的在于对解读进行条件的限定,击破民族志者的过度自我扩展的欲望,敲碎民族志者的傲慢与偏见。①

在这个意义上,主体民族志通过限定和呈现民族志者自身,即"自戕"②,来彰显更多的本体性实在,为本体性事实释放更大的空间;同时,让第三主体明白民族志的产生背景与思想来源,还交代了第二主体的心性。这样的"自戕"意识与解剖民族志者自身的论述广泛存在于《对蹠人》系列民族志中。在《自我的解释》一书里,朱老师在将自我作为对象进行"解剖"的同时,交代了他自己走上主体民族志学术研究道路的"前奏",也可以理解为他创立主体民族志的必然性。为了不违背自己的生性,他一直在身陷其中的文化中寻找"他者"。自身的生性与其所处的文化之间的撕扯迫使他不断放弃既有的"成就"去寻找理想中的"异文化",去寻找那种与他理想中的文化、社会和人相融的"他者"。我认为正是出于对理想中的文化、社会和人的追寻,在朱老师所遭遇的广袤无垠、无穷无尽的现实实在里,那些与其理想意象相贴近的人与文化事项得以进入其视域中获得额外的关注、呈现与阐释。而出于对人本原以及人异化的究问,主体民族志在分析(阐释)范式上将研究视域的焦点放在人这一主体上。民族志是一种"人志",既不是文化志,也不是社会志。在这里,人与社会、文化之间的关系在民族志研究视域中实现了对转。传统的民族志将人视为文化和社会的产物,将人置于文化和社会之下,而主体民族志将人从其内嵌的文化和社会中拎出来,提升为研究关注的焦点(核心),在研究视域中将人放在了与社会和文化并列的同等

---

① 朱炳祥:《他者的表述》,中国社会科学出版社2018年版,第5页。
② 朱炳祥:《事·叙事·元叙事:"主体民族志"叙事的本体论考察》,《民族研究》2018年第2期。

位置。当人成为研究视域中的焦点时，人和人之间的差异得以凸显出来，从不同的人与既有的文化和社会互动的过程中，可以看到人与人之间的能动性差异及其背后的善恶百态，这也就是主体民族志所强调的"将对象从文化背景中抽离出来，放到人的背景中去"① 所蕴含的研究视域主体的转换意涵。

这种以人为研究视域主体的阐释范式不同程度地架构了朱老师的六部主体民族志。在这些民族志作品中，那些与至善至美相贴近的人与文化事项得到了阐释性的宣扬，而与至善至美相悖的人与文化事项得到了贬义性的书写与阐释。当朱老师在寻找理想文化与社会的过程中，三见候龙者而悟得"龙在人的心中而不在外界"（与"他者"达到视界的相融）之后，在某种程度上，候龙者、布琼以及摩哈苴那淳朴的彝族村民、白族的良善文化便成为朱老师心中的某种意象，而他选择将具有这种意象的人与文化事项呈现在民族志作品中。从这层意义上讲，坚信有龙的候龙者成为一种坚持其内心与信仰的意象，布琼成为不陷入物质攀比与追求、珍视自我、在天地间怡然自存的"他者"意象。

> 藏民的居处有砖也有帐篷，布琼说帐篷好；帐篷有白也有黑，布琼说黑的好；黑帐篷有大也有小，布琼说小的好。他家是帐篷，帐篷黑而小……狂风刮得脸痛，视线都被吹弯了，可四周竟无他的踪影；又朝远方喊去，声音被风吹散。他能到哪里去呢？……原来布琼竟躺在凹凸不平的土丘那边的草丛里睡着了。这个布琼啊！②

当遇到白族村民与白族文化时，这种理想的文化意象成为对段绍升人生的阐释，他成为具有"求真的理性""从善的理想""唯'美'的情感以及尚'用'的宗教"的个体与意象。而段绍升的文化本原，也被阐释为一种善的文化。朱老师认为，白族人对于给他们带来灾难的"火神"还有他们能够制伏的罗刹以及危害村民的蟒蛇施

---

① 朱炳祥：《他者的表述》，中国社会科学出版社2018年版，第222页。
② 朱炳祥：《他者的表述》，中国社会科学出版社2018年版，第55—56页。

以供奉，是一种至善的体现。在《蟒蛇共蝴蝶：周城神话研究》这部主体民族志作品中，朱老师将周城白族的一个神话及多种变体纳入善与美的框架内进行阐释，认为被解救的二姐妹嫁给杜朝选是一种"善"的交换模式而非西方理论中的"礼物"交换模式。当杀蟒英雄的神话融合蝴蝶泉的神话之后，又产生了一种美的旋律。基于此，朱老师进一步对神话与社会之间的关系作出不同于传统人类学知识所作的解释，主体民族志认为神话是人们创造的理想，这种创造行为本身就是一种追求理想的行为，是一种人们追求美好与理想的文化资源，即"人已经创造出神，作为回报，神正在创造着人"①。

这种美好而善良的意向也存在于朱老师与摩哈苴的各种遭遇中。害怕朱老师走错路，不仅目送，甚至还远远跟着他的奶奶，打牌赢的人要钻桌子这一举动中的人性光辉，还有将朱老师唤醒并为其引路的牛。这些人、事与物因其具有朱老师理想中的文化、社会和人所具备的美好意向而备受关注。同时，朱老师将他/它们放在了人的背景中去审视。当朱老师开始究问人到底发生了什么，社会到底发生了什么时，摩哈苴贫穷的生活方式超越了贫穷本身，在人类总体意义上具有了"生活等于生活"的本真意象，而周城村民富足的生活成为"生活高于生活"的社会意向而受到质询。同时，朱老师在《知识人》一书中开启了对现代教育制度的批判与反思，人之所以成为现如今的这种德性，在很大程度上要归因于现代教育制度对人生性的泯灭性效果。

从这个意义上讲，主体民族志是一种自我指向的民族志，对他者性的呈现与阐释同时也是民族志者的一种自我印证。朱老师提出的"将对象从文化背景中抽离出来，放到人的背景中去"的阐释范式，是基于他从小便开始的对人的好奇与关注，以及他在工作和生活中对种种人间丑态的审视和批评必然衍生出的思考。在方法上，他通过自我呈现与自戕式交代自我的思想条件和心性特征，使得第三主体了解主体民族志的资料抓取边界和阐释的切入点，为事实的重新概念化和对主体民族志的阐释再阐释提供了依据。在这个意义上，主体民族志

---

① 这句话是朱炳祥老师《蟒蛇共蝴蝶：周城神话研究》这部"主体民族志"的卷首语。

强调要将民族志者自身作为一种本体，呈现和开放出来。

四 "主体民族志"的本体回归与超越

为了解决反思民族志可能给人类学的民族志事业带来的危机①，人类学界出现了本体论转向的民族志发展趋势。在《本体论转向：人类学的探索》一书中，霍布拉德（Holbraad）和彼得森（Pedersen）指出，人类学本体论转向的核心其实是一种严格的方法论议程，一种民族志的描述理念。② 人类学的本体论转向并不关心正统哲学所探寻的世界的"真正真实"的本质是什么的问题。本体论转向提出，本体论问题是要解决认识论问题的，而人类学中的认识论也必须与本体论有关，即一个人如何看待事物的认识论问题，变成了看见的是什么的本体论问题。

目前，尽管人类学的本体论转向并未形成清晰、一致性的范式，而且就本体论转向本身的性质也存在较大的争议。③ 但是，以本体论转向为标签的民族志实践已经非常丰富和繁杂④，并且衍生出不同的本体论类型。朱晓阳教授指出，国际上将本体论转向的人类学划分为

---

① 自西方视域下的民族志陷入"表述危机"之后，一部分民族志作品转向了分析民族志者的田野过程。面对这样的学科发展趋势，英戈尔德（Ingold）发表一篇名为"关于民族志，够了！"（That's Enough about Ethnography!）的文章，在文中他谴责了人类学转向"研究自己的工作方式"的状态。英戈尔德强调要回到民族志的本体论承诺及其作为教育实践的重要现实意义中。他认为如果只是将民族志简化为一种定性研究方法，只会使得民族志陷入毫无价值的风险。

② Holbraad, M. & Morten, A. P., *The Ontological Turn: An Anthropological Exposition*, London: Cambridge University Press, 2017.

③ Venkatesan, S. (ed.), Ontology Is Just Another Word for Culture, Motion Tabled at the 2008 Meeting of the Group for Debates in Anthropological Theory, University of Manchester, Critique of Anthropology 30 (2), 2010, pp. 152 – 200.

④ 这方面的详细介绍与论述可见这些文章：朱晓阳、刘立杰《本体论转向》，《广西民族大学学报》2021 年第 1 期；杜迳峰《试论表述危机之后人类学的本体论转向》，《民族学刊》2018 第 1 期；Keane, W., "Ontologies, Anthropologists, and Ethical Life", *HAU: Journal of Ethnographic Theory* 3 (1), 2013, 186 – 91; 4. Costa, L. & Carlos, F., "The Return of the Animists: Recent Studies of Amazonian Ontologies", *Religion and Society: Advances in Research* 1, 2010, 89 – 109; Kohn, E., Anthropology of Ontologies, *Annu. Rev. Anthropol*, 2015, pp. 311 – 327.

以各式本体论转向为论说指向的广义本体论和以受到法国结构主义影响的视角论、结构本体论和对称人类学为代表的狭义本体论两种类型①。也有学者将人类学的本体论转向划分为将本体性差异视为一种观念差异的弱本体论和强调不同族群具有不同的经验、观念以及和自然环境有着不同的互动方式的强本体论。② 前者将本体性差异视为看待事物的不同解释方式，差异是关于世界理念的言语表征；后者认为差异不仅仅是表征方式的不同，而且是不同族群的世界本体性的不同。③ 本体论转向的民族志实践无论多么繁杂与纷乱，其共同的主旨都在于从"反—反思民族志"的立场出发寻求更大的本体与实在。

朱老师所倡导和实践的主体民族志虽然从未强调其所实践的民族志形态是一种本体论转向的路径，但其基于对"多主体"的存在与强调而进行的认识论反思（互镜）、新方法论（"裸呈"）的提出和民族志者的"自戕"（元叙事）早已超出了民族志者与研究对象之间"互为主体性"的范畴而具有更多的本体转向的意涵。主体民族志从民族志认知活动的本质出发，认为民族志对客观实在的认知具有相对性和难以穷尽的特征，进而主张在民族志的认知与写作过程中开放更大的可能与空间去呈现现实实在的原初样态。这一点与西方人类学的本体论转向对本体性的强调相契合。但是，与西方人类学本体论转向的弱本体论和强本体论将本体的关注点放在异文化与本文化间的差异上不同，主体民族志更加关注民族志认知与现实实在之间的关系。在主体民族志的本体范畴里，不受民族志者干预和影响的实在便是本

---

① 朱晓阳：《中国的人类学本体论转向及本体政治指南》，《社会学研究》2021年第1期。
② Keane, W., "Ontologies, Anthropologists, and Ethical Life", *HAU: Journal of Ethnographic Theory* 3 (1), 2013, pp. 186 – 191.
③ 本体论转向民族志有四种具体的路径：一是以英国人类学家英戈尔德（Ingold）为代表的生态现象学进路，是一种栖居本体论视角；二是以法国人类学家德斯科拉（Descola）为代表的本体论绘图制进路，将世界划分为万物有灵、图腾主义、自然主义和类比主义四种本体论模式；三是以卡斯特罗（Castro）为代表的透视主义与多自然主义本体论模式；四是拉图尔的行动者网络以及科学技术研究和物（things）研究，即客体指向的本体论模式［详见 Salmond, A., "Transforming Translations (part II): Addressing Ontological Alterity", *Hau: Journal of Ethnographic Theory* 4 (1), 2014, 155 – 187; Kohn, E., Anthropology of Ontologies, *Annu. Rev. Anthropol*, 2015, 311 – 327］。

体,文化差异是影响民族志者认知现实实在的一个变量,但并非最底层的根基性问题。据此,主体民族志沿着后现代实验民族志的反思,从彻底认识民族志的本质出发,通过重塑民族志的方法及文本组成方式,来解决西方人类学实验民族志中的反思不够彻底以及本体丢失的问题。同时,主体民族志将民族志者自身具有的一些影响其民族志活动的主观特质也作为本体的一部分呈现出来,进而建构了一种呈现本体、自我设限,保持开放、无叙事权威的民族志形态。这样的民族志本质上更具有科学精神。如果将民族志活动比作科学实验,那么主体民族志的三重开放本体就如实验主体公开其实验材料与实验条件。

此外,在处理民族志者与第三主体(读者、评论家和同行)的关系上,主体民族志的自我呈现也超越了后现代的反思民族志。后现代的反思民族志直接将作为田野对象的当地人的描述省去,将自我"在那里"的过程作为呈现与反思的焦点。这样的反思存在两方面的问题:一是缺乏民族志者对自身的研究目的和文化背景的批判性反思;二是缺乏对民族志者自身的世界观、价值观、立场、观点等方面的整体展示。① 这样的反思不具有彻底性与深刻性,是一种从自我出发进行的"自我拷问"②。也就是说,没有呈现"当地人"这一客体在田野过程中的真实境遇,没有以他们自己作为主体对于民族志者与他们之间关系的表述为参照,对民族志者和他们之间的关系进行反思,相当于民族志者从自我的角度看待反思这种关系,是一种"自说自话",既不深刻也不彻底,读者等第三主体也无对民族志者的这种自我反思作出判定的根据。而主体民族志三重开放本体的做法,解决了西方后现代实验民族志中存在的从自我的立场反思自我的"反思悖论",选择让当地人以主体身份的存在方式以及让民族志者自身呈现出来,将反思和评判的空间与权利留给作为第三主体的读者和评委。一方面,第三主体的评判既有"裸呈"资料作为参照,也有第一主体的民族志者的自我暴露作为思想基础。另一方面,第三主体可以根

---

① 朱炳祥:《反思与重构:论"主体民族志"》,《民族研究》2011年第3期。
② 朱炳祥:《再论"主体民族志":民族志范式的转换及其"自明性基础"的探求》,《民族研究》2013年第3期。

据民族志者呈现的影响其阐释的思想资源与心性条件，对其作出的阐释进行再阐释。据此，主体民族志给第三主体瓦解第二主体作为知识建构者的权威留下了空间与依据，且为再次彰显本体性事实和事实的重新概念化提供了机会。

在民族志作品与民族志者自我关系的向度上，"对蹠人"系列民族志是一种出于自我、忠于自我的学术实践，是一种自我指向的民族志实践形式。朱老师在《自我的解释》这部著作以及论述主体民族志的相关文章中，多次提到其转向人类学的原因，不为教授的名，也不为项目的利。他转向人类学领域，与列维－斯特劳斯（Claude Levi-Strauss）前往南美洲具有相似的意味，前者为他自己所处的"世界"或生活寻找文化良方，后者要去远方寻找符合他自己理想中的文化、社会和人。最后，列维－斯特劳斯没有找到真正的野蛮人，他回到了他自己的社会，但是，朱老师找到了！只是朱老师在寻找的过程中，领悟到"文化"和"社会"这些概念对他的欺骗性与误导性。现实实在中确实有文化，有社会，可这文化与社会并非一个铁铸的模型，形塑着不同的个体，它们只是与个体缠绕在一起的实在。世界上，并没有一个美好的文化与社会实体，只有美好的人与事。守龙人、布琼们在民族志者身边就有。"他者"不只是在远处，也在附近，只是不以文化和社会的方式存在，而是星星点点、零零散散地分布在世界上不同的地方。因此，关注人的主体民族志应该"将对象从文化背景中抽离出来，放到人的背景中去"。基于此，朱老师在"为寻觅一种芬芳，踏遍万千山岗"①之后发现："昔我离去，近处远了；今我归来，远处近了。"② 走这一遭，朱老师看清了人，发现了对蹠点，也找到了对蹠之人的存在。最后，他将他自己对人的主体性的深切关怀放在了民族志实践中。据此，他与主体民族志之间也成就了正如他和段绍升先生之间的那种"我与他，斯二人，只一回"③ 的关系！

---

① 朱炳祥:《他者的表述》，中国社会科学出版社2018年版，第44页。
② 朱炳祥:《他者的表述》，中国社会科学出版社2018年版，第208页。
③ 朱炳祥:《他者的表述》，中国社会科学出版社2018年版，第64页。

美好理想与现实困境：主体民族志教育思想的探索与意义[*]

崔应令

【摘要】 主体民族志在教育思想上提出尊重个体"生性"的内在特点，从"主体"重新出发，平衡文化的外"教"与个性的内"育"，实行教育改革。这一对教育主体的唤醒有益于个人身心健康并成为"完整"的人，有助于社会培养有洞见的创新型人才和发展，能引领人类变得更好。然而，普遍共同的教育无论是对个人的公平成长，还是对社会、国家和人类的发展都极为重要，必须承载国家建设、人类发展的任务，是教育的根本使命；而且即使在最偏重个体和自由的教育模式中，个体自由和生性发展因种种原因而不能真正实现，主体民族志的教育理念具有现实困境。主体民族志提供的三种主体觉醒案例，都是个人独特生性与后天经历偶然碰撞的结果，这种唤醒不可复制，也无规律可遵循。主体民族志的启示在于：来自过去经验的教育体系在面对未来的教育目标时要自我设限和不断反思革新，同时教育者需有自我权威的自觉和担当，勇于退却，这是未来教育探索的新起点。

一 教育对象客体化批评：主体民族志教育的再出发

在人类几千年文明历史之长河中，学习和教育的重要性得到先哲

---

[*] 原载《湖北民族大学学报》2023 年第 1 期。本次有修改。

们的共识肯定和高度重视。《论语》的开篇便说:"子曰:'学而时习之,不亦乐乎。'"孔子的学生子夏又进一步发挥说:"日知其所亡,月无忘其所能,可谓好学也已矣。"(《论语·子张篇》)他们所强调的是"学"与"习"的重要性。在《孟子》的开篇《梁惠王上》中,孟子告诉君王"无恒产而有恒心者,惟士为能",明确了读书人对国家的重要性,指出只有真正的"士",也就是受教育者才能无恒产还能有坚定的信念,因此,国家必须"谨庠序之教"①,用心办好教育才行。无数思想大家明确了教育之于个人、社会、国家乃至人类的重要意义。对个人而言,教育是个人进入整体的方式,通过教育,"他狭隘的此在通过与所有人的生活发生联系而获得了活力。当一个人与更敞亮、丰盈的世界结合时,他便能更坚定地成为自己"②,个人真正成人成才并形成"活跃的智慧"③。对于社会或民族而言,教育帮助社会培养个人利益之上的道德和政治秩序,不仅为国家培养真正的人才,也培养具有责任意识的公民。由于"不可能在变幻莫测的个人利益上建立道德和政治秩序。只是追求享乐的自利自爱之人,绝对无法担负领导国家的重任"④,教育必须为国家服务,为社会发展和进步承担使命。同样,对整个人类来说,正因为"每一种利益都属于整个的人类,而不属于其中的某一个人"⑤,所以教育必须将每个人的自爱扩大为爱别人,爱人类,人类才可能变得更公正和正义,从而促进人类的共同福利。

然而,为个人、为社会、为国家和为人类的教育形式是否真正能承担其伟大而神圣的使命呢?对这一问题思想家们普遍是悲观的。无论是洛克(John Locke)对惯孩子或是取笑、刁难孩子的批评,还是

---

① 方勇译注:《孟子》,中华书局2021年版,第13、14页。
② [德]卡尔·雅斯贝尔斯:《什么是教育》,童可依译,生活·读书·新知三联书店2021年版,第54页。
③ [英]怀特海:《教育的目的》,庄莲平、王立中译,文汇出版社2012年版,第50页。
④ 渠敬东、王楠:《自由与教育:洛克与卢梭的教育哲学》,生活·读书·新知三联书店2019年版,第5页。
⑤ [法]卢梭:《爱弥儿:论教育》,李平沤译,商务印书馆2019年版,第392、293页。

卢梭（Jean-Jacques Rousseau）对一切非自然教育的辛辣批判，抑或是尼采（Friedrich Wilhelm Nietzsche）指责扩大教育"使教育沦为谋生的手段"，而窄化教育使教育内涵窄化成为技能①，又或是雅斯贝尔斯（Karl Theodor Jaspers）指出繁忙的教育怎样走向了教育的虚无而违背了教育的初衷。这些都是对既有教育形式的反思和批评。其中，最为思想家们所关注的还是教育主体的客体化，也就是社会制度与文化通过不恰当的教育形式对个体天性予以束缚甚至扼杀，最终违背受教育者生性②，使其丧失主体性。这种教育主体的客体化或是通过给受教育者灌输"那些仅仅被大脑所接收却没有经过实践或验证而不具有普世性的知识"而形成呆滞的思想（inert ideas），或是"在应该富有弹性的地方僵化刻板，而在应该严谨严厉的地方却放任自流"③，又或是教育形式过于学究而迂腐，最终使得"书读得太多"反而抑制了"思维活动"，结果使学习本身只是"让记忆装满，却让理解与意识空白"，学习者"学会了跟别人说话"而不是"跟自己说话"④，如此等等教育的形式都违背了教育本身的初衷，培养了不符合教育目的的人。

正是看到了本应该是教育主体的受教育者成为单一的受者，在既有教育形式中失去了自身的自由、选择和创造性，导致主体性丧失，朱炳祥教授明确提出教育必须"重新开始"。在他看来，在过于强调文化驯化的教育模式中"个人的理想与创造性被取消了"，将教育手段本身变成了目的，丧失了对求知以探索人类解放、人类前途的终极关怀。他借用法国思想家利奥塔（Jean Francois Lyotard）对教育合法性（教育者、教育手段、教育形式、教育内容）的质疑明确指出，

---

① ［德］弗里德里希·尼采：《教育何为？》，周国平译，北京十月文艺出版社2018年版，第62页。

② "生性"在本文中同"禀赋""心性""天性""心志"的含义，这一概念同古代中国思想家对"性"的界定是一致的，本文主要用"生性"一词是因为朱炳祥教授的作品主要是用这个概念来表达他的主体民族志思想的。

③ ［英］怀特海：《教育的目的》，庄莲平、王立中译，文汇出版社2012年版，第2、20页。

④ ［法］米歇尔·德·蒙田：《蒙田随笔全集》（上），马振聘译，人民文学出版社2021年版，第141、144、145页。

教育的重新开始不是对既有教育的修修补补,而是要进行彻底改革。教育重新开始的前提是,我们必须认识到教育的真正出发点只能是受教育者本人,也就是具有不同禀赋与个性的个体自我。只有正视每个人生性和个性的不同,真正"从'主体'(人的自我主体)出发,而不是从客体(已经形成的社会文化规范)出发"才是教育真正"重新开始"的出发点,因为"一个人的成长中需要接受外来的社会文化,但是这种接受并不是被动地接受,而只能是在个体生性与禀赋结构基础上的接受。……无论他们接受的相同的文化模式还是不同的文化模式,个体永远是不同的"①。换言之,千百万个具有不同天性的独特自我,才是教育应有的起点和归宿,从这里开始,在这里结束。教育的任何目的想要真正实现,都只能从主体出发,而不是从文化或制度需要出发。主体觉醒,才是教育真正的起点。

教育从"主体"再出发无疑具有积极意义,其正面价值的具体内容、从"主体"再出发的具体路径、主体民族志在教育问题上的探索价值以及教育未来的指向都值得我们予以探索,这正是后文所要探讨的主要内容。

二 主体觉醒的意义和美好期待:创新与面向未来

以主体为中心的教育再出发的倡导无疑是具有积极意义的,这一意义与朱炳祥教授的"生性说"有关。

在朱炳祥教授看来,生性,即个人禀赋,构成人的行为的根基。人的生性千姿百态而各有不同,因之个性取向也不同,表现为痛恨、厌恶、轻蔑、怜悯、喜爱、赞颂不同,即能引起我们喜怒哀乐的缘由各自不同。教育要直面个性的舒展,而不是消灭它。在主体民族志看来,"暴风袭来,树折草偃,而群山则岿然不动;雨滴石穿,而河水却随之溢涨。以刚克柔,遇至柔者则不克;以柔克刚,遇至刚者则又

---

① 朱炳祥:《知识人》,中国社会科学出版社2021年版,第269、271页。

不克。这些都可以说明事物的内质不同,对于相同的外界环境的影响表现各异"①。个体内质不同,教育只有在其生性的开口处才能真正进入,这正如《奥义书》所说:正是独一无二的"我","创造了这一切",我是我的创造的根源,世界应该以"崇拜自我为世界……因为从这自我中,他能创造出愿望的一切"②,宇宙不外于自我。这个自我既包括食物、气息构成的生理自我,也包括思想、知识和欢喜构成的精神自我。个体主体是一切认知的根源,也是教育的根本之所在。如果不能触及内质,无论怎样的教育都只能完成形式上的任务,而不能激发每个个体内在的觉醒,最终还是会失败。因为"个体是从那'一块有纹路的大理石'开始,然后才主动地选择和接受社会文化模式教育的,而不是如一块'白板'那样被动地任由社会文化模式塑造"③,尊重个体差异是教育的必然选择。如果教育违背个体自我的内在特点,教育的一切目的就不能真正实现。中国古代哲学家庄子曾说:"夫天籁者,吹万不同,而使其自己也,咸其自取,怒者其谁邪?"(《庄子·齐物论》)所谓天籁之声并不是谁发动的,而是风吹万种窍孔自然发出了不同的声音,这些声音千差万别,是其窍空的自然状态所致。使各窍自成一声,而天籁成。在庄子看来,万物皆有其特点,不毁其本性才是根本。"天下有常然。常然者,曲者不以钩,直者不以绳,圆者不以规,方者不以矩,附离不以胶漆,约束不以绳索。"④ 即万物本性不同,不管用任何工具,人为改变其性都不合适,更不能用强力去损害它。学习的至高境界,是主体与对象的融合一体,最终得大自由。既如此,教育必须给予个体以最大的自由成长空间和可能性。

尊重个体差异和个人生性的教育意义重大,无论是对个体生命的成长和发展,还是对社会的创新,或是人类未来的发展,个性的发展和充分激活都是关键推动力。

---

① 朱炳祥:《自我的解释》,中国社会科学出版社2018年版,第245页。
② [古印度]《奥义书》,黄宝生译,商务印书馆2012年版,第26、27、31页。
③ 朱炳祥:《知识人》,中国社会科学出版社2021年版,第274页。
④ 陈鼓应注译:《庄子今注今译》,中华书局2009年版,第40、260页。

对个体而言，教育要让人变成"完整"的人，其中包括保护个人的个性与差异，保护身、心的健康与自由。差异是永恒的，成长是双向的，激活与保护个体独特性既是个人的要求也是教育应该有的使命。个体的天赋、智能与才华并不齐整，教育的职责是让每个人不同的才华充分发展出来，是培养孩子"抵抗暗示的习惯"，培养他们独立思考的能力，不让他们彻底沦为"宣传家的釜中鱼，俎上肉，任人宰割"①。这也是卢梭对孩子父母说"趁早给你的孩子的灵魂周围筑起一道围墙，别人可以画出这道围墙的范围，但是你应当给它安上栅栏"的原因所在。在卢梭看来，教育的作用是要通过激发孩子的自然自我达成真正成为自然自由人的目的，所以他说："应该使一个人的教育适应他这个人，而不要去适应他本身以外的东西。"② 做真正"自然的人"而不是"人为的人""奴隶的人"是一切教育的目标，奴隶的人的最高境界是心被奴役而不自知，教育要使人获得"心之自由"。

对社会而言，只有充分尊重个性和自由，社会的创新与发展才有可能。千篇一律产生不了个性，更不用说创新了，原因是二者都只能在真正的自由中才能产生。无差别的教育，通过课堂教学、不断的考试训练和基于不同层级的学校选拔（小学、中学、大学），将学生塑造成社会和国家所需要的人。这个过程抹去了学生之间的差异性，"将他们塑造成同一模式中出来的相同的个体"，多数学生自此丧失独立思考能力，满脑子"都装着那些对他们毫无意义，转眼就会忘掉的公式和言论"③。创新的动力和可能性被消灭，社会和国家对教育的期待就此落空。而恰恰是"不服从"既有规则和秩序对变革具有积极意义，如斯科特（James C. Scott）所说："我们如今的法治相较从前要更加公正、更加自由，这也部分归功于那些勇于违抗不公法律

---

① ［英］赫胥黎：《赫胥黎自由教育论》，潘光旦译述，商务印书馆2014年版，第86—87页。
② ［法］卢梭：《爱弥儿：论教育》，李平沤译，商务印书馆2019年版，第7、287页。
③ 朱炳祥：《知识人》，中国社会科学出版社2021年版，第100、101页。

的人。"① 在丽贝卡·D. 斯科塔（Rebecca D. Costa）看来，人类历史上诸多社会的文明之所以崩溃，其根源在于没有跨越"认知门槛"，在系统性危机出现之际，用信仰（超级文化基因）代替知识，最终走向崩溃。解决认知门槛的方法有很多，其中最重要的一种手段是"唤起洞见"。什么是洞见？洞见是一种顿悟，就是所有之前习得的规则、经验和知识都被搁置，而突然在大脑中凭空冒出的答案。就如牛顿看到苹果冒出的问题，爱因斯坦脑子里冒出的相对论（未经证实的事情）。这些"灵光乍现"不知所起，不知原因，是突然闯入脑力的洞见，是人类机体自然可观察到的认知功能，是"一种闪电般迅速、容纳一切、非常强大的，且是我们与生俱来的认知过程"。洞见掌握着人类跨越认知门槛的钥匙。洞见对解决问题无比重要，但每个人产生洞见的方式都不同，无法找到培育模式。不仅如此，洞见还与千百年来有条理的分析思维相对立，已知的教育模式恰恰可能阻碍洞见的产生。要想培育"洞见"首先要"避免那种对待每个学生都千篇一律的高度结构化、统一的课程……为了激发有洞见的问题解决能力，我们必须对学生自发的正确答案表示赞许。为了学生将来能成功地驾驭这个日益复杂的世界，我们必须教他们创造新颖的联系，而不是固守成规地依靠还原思维"②。多样性和差异性正是创新和发展进步的来源，是社会形成"洞见"以自救的最后法宝。

教育更长远更根本的目标是全体人类的未来，以主体自由和个性解放为中心的教育才是真正面向人类未来的关键所在。为此，教育必须避免外部对个人的操纵和影响，避免将人变成非人，丧失人性。如果读书和讲座的目的只是让学生记住考试中的问题，则这样的教育已经将人变成了知识记忆的冰冷机器，丧失了教育真正育人的本意。在《知识人》一书中，朱炳祥教授分享的李文宝案例，揭示了一个完全遵循文化规训之人是如何在封闭的集体文化模式之中漠视具体个体生

---

① ［美］詹姆斯·C. 斯科特：《六论自发性：自主、尊严，以及有意义的工作和游戏》，袁子奇译，社会科学文献出版社2019年版，第52—52页。
② ［美］丽贝卡·D. 斯科塔：《守夜人的钟声：我们时代的危机和出路》，李亦敏译，中信出版社2017年版，第41—42、234页。

命,而缺失人性温度的。在李文宝的日记中,他记录了两件与他人死亡相关的事情:一件是一个陌生的年轻人冻死在任家桥下。他在日记里轻描淡写地说道:"前几天,任家桥冻死一个年轻人。他喝醉了酒,半路上从车上摔将下来,就在冬夜长眠了,真不值得。"另一件是他的同学徐菁因担心考不好,向学校领导和老师撒谎骗取试题被揭穿后自杀。对这个曾经对他流露出悲伤绝望有着甜美歌声的美丽的女同学,他心里也曾在意,在日记里记录稍多,但依然是冷眼旁观而毫无同情心和同悲心,他说:"她可以说是缺乏勇气和自制力而造成的畸形心理。"他庆幸他自己没有变成这样:"我庆幸自己是个胜利者,与她们比起来,我拥有许多……"他对自杀女同学的批评不仅冷漠而且冷酷和残忍。他早早就知道了这个女同学的异常,读到她面临"性命"和"脸面"抉择时写的纸条,但是他选择了置之不理,他没有告诉任何老师或同学徐菁可能出事,也没有对她做任何可能的挽留与劝导。"即使在徐菁自杀已经成为事实时,他既没有对老师与学校的做法进行质疑,也没有对徐菁的反抗与叛逆表示理解与支持,甚至没有对她失去生命表示深刻关怀与同情,当然更谈不上对自己没有有效地阻止事件的发生而忏悔与反省"①,对生命的冷漠令人悲哀。这种无情,可能是残忍地对待他人,也可能是残忍地对待亲人和自身,后者往往指向生命意义的虚无,走向自杀,即表现为迪尔凯姆(Émile Durkheim)所分析的社会整合不足下的"利己主义自杀"②,但从教育视角来看,却很可能是在社会文化模式的强烈灌输下对个人生命的无感和漠然所致。

面向人类的教育,必须用自由的精神指引,给予个体真正的尊重。自由精神既无法被计划也无法被创造,如果人类以错误的方式制订计划,而遗忘其根本,其后果可能是走上背离初衷的错误道路。一切外在经验(包括教育形式的一切社会因素)仅仅"从外部"到达人类,然而,只有亲身感受才能真正为主体所感知,因此预先给予确凿知识的教育事实上并不能真正达成唤起内在主体性的目的。只有每

---

① 朱炳祥:《知识人》,中国社会科学出版社 2021 年版,第 87、88 页。
② [法]迪尔凯姆:《自杀论》,冯韵文译,商务印书馆 2001 年版,第 276 页。

个个体真正为了自己，并在自身中创造，洞见才能发生，这是高度自我化的。同时，也"只有人人都遵从自己的洞见，并通过这种洞见认识到，他的意志与公意之间有一种必然的一致的时候，人们才能发现普遍"，教育的真正目标恰恰在于"将那学生从社会习俗的非自然性中解放出来，并引领他回到自然的简单朴素"①。教育是不能强制的，强制只是培养奴隶。

这正是主体觉醒的巨大意义所在，无论是对个人还是对社会或人类，主体的觉醒都是教育能实现其使命的关键所在。从这个意义上说，主体民族志所提出的主体再出发的教育改革的呼声再怎么高都不为过。

三 普遍教育的意义：为了个人、国家和人类

没有个人主体的觉醒，缺乏真正的个性，就无法培养完整发展的人和社会所需要的真正具有创新性的人才。问题就此出现：这是否意味着普遍的教育模式才是问题的根源？我们是否要彻底否定一切统一的教育制度和形式？

答案是否定的。柏拉图的"走出洞穴"告诉人们，所有洞穴中的人要想获得真相一定要走出黑暗，走向光明才行。而教育的意义，就是把人们送出洞穴。普遍的教育有其必要性。即便利奥塔质疑教育的合法性，即便朱炳祥教授批评古今中外的教育思想主流过于强调社会文化的统治性，缺乏对作为教育主体的个人的关注，但他从没否认过承担社会和国家使命的普遍教育的重要性。他的主体民族志对主体"内"育的格外强调，更多的是对以往教育过分强调"外"教所带来的弊病的一种"矫枉过正"。他将普遍教育的作用视为不证自明的前提，对此书中没有展开论述，不过，我们还是需要专门指出共同教育制度的多方面意义和价值。

普惠和公平的教育首先是为了个人。

---

① 恩斯特·卡西勒语，转引自［美］彼得·盖伊编《卢梭问题》，王春华译，译林出版社2009年版，第107、110页。

人的存在就其根本而言是社会性存在，而要成为一个社会人，共同的教育经历和教育内容必不可少，因为"年轻人醒着的所有时间里，有一半是在学校或学校附近度过的"①。尽管以个人主义为代表的现代西方教育理念已经明显倾向于培养孩子的自我意识，将"发展自己独特的身份认同（identity）"作为最重要的目标，然而，个体与社会之间的结合或说平衡仍是这一教育的重要目标之一，对个人自我的培养是使其"成为以社会为代表的'更宏大的自我'中的一员"②。

共同的教育也是人成长为理性自由人的关键。教育要培养既懂礼貌又具有独立思考能力和良知的人，这样的人同时要懂得风俗，受到教育，又要超越风俗、超越教育，摆脱抽象性，获得"规定性人格"。教育为人的心智注入本原，以后天的习惯重建符合规律的自然习性，并在实践中养成习惯，培养心智，最终达成"运用理解力进行脑力劳动，在自身中获得正确的观念与合理的知识，达到理性状态"③。共同的教育也是人成为一个合格社会人的关键，教育使人从个体的存在走向了整体的存在，他不再是孤独的个人，而是进入了世界之中。

普惠的教育还是打破人的阶级身份的关键，为改变人生而不平等的局面奠定基础，为个人突破出生的限制，获得社会公平和正义提供可能。在人类没有进入共产主义社会以前，阶级差别总是存在，是无法抹去的。而"如果我们能打破那些教育壁垒，我们就有可能消除那些由出生的阶级带来的差距和影响"④。这是社会走向平等和追求公义的基础，是个人有机会发展才华，能被公正对待的关键。

共同普遍的教育同时也是贯彻国家意志、维护社会秩序、促进人

---

① ［美］埃利奥特·阿伦森：《不让一个孩子受伤害》，顾彬彬译，华东师范大学出版社2019年版，第53页。
② ［意］英格丽·罗西里尼：《认识自我：从古希腊到文艺复兴的西方人文艺术史·前言》，宇华、周希译，天津人民出版社2020年版，第III—IV页。
③ 渠敬东、王楠：《自由与教育：洛克与卢梭的教育哲学》，生活·读书·新知三联书店2019年版，第27页。
④ ［美］伊恩·朱克斯、瑞恩·L. 沙夫：《教育未来简史：颠覆性时代的学习之道·序》，钟希声译，教育科学出版社2020年版，第V页。

类发展必需的手段。

教育天然具有文化性和阶级性。教育要自孩童时期开始反复灌输，培养他们对纪律和规则的遵守是其中应有之义。如果社会期望培养大学者，则必须"以此为起点并在整个教育体系中施加压力，这样才能成功地造就出成千上万或数以百计甚或是许多个具备每一种文明所必需的最高素质的学者"①。教育就是要培养自主并具有良好秉性的人，这样的人是真正自由的、理性的、能自我约束的人，是兼有德性与智慧的人。这意味着教育本身一定要承担社会和国家责任，教育的普遍性价值正在于此。

教育需要满足社会所需，这是应有之义。教育的文化性与社会性清晰可见，教育要培养人的社会和文化适应力，真正为社会需要服务，这是其天职。形成特定习惯以维持思想和生活的连续性，这是社会得以可能的条件，教育在其中扮演着最为重要的角色，没有共同的教育，"社会将无所依持"。教育本身由社会结构和文化决定，也随着人类社会生活的历史变迁而改变，教育体系是特定历史和社会的一部分。通过教育，社会将个体变为整体的一员，并被一代代人传承。教育承载了人的社会化使命，必然承载着将社会理念普遍化的宗旨，也正是社会的要求决定了教育的内容。

教育同样具有明确的政治性，在一定的历史阶段内，要担负起其维护国家利益（统治者利益）的责任。事实上，政治本身即教育，而且是全民的。教育是政治得以可能的基础，理性的政治以超政治的眼光塑造教育，政治以公开的教育方式进入每个个人的私人领域，以期实现其建立牢固的秩序和统治的民心基础："沉默的民众是道义的担当者，一切政治均与其相关。沉默的民众通过教育——首先是家庭教育，进而是学校教育——而获得自身的存在。若是缺失了道义的层面，所有人都将被实用政治带入深渊。"② 教育关涉人民的安全及其

---

① ［意］安东尼奥·葛兰西：《狱中札记》，曹雷雨等译，中国社会科学出版社2000年版，第29页。
② ［德］卡尔·雅斯贝尔斯：《什么是教育》，童可依译，生活·读书·新知三联书店2021年版，第53页。

道德，是国家精神的未来，是民主、自由与理性的保障，是超越有用（知识与技能）唤醒人性（精神与品德）的工作。

既然统一的教育无论是对个人、社会、国家还是人类都是必要的，这意味着教育不可能真正从主体生性的需要出发，也很难真正让个体完全自由发展，主体民族志所期待的重新出发困难重重。更何况，我们还必须正视：即便是最偏重个体自由和个性的教育模式，也极可能难以担负其让主体获得充分发展个性和自由的使命。

教育的阶级分化、区隔和教育资源分配的不公往往使得完全的个人自主和自由并不能真正实现。以当前积极倡导个人自主、自由教育的资本主义社会为例，家庭教育即已经深深打上了阶层的烙印。家庭是孩子转变的训练场，其中劳工阶层的家庭与中产阶级家庭对孩子的教育方式不同。中产家庭形成"个人型"控制系统，而劳工家庭形成"地位型"控制系统，"劳工阶层父母为子女接受外在行为规则的控制做好了准备，而中产阶层父母则为子女接受感受规则的管理做好了准备"①。换言之，教育从一开始就深深地打上了家庭所属阶层的烙印，而从无纯粹的个性。同时，不同阶层以不同方式组织日常生活、运用语言及同教育机构协作，最终形成孩子们不平等的童年和成年，通过教育，家庭固有的阶层得以传递或固化。②

而人性总有幽暗和复杂性。任天性自由发展的教育很可能纵容了恶与自私，走向教育初衷的背反。人性中的自私自利或"唯我主义"，这是教育必须直面的出发点。在人性善恶的千年争论中，我们不能理所当然地认为人性本善。洛克曾指出，每个孩子都是"唯我主义"的，是"占有性个人"，除喜自由之外还喜欢统治别人，这是现代教育要直面的人性的出发点。孩子刚出生不久，为了达成目的就会哭泣、闹别扭、使性子，孩子会用尽各种办法试图让周围人

---

① ［美］阿莉·拉塞尔·霍克希尔德：《心灵的整饰：人类情感的商业化》，成伯清、淡卫军、王佳鹏译，上海三联书店2020年版，第191、192页。
② ［美］安妮特·拉鲁：《不平等的童年：阶级、种族与家庭生活》，宋爽、张旭译，北京大学出版社2018年版，第8、9页。

顺从他们，达成他们自己的愿望，他们还"想要把各种东西都据为己有：他们想要占有，并为由此得到的权力以及随意处分物品的权力而感到高兴"①，这是必须正视的人性的幽暗。这种自私自利正是现代人心中潜藏的巨大危险，如果不用教育引导和约束人性，不断惯孩子，孩子极可能成长为自私、空虚、肤浅的人。面对人性的幽暗，即便最积极的自由主义思想家也不免胆怯了。

同时，倡导个体自主和自由的教育实践因方法的局限而不一定能实现其教育的初心。不仅一心为了孩子的家长很可能作出对孩子不利的事情，教育机构更可能违背教育的目标。尼采曾指出，文科教育中违背教育规律超纲布置作业，并要求学生个性化完成，这是矛盾而具有教育原罪的。因为学生本身的生活经历很难达到这种作业的要求，因此他们的创作必然是不成熟的作品，表现出"笨拙、尖锐，甚至可笑的面貌"，而教师会提醒学生要注意这些不成熟，其结果是在老师的赞扬或提示中恰恰给出了千篇一律的中等标准，拒绝了那个年龄段学生真正的原创性。不仅如此，学生匆忙而虚荣的制作，可耻的赌徒行径，没有风格，没有酝酿的装腔作势，丧失美学规范的无序和混乱，令人恶心的不负责任的滥写进一步让这样的培养成为一个笑话。教育以"正确"为名，却走向其背反。也因此尼采提倡严格的训练，因为"唯有在一种严格的、艺术上讲究的语言训练和语言习惯的基础上，对我们经典作家的伟大之处的正确感觉才能够得到强化"②，只有当他经过严格训练如何走路，也才能够踏上真正教育所期待的道路。因此，严格的教育必须有服从和习惯。

普遍的教育意义重大，偏重个体和自由的教育又往往并不能真正实现其让个体生性充分自由发展的初衷。主体民族志最终期待个体生性的自由发展和主体的觉醒这一目标难以在特定的教育模式中有效实现。这需要我们进一步探索主体民族志所给予的善良个体生性成功觉醒的案例，以分析探讨主体民族志教育再出发的可能路径。

---

① ［英］约翰·洛克：《教育漫话》，徐大建译，商务印书馆2018年版，第153页。
② ［德］弗里德里希·尼采：《教育何为？》，周国平译，北京十月文艺出版社2018年版，第103、106—107页。

四　如何觉醒：个体生性与社会经历偶然的碰撞

主体觉醒对教育目标的真正实现非常重要，这种觉醒是内在自我的唤醒，是沉睡自我的醒来，是个人内在力量的爆发，是生命最旺盛最鲜活的魅力彰显。但是，这样洋溢生命最蓬勃朝气和创造力的觉醒之力从哪里来？

朱炳祥教授主体民族志作品中主体的觉醒至少有三个案例。

第一个案例是他自己的觉醒。在《自我的解释》一书中，他对自我的追问最早来自童年时代，而在 1987 年有一次"觉醒"，在 1999 年形成自我分析的"自觉的学术意识"。儿童时期的思考很偶然，发生于作者在五六岁时玩伴的失约，他幼小的心灵对此很疑惑，不明白为什么小伙伴不来了，他想同伙伴交换灵魂，弄清楚"'我是谁'，也想弄清楚'他是谁'"[1]。而在成年后的漫长时光中，作者认为他自己其实是"钝感"之人，即缺乏敏感性。真正内心的顿悟发生在作者 38 岁时的"思想觉醒"[2]，他从那个时候开始萌生出要将人作为研究对象，并开始学习人类学。在他后来的理解中，他把这种思考定义为：人类为什么是现在这个样子？个人之间相互斗争，群体之间互相残杀，国家之间彼此竞争？他说他给自己取笔名"初人"，其想法是人类还在"人之初"的状态，也就是人类仍然还在童年时期，还没有真正长大。自 1987 年后他自觉的学术探索围绕着这样的思考在进行，他的主体民族志系列论文和著作都是"在对人类历史与现状进行反思的基础上，将'人'作为基本研究对象……以对人类前途的终极关怀作为学科的目的从而确立其自明性基础"[3]。显然，他的觉醒是突悟的。这一觉悟，先于人类学的学科知识训练，甚至先于作者所经历的一切工作和学习经历。作为孩童的他已经开始了朦胧思考且终

---

[1] 朱炳祥：《自我的解释》，中国社会科学出版社 2018 年版，第 3 页。
[2] 朱炳祥：《太始有道：田野散记》，中国社会科学出版社 2022 年版，第 31 页。
[3] 朱炳祥：《他者的表述》，中国社会科学出版社 2018 年版，第 32 页。

身不忘，中年时期的思考也是突然到来，在外人听来充满神秘感而摸不到头绪。如果一定要找到缘由，则只能从作者的生性中寻找答案。后来的文化与社会遭遇只是因为碰巧勾起了生性中的意识，促成了那个特殊的灵魂的开悟。他的觉悟时机和觉悟的形式，独一无二。这也正是作者坚持其"生性决定论"学术观点的个人根源。

第二个案例是本科生张春醒。作者在《知识人》中对她的觉醒用的标题是"突兀地出现"。张春醒的觉醒是多层次的。第一种觉醒是情感的觉醒，就是真正明白她自己对三个男性的爱是什么以及她想要什么爱。在几乎同一时间里，她和刘言事实上是男女朋友关系，在一起生活和学习，而她的内心却爱上另一个叫袁民的男生，视他为理想、为太阳、为自然，把可以通信和回家见面的茅视为亲人和可信赖可暧昧倾诉的朋友。一个人情感世界的复杂性在此充分展现出来，而她的觉醒发生在双重痛苦之后。第一重痛苦是她不喜欢刘言这个人的思想和灵魂，却在身体和生活中与他在一起，最终因受到血淋淋的伤害而分手；第二重痛苦是她视袁民为理想的爱恋和精神归属，但她同他在现实中却没有真正交往，她无数次梦里与他相见，而这终归只是一种单相思，这种精神的痛苦既甜蜜又伤痛还难以言说。她自觉地将她自己的世界称为"扭曲的世界"，而她这个自我是"变形人"，在多重纠结和多样苦痛中她觉醒了，并将更多的精力放在读书和思考上。她的第二种觉醒是思想的觉醒。这首先表现在她对两性关系不平等的思考上，她从男性总是希望女性是白纸而不希望她是内容丰富的书中发现社会对女性处处是陷阱、处处设祭坛，性别不平等；同时她对生命的本质、爱、"进步"、人类中心主义、语言及文化、内省等学术界或思想界探讨的诸多议题有她自己绝不肤浅的理解和思考，有些甚至可以说"驰骋于许多学科的一些前沿问题之间"[①]，显示出大二学生思想的穿透力和创新性。

张春醒的觉醒显然与她独特的情感体验有关。她以近乎信仰的方式在内心深处爱着一个人，却在生活中与另一个她并不那么欣赏的男

[①] 朱炳祥：《知识人》，中国社会科学出版社2021年版，第127、197页。

生紧密关联,她经历的双重折磨是她个体的专属痛苦。除了情感经历,她的阅读是另一种可以从她的文字中找到的觉醒的可能因素,她的阅读书单里包括大量对情感、生命、意义、社会和人的思考,这些是她另一种阅历的拓展,另一种外在力量的撞击。这些书单包括:《泰戈尔集》《月亮船》《眉短眉长》《日瓦戈医生》《美国短篇小说选》《纯粹理性批判》《达罗卫夫人》《到灯塔去》《安徒生童话》《角色累赘》《红字》《小玛德兰点心》《绿化树》《追忆似水年华》……作为文学系的女生,显然,文学本身滋养了她的心灵,对她的影响显而易见。当然,情感体验与阅读对她形成了这样的影响,促成了她独特的个体醒悟,这与她个人的生性无疑是相关的。当内在那个情感丰富、对精神要求高而具有反思精神的女孩遇到现实中的情感困局,又在丰富多样化的大学校园里阅读、学习后,"心灵生命"在此被彻底唤醒,那个属于张春醒的觉醒时刻就这样凭空到来了。

  第三个案例是博士生山月朵。她的觉醒被作者称为"蝉变",意味着这一变化是"'从爬行到飞行'的跃升",经此一变,"一个孩童至一个研究者的生长过程宣告完成,她已经成为一名具有职业特征的真正的知识人"①。山月朵的觉醒也包含了多个方面。首先是在田野工作中偶然的遭遇带来的对人性、性别、生命等诸多议题的领悟。因为车祸,她领悟到"生命即田野、生活即田野";她因腿受伤而被本地人"围观","我看人"变成"人看我";她参加婚礼,被本地一位男性看上想求娶,进而深刻体会到性别在田野中的意义;她亲见杀猪的血腥场面,体悟"人最残忍",领会人类学对人类中心主义批判的意义。其次是她的学术觉醒。在发现问题、构思、写作、修改文本过程中的学术论文的训练,完成了作为学者的初成长。发现学术问题,需要偶然的灵感触发,而灵感的背后是大量的理论阅读和长期的田野调查的共同作用。论文写作训练是独创性的自主训练,但同时也是包括调查对象、导师、同门、外审专家、期刊责任编辑等多个主体共同参与、激发,不断修改完善共同作用的结果,这一觉醒是一种专业学

---

① 朱炳祥:《知识人》,中国社会科学出版社2021年版,第254页。

术创造的觉醒。最后则是她的人类学学科精神的觉醒。在她成为一名大学副教授后她回答了"为什么是人类学学科的追随者"这一问题，她的答案追溯到她的童年和她的家庭。她幼时搭积木的游戏让她理解了结构何以形成并明白了人类学学术创造何以得来；她同舅舅一家亲同家人的关系让她对喜欢探究世界多样化的甥舅关系的人类学天然亲近；她本科学习社会工作专业，社工"助人"的使命让她在与社会学更冰冷的对结构和整体的强调中在情感上偏向了社会工作，然而，对"干预"的强势态度又让她最终疏远了社会工作。她终于在人类学的课堂上得到了"神召""打通了任督二脉"，彻底被激活，从此与人类学结缘不再分割。山月朵的觉醒是在专业知识的学习和训练，在田野工作的实践以及学术议题的发现、写作和修改中逐渐完成的。当然，这一觉醒与她的家庭、童年有关，但也与她内在那个我有关。这同样是一场生性与文化的相逢。

　　三个主体的觉醒都是生动而令人激动的。这种觉醒包含了思想上的创见、人生的领悟和精神的成长。如果所有个体都能觉醒，则千万个个体将有万千种创见和创新，教育所期待的目标必然可以实现。然而正如一些学生在读完《知识人》后的迷茫：张春醒都爱了三个人，可是我还没有一场恋爱呢？山月朵在读博士时才有她的独特田野经历和学术成长，可是我可能根本不会读博，又该如何觉醒呢？更不用说朱炳祥教授独一无二的个人"顿悟"了，那种童年就有的思考以及犹如"神召"的精神觉醒无人能学，那是个人生性与人生偶然碰撞的火花。

　　主体民族志的教育思想从强调主体独特的生性开始，却同样在面对生性的千变万化中陷入了困境：个体如此不同，教育无论怎样都不可能做到一人一教，且教育形式一旦形成，就必然成为一种文化模式，这种模式可能对唤醒一些人的主体有利，却对另一些人有害。这也可以解释即使是在最偏重集体、社会或国家的教育模式中也会有出类拔萃的天才横空出世，因为文化规训并不见得对他的个体不利。在朱炳祥教授主体民族志的案例中，主体觉醒的三种个案都不具有可复制性，甚至只能说可望而不可即。在主体如何才能觉醒的问题上，主体民族志贡献了成功的案例，但并无规律可探寻。作者对卢梭式自然教育的讴歌、对自由的倡导、对教育要偏重个体的呼吁有其积极意义，但这更多的是一种原则性的，而不具有实际操作上的意义。正如上文所说，即便在最强调个体自由、自由的教育模式之下，也可能因种种原因而无法真正实现个体生性自由发展的目标，主体民族志所期待的主体觉醒和美好生性的发展与唤醒的实现路径变得可遇而不可求，充满着人生变数和偶然性。

五　余论：教育的自我设限和教育者的勇于退却

普遍共同的文化和社会的教育规训是必要的，这一教育对象主要是社会中大多数平凡人，也就是孔子所说的"中人"。他们虽"性相近"，但"习相远"，这正是王充所说："中人之性，在所习焉。习善而为善，习恶而为恶也。"① 然而，对具有特殊禀赋的个体而言，这种普遍教育模式极可能是灾难性的，社会既有教育模式不能真正致力于一些主体的有益觉醒，实现教育为个人、社会、国家和人类的目的。主体民族志所期待的教育从"主体"的"重新开始"的意义正是从不能适应教育模式的那些特殊生性之人开始的。那么这一思考是否因其并无普遍的实践路径而只是一种美好理念而失去其实践品质呢？未来，我们的教育的出路在哪里？

为了真正能达成教育的社会使命，实现国家所存在的历史时期内所期待的教育目标，教育本身需要冷静审视自身，不断自我反省甚至对手段自我设限。其原因在于，教育的目标从其根本上讲是指向未来的，而教育的思想和理念都来自过去，历史的经验或许对我们寻求未来的出路有助益，但创新没有规律可循，因而我们的教育必须给予个性留下足够的空间。教育的计划必须有限度，只能在有限狭窄的范围内进行，一旦超过其界限，就会适得其反。教育固然要满足社会和文

---

① （汉）王充：《论衡校注》，张宗祥校注，郑绍昌标点，上海古籍出版社2013年版，第67页。

化的需要，但教育的根本还是要推动社会的改善和发展，是为了未来发展，为此，我们绝不能将一种教育模式或形式做到极致，而恰恰应该有战战兢兢、如履薄冰的危机意识，不断允许探索甚至探险。敢于抛弃"一贯做法"，重视并利用个体的独特性是"成功适应这个颠覆性时代的关键"①。因为一旦"教育成为权威时，它就失效了"②。就如同人类学中心主义显得可笑一样，任何一种过于自信自满的教育形式同样是可笑且极可能是可悲的。

同时，作为教师的教育者自身要有高度自省的精神，勇于自我去权威化。只有权威，没有自由，教育的训练就无法成为学生的自我训练，而没有自我的觉醒，训练就将是与己无关的强制。当这种强制与个人内心的矛盾过大，伤害就必然无可遏制地发生，教育也就成了有害的教育。而当教育者不重视学生的内在，只是"致力于发展一种纯粹的智力"时，教育"必将导致巨大的失败"③。那些过于刻板的灌输教育是需要警惕的，它们用其"自己制定的一套主观标准，无视个体禀赋特征的差异，千篇一律地要求个体服从"，从而培养大量"诺诺之人"。④ 从这个意义上说，朱炳祥教授在他系列民族志作品中所呈现的作为一个学者近乎"自杀式反思"的精神代表了一个教育者真诚而无所保留的真正的奉献精神，他说："我对研究工作本身的限度有着深入的认识"，对他自己所有的书写有着"自知之明"，对于所书写的民族志作品"期盼死亡"。⑤ 作为教师，他培养学生同样是去权威的模式，正是在他高度自律而又不断给予学生尊重，并坚持学生要"各有灵苗各自探"⑥的理念中，他的学生们各自追随他们自己的性情选择了他们想走的路。这与苏格拉底"助产式"强调师生的

---

① ［美］伊恩·朱克斯、瑞恩·L. 沙夫：《教育未来简史：颠覆性时代的学习之道》，钟希声译，教育科学出版社2020年版，第52、53、55页。
② ［德］卡尔·雅斯贝尔斯：《什么是教育》，童可依译，生活·读书·新知三联书店2021年版，第55页。
③ ［英］怀特海：《教育的目的》，庄莲平、王立中译，文汇出版社2012年版，第54页。
④ 朱炳祥：《知识人》，中国社会科学出版社2021年版，第66、68页。
⑤ 朱炳祥：《他者的表述》，中国社会科学出版社2018年版，第11页。
⑥ 崔应令：《追寻心性的成长：我与人类学相遇的偶然与必然》，载徐杰舜、韦小鹏《新生代人类学家之路》，学苑出版社2021年版，第54页。

对话和共同探索的教育有相似之处，同雅斯贝尔斯所强调的"教育不是有知者引领无知者，而是人们携手走向自我"① 的理念也是一致的。

从这个意义上说，主体民族志以"主体"为中心的教育再出发，虽然没有给我们提供拯救既有教育的现实道路，但仍然指出了教育体系和教育者也许可以重新出发的起点：对自我中心主义的反思，对教育权威的祛魅，对教育手段多样性的探索，对教育者自身的自省以及对教育主体在文化与个性平衡下的尽可能尊重，这将是面向未来教育应有的理念和原则。从主体民族志提出的以个人生性为起点的教育理念出发，教育可以开启新的探索之旅。

---

① ［德］卡尔·雅斯贝尔斯：《什么是教育》，童可依译，生活·读书·新知三联书店2021年版，第11页。

第三编　回应与拓展

自我志：整体人类学的路径反思[*]

徐新建

【摘要】 近代以来，汉语民族志作品大多呈现为聚焦中观族群或社会的"他表述"，对人类整体与个体关注不足。从人类学的学理及表述意义来看，若要创建能将整体与个体、自我与他群相互关联的整体人类学，则需在面向宏观"人类志"的同时，聚焦微观，亦即回归个体、回归自我。由此而论，"自我志"是整体人类学建构与反思的重要维度之一。

一 人类学的三维表述

无论是在汉语还是在西文表述里，人类学/Anthropology 都指关于人类的研究，是一门强调整体性的综合学科。它的核心在于追问和揭示"人是什么"，若深入一点，还会力图以第一人称的复数方式解答"我们从哪来，在哪里"，以及"到何处去"。① 由此言之，人类学还可理解为人类是以自身为对象的"自我研究"，通过研究开掘出科学与人文相结合的自反式知识，参与—适应、调整或改变人类种群的整体演进。在这个意义上，人类学写作的主要成果——"民族志"亦可视为人类文化的自表述。

---

* 原载《民族研究》2018 年第 5 期，题为"自我民族志：整体人类学的路径反思"。本文为投稿时的原文。
① 徐新建：《回向"整体人类学"：以中国情景而论的简纲》，《思想战线》2008 年第 2 期。

但一段时间以来，人类学时常被片面地界定为研究"异文化"的学问，人类学家的写作不过是针对"他者"的描写和解释而已。① 于是，人类学工作被看作是到"异文化"中做较持久的田野考察，然后返回他们自己的"本文化"写作并发表实为"他表述"的"民族志"作品——其中的佳作能为认识具有多样性的人类整体增添举一反三的实证案例及理论阐述，从而为特定的利益集团提供治理帮助，或为学术史与社会实践关联角度所需的"世界档案"填补空白。

但是在这样的理解支配下，不但缺少对考察者"本文化"的自觉考察，更鲜见叙事者的自我表述。也就是说，以人类学家各自为界，人类被分割为考察及被考察、叙事与被叙事——表述和被表述——彼此区分的二元存在。结果导致人类学最核心的"人"不见了，演变为仅为特定"我群"服务的言说工具，整体人类和个体自我皆随之消失。在我看来，这样的研究与整体人类学相去甚远，顶多可称为"群学"或"他者学"（国家—社会学、异群—民族学）。在国内外时势的影响下，无论民国前期的《松花江下游的赫哲族》《湘西苗族考察报告》还是抗战前后的《江村经济》《凉山彝家》，近代中国的民族志作品大多属于聚焦中间之群的"他表述"类型，在种群和个体的两端都明显不足。

如今面临的问题是：一方面以往研究史上早已有过以整体人类或个体自我为对象的表述值得继承；另一方面，演变至今的世界现实更急切地呼唤能将整体与个体、自我与他群相互关联的新人类学，亦即我称之为的"整体人类学"②。

---

① 王铭铭、纳日碧力戈、胡鸿保：《人类学的中国相关性——关于〈社会人类学与中国研究〉的对话》，载贺照田主编《学术思想评论》（第4辑），辽宁大学出版社1998年版，第215页。周大鸣：《关于人类学学科定位的思考》，《广西民族大学学报》2012年第1期。此外，也有学者持中和态度，如刘海涛一边赞同主体民族志对新空间的开拓，一边仍坚持认为"民族学人类学的研究本体应该还是异文化"（参见刘海涛《主体民族志与当代民族志的走向》，《广西民族大学学报》2016年第4期）。

② 徐新建：《回向"整体人类学"：以中国情景而论的简纲》，《思想战线》2008年第2期。

以汉语表述为例，早在先秦时代便已出现过荀子式的整体观察，把人（类）的总体特质阐发为："人之所以为人者，非特以二足而无毛也，以其有辨也。"留学美国的李济将此说与现代人类学的"智人"名称 Homo sapiens 巧妙结合，为全体的人起了一个中西合璧之称呼——"有辨的荷谟"①。这是宏观一面。在中观层面，同样于近代留学西方的海归学者费孝通运用人类学方法，回到本土，考察他自己的家乡，撰写出被誉为开创人类学本文化研究先河之一的"乡土中国"（《江村经济》），使一度被视为西方人类学"异己"的中国文化，一下子从被表述对象转为自表述主体。到了20世纪80年代，在多民族史观推动下，又出现了刘尧汉为代表的"彝族学派"等多元叙事，进一步将目标明确转向关注并阐释研究者们几乎皆身在其中的本土、本族、本文化。②

与此同时，在以考察人类生物属性及演化、迁徙为聚焦的考古学、体质人类学及基因人类学的联手下，汉语世界同样出现了与西学同步的人类学整体研究，不但通过实证材料把"国史"叙事往前推至数以万年纪的新石器年代，而且把"黄帝子孙"与"蒙古人种"加以科学关联③，或以中国西南的"纳人"为例，参与世界性的亲属制度讨论④，并且介入有关智人祖母"露西"的论辩⑤，继而经由对人类基因组计划的参与，把本土多民族的人种由来纳入以染色体为单位的全球谱系，从而为推动"整体人类学"在中国的形成做

---

① Homo 指人，sapiens 是智慧、智能的意思，合在一起就是"智人"，指生物进化意义上的"现代人类"。"有辨的荷谟"是李济用音译与意译结合方式对 Homo sapiens 的汉译（李济：《考古琐谈》，湖北教育出版社1998年版，第272—277页）。
② 刘尧汉主编"彝族文化研究丛书"（云南人民出版社），截至2004年已出版43部。相关评论参见程志方《彝族文化学派的学术贡献》，《思想战线》1990年第5期。此外，西南民族大学的王菊把彝族学派的理论意义总结为从"他者叙述"到"自我建构"的表述转换（参见王菊《从"他者叙述"到"自我建构"：彝族研究的历史转型》，《贵州民族研究》2008年第4期）。
③ 徐新建：《科学与国史：李济先生民族考古的开创意义》，《思想战线》2015年第6期。
④ Cai Hua, *Une Socit sans Pre ni MariLes Na de Chine*, Paris, PUF, 1997.（蔡华：《无父无夫的社会：中国的纳人》，巴黎，1997年。）
⑤ 吴汝康：《〈露西：人类的开始〉评价》，《人类学报》1982年第2期。

了贡献。①

此外应当看到，在微观层面也出现过"彝族文化丛书"中岭光电所著《忆往昔——一个彝族末代土司的回忆》②那样的自述之作，该作对本文化的个体进行了更为深入的阐发。但总体来说，汉语学界依然鲜有真正将研究者自我作为对象的人类学著述出现，换句话说，依然缺少人类学意义上的"自我民族志"。

二 人类志与个体人

在这样的背景下，朱炳祥教授近来的相关论述值得关注。首先是他在《民族研究》连续刊发的一组"主体民族志"文章③，继而是最近陆续出版的"对蹠人"系列民族志专著④。这些论述目标明确，气势宏伟，力图通过"三重主体"式的新民族志叙事，回应后现代实验民族志再度陷入的"对话性文本"困境，从而以中间道路化解由科学民族志引发的"表述的危机"⑤。这些论述聚焦于民族志的不同表述，具有较强的论辩性，提出的问题关键而深入，关涉到如何重新界定人类学及其书写意义。

在我看来，朱炳祥从民族志角度提出的"自我的解释"，开拓了人类学写作的多重意义。其中的重点在于聚焦个体、自我表述和多维叙事。

所谓"聚焦个体"是指人类学观察与书写从群体转向个人。这种转向十分重要。近代以来，或许是受以科学理性为前提、偏重描写"异文化"的民族志类型的误导，人类学家向世人提供的作品差不多全是画面模糊的文化"群像"。其中，不但聚焦模糊，个体消失，而

---

① 徐杰舜、金力：《把基因分析引进人类学——人类学学者访谈录之三十九》，《广西民族学院学报》2006年第3期。
② 岭光电：《忆往昔——一个彝族末代土司的回忆》，云南人民出版社1988年版。
③ 朱炳祥：《反思与重构：论"主体民族志"》，《民族研究》2011年第3期。
④ 朱炳祥：《地域社会的构成》，中国社会科学出版社2018年版。
⑤ 朱炳祥、刘海涛：《"三重叙事"的"主体民族志"微型试验——一个白族人宗教信仰的"裸呈"及其解读和反思》，《民族研究》2015年第1期。

且几乎看不见具体鲜活的心灵呈现。因此,无论《萨摩亚人的成年》《西太平洋的航海者》还是《松花江下游的赫哲族》或《湘西苗族考察报告》,其中呈现的都只有被叫作萨摩亚人、航海者、赫哲族和苗族的抽象整体和模糊群像。此类人类学的写作主旨正如《努尔人:对一个尼罗特人群生活方式和政治制度的描述》一书的副标题所坦陈的那样,重点在于描述某一特定"人群"及其关联的生活方式与政治制度。① 这种样式的描写把人类学引向只关注抽象的"社会"和"文化",结果即如巴黎的十大人类学教授之一的皮耶特所批评的:使人类学丧失了人。②

有意思的是,这种摒弃个人的写作偏离,其实只是人类学内部的近代现象,相比之下,在其他领域包括史学、神话与文学等领域,聚焦个人的叙事非但不在少数且此起彼伏,从未间断。在西方,自《荷马史诗》和希腊神话、悲剧起,就不断涌现出奥德赛、阿波罗、俄狄浦斯以及普罗米修斯等各式各样的一连串英雄个体。在汉语世界由司马迁奠定的《史记》叙事模本里,基本部类中首篇便是帝王本纪,其不但以被誉为华夏先祖的"黄帝"为起点,而且围绕他的神奇出身和丰功伟绩展开叙述,接下来才有彰显孔子等先圣的"世家"及涵盖"其人行迹可序列"者与四夷群体的"列传"。可见,即便在古代的汉语叙事传统里,个人向来非但不可或缺,且须得作为核心呈现才可。在这样的表述格局里,"西南夷"一类的"民族志"也仅作为英雄个体的模糊陪衬才得以出现。由此不难看出,即便在被认为偏重"集体主义"的汉语中国,"群"的形象其实也是笼罩在帝王与王朝的光辉之下的。

为什么在近代版的民族志兴起之后,会出现对个人描写的摒弃和背离呢?以我之见,此趋势当与近代民族志带动的"群"学转向相

---

① [英]埃文思·普里查德:《努尔人:对一个尼罗特人群生活方式和政治制度的描述》,褚建芳译,商务印书馆2014年版。
② Michael Jackson & Albert Piette, eds., *What is Existential Anthropology?* New York and Oxford: Berghahn, 2011. 参见佘振华《法国存在人类学之思:关注个体与观察细节》,载《文化遗产研究》(总第9辑),四川大学出版社2017年版。

关。此转向先是将整体的"人类"（Homo sapiens）做了切割，分解为三种主要子集，即"社会"/Society、"民族"/nationality 和各种类别的"共同体"/Community，其中最为凸显的当然便是"国家"。晚清之际，严复在把社会译成"群学"时，目的是要把"天演论"转写为"种群学"，也即把人类整体的演化轨迹压缩为立足一地的吾国危机。于是，面对普世皆同的"物竞天择"，能争到生存之机的"适者"便被解释为非独立存在的个人，而是能体现群体强弱的民族、国家。在孙文等政治领袖眼里，四万万五千万国民不过是毫无纪律的"一片散沙"，有待国家威权的统一治理。① 由此，"国家至上"的强力逐渐掩盖乃至碾碎了各显特征的个人身影。随着文化群体化、社会象征化和国家人格化的日益锻造，取而代之的是以"龙传人""睡狮"及"炎黄子孙"等为标志的集体认同和群像"图腾"。在此过程中，"中国""中国人"和"中国文化"的抽象符号一年年膨胀彰显，而张三、李四、王五……具体的个人却一天天了无踪影。

面对此景，朱炳祥教授呼吁人类学的研究要转向聚焦个人，强调人类学写作的当是"人类志""人志"而不该只是"民族志"，因而主张"不是通过个体来研究'社会'，而是通过个体来研究'人'"②。这点我完全赞同。不过，我认为问题还不在于是不是该把 Ethnography 由"民族志"改译为"文化志""社会志"或"人志"，而在于是否要从仅关注中观群体的民族志陷阱里走出来，回归联通个人与人类两端的人类学整体。③

结合全球一体的学术演变来看，汉语人类学的个体转向并不突兀。20 世纪以来，从东亚到欧美都出现了类似的改变。比如，近年来，通过对"无个人"叙事模式的洞察和揭露，日本民俗学界就开始了对"表述方"——传统民族志作者——特权的批判，将隐藏在村

---

① 孙中山在《民权主义》中说，造成散沙的原因在于人人都拥有个体自由，改造散沙的方法则是束缚个人自由，形成坚固的团体（参见《孙中山选集》，人民出版社 1981 年版，第 711—722 页）。
② 朱炳祥：《自我的解释》，待出稿。（注：文章发表时，书稿尚未出版）
③ 徐新建：《回向"整体人类学"：以中国情景而论的简纲》，《思想战线》2008 年第 2 期。

落表象中的个人"主体性"书写在民族志上,从而引出"倾听当事人自发叙述""提倡'个人'记述"等新的研究动向。评论者认为,与以往只描写村落社会集体规范的视角截然不同,自我叙事的新视角让民俗学研究中"曾经被埋没的个体"得到全新展露。① 当代法国人类学家尝试运用"真实的小模式"聚焦独立个人,在几个星期的时间里"不间断地、跟随式地观察"一个对象,强调要在传统的社会人类学和文化人类学之外构建关注个体的"人本人类学"②。在德国,勇于创新的学者们则与相关机构合作,组建了可随意阅读的日记档案馆(Deutsches Tage-bucharchiv,DTA),将所收藏的超过3000名德语圈市民的日记向大众开放,期待更多的读者光临,通过日记"了解'大家的历史',甚至可以看到自己"③。

三 自表述与日记体

然而,即便挣脱了"群像"的笼罩,个体的含义也有两极:一是作为他者的别人,另一才是作为主体的自我。因此,聚焦个人的人类学转向,其叙事焦点仍然面临两种选择。在我看来,如果人类学写作真能生产出"主体民族志"的话,唯有自我书写的类型才与之相配,其他一切被代言的叙事——无论聚焦族群还是个体,都只能叫作"对象民族志"。

为了呈现叙事主体的转型,《自我的阐释》借用了富于想象的"对蹠人"比喻。一方面与"他者"相对,凸显虽同为表述对象,但却已转换为"自我"的表述者本人;另一方面,形成个体本人之表述和被表述的自我对立、对照与对应。

人类学的"自表述"会呈现出什么样的特征和困难呢?让我们来

---

① 参见门田岳久《"叙述自我"——关于民俗学的"自反性"》,中村贵、程亮译,《文化遗产》2017年第5期。
② Albert Piette, *Le Mode Mineur de la Réalité—Paradoxes et photographies en anthropologie*, Louvain:Peeters,1992. 参见佘振华《法国存在人类学之思:关注个体与观察细节》,载《文化遗产研究》(总第9辑),四川大学出版社2017年版。
③ Deutsches Tagebucharchiv 2013,http://www.Tagebucharchiv.de/texte/aktuelles.htm。

看看油画的例子。从达·芬奇的《蒙娜丽莎》到毕加索的《梦》（Le Rêve），世界各地的油画行业盛行人物的肖像画绘制，通常方式是画家面对真人临摹，倘若画家打算绘制自画像的话，则每每需要借助镜子反观。不过，那样一来，虽说也看见了自我，然而眼前出现的却不是真身，而变成了被镜面折射的镜像。换句话说，虽然画家还是一人，然而却在绘制过程中延伸出若干"自我"：一是正在作画的画家（本人），一是正被观察的他/她（对象），此外还有画布上逐渐显形的自画之"我"（作品）。

相比之下，朱炳祥尝试进行的自表述也如自画像一般，只是关联的问题各不相同。首先，他同样不能像观察别人一样观察他自己，而只能借助镜像。人类学的自我镜像何以呈现？又从何处寻觅呢？有趣的是，在题为"自我的解释"的著作中，朱炳祥用以观察的"镜像"主要选自他本人从1964年以来50多年间的24则《日记》。作者把这组日记当作人类学写作的"本体论事实"，依据是"日记是自我本质的符号式呈现，由日记出发，是达至我人生内核的高速通道"[1]；而将它们呈现出来的目的，是"希望以此表达主体的一种目的性建构"。这种建构的内容，"包括了我在学科之内的某种理论反思以及在学科之外的某种人生理想诉求"[2]。

注意，这些引述虽出自同一部题为"自我的解释"的自表述作品里，但此刻的"我"实际上已跳出叙事框架，扮演起集作品设计者、介绍人、总结者及解说员于一身的角色来。宛如达·芬奇或毕加索分别出现在陈列各自作品的美术馆或拍卖厅，忽然对着观众言说起来，解说员的出场无疑使被表述的"自我"再度叠加，摇身变为身处局外的"爆料者"了。不过仔细辨析，仍可发现此时的"我"只是一种叙事策略，充当的角色其实就是人们所认识的教授朱炳祥，只不过在其周围，一下子多出了一排被他勾画出来、与之构成多重"对蹠关系"的若干"自我"罢了，分别是：军营列兵、首长秘书、大学科室干事及专业教师、田野工作者……在叙事者朱炳祥笔下，这些角色

---

[1] 朱炳祥：《自我的解释》，待出稿（文章发表时，书稿尚未出版）。
[2] 朱炳祥：《自我的解释》，待出稿（文章发表时，书稿尚未出版）。

都被同一个"朱炳祥"名号统称着,却被以人类学方式对象化(客体化)成了多个不同的自我——自他。

接下来的问题是:谁能代表朱炳祥?是《日记》中的"他"(们),还是解说《日记》的"我"?换成人类学之问还可是:个人《日记》能否等同人类学的本体论事实?如果《日记》即可认定为对象化的资料田野,如何确定此田野中同一个体的前后参与和观察解说为真?换句话说,从人类学出发,此朱炳祥能研究彼朱炳祥(们)吗?

作为个人经历的自我记录,日记具有私密性,对于深入了解记录者本人的内心世界及真实看法,其价值每每超过通常的公开演讲或正式访谈。也正因存有太多个人秘密,日记在习惯上大多秘而不宣,差不多都会随记叙者一同消逝归隐,故而也很少被当作学术写作的主材。正由于这样,《蒋介石日记》与马林诺夫斯基《一本严格意义上的日记》的分别出版,即被认为改变或推动了史学与人类学的相关研究。[①] 但二者所起作用的共同点都在于为旁人的研究提供材料,充当被考察、分析和阐释的对象。朱炳祥作品中的日记则不然,他以本人的日记为材料,通过自选择和自分析方式进行对象化研究,进行了多重交错的自表述和再表述。此外,在用以自我分析的段落里,很多场合出现的"他",往往并不是事件主角,而是默默的观察者和分析员,日记转述的是别人的故事和他人的思想。于是,叙事者朱炳祥仿佛让我们对着镜子中的镜子,观看镜像的镜像。例如,其中摘录的写于1986年的第14则以"小韩"为标题的日记写道:

9月13日:"小韩"

今天和小韩、黄河、隔壁的小胡说明年暑假骑自行车去游历,到神农架,700多里。磨炼意志,锻炼身体,了解社会,扩大眼界。小韩激动得生怕不带她去。我说每人准备一个日记本,

---

① 《蒋介石日记》,斯坦福大学胡佛研究所藏蒋介石日记手稿影印件。[英]马林诺夫斯基:《一本严格意义上的日记》,卞思梅、何源远、余昕译,广西师范大学出版社2015年版。

她说:"我早就想到了,这么大这么宽,第一页记什么,后面怎么写。"她用手一边比画着。

……(下略)

由于采用场景转述的叙事手法,日记中不仅出现了特定的第三人称人名,还出现了代表不同人物的"我"和"她"。第一个对大家说话的"我"看上去应该是当时在场的朱炳祥,另一个是在直接引语中呈现的"小韩"。

9月21日的另一则"我的八个音符"以同样手法作了继续描述:

……

"第三件事呢,是买盐。母亲走的时候,留了几角钱,在一个罐子里。用了几个月,就剩八分钱了。家里没盐了,我就把它全部倒出来,去买盐。只能买半斤盐。买盐的人狠狠地说:'半斤也值得一买?你们家是不是吃了以后就去死啊?'我听了恨不得打死那个卖盐的。走在路上想,我是多么受气啊。"

小韩说到这里已在哭泣,伏在桌子上。过了一会,抬起头又继续说……

值得注意的是,此处呈现的主角显然是办公室同事"小韩",而不是作为自我民族志对象的朱炳祥。其中的朱,在日记表述里更像观察者和记录员而不是主人公,其功能就像一名文化"卧底",或"在场的缺席者"——隐藏在大众之中的人类学家。可见,这部自传式民族志里的传主并不只是朱炳祥一人,还包括了许许多多与其共处的社会成员。不过,这样一来,其又如何称得上个体性的"自我民族志"呢?要解开此疑难,就得呼唤另一个朱炳祥出场,那就是站在镜子面前向读者展示并解说镜像的学者朱炳祥。对于为何挑选出日记中的"小韩叙事",朱教授的解释是因为体现了"一种自我意识过程"。接着引出了黑格尔的"意识返回"说。引文如下:

> 一般讲来，这样的对于一个他物、一个对象的意识无疑地本身必然的是自我意识、是意识返回到自身、是在它的对方中意识到它自身。

这就是说，类似于美学实践中的审美移情，在日记里（或在现实中）对其他人物的关注与记述，相当于记述者自我的某种投射或转移，于是被记述的"他"或"她"就等同于意识发出者的"我"。那么，通过"小韩叙事"体现了叙事者何样的意识返回？又如何在对方中意识到自身的呢？在上述日记摘录之后，2018年的朱炳祥做了这样的跟进分析：

> 小张最后放弃了本职工作岗位，离开了范老师，走了一条体制外的生存路径。小韩却被制度文化很好地驯化了，她走了一条体制内的道路，当了正处级干部，一个制度文化的适应者。

尽管从日记叙述表层看不出明显的自我投射，但借助"意识返回"理论的启发，后来登场的日记阐释者力图达成的目标，是让读者由此相信当时的记录是借人表己的意识移情。正是借助此种理论与表述的叙事关联，多年后，作为人类学的"自我民族志"作者朱炳祥，将多个不同的"我"和"她"们作了跨年代和跨人物的引申关联，把个人、文化和历史巧妙地连为一体。他向读者呈现的"镜像"由此得到了与"自我"合一的内在联系：

> 而我自己也是这样。秋天的我，已经不再是春天那个对制度的冷静旁观者，也不再以夏天那种火热的积极热情去严格执行规范。

这样的叙事手法独到，构成新颖。但它能被作为人类学范式接受吗？与以往对于观察"他者"的田野工作（field work）有别，并且与画家自画像方式也不尽相同，人类学家真能依靠镜像——乃至镜像中我所见之人，观察、呈现并阐释自我吗？"日记"真能用作人类学田野实证并成为民族志的有效表述吗？

四 科学、文学和民族志哲学

  1918年，鲁迅撰写的《狂人日记》在《新青年》杂志上发表。作品中的"我"通过对"吃人"史的揭露，呼吁世人"救救孩子"！"我"感到恐惧，因为知道"他们会吃人，就未必不会吃我"。此中的"我"不是鲁迅，鲁迅只是"我"转述者或代言人。何以得知？作品开头有过交代，曰："某君昆仲，今隐其名，皆余昔日在中学时良友；分隔多年，消息渐阙。"里面提到的"余"才是叙事者，与被隐掉姓名之"我"是同学关系。至于读者见到的日记，不过是此旧友所献之物；"余"将其遮隐姓名后，连同日记中的"狂人"原称"一字不易"地撮录发表，目的在于"供医家研究"。①

  在由对"赵家狗"令人害怕的凶光描写开始，及至对周边知县、医生、刽子手乃至大哥、母亲等亲人的记录描述之后，日记主角"狂人"对自己做了入木三分的简短自析，总结说：

> 有了四千年吃人履历的我，当初虽然不知道，现在明白，难见真的人。

  套用同样的"意识返回"理论，这里的"我"是否便暗示着叙述者（鲁迅）自身？目的在于借助意识投射的叙事手法，呈现出"狂人式忏悔"呢？

  然而与被当作人类学研究对象及民族志叙事主角不同的是，此《狂人日记》的主人翁虽也作为第一人称的个体之"我"出现，并由真实存在的作者（鲁迅）牵引登场，但由于被隐缺真名、淡去出身，使其不但似是而非，且获得更为广泛的普适性，从而超越特定的人物局限，而被无数读者对号入座式地默默自认，也就是激起了文化层面

---

① 鲁迅:《狂人日记》,《新青年》1918年5月第4卷第5号。

的美学移情及社会评论。由此引出的振聋发聩的结果是令日益增多的读者感到"不言而喻的悲哀和愉快",并在各自内心深处发现:狂人即我,我们都在被吃和吃人。①

然而,一如人类学式的"后田野"工作,针对《狂人日记》的社会评论,却并非由鲁迅本人完成,作者的任务仅是将"狂人"裸呈出来,供各界判断,可能的话顺带引起救治更好,对于与之相关的研究阐释似乎有意空缺了。然而,正是这种研究缺席的文学叙事,面世后竟产生了意想不到的历史反响,以至于被誉为"中国新文化运动的起点",在百年后的读者眼里仍具有认知历史的重大价值:

> 《新青年》从刊载《狂人日记》这一期开始,就成为新文化运动的旗帜。可以这样想象:《狂人日记》播下了五四运动的第一个种子,《新青年》月刊4卷5号刊吹响了五四运动的"集结号"。②

与之形成对照的是,多年以后《鲁迅日记》也发表面世,尽管其中不少内容也受到关注,激起的社会反响却不可与《狂人日记》同日而语。为什么呢?依我所见,原因之一在于其中所记之"我"有别,代表着不同的事件主体。一方面,成名之后的鲁迅声望显赫,案例备受瞩目,但却因只是历史中的"这一个"——仅此一村,别无分店,而难被用作阐释"共性"的案例。与此同时,借小说笔法登场的狂人之"我"虽为虚构,却恰因查无实证而被视为遍及各地的社会缩影。另一方面,虽然《狂人日记》影响深远,但迄今为止仍鲜有从事历史和社会研究的论著将其中的"我"当作解读中国历史的可靠材料加以使用;反过来,尽管范围有限,倒是有越来越多的专业学者对《鲁迅日记》深入爬梳,就像史学家、人物传记家们不断细

---

① 吴宓:《吃人与礼教》,《新青年》1919年6月号。吴宓写道:"我读《新青年》里鲁迅君的'狂人日记',不觉得发了许多感想。我们中国人,最妙是一面会吃人,一面又能够讲礼教。吃人与礼教,本来是极相矛盾的事,然而他们在当时历史上,却认为并行不悖的,这真正是奇怪了!"

② 朱嘉明:《〈狂人日记〉百年再认识——纪念〈狂人日记〉发表100周年》,《经济观察报》2018年5月13日。

读《蒋介石日记》、《一本严格意义上的日记》(马林诺夫斯基)以及《四十自述》(胡适)、《赫鲁晓夫回忆录》、《我的前半生》(爱新觉罗·溥仪)等一样。①

问题出现了：既然同为日记叙事，一旦以纪实或虚构方式分别呈现，为何便会产生如此显著的影响差异？换句话说，当科学与文学相遇时，如何分辨经验主体与社会事实？民族志主体——若能得到确认的话——是学术性还是经验性存在？未经理论阐释而以日记式手法直接呈现的社会事实，能否与人类学写作相提并论？

凡此种种，均涉及一个关键基点——如何看待人类学写作及其主体所在。

2000年，被视为后现代前锋的人类学家格尔兹出版《文化的解释》一书，其中写下了一段影响深远也备受争议的论断。他说：

> 人类学写作是虚构；说它们是虚构，意思是说它们是"被制造物"和"被形塑物"——即"fiction"(fictio)的原意。②

fiction一词源于fictio，本义是虚构、拟制，意指想象和非实存之物，译成汉语时通常指代"虚构"和"小说"，于是与另一个更大的概念——"文学"产生了联系。不过，无论存在多少歧义，格尔兹的上述论断的确表明作者对人类学写作(anthropological writing)秉持文学性的肯定甚至赞许态度。在2016年北大举办的人类学学会上，我评论过格尔兹的这一论断，同时对蔡华教授的批评做了回应。③蔡华把格尔兹论断中的fiction译为"小说"，然后认为由于格尔兹的"软肋"——把民族志视为小说，导致了文学评论者的"贸然侵扰"，结

---

① 参见胡适《四十自述》，上海亚东图书馆1933年版；《赫鲁晓夫回忆录》，赵绍棣等译，中国广播电视出版社1988年版；爱新觉罗·溥仪《我的前半生》，群众出版社2007年版。

② 参见C. Geertz, *The Interpretation of Cultures*, 2000。

③ 丁岩妍：《社会科学范式建立的可能性与条件——"社会科学在何种意义上能够成为科学"研讨会评述》，《文化遗产研究》(总第10辑)，四川大学出版社2017年版，第23—41页。

果是削弱乃至诋毁了人类学客观性和科学性。① 参加会议的迈克·赫兹菲尔德（Michael Herzfeld）持中间立场。他既坚持追求客观实在的必要，也不赞同把主观等同于偏见，主张"人类学写作需要反映出不确定性和困惑"，因为"这恰恰是我们对于社会生活达成真正科学理解的结果"②。

对此，我的看法是，人类学写作中主客观立场的争论十分重要，但因各执一端，互不相让，而导致了焦点错位。蔡华为人类学坚守的科学性在于事实层面的确证；而格尔兹等揭示的虚构性（fictio）却指向表述层面的不真实。以田野为例，当人类学家面对特定场景中的具体事项时，眼前的"文化事实"可以说客观存在，看得见摸得着，但却挪不动、带不走，即便一根草木、一句言语、一段歌唱、一个眼神，都仅自存在于其自存在中，一旦被干预、被挪动，便不再是其自身整体。然而，无论为了科学还是其他何种目的，研究者看来都必须从这些自存在的"文化事实"里摄取点什么进行呈现，否则甚至无法证明到此做过真实的参与观察。他们能带回什么呢？长久以来，被人类学家们普遍带回并予以呈现的最主要物品（物证）其实只是一件加工品——民族志，也就是人类学作品。由此不难发现，传统人类学研究中前后连贯的三段式结构，即始于科学，面对事实，终于写作。其中，作为起点的"科学"代表理性、理论，承诺以探寻真理为其合法性前提；处于中段的"事实"关联田野和经验，代表假定可经由人类学家参与观察而被揭示的某种生活；最后，结束于终端的"写作"则指向民族志作品，体现人类学向社会呈交的学术贡献。彼此关系可图示如下：

顺向

（起点）科学 ⟶ 事实 ⟶ 作品（终端）

（理论） —— （田野） —— （民族志）

---

① 蔡华：《20世纪社会科学的困惑与出路——与格尔兹〈浓描——迈向文化的解读理论〉的对话》，《民族研究》2015年第6期。
② 丁岩妍：《社会科学范式建立的可能性与条件——"社会科学在何种意义上能够成为科学"研讨会评述》，《文化遗产研究》（总第10辑），四川大学出版社2017年版，第23—41页。

从起点往终端顺向看,此结构似乎有着内在的逻辑联系,即从科学的理论出发,经由真实的田野观察,当能实现民族志写作的实证预期;但反过来却不是这样,如果让读者来做判断,则很难通过阅读已完成的民族志逆向还原经验意义的田野事实,从而验证研究者事前承诺的科学真理。

逆向
(终端) 作品 ➡ 事实 ➡ 科学 (起点)
(民族志) —— (田野) —— (真理)

于是便相继涌现出弗里曼指责米德《萨摩亚人的成年:为西方文明所作的原始人类的青年心理研究》作伪以及奥贝塞克拉与萨林斯围绕"库克船长"如何被塑造展开激烈论辩。[①] 从表面上看,双方的对峙锁定在人类学家是不是扭曲了特定事实,从而追究或维护作者的伦理是非。其实,这有点弄错了靶子。从问题的更普遍深度来看,真正的焦点应当转向人类学的写作终端,也就是应该追问民族志作品究竟能否等于社会事实。如果不能,就既不要轻易作出呈现绝对真理的科学承诺,同时也不能随意牵扯书写者过失的伦理责难。在这点上,格尔兹说民族志是"虚构"或"小说"(英语的 fiction 可译为此二意),是强调它们作为"被制造物"和"被形塑物"的特性,也就是说,在人类学写作终端呈现的民族志是人类学家的叙事结果,是经过选择处理的加工品,而不再是社会事实本身。尽管都以事为据,但叙事不是实事,文本不是本文。人类学写作所做的不过是"就事论事"(say something of something)[②] 而已,一旦声称还要推进到"实事求是"

---

① 参见 [美] 玛格丽特·米德《萨摩亚人的成年:为西方文明所作的原始人类的青年心理研究》,周晓红等译,浙江人民出版社 1988 年版;[澳] 德里克·弗里曼《玛格丽特·米德与萨摩亚:一个人类学神话的形成与破灭》,夏循祥等译,商务印书馆 2008 年版;[美] 萨林斯《土著如何思考:以库克船长为例》,张宏明译,上海人民出版社 2003 年版。

② "say something of something" 一语出自格尔兹,意思与汉语的"就事论事"接近。纳日碧力戈等将其直译为"就什么说些什么",句子长了些,亦可简化为"就事说事"。其中的关键都不在事,而转向了"说"或"论"(say)(参见 [美] 格尔兹《文化的解释》,纳日碧力戈等译,上海人民出版社 1999 年版,第 511 页)。

（say something from something），则透露了书写者隐含的各取所需。此时，宣称民族志文本与"事实"等同是错误的，追究其与"实事"不符也是错误的。

对于民族志领域是否存在以及能否允许文学的"贸然入侵"，朱炳祥与赫兹菲尔德一样，也试图采用化解式的中间路线。一方面，他把确保"事实真实"当作民族志写作的"第一原理"，强调不能让事实"屈从于解释与建构"；另一方面又通过添加"阐释真实"与"建构真实"，为民族志作者的主体彰显乃至想象建构开了绿灯。不过，我认为他针对事实与叙事区别时所说的"民族志不是文学，不能超越事实去虚构"，是对格尔兹论断的误解。我理解的是，在人类学终端的表述意义上，可以认为民族志也是一种虚构乃至文学；而这不意味着其与事实无关，更不等于断言人类学不是科学。

五 "我"是谁？自我民族志的对看和互写

回过头来，就算承认人类学写作的自我转向标志着人类学写作的重大突破，也不等于只简单地把对象转到个体、再进入自我叙事就万事大吉。转向只是起点，真正的开端在于创建新表述范式。以往的经典民族志聚焦作为群的社会和文化，它们之所以能获得局部的阶段性成功，是因为其后面支撑着一套对社会及文化的理论认知，也就是被泰勒（Edward Burnett Tylor）、波亚士（Franz Boas）以至斯特劳斯、格尔兹等不断界定的文化意涵及其诸多类型。通过他们的界定，民族志作者知道在描写社会和文化时，当注重从亲属制度、经济生产直到语言习俗、信仰体系或"意义之网"及其功能的呈现。

朱炳祥的《自我的解释》呼吁把对象由他群转向自我，相当于将"民族志"转变成了"个体志"与"自我志"，若用英语表述，不妨写为 personography 及 autobiography。这样的转向意义重大，但前提是不得不完成与传统民族志同样的对象界定，即须针对新对象作出新阐释，回答新的叙事究竟要"志什么"，即何为个体？其与社会的"群"有什么关联？"自我"是谁？包括何样的内涵、特征？而后解答"如何志"的问题，即阐发人类学叙事文体的特定意涵：什么样的书写才称得上是自我之"志"？日记、自传、回忆录、口述史是否都可列入其中？若否，理由是什么？如能，标准何在？

可见，"自我志"的登场，价值和难度同在，意味着创建人类学对于个体与自我的认知内涵、分析手段及其关涉的整套话语，由此才可进入以志及"我"，继而将我入"志"。

为了对自我志的表述能有进一步理解，不妨援引一下费孝通的个案。在人类学从群体社会到个人自我的转向上，费孝通做过生动而深刻的阐发。他联系自己的学术经历，以个人、群体与社会的关联为基点，把他本人的思想分成了前后两段。1994 年，年过八十的费孝通梳理学术生涯，认为他自己前半期深受功能主义的"社会实体"论影响，片面相信个人不过是社会的载体而已，无足轻重，从而走入"只见社会不见人"的歧途；直到 20 世纪 80 年代"改革开放"，尤其是亲历"文化大革命"痛定思痛后，深切觉察到个人与社会并不相容的冲突面向。费孝通以自我的经历总结说：

> 这个"个人"固然外表上按着社会指定他的行为模式行动：扫街、清厕、游街、批斗，但是还出现了一个行为上看不见的而具有思想和感情的"自我"。这个自我的思想和感情可以完全不接受甚至反抗所规定的行为模式，并作出各种十分复杂的行动上的反应，从表面顺服，直到坚决拒绝，即自杀了事。①

由此，费孝通不仅"看见了个人背后出现的一个看不见的'自我'"，而且体悟出了新的人生与学理结论，即"我这个和'集体表象'所对立的'自我感觉'看来也是个实体，因为它不仅已不是

---

① 费孝通：《个人·群体·社会：一生学术历程的自我思考》，《北京大学学报》1994 年第 1 期。

'社会的载体',而且可以是'社会的对立体'"①。

费孝通聚焦于威权社会与不合群的自我,由此展示了意涵丰富的"双重个体",即外表上(不得不)按社会指定行事的"他"与在内心保持反抗社会的"我"。此个体的双重性产生于特定的"社会实验室"——"文化大革命"是突出的类型之一,一方面受社会实体营造的集体表象压制和遮蔽,另一方面体现出"个人生物本性的顽强表现"。

通过费孝通的表述,可以知道个体由生物人和社会人两个层面组成,自我是个人与社会的"辩证统一体",其特征主要有如下方面——

1. 对于社会而言,"个人既是载体也是实体"。
2. 社会可以限制个人却泯灭不了自我。
3. 自我不只是社会细胞,更是具有独立思想和感情的行为主体,社会实体的演进离不开个人的主观作用,也就是离不开具有能动性的自我主体。
4. 自我难以摆脱具有超生物巨大能量之社会实体的掌控甚至同化,同时也会在本性力量驱使下抵制社会、反抗社会。

为了加深对个体"自我"蕴含的复合多面的理解,费孝通援引了弗洛伊德的"本我"(id)、"自我"(ego)和"超我"(super ego)学说。他解释说:

id 就是兽性,ego 是个两面派,即一面要克己复礼地做个社会所能接受的人,一面又是满身难受地想越狱当逃犯。super ego 就是顶在头上,不得不服从的社会规定的身份。②

---

① 费孝通:《个人·群体·社会:一生学术历程的自我思考》,《北京大学学报》1994年第1期。
② 费孝通:《个人·群体·社会:一生学术历程的自我思考》,《北京大学学报》1994年第1期。

基于弗洛伊德学说，费孝通对"自我"的作用作了概括，即帮助个体在神兽之间寻找"一个心安理得做人的办法"，也就是回到潘光旦以"中和位育"倡导的"新人文思想"。潘光旦是费孝通的老师，他秉持以人为中心的学术立场，强调"社会生活从每一个人出发，也以每一个人作归宿"①，继而把儒学传统中的"位育"与"中和"联系起来，解释为"二事间的一个协调"，认为"位育是一切有机与超有机物体的企求"，强调"世间没有能把环境完全征服的物体，也没有完全迁就环境的物体，所以结果总是一个协调，不过彼此的让步的境地有大小罢了"②。

由此可见，秉承本土传统并兼容了西方学说的费孝通把"自我"界定为能动的意识及行为主体，亦即内外整合的"位育者"。

值得注意的是，在费孝通界定中，个体不等于自我，个体是外显的，自我则是隐藏的。在彼此关联意义上，可以说个体是乔装的自我，自我是掩藏的个体。这就涉及"自我志"写作的关键难题——如何确证自我存在并将其表述出来？为此，与其国外老师马林诺夫斯基倡导的外在式田野"观察"不同，费孝通提出了内在式"觉察"，并采用了与之相配的系列步骤：立足内在自性，依靠自省反观，觉察自我意义，实现个体自觉。

为了实现这一目标，费孝通对马林诺夫斯基"功能主义"的田野方法加以扬弃，以其本人学术经验为例，阐述了以"社会实体"为对象进行外在观察的根本局限：

> 作为一个人类学者在实地调查时，通常所观察到的就是这些有规定的各种社会角色的行为模式。至于角色背后的个人的内在活动对一般的人类学者来说就是很难接触到的。③

---

① 潘光旦：《社会学者的点、线、面、体》，《直道待人：潘光旦随笔》，北京大学出版社2011年版。
② 参见潘乃谷《潘光旦释"位育"》，《西北民族研究》2000年第1期。
③ 费孝通：《个人·群体·社会：一生学术历程的自我思考》，《北京大学学报》1994年第1期。

由此费孝通转向了"推己及人"的人类学,认识到文化与社会生活中"己"才是最关键、最根本的核心:"决定一个人怎么对待人家的关键,是他怎么对待自己。"① 于是回归"人是本位、文化是手段"的新根本,以其自己为对象,聚焦个体,在前后比较基础上自我反思,对"我自身有自己的社会生活"加以梳理总结,最终阐述了十分经典的"自我志"语句:

> 我按着我自己社会里所处的角色进行分内的活动。我知道我所作所为是在我自己社会所规定的行为模式之内……②

通过"我看我"的内在自省,唤起了事后自醒。

> 我觉得置身于一个目的在有如显示社会本质和力量的实验室里。在这个实验室里我既是实验的材料,就是在我身上进行这项实验。同时,因为我是个社会学者,所以也成了观察这实验过程和效果的人。在这个实验里我亲自觉到涂尔干所说"集体表象"的威力……③

在这些称得上个体自我叙事的表述里,言说者与对象虽然都以第一人称"我"表示,但却代表了多个不同的费孝通,其中既有在彼时叙事情节里作为实际行动者的旧"我",亦包括多年后对其加以总结评述的新"我"。用费孝通的话说,也就是"比较"后的"发现":

> (新我)在比较这一生中前后两个时期对社会本质的看法时,发现有一段经历给(旧)我深刻的影响。④

---

① 费孝通:《推己及人》,《群言》1999 年第 11 期。
② 费孝通:《个人·群体·社会:一生学术历程的自我思考》,《北京大学学报》1994 年第 1 期。
③ 费孝通:《个人·群体·社会:一生学术历程的自我思考》,《北京大学学报》1994 年第 1 期。
④ 费孝通:《个人·群体·社会:一生学术历程的自我思考》,《北京大学学报》1994 年第 1 期。

括弧里的文字为笔者所加，以我之见，正是这种"我看我"的觉察，成为费孝通人类学自我叙事的基本方式，帮助他"看见了个人背后出现的一个看不见的'自我'"。

总体而论，费孝通以经验事实为据，把对其自我的描绘和分析融入同一文本，以对照手法并存交错地表述出来，并冠以指向明确的题目——《个人·群体·社会：一生学术历程的自我思考》，其中不仅"就事论事"并且"实事求是"，称得上是汉语人类学的"自我志"先声。不过，这种先声还只代表以"我看我"方式进行自我认识的一种途径，不能排除"人看我"亦即"被人看"的存在。例如，哈佛毕业的大卫·阿古什（R. David Arkush，中文名欧达伟）就曾以费孝通为对象，完成过一篇同样聚焦个人的博士学位论文，并且与费孝通的自我叙事一样，该文也将费孝通个人与特定的中国社会紧密关联，力图揭示彼此难分的双向关系。有意思的是，这部题为"费孝通与革命中的中国社会"（Fei Xiaotong and Society in Revolutionary China）的著作，在译成汉语后被转写成《费正清传》，在相关介绍中不但被列为"小说类"而且强调其妙处在于结合了学术著作与传记文学的特色。①

阿古什是汉学家费正清的弟子，他的博士学位论文能以作为人类学家的费孝通一人为聚焦，表明学术研究的个体转向并非人类学孤例。不过，虽说如此，他的论述仍将个人与社会紧密关联，并体现出还是想以个人为例，解说宏观社会及中国整体的明显意图。正是在这种关联基础上，作者把费孝通视为中国当代在西方学术界影响最大的"本土民族学家"，同时也是一位"温和建言的上层政治家"和"中国农民的代言人"，他的成就推动了中国的人类学和社会学研究。②但就在以同一位为对象的描述里，由于采用的是"旁观"视角，阿

---

① ［美］大卫·阿古什：《费正清传》，董天明译，时事出版社 1985 年版。

② R. David Arkush, Fei + Xiaotong + ［Hsiao-tung + Fei］ (1910 – 2005), *American Anthropologist*, Vol. 108, No. 2, June 2006。该文汉译版见欧达伟《费孝通的学者、作家和政治之旅》，《北京师范大学学报》2008 年第 1 期。［美］大卫·阿古什：《费正清传》，董天明译，时事出版社 1985 年版，第 108—135 页。

古什不仅赞誉了费孝通的成就，也坦陈其因处境等原因所存在的认知局限。例如在与吉尔兹（汉译通常为"格尔兹"）做对比时，阿古什就一边夸奖费孝通十分多产，话题上天入地，无所不包，在数量和影响上都超过了吉尔兹；一边又批评说后期的费孝通由于政务繁忙，"能接触到许多新资料，却没有时间去阅读"，因此不但到了 1980 年末都没听说过吉尔兹其人，并且与后者相比，费孝通的观点"不乏重复，而且缺少发展"①。

与此对应，费孝通师母雷洁琼认为，该书论述了费孝通教授从事社会学研究的过程，还涉及他的其他社会活动、政治活动，所以可"称之为《费孝通传》"②。而通过阿古什描绘的"镜像"，翻译者见到的是学术勇士和人生榜样，称"我们"——表述与被表述之外的读者群——从中不难看出："费孝通教授在工作中遭受了多少挫折，作出多大牺牲。但他为了专门学科的发展，仍百折不挠地战斗下去。"③

阿古什以传记方式做的费孝通个人展现，有点像李亦园被黄克武用"口述史"类型做的人生书写。不过，虽然同为被表述对象，也以个人经历及学术生涯为叙事主线，并且作为受访者参与到他人设计好的口述项目之中，但李亦园却是以第一人称的"我"在书中登场的。在长达九个月总计 87 个小时的访谈过程中，李亦园不仅接受访问，提供资料，还审定记录初稿，因此，与其说是单向式的被表述，不如说更像互动式的合作撰写。④

有意思的是，在陆续读到关于自己的论述之后，费孝通发文回

---

① Obituaries: Fei Xiaotong [Hsiao-tung Fei] (1910 – 2005) Arkush, R David. American Anthropologist; Oxford Vol. 108, Iss. 2, (Jun 2006) pp. 452 – 456. 该文汉译版见欧达伟《费孝通的学者、作家和政治之旅》，《北京师范大学学报》2008 年第 1 期。

② [美] 大卫·阿占什：《费止清传》，董大明译，时事出版社 1985 年版，第 1 页。

③ [美] 大卫·阿古什：《费正清传》，董天明译，时事出版社 1985 年版，第 2 页。

④ 黄克武访问、潘彦蓉记录：《李亦园先生访问记录》，"中研院"近代史研究所，2005 年。对于该书的性质和特点，主办者是这样介绍的：李亦园先生接受本所访问 29 次，详述个人经历与学术生涯；稿成后又参与修改定夺，并亲自增补照片。最后总结说："本书不但是先生个人成长之记录，亦为时代的重要见证。"引自该书封二勒口文字。

应,针对阿古什等的"人写我写人",表述了"我看人看我"观点。他说阿古什对我(指费孝通)在人生路上无法收回的"脚印"产生兴趣,而我则在他笔下看见别人如何看自己。面对阿古什的采访和写作,费孝通既不作直接的问题解答,也不提供线索,甚至在作品出版后也不纠正其中的事实错误,而是转向了他人的镜子。他以观镜为隐喻,表达了对镜像自观及反观的看法,称终于明白了为什么儿童喜欢去照哈哈镜。费孝通写道:

> 长得不那么好看的人,不大愿意常常照镜子。但照照镜子究竟是必要的,不然怎样能知道旁人为什么对我有这样那样的看法呢?①

问题是转向镜子后究竟能看见什么?谁的镜子?谁在观看?观看谁?为何看?朱炳祥提出借助"自我解释",考察"对蹠人"和"三重主体"。② 比其早些的费孝通则聚焦自我心态,主张人类学应从偏重人与外部的生态研究,发展到关注个体内在的心态研究,由此发掘本土传统中"关于人、关于中和位育的经验"并将其"贡献给当今的世界"③。

21世纪以来,西方学界同样关注聚焦个体的"自我民族志"问题,其中也包括了书写者的自我叙事。研究者们总结说:"社会科学家们最近开始将他们自己视为'对象',并开始书写那些能够激发回忆的个体叙事,特别是那些学术和个人生活方面的叙事。"这样做的目的是力图"理解自我或生活在一种文化语境中的生命的某个方面",从而实现民族志的写作转型:

> 在个体叙事文本中,作者变成"我",读者变成"你",主

---

① 费孝通:《我看人看我》,《读书》1983年第3期。
② 朱炳祥:《反思与重构:论"主体民族志"》,《民族研究》2011年第3期;朱炳祥、刘海涛:《"三重叙事"的"主体民族志"微型试验——一个白族人宗教信仰的"裸呈"及其解读和反思》,《民族研究》2015年第1期。
③ 费孝通:《个人·群体·社会:一生学术历程的自我思考》,《北京大学学报》1994年第1期。

题变成"我们"。①

转型的意义之一,在于为人类学叙事扩展出横向并列的"新三角"关系,接近于朱炳祥所说的"三重主体"。不过,我更想强调的是由个体出发并能使微观、中观与宏观结合的"三层世界"及其互动整体。因为在方法论意义上,微观层面的研究者和研究对象之间"需要有对自我生命的认知作为前提",方可完成认识论与实践论层面的知己知彼,从而做到将心比心,推己及人。②

然而接下来还需弄清的问题是,人类学家让他们自己成为人类学对象的意义是什么?人类学的心态研究如何进行?自我镜像是否就是真相?镜像能见人心吗?由镜照心还是以心观心?人心在哪里?……心灵能够成为人类学田野么?如何进入?

为此,不禁联想到《心经》。这部流传久远的佛学经典提出的是"观自在",其既指"观,而后自在",亦是"观被遮蔽的'自在'"。若此,方知"色即是空,空亦是色",且"不增不减,不垢不净,不生不灭"。若再深入,内观的终点或许不是发现真、善、美而是觉察贪、嗔、痴("三毒"),就像鲁迅笔下的"狂人"以日记揭示的真相那样:别人吃我,我也吃人……若此,又将如何?

可见,人类学的自我志方法,意味着在对社会文化做整体而外在的探寻之后,开启了一条通往个体心灵的新路。此路充满诱惑也遍布危机,将再度挑战和检验人类能否面对自我的勇气与智能。

六 结语

自《松花江下游的赫哲族》与《江村经济》以来,汉语学界呈

---

① [美]卡洛琳·艾莉丝(Carolyn Ellis)、亚瑟·P. 博克纳(Arthur P. Bochner):《作为主体的研究者:自我的民族志、个体叙事、自反性》,[美]诺曼·K. 邓津(Norman K. Denzin)等主编:《定性研究(第3卷):经验资料收集与分析的方法》,风笑天等译,重庆大学出版社2007年版,第777—822页。

② 在人类学方法论上,笔者提出关注研究者个体内心世界,采用与参与式观察不同的对话式内省方法认知自我(参见徐新建《人类学方法:采风、观察,还是生命内省?》,《兰州大学学报》2016年第5期)。

现了一批批各具特色的民族志书写,但对于什么是民族志所书写的追问却远远不够。因此从汉语民族志的历史演进来看,不妨将朱炳祥的《自我的解释》视为具有开创意义的新作品试验,代表着汉语民族志写作的时代转型。此转型超越人类学局限于族群文化"他表述"的叙事传统,由民族志的自我叙事切入,再通过"人志""互镜""对蹠人""日记裸呈"及"自我田野""本体论事实"等精致议题的逐层展开,论题已超越了人类学写作的体裁类别,而进入更为广泛的深层思辨。

在我看来,从费孝通"文化大革命"后以聚焦个体为类型的历史反思到金力团队以人类基因组计划为前提的跨界表述,汉语世界的人类学写作已朝向人类总观与刻画自我两头拓展,从而有望扩展为真正意义上的整体人类学。在堪称自我民族志的这一维度里,朱炳祥《自我的解释》更注重理论思辨,它的意义与其说是为认知中国社会添加了人类学家的个体案例,不如说更在于另辟了人类学写作的自我镜像,并由此关联牵出对民族志哲学的方法论思考。对于创建百年的中国人类学来说,这样的论述绝非过多而是太少。

20 世纪 80 年代初,格尔兹在以"深描"为题的论述里指出:

> 在人类学或至少社会人类学中,实践者们所做的是民族志(ethnography)。正是通过理解什么是民族志,或更准确一些,通过理解什么是从事民族志,我们才能开始理解作为一种知识形式的人类学分析是什么。①

照此看法,以民族志界定作为理解人类学的核心"开始",不但涉及人类学的社会定位,且关涉该学科的自知之明;若对此避而不谈或充满误会,则无异于无根之木,自灭自生。然而,从摩尔根到格尔兹,西学人类学界迈出对民族志自我阐释的"开始",可谓一波三折,艰难漫长。其间不知经过了多少学者的辛勤努力和辨析论争。与之相比,汉语学界的同类追问还不算太晚。不过就一个多世纪来的西

---

① [美]克利福德·格尔兹:《文化的解释》,纳日碧力戈等译,上海人民出版社 1999 年版,第 5 页。

学东渐进程而言，汉语世界的确需要立足本土又超越其中的深度思考。其中，对民族志写作的话语开辟，无疑将担起重要职责，从而使本土的学科理论有望借助哲学层面的突破，重建人类学整体。在这个意义上，我将朱炳祥教授看作汉语学界稀有的哲学人类学家，尽管其提出的一些论点还有待商榷，但我仍认为他以"对蹠人"题名的系列作品称得上与西学对话的哲学人类学佳作。

不可忽略的另一层面是，在人类学写作的另一端，作为整体的"人类志"依然有待跟进。我以为此类型迄今为止十分重要的奠基者有两人：达尔文和弗洛伊德。前者通过物种演进的系统，表述了人类种群的整体属性；后者依托临床和假设的人类心理，揭示出该种群普遍存在的多重意识。他们的作品才称得上真正意义上的"人类志"，写成英语，即是 Homo-graphy，也就是用人类学方式，表述人类整体。于是，如果可用"志"为类型——也就是"以文志人"概括人类学写作的话，其全貌即可用图示呈现如下：

$$人志\begin{cases}人类志（Homography）\\民族志（Ethnography）\\自我志（Autobiography）\end{cases}$$

经过学科史的漫长演进，人类学写作的聚焦似乎正转向作为个体的自我。这样的转变意义重大，任务艰巨。但如若出于学科之需而真要开创"自我志"类型的话，力求突破和创新的人类学写作还得继续追问：个体是什么？"我"究竟是谁？为何要以"我"入志？关联起来则还有：人心起点何在？终点将是哪里？若不从根本上获得解答，则不存在霍布斯与黑格尔意义上的"最初之人"与"最后的人"，人类社会离福山所谓"历史的终结"依旧遥遥无期。①

---

① 福山认为，从霍布斯到黑格尔，都强调人性中"为获取认可而战"的普遍性，并把这当作"最初之人"的原型标志。霍布斯指出："每个人都希望他的同伴对他的评价和他的自我评价是相同的；而且对所有的蔑视和低估都会尽可能大胆地……通过伤害蔑视者并警示他人，让他们给与自己更高的评价。"（参见福山《历史的终结及最后之人》，黄胜强、许铭原译，中国社会科学出版社 2003 年版，第 175 页，以及托马斯·霍布斯《利维坦：在寻求国家的庇护中丧失个人自由》，吴克峰译，北京出版社 2008 年版）。

真正回到人的生活场景之中去
——武汉大学朱炳祥教授新著《自我的解释》读后*

赵旭东**

显然，人类学是要认识人自身的，但从实际而言，认识人自身往往是最为困难的一件事情。哲学的、文学的、艺术的、宗教的，乃至于社会科学的各个门类，人类学、社会学以及民族学都在其中，到最终都会在认识人自身这件事情上打转转，翻来覆去尝试着要获得一种超越他者的最终解答，但结果难有终结。从苏格拉底到柏拉图，然后再到亚里士多德，在古希腊哲学思想史的这一脉络之中，最为重要的恐怕是一种观念的转变，这种转变便是思想家们尝试着从之前对物自身的理性认识的强调，而转变到了对人本身的认识的强调上来，特别是对人的感性知识来源的一种强调上来。因此，到了古希腊的哲人亚里士多德，他才会更为强调一种人的感官在求知上的作用，特别是去强调一种视觉知识的来源，而在早期的柏拉图那里，"决不会把求知的欲望与我们的运用感官的嗜好相提并论"①。由此，凡人之事，必会涉及可以凭借感受性所经验体会到的政治、经济、社会与文化的诸多方面，人因此是一综合、复合而又有生命的复杂性存在，并非一般抽丝剥茧般的政治人、经济人、社会人，乃至于文化人那种单向度的概念所能予以完全涵盖的，今天所谓机器人的人工智能的概念，尽管加入了人的智能要素这一向度，但仍旧只是对人的智能或某几方面认

---

* 原载朱炳祥《自我的解释》一书序言。
** 赵旭东，中国人民大学人类学研究所教授。
① [德]恩斯特·卡西尔：《人论》，甘阳译，上海译文出版社1985年版，第5页。

知能力的一种模仿或仿真而已,从根本上讲还是无法真正做到复制人的全部。在这个意义上,人的问题之难,绝非一般的工程师思维的猜想和模仿所能真正企及。在这方面,人类学不可能离开人本身去谈人,人类学也不可能降格成为工程学,一种人类学的"人观"是强调如何理解真实语境之中的真实人,这种人往往是多种因素偶然交织在一起的一个不断变化其形态的复合体,即一种复合人。

最近,武汉大学朱炳祥教授的新著《自我的解释》这本书,实际上就是尝试着从一种人类学的角度,或者更为确切地说是从一种现实人、真实人以及主体人的角度对这样的一种复合人给出一种更为完全和接近的解释,也尝试着将诸多的有关人论问题的讨论都实实在在地拉回到具体而微的"人"这个问题上来,回到哲学家卡西尔所谓的"认识自我乃是哲学研究的最高目标——这看来是众所公认的"这个讨论问题的基调上来。① 朱炳祥的《对蹠人》系列的民族志大概就是想从这个问题切入,有所企图心地对人是什么这一带有根本性的问题给出一种尽可能全面的解答。②

他1949年出生,之前曾经坚持写了五十几年的日记,现在每天大概还在写,留存了数百万字的人类学田野写生稿,成为一个对他而言的自我的客体化的对象存在。而作为一位中国人类学家,这些日记材料在我看来其中必然有许多可能会进入人类学学科史中的珍贵的田野笔记,这些东西的客体化或对象化对人类学家而言自然是不可避免的。但他与众不同,在他年纪尚轻之时,就曾经用一套在军队当兵时学会的速记法以及极为用功勤奋的笔耕,记录下了他人生中的多种生活样态以及在生命历程不同阶段里的自我真实存在的状况。在他随着年龄的增长且逐渐有余暇可以对他自己随手"写生"的这些生活的真实记录加以重新整理,并直接对它们进行一种全新审视或直接反思性地面对它们之时,他开始尝试着对这个一直以研究他者为怀的人类学家的姿态作出种种反思或自省,而他实际上想借此真正地研究一下

---

① [德]恩斯特·卡西尔:《人论》,甘阳译,上海译文出版社1985年版,第3页。
② 参阅朱炳祥《他者的表述》,中国社会科学出版社2018年版;朱炳祥《地域社会的构成》,中国社会科学出版社2018年版。

他自己，研究他自己在那样种种语境之下的行为的一种可理解性实现的程度，特别是如他所说的那样，是在一种"主体民族志"意义上实现一种可理解性的程度究竟是怎样的，他在这个主题上已经发表了多篇重要的研究论文。①

可以这样说，解释是一种说明，是预先设定的一种神秘的存在，我们对其究竟为何存在实际上一无所知，由此便会驱使着我们的好奇心和求知欲，试图对此给出一种说明，获得一种智识上的认知、理解及满足。但对于这样的人的自我及其围绕自我而展开的丰富多样的人生而言，究竟又有几个人愿意给出一种真的了解，最终又有多少人能够幸运地并且恰如其分地会有这种理解上的获得、把握，或者收获呢？实际上人们借此所获得、把握或者收获的也不过都是种种带有一些不确定性和不可知性的暂时性的知识存在而已。人类学试图通过一种田野研究的工作办法去了解他人，而在这其中，要真正做到费孝通晚年所谓"人看人看我"的那种"相互看"的彼此观照的境界，或者如朱炳祥自己在《自我的解释》这本书中所提及的一种"互镜"的理解，那又是如何难能可贵和不容易呢？

作为现代人类学奠基人之一的波兰裔的英国人类学家马林诺夫斯基，在为自己所指导的博士生费孝通1939年出版的博士论文《江村经济》撰写的序言中便明确地指出了一种由自己人去研究"自己人民"（his own people）的困难以及开展这方面的人类学田野研究意义的重大。② 而在这里，像朱炳祥教授这样，要去真正地研究他自己既

---

① 关于这一系列的研究论文可参阅朱炳祥《反思与重构：论"主体民族志"》，《民族研究》2011年第3期；朱炳祥《再论"主体民族志"：民族志范式的转换及其自明性基础的探求》，《民族研究》2013年第3期；朱炳祥《三论"主体民族志"：走出"表述的危机"》，《民族研究》2014年第2期；朱炳祥、刘海涛《"三重叙事"的"主体民族志"微型实验》，《民族研究》2015年第1期；朱炳祥《事·叙事·元叙事："主体民族志"叙事的本体论考察》，《民族研究》2018年第2期。

② 马林诺夫斯基在序言中写道："本书让我们注意的并不是一个小小的微不足道的部落，而是世界上一个最伟大的国家。作者并不是一个外来人，在异国的土地上猎奇而写作的；本书的内容包含着一个公民对自己的人民进行观察的结果。这是一个土生土长的人在本乡人民中间进行工作的成果。如果说人贵有自知之明的话，那么，一个民族研究自己民族的人类学当然是最艰巨的，同样，这也是一个实地调查工作者的最珍贵的成就。"（费孝通：《江村经济》，外语教学与研究出版社2010年版，第iii页）。

作为一个人类学家，又作为一个社会中的具体个体的存在，然后再去给出一种人类学意义上的理解，这又该会是如何的难上加难。似乎整个的西方心理学、认知科学都尝试着要做这种努力，即对于具体而微的个体进行一种理解，但对心理学家而言，能够真正精确地理解这个具体的个体人的存在，它所能够积累起来的知识，到目前看来仍旧只不过是冰山的一角而已。

但今天的人类学家显然毅然决然地要全身心地做这件事的，因此，不论是过往之人，还是当下之人，乃至于尚未出现的未来之人，人类学对于人的理解的研究的自我意识显然在当下时代变得越来越突出了。朱炳祥《自我的解释》一书开篇所引莫兰的话，也许可以算作对人类学家的人的研究的新时代给出了一种新的启示或刺激，即"现在我们还没有关于人的理论"。这句话显然是针对既有的全部人类学的研究而言的，在这方面，我们确实需要有一种人类学家全体的自知和自觉，即要知道"人的第一个对象，即人，是自然"，这是关键，也是我们的目标。①

但很显然，作为自然存在的人如何能够对他的本身变化的存在进行一种研究，却不是一般哲学家靠纯粹的思辨能够完全实现的，这引导着人们必须回到人的生活场景之中去。要知道，很多时候，人是会巧妙地隐藏起他自己的种种自然属性的，而更多地会以多样性的文化的面目表现和表达出来。可以肯定，我们的日记再真实，也不可能道尽自然人存在的全部，这包括人的生物性的欲求、本能的冲动以及潜意识里种种让人焦躁不安的情愫。作为精神分析的开创者，弗洛伊德似乎想做到这一点，他的《梦的解析》堪称这方面的典范，但是他笔下的记录仍不是一种真实发生的全部，而是在那时那刻的主观的种种感受而已，对于更为深层的被压抑起来的意识，对他而言，仍旧是有待研究和探索的一个领域，后来的诸精神分析大师们的工作不过就是对弗洛伊德心灵探索的一种延续而已。

---

① ［法］埃德加·莫兰：《迷失的范式：人性研究》，陈一壮译，北京大学出版社1999年版，第187—189页。转引自朱炳祥《自我的解释》，中国社会科学出版社2018年版，第1页。

而马林诺夫斯基这位人类学家实际上最想在田野之中用一种日记体的形式去呈现他自己作为自然人而存在的在田野异文化之中的那种近乎不能言说的非理性的一面,这其中就包括性、混乱以及杂乱无章的叙述之类,但这些真实表达出来的不成体系的日记表述最终还是被他锁进了自己在耶鲁大学的办公室抽屉里,从来不肯或者从来也没想着要公之于众。但他的墨西哥继妻便以为这是一种公器,因此便自作主张,在马林诺夫斯基死后作主同意将其印成铅字发表出来。① 这一发表在 20 世纪 60 年代的世界人类学中犹如引发了一场地震,一场震感极为强烈的学术地震。在这方面,它所真正引发的乃是有关于民族志是什么以及民族志该如何书写的一个人类学大问题的讨论。②

当然,由马林诺夫斯基所开启的科学民族志的撰述范式,因他自己私密的田野日记的公开出版而遭受了一种地震般的震撼,这可谓是一种山摇地动般的震撼,由此而带来的一系列的欧美人类学对于人类学这门学科的反思也是同样具有这种震撼作用的,这是对人类学可能的对异文化曲解的一种反思,由此人类学不再理所当然地与行"间接统治"的殖民者为伍,或无反思性地深度卷入殖民遭遇的行列之中,反思成为 20 世纪 80 年代欧美人类学家们的核心特征之一,由此也促成他们积极主动地参与到借一种反思主体性文化错位的存在而进一步反思由曾经的殖民或殖民心态所带来的一种异文化的丧失乃至覆灭的处境,异文化的存在不再是一种结构与功能的平衡,而是参与者与观察者之间互动时间的自我反思。可以肯定地说,朱炳祥教授的《自我的解释》一书显然也是在此种背景之下大胆地展开其讨论的。我在对他全书文献的翻检中注意到,他几乎阅读了所有关于 20 世纪 80 年代以来西方人类学以及相关学科对文化问题诸多反思性的讨论,当然其中最为著名的就要数已故的美国人类学家格尔兹(Clifford Geertz)在关于"文化的解释"这一主题下的那些论

---

① Bronislaw Malinowski, 1967, *A Diary in the Strict Sense of the Term*, New York: Harcourt, Brace & World, Inc.
② 赵旭东:《马林诺夫斯基与费孝通:从异域迈向本土》,载潘乃谷、马戎主编《社区研究与社会发展》,天津人民出版社 1996 年版,第 104—145 页。

述和反思，并适时地将自己身处其中的中国场景以及他自己曾经作为一名知青、一名电灌站打水员、一名实习记者、一名军队中的报务员，还有电台台长、作战参谋、军队高层领导秘书、高校行政人员以及大学的一名老师的种种角色转换的经历，都全部地纳入了他的大量而深度的自我反思性的研究和思考之中，在这样的多重差异的语境之下，他试图深度思考他曾经的自我的存在以及他对这种自己所记录下来的客体化自我存在的一种再分析。

在这一点上，他尝试着如何能够比马林诺夫斯基走得更远一些，或者说走得更为进一步一些。大多数的人类学家大概都会像马林诺夫斯基一样，采用一种封存其自己田野日记的做法，称那是"一个严苛的日子"，田野之中的酸甜苦辣、美丑善恶以及瞬间的好恶感受都杂糅在手写的日记本或者电脑之中，余下来的时间或者在田野工作之后的数年里，人们会暗地里尝试修改原本零散、没有顺序编排和不成逻辑体系的那些田野记录或笔记，最终经过多年才会以一副文化上能被人接受的面目去出版、去示人。因此，到最后所看到的民族志文本不再可能是一种活灵活现的急就章般的"写生"，而是一册有着篇章结构的写着某某作者姓名的厚重的民族志作品，但这样的人类学家从来都未曾有勇气去吃螃蟹，即面对他自己的那些随手记录的日记体的书写，真正能够把有现场感的自我的存在和对自我存在的对象化或客体化的审视相互分离开来，形成对那样一个时代里多样性人生和样态的一种最为直接或"裸露的"呈现，而《自我的解释》这本书则尝试着吃了人类学家不敢吃的这只人螃蟹。①

或许可以这样说，如果《自我的解释》这本书有所贡献，或者说"对蹠人"的民族志系列有其贡献所在，那最大的贡献便在于此了。朱炳祥实际上敢于正视他自己的存在，正视曾经发生的一切，并将这些感受和体会都体现在他自己的笔端。只要在他看来是真实的，在他

---

① 但很显然，在自媒体存在和流行的当今时代里，直接或者"裸露地"呈现民族志的素材已经变成一种不争的现实，而我们所试图推进的微信民族志的研究也是在这个路径上进行努力的。关于这方面的讨论可参阅赵旭东、刘谦主编《微信民族志——自媒体时代的知识生产与文化实践》，中国社会科学出版社2017年版。

看来不能疏忽于其笔端的，他都试图通过一种自传体的方式将其纳入一种冷静的沉思之中，然后再梳理出一幅理解或解释的线路图来。他显然比更多的心存芥蒂的人类学家幸运，并没有浪费掉这些他自己用生命积累起来的辛勤记录，更是在此基础上给出了一个私有的人生经验的亲历者在时隔多年之后的一种重构自我经验的切身的理解和解释。显然，人类学的今天需要有更多这样的另类的民族志作品，而且，人类学之中也需要有更多的人真正直面他们自己的这种自我的存在。

  尽管对许多的读者而言，这些日记太有"故事性"了，同时对个人经历的阅读似乎又太冗长了一些，但就一种真实感、现实感和历史感而言，这些文字注定将会是对一个特别而不可再予以复制的时代的记忆和整理，在这种记忆和整理之中迸发出种种启示。可以想见，要把人一生极为漫长的分分秒秒发生的事都压缩到一本恐怕再厚也厚不过人生历程记录本身的日记之中，那对日记呈现和分析的故事性和冗长性也就自然是不可避免的了。就像我们要了解一种空间意义上的整个世界的存在一样，到头来，我们只能把完整的地球地理空间示意性地压缩到一张平面地图上，但要知道，地图本身终究不是世界本身，但显然似乎又是世界本身，地图从某一方面来讲是可以代表这个地球世界的真正存在，并给予我们关于地球世界存在的一种大略印象或表征。如果某人想要知道更多的有关这个世界的构成以及存在方面的细节，那就只能是按图索骥，找到一种更细节化的真实存在，去做更进一步的微观追溯和理解。

  人类学在有关人的文化存在方面便可谓是这样一种指引性的便览，一种方便的世界文化地图或手册。显然，在文化自觉越来越多地表现在不同的文化之中时，人们也不必再遵循和模仿一种既有的几乎是刻板化的民族志书写模式，在书写上真正地有所创新，才可能是人类学在未来有所前进的动力基础，文化和自我的多样性的存在无疑是多样性书写的前提。应该让每一个人类学家都书写他们自己的关于自我的观照，这或许将成为未来一种新的研究范式而常规性地被研究者所接受下来，成为日常学术实践的一部分。

"钝感的力量"
——读朱炳祥《自我的解释》之"我志"*

彭兆荣**

在希腊德尔菲（Delphi）阿波罗神庙入口处铭刻着三条箴言，其中第一条就是认识自己 γνωθι σεαυτόν。在古代希腊神话传说中，德尔菲是"世界的中心"——神圣之点。神庙由是成为圣谕（Oracle）之所。在德尔菲的博物馆里，有一个网状的物体，传说就是中心汇点的"证物—圣物"。在古希腊，人们来到圣谕之所，希冀能够了解他们自己的命运。当他们进入神庙的时候，首先都读到了这几个字。该箴言实际上是一个反问：我是谁？

我也造访过德尔菲，观赏了那块网状之物，不过，我这个来自"中国"的中国人，是不会认可德尔菲博物馆里的那个"世界中心"的。我"笃信"中国才是"世界中心"。我未能照面"认识自己"的句子，因为我去那儿调查的不是阿波罗太阳神，而是狄奥尼索斯酒神。阿神和狄神两大神庙遗址排在一起，为什么？看一看尼采的《悲剧的诞生》就能明白，当酒神充当法官的时候，世间一切都将"重估"。

这一句箴言之所以不朽，是因为人类在认识"自我"时所遇到的对生命无解的困惑，纵然耗其所终亦难以明白；就像人们不知道他们自己在酩酊时的"本真"还是在清醒时的"本真"才是真正的"本真"，抑或两种境界都是"本真"？因此，无论历史上的先知、贤哲、

---

* 原载朱炳祥《自我的解释》一书序言。
** 彭兆荣：厦门大学人类学系教授。

睿智、大师如何参悟，做何评点，留下的大量深刻的思想、传奇的轶事、绚烂的文饰，皆无以尽善尽美。也因此，认识自己将没完没了地被人所理解、所阐释，只要这个星球上的人类还在。

读了朱炳祥《自我的解释》，我又看到了一位学人在求索"自我"的漫漫道路上跋涉，仿佛看到寺庙里络绎不绝的香客，手持敬香，敬献上虔诚的心愿，令人肃然敬佩。回观人类的知识殿堂，难道不就是一代一代学人前赴后继，在前往神圣殿堂的路途上，用虔诚的、朝圣般的追求探索未知，却一直无解。"人文"难道不就是这样吗？她美，因为只有她拥有；"人文"并不求得终极解释，甚至不求共识，提供一种予人以启发的"解释"就足够了。

著者以蹠（antipodes）的方式，将"自我"置于不同的两个对蹠点之间，以人类学的学科背景和相关的知识切入，进行了多角度的分析，甚至是自我剖析。按照作者的观点，甚至人类学学科的根基性工具概念"民族志"都受到质疑；理由是：人类学做的是"人志"的工作，"民族志"的表述因此并不确切。人类学这一学科冠之以"人"，无论是人类学（anthropology）、民族学（ethnology）——旧时译为"人种学"，都无妨其是以"人"为对象的专门研究，因此，朱教授以"人志"说之，亦不背其本。

对"人"的研究包括"他者"与"自我"，认识"他者"与理解"自我"。故《自我的解释》中的"自我"原本是一个多维视角的"言说者"和"被言说者"。朱教授从不同的角度出发，以不同"位"的立场对自我进行剖析，包括那些被认为"个人隐私"的私人日记也成了他自我剖析的"手术刀"。

由此，我们也无妨将这一"人志"视为"我志"——以自己的生命历程，包括观察、思考、记录下的日记为"内线"，以人类学对"自我"的相关讨论为"外线"而进行的实验民族志（人志）探索。特别值得一提的是，作者以他自己的日志为"事实"之经，以他自己的分析为纬，完成了一部特色鲜明的民族志作品。

《自我的解释》主要引述了四种人类学家讨论"自我"的观点：一是义化决定论。美国历史学派代表人物博厄斯及其两位著名的女弟子米德和本尼迪克特所主张的文化决定论,以及那场旧时的争论,并由此遗留下的"遗产诉讼"。二是美国人类学家斯皮罗的"文化—个性"观,即个体与文化之间不可能发生冲突,二者处于协调状态。因此,没有普遍的人性,只有特殊的文化性。三是刘新(流心)"自我的他性"之言说:"自我"非"己身"的自我,而是哲学或心理学意义上的"自我"。在特定的历史语境中,"自我"成了"他者"——重构"自我"道德空间的过程。四是布尔迪厄关于"自我"的"原始配置"问题。"原始配置"被用作指喻诸如"童年经历与寄宿学校的生活"场景记忆和心理遗迹。

作者显然最为认同布尔迪厄"自我"的"原始配置"之说,因为只有"自我的原始配置",才能获得对"自我"的真正解释。下文特引述书中的几段表述:

> 对于"他者"的研究只有在"自我"研究中才能确定其位置并获得意义,对于"自我"研究也只能在"他者"的研究中才能确定其位置并获得意义。

> 我对于自我分析的自觉的学术意识,是1999年才萌生的,但是,这种意识却源自童年时代的一个天真的问题。

> 就个人的心智而言,我一直都缺乏敏感力。少时,母亲曾用"榆木圪垯"一词形容我的木讷;成年后亦未有多大改观,在与人争辩中总是拙口笨舌,输得一塌糊涂。这种迟钝不是大智若愚,不是老谋深算,而是根本没有反应过来,没有意识到事件的复杂性及其间的人情世故的奥妙,这使我的人生中遇到无尽的尴尬与困窘。不过,这种心智特征也会产生某种"钝感的力量",从而获得额外的补偿:它使我永远不会陷入"聪明反被聪明误"的泥淖,而且还带来了一种不受干扰的力量,使我对于我所认定的目标与信念有着执着的坚守。那个童年一团孩气的问题,虽然很快就在学校的教育中被压沉了,但过了30多年以后,也就是

到了 1987 年，它终于又浮现出来，成为"我"思想感悟与觉醒的助推力，自此，我决心将"人"作为研究对象。于是，我开始学习人类学。

在方法的表述上，作者对"事实"之"真实性"所做的解释，既非格尔兹三个重要的隐喻所做的"解释"原则，亦非民族志话语体系所建构的"真实性"圭臬，而是借助"互镜"的多维观照作为他自我观察的支点。"互镜"中的三个视点 A1、A2、A3 被视为三重主体的隐喻：我既是田野工作中的"我"（A1），又是对田野材料进行分析解释的"我"（A2），还是一个民族志书写的"我"（A3）。他相当自信地认为，在认识支点不断移动的"互镜"关系中，民族志者可以胜任这一工作。

至于如何在对事实的"真实性"做解释这个根本性的问题上，作者阐明了他自己的立场。尽管我认为，像"真实性"这样的概念，学术界所贯彻的是西方的知识谱系，中国的传统文化中并没有类似的辨析概念。而如果"真实性"采用 authenticity 这样的语汇，在西方的知识考古中包含着"公认的权威"authority 的意味，那么，"我"的被"公认"便可能受到质疑。这或许也是格尔兹使用"事实"（fact）的一个理由吧，因为"事实"是公示性、公认性的，但"我的解释"，比如"深描"，则是"专属性的"——包含着个人主观性的因素。

毫不讳言，我对是否能够在理解、阐释"真实性"方面得到认知上的共识并不抱持奢望。如果说传统民族志侧重于对"客观事实"（fact）的描述，试图找到"科学"的彼岸，而实验民族志则强调对深层结构的"真理"（truth）理解，坦陈那只是"部分真实"（partial truth），那么，人类学家在田野作业过程中，对现实社会的"真实体"（entity）的认知，期待获得"原真性"（authenticity）公认就变得很困难。但如果我们退而求其次，即收获了"自我"，那么，情势便豁然开朗。

这里还存在表述上的困境：同样的"事实"，不同的表述，使得

fiction（小说）和 fact（事实）变得扑朔迷离。早在人类学学科诞生以前，历史上就不断地讨论"神话是不是历史事实"的问题，及至19世纪末20世纪初，考古人类学的发现——尤其是德国考古学家谢里曼和英国考古学家伊文斯等人对特洛伊、迈锡尼、克里特遗址的成功发掘，使《荷马史诗》以及古希腊神话得到了历史性证实。

这样，在两个文类——历史（真实）与小说（虚构）的表述中难分泾渭，宛如萨林斯的《历史的想象与神话的真实》的破解。历史学家汤因比故而戏之，历史同戏剧和小说一样是从神话中生长起来的，神话是一种原始的认识和表现形式——像儿童们听到的童话和已懂事的成年人所作的梦幻式的——在其中的事实和虚构之间并没有清晰的界限。

朱教授的《对蹠人》系列之三《自我的解释》，打动我的或许并非他所做的各种"解释"——哲学的，心理学的，人类学的；而是他对"个人经历的记录"——既具有个人"编年史"的真实味道，又是他本人所记录、所表达、所解释的部分，让读者了解作者的心路历程：

> 在经历了16年的军旅生涯以后，1985年底我转业到某高校工作，在当教师之前，我在该高校机关做一年的行政工作（1986年）。这一年，我从军队的文化模式进入了高校的文化模式，经历了一个"新奇—适应—冲突—离开"的完整的心路历程。
>
> 在告别一种旧的文化模式、进入一种新的文化模式之时，这就是田野工作。田野工作初期总有一些紧张、兴奋与激动，也总有某种宗教企望。日记1"大雁"，是我从军队到高校的职业转变中记下的第一句话。我一边揶揄这个幻想家，一边却又幻想着新的未来。因为我不知道未来，所以才希望在当下与未来之间建立起某种相关性。而当告别旧的文化之时，总是有一种说不清道不明的复杂感情。日记2"军人生涯到此结束"，既是希望结束，又是留恋以往；而日记3"军人生涯彻底结束"的表述已从留恋过去转为告别过去，从犹疑回首转为昂首向前。

上班第一天，就遇到一名研究生为了五角钱到工薪科来辩理的事，这对我的心灵冲击是很大的，军人价值观与知识分子的价值观的差异在此表现出来。我的日记显示出我与这种文化格格不入。后面的几则日记都加强了我的局外感，我已经从理性上认识到我所面临的是不同于军队文化的一种新的文化制度……

我敬佩作者把这样的材料作为"民族志"表述的胆识，我曾经对人类学家黄树民院士《林村的故事——一九四九年后中国农村变革》做过书评（受《读书》杂志编辑之托），黄先生对书中主人公叶书记的描述"采用生命史的方法"（life history approach），试用了"对话体"表述方式，"我（作者）"与"他（叶书记）"构成了一种"对话"关系。这样的民族志已经够"实验"了。《自我的解释》干脆将作者自己具有"隐私"色彩的日志为民族志材料，建构了一种"我"与"自我"的对话关系。

这种"胆识"或因"钝感的力量"而获得"额外的补偿"，是为著者"心智"的果实，他收获到了。

序说与叙说《自我的解释》，只属于"我志"。让我也成为朱教授的"互镜"吧。

是为序。

超越自我
——朱炳祥教授《自我的解释》的启示*

刘海涛

我是朱炳祥教授的晚辈。从严格意义上讲，作为一名后学者的我并不具备给朱老师专著写序言的资格与学养。我与朱老师从相识到密切交往，缘起于朱老师将"主体民族志"的有关稿件投给《民族研究》。朱老师首次完整展示和系统论证他的"主体民族志"学术思想，选择了《民族研究》这个平台。作为《民族研究》民族学人类学学科板块的初审编辑，我有幸成为"主体民族志"的第一位读者和首位评议者。之后，我与朱老师的学术交往日甚一日，被"裹挟"成为"主体民族志"实践中的一员①，成为"实验民族志之后民族志如何前行"问题讨论中的一员。② 朱炳祥教授近日嘱我个人为其新作《自我的解释》写序，想听一下具有学术批评性质的"审稿意见"，实不敢当啊！这里，我再次以一个"近水楼台先得月"的受益者讲一下对《自我的解释》的粗浅认识以及从这部新作中获得的若干启示吧。首先诚挚感谢朱老师的盛情邀约，同时也衷心感谢《民族研究》为我带来的难得的学习机会。

"自我"是贯穿《自我的解释》中的主线索和核心关键词。全书围绕"自我"展开，无论是问题、方法、材料、观点，都建基于

---

* 原载朱炳祥《自我的解释》一书序言。
① 参见朱炳祥、刘海涛《"三重叙事"的"主体民族志"微型实验》，《民族研究》2015年第2期。
② 参见刘海涛《主体民族志与当代民族志的走向》，《广西民族大学学报》2016年第4期。

"自我"之上。那么,引发我的浓厚兴趣的一个问题由此而来:朱老师表征或再现(represent)了一种怎样的"自我",朱教授表征的"自我"与朱老师本人之间是一种隐喻的关系,还是一种换喻的关系?

在我看来,《自我的解释》并非一种严格意义上的"自我"再现及剖析,并非一种严格意义上的个人生活史塑模,而是一个以个人生活史片段为线索,通过截取并展示个人生活中出现的一些在作者看来有意义、值得书写的特殊的社会事件,绘写出一种宏大的流动的活态的社会生活变迁场景。朱老师自己有时是事件的主角,有时是参与者,有时又仅仅是旁观者、记录员。在这部作品中,作者所截取的都是社会生活片段,而不是家庭生活细节,展示的是在变迁中的社会里镶嵌在社会问题之中的个人的所思、所想、所为。借助作者自己社会角色的演变——知青,电灌站打水员,实习记者,军队中的基层连队战士、电台台长、作战参谋、高层领导秘书,高校的行政人员、教师等,同时借助形塑别人(他者)所扮演的社会角色——汽车司机、离休干部、高校行政科长、想出国的一名大学骨干老师等,将中国一定时期的社会变迁淋漓尽致地描绘展示出来。

这种特殊的个人生活史建构,其根本目的并不在于描绘出一种"自我"形象,而是基于自我而建构出一种超越自我的"集体表象",描绘出一幅活态的如"清明上河图"那样的宏大社会生活广角。借助这一社会广角,改革开放之初的中国社会如何一点点地悄然转型为今日的中国社会的过程跃然纸上。改革开放之初的中国社会与当今中国社会的差异,成为读者驻足欣赏作品的触发点。这应该是这部作品最为重要的现实意义所在,也应该是打动包括民族学人类学专业读者在内的广大受众,引起大家共鸣的地方。此外,作品提供的鲜活材料,也会成为中国当代史研究的不亚于档案一手材料的原始基础材料,其材料价值会随着时代的发展而愈加弥足珍贵。

这部作品引发我深入反思和进一步追问之处在于,自我与他者的视界融合问题。事实上,这也是一个"超越自我"的问题。朱老师已经出版的《对蹠人》系列民族志之一《他者的表述》,也可算作

《自我的解释》的姊妹篇,创构了一部"主体民族志"的文本形式,成功地处理了自我与他者的视界融合问题。在《自我的解释》这部"自我民族志"作品的前言之中,朱老师再次强调指出:"'人'的研究包括'他者'与'自我',认识'他者'与理解'自我',二者互为条件亦互为结果。对于'他者'的研究只有在'自我'研究中才能确定其位置并获得意义,对于'自我'研究也同样只能在'他者'的研究中才能确定其位置并获得意义。"这段话在《自我的解释》中作何具体解释?有何具体含义?换言之,《自我的解释》如何超越自我,实现自我与他者的视界融合?

由此推而广之的话,在"后现代实验民族志如何前行"[1] 这个总的问题域观照之下,在"主体民族志"框架体系之内,在"裸呈"[2]的叙事风格之中,《自我的解释》这样一部"自我民族志"及其书写的独特意义是什么?

这些需要深入反思和进一步追问的问题,或许是一些不太成熟的问题,但它们毕竟是在阅读欣赏《自我的解释》中萌发出来的,是在"自我民族志""主体民族志"学术思想的"照耀"下生产出来的,期待它们能够和前面的问题及我个人的解答见解一起成为朱老师这部新作留给学界的重要启示。

以上浅见,难免有误解作者和误导读者之处,敬请朱老师以及《自我的解释》这样一部特殊类型的民族志的多种主体批评指正!

---

[1] 参见刘海涛《民族志理论与范式专题学术研讨会综述》,《民族研究》2014 年第 4 期。

[2] 参见朱炳祥《三论主体民族志:走出"表述的危机"》,《民族研究》2014 年第 2 期;朱炳祥、刘海涛《"三重叙事"的"主体民族志"微型实验》,《民族研究》2015 年第 2 期。

田野与学徒

简美玲

【摘要】 成为田野里的学徒多年，通过聆听的多感官经验与勤于田野的行走与笔记书写，不仅是在为贵州东部雷公山脉与清水江支流上游的山地老村寨暗夜里进行的仪式与日常游方田野研究方法之困境寻找出口，同时也是内观与了悟人类学学徒在田野里经历的心境困顿、转折与成长。黔东南清水江边 Hmub 人歌师 Sangt Jingb，为完成古歌的半世纪追寻，也有如复刻般出现在作者跟随古歌师傅学习古歌的时光，进一步放大至作者在田野与学徒历练的多年岁月。有如朱炳祥老师在《知识人》一书中的探问：究竟人与知识学习是如何复杂地关联？知识人如何生长、存在与追寻？本文回返多年来在云贵高地村寨社会进行田野身体力行的觉察与主体经验，以己身为度，描述与阐述作为人类学学徒在田野里经历成长、存在与追寻的蛛丝马迹。

一 楔子

感谢武汉大学朱炳祥老师邀稿，让我有机会再次参与朱老师对主体民族志理论相关议题的组稿与书写。自 20 世纪 90 年代学习人类学以来，我就对研究方法有浓厚的兴趣。本文阐述田野里的学徒，是一

---

* 原载《湖北民族大学学报》2023 年第 1 期。本次有修改。
** 简美玲，阳明交通大学人文社会学系教授。

个由山里走出来的知识人。这样的想法在我先前的文章中，多少已流露出来。那是一个在异乡的田野里，回望与反思人类学学徒的自我、存在与追寻。尤其是在我写田野里聆听的经验①，以及黔东南苗族（Hmub 人）歌师 Sangt Jingb②，与古歌手稿③的两篇文章里，有着较具体的表述。本文重新整理与改写前述二作的理论、方法论，以及反身自省，作为蹲点云贵高地里的田野学徒经验，以回应知识人的观点。

即使离开云贵东部高地的村寨田野多年，由于时间与空间的距离，人与事的变化都很大。我仍在现实生活的某些时光片刻，因气味、温度、风、雨、阳光、星空、月夜而回到田野。或在翻阅已略显岁月的田野笔记，分析 Hmub 人吟唱、叙事的语言记音，乃至阅读其他学者撰写的民族志时回到田野。在山村的田野岁月，我的学徒经验教给了我什么？它的独特性为何？我想试着在本文予以爬梳，借以阐述田野之于人类学徒的学习与自我觉察，以及其中的成长与认同的转变。尤其是在田野里，这些如何通过感官与情绪、情感，以及田野中的日常、非日常，伏案书写田野笔记与私人日记手札，所成就的一趟云贵高地东部的学徒之旅。通过这趟行旅，觉察自我成长、存在与追寻的意义。

换言之，以学徒之身，通过田野的经历与主体性的觉察，人类学者在田野，不能单纯视为搜集研究资料的工具，而是人的成长，感受彼此为伴、共学、共作的历程。我想以此回应《知识人》一书的观点。④ 朱炳祥老师作为资深的大学教授与人类学者，以真诚且沉重的心情，反思当代知识人与公众的关系。《知识人》的第一章，回顾三

---

① 本文在已发表论文基础上稍作修改，原文参见简美玲《田野与学徒》，《湖北民族大学学报》（哲学社会科学版）2023 年第 1 期。Mei-Ling Chien, "Cultivating the Ethnographer's Ear", Special Issue: Bodily Cultivation as a Mode of Learning, *Taiwan Journal of Anthropology*, Vol. 7, No. 2, 2009, pp. 87–106; 简美玲：《田野里的听》，郑瑶、黄书霞译，《文学人类学研究》2022 年第 6 辑，第 55—75 页。

② 本文使用黔东苗文的罗马拼音，最后一个字母为声调标记，不发音。

③ 简美玲：《Hmub 人古歌的记音与翻译：歌师 Sangt Jingb 的手稿、知识与空间》，《民俗曲艺》2014 年第 183 期。

④ 朱炳祥：《知识人》，中国社会科学出版社 2021 年版。

位当代西方思想家——班达、葛兰西、萨义德对于知识分子不同的论点。法国哲学家班达（Julien Benda）在《知识分子的背叛》一书①中，以理想主义的视角评述知识分子。班达心目中理想的知识分子，不以实践为目的，而是追求艺术、科学或形而上学的沉思活动。这种将普世主义之道德观作为知识分子的理想，是苏格拉底以来思想家的主张。但这在19—20世纪之交被民族主义所颠覆。意大利思想家葛兰西（Antonio Francesco Gramsci）于1929—1935年写的《狱中札记》②，则指出知识分子是为现实而工作，不是自足和独立的社会阶层。知识分子是其他社会集团有机地制造出来的知识群体。有别于班达和葛兰西，萨义德（Edward Said）在《知识分子论》③中则以边缘人及流亡的行动与心灵状态来界定知识分子。主张知识分子应坚持独立性，不依附权威。知识分子不是调解者，也不是建立共识者，而是全身投注于批评意识。④ 接着朱炳祥老师如此写道：

> 上述几位哲学家和思想家的观点，被我借来作为一个引子，启迪我的反思意识：既然在时代的变迁中，"知识人"已经成为一个"问题"，那么我们当下的研究应该如何面对这个"问题"？进一步说知识人之所以被称为知识人，是因为拥有"知识"，那么我们现在所说的当下各种社会文化"知识"，是否也已经成为一个"问题"？再进一步说，社会通过"教育"的路径，采取各种方式，利用建立起来的各种制度，从一个人的孩提时代起，就开始对其灌输各项文化"知识"，这种"教育"是否同样成为一

---

① J. Benda, *The Betrayal of Intellectuals*, Richard Aldington, trans., Boston: Beacon Press, 1955（1927）；朱利安·班达：《知识分子的背叛》，余碧平译，上海人民出版社2007年版。

② A. F. Gramsci, *Selections from the Prison Notebooks*, Quintin Hoare and Geoffrey, Nowell Smith, trans., New York: International Publishers, 1971; A. F. Gramsci, *Prison Notebooks*, Joseph Buttigieg, trans., New York: Columbia University Press, 2011；安东尼奥·葛兰西：《狱中札记》，曹雷雨、姜丽、张跣译，中国社会科学出版社2000年版。

③ E. W. Said, *Representations of the Intellectual: The 1993 Reith Lectures*, New York: Pantheon Books, 1994.

④ 朱炳祥：《知识人》，中国社会科学出版社2021年版，第11—20页。

个"问题"？几个方面的问题，恰好与我从事教育工作数十年中所遭遇的个人经历、所累积的田野材料、所思考的学术问题相吻合，强烈地激发了我探索知识人"生长的逻辑"、"存在的逻辑"，以及"追寻的逻辑"的愿望。①

《知识人》一书指出，并非人人都是知识分子，但人人都是知识人。作者内心有着强烈渴望，探究知识人如何生长、存在与追寻，想通过描述与阐述这样的经验，探索其中的规律与逻辑。本文尝试以田野与学徒的观点与经验，回应该书对知识人的反思，以及对人类学学科知识之理论与方法论的反省及实践。人与知识之学习究竟是如何复杂关联的，本文拟借多年来在云贵高地村寨社会进行田野身体力行的觉察与主体经验，以己身为度，描述与阐述作为人类学学徒，在田野里经历成长、存在与追寻的蛛丝马迹。

二 田野的滋味

去殖、解殖之后的时代，人类学者与田野的关系虽然一再被询问、质疑、挑战，但经历过田野蹲点的人类学学徒，在田野里的所见、感受与日常，或许都有一种撞进生命底层的强大力量。已有许多讨论田野的书，在每本民族志的阅读里，引人入胜处，往往也包含人类学者与田野的切身遭逢。当中有一本小书，会让你身陷其中，感受将人紧密包覆在浓烈的田野滋味之中。多年来，只要阅读列维-斯特劳斯（Claude Lévi-Strauss）的《忧郁热带》（*Tristes Tropiques*），往往将我带回那样的状态，一种撞进生命底层的强大力量。喜欢这本书写风格独特（相对有所争议）的民族志的人，大概都无法不被列维-斯特劳斯绵密、细腻的文笔所吸引。作者反省他自己成为青年人类学家的过程，其中饱含着多种不同的情绪与感官经验的书写，以及在那物性背后的哲思与人文的关怀与批判。他搭船旅行，从欧陆的学术殿堂写

---

① 朱炳祥：《知识人》，中国社会科学出版社2021年版，第22—23页。

到南美洲巴西的城乡与部落的田野踏查,再以魔毯穿越海洋到达南亚大陆印度,写他观察与感受这两个南方大地的人群聚落与地景的对比与差异。①

虽然不是马林诺夫斯基(Bronislaw Malinowski)风格的长期蹲点田野,这位当年人在南美洲巴西的假日人类学家,在由法国以船只航行前往巴西的漫长旅途中,与在巴西城乡田野里,以自省与告白的文笔,记录他自己从哲学的思辨逻辑转而被探索具体的人、物以及充满异域感空间的人类学所吸引。不论是在书写里反思他自己成为人类学家的过程,或是以地质学的知识,以岩石地质为隐喻描写他对巴西圣保罗附近之城与乡的观察;以荒废的电报线沿路的荒凉、没落,投射外来的物质、技术文明与文字书写一起进入,却又因为外在世界快速地转动而不合时宜地被废弃。唯一的用途,只能创造一种在人类学家书写里凄凉的感觉。而文字书写的挪用,又是另一种让人错综复杂的部落经验。或者相对于在偌大地景、冷凉、孤寂的南美巴西城与乡,色彩斑斓的毯子与印度市集里的拥挤人群,充满五感味道与燥热的南亚人群与空间,情绪、情感与身体感官经验总是热闹地相互现身,在紧密的字符串与细密的经验现象,以及人文的思辨与批判的文句之间舞动,作为他书写的底蕴。②

三 学徒

沉浸在浓厚田野里的人类学者,也像是跟在老师傅身旁一点一滴观看、模拟、演练技能的徒弟。老师傅也许就是"那个田野",也许是一场仪式的参与观察,或是与老人家的生命史访谈。以我为例,它是深夜里在云贵高地大山里的 Hmub 人村寨所聆听的夜晚游方、姑娘小伙子的谈情话、低吟的抒情歌谣;或凌晨鸡啼两三回之后,鬼师作

---

① C. Lévi-Strauss, *Tristes Tropiques*, John and Doreen Weightman, trans., New York: Penguin Books, 1992 (1955).

② C. Lévi-Strauss, *Tristes Tropiques*, John and Doreen Weightman, trans., New York: Penguin Books, 1992 (1955).

保家平安仪式和吟诵巫词的经验；也是我跟着 Hmub 人古歌歌师一字一句学古歌，记音、翻译、解读的经验。

在人类学的文献里，斯托勒（Paul Stoller）与卡斯塔尼达（Carlos Castaneda）两位人类学家，是少数在民族志田野的实践中，明确使用"学徒"一词来说明在田野里，通过感官经验的学习跟着师傅跨过门槛进入局内人境界的历程。如果以生手与专家来比喻，学徒是生手，师傅是专家。学徒如何通过练习由生手进入专家？两人的经验都提醒田野里的学徒宜以退为进，需先放下的必要性。斯托勒（1987）以自身学习使用桑海人的视角以及仪式专家的视角，来描述他的两次学徒经历。第一段经历发生在他田野调查的早期阶段，当时他遇到了挫折，因为他认为桑海村民对调查提问的回答是具有误导性的。而后他接受村子里一位朋友的建议："保罗先生，你必须学会和人们坐在一起。你必须学会坐下并倾听。"① 斯托勒承认，他对他自己身为专业田野工作者的身份感到矛盾，并采取一种被动的方式去学习桑海文化。然而，坐下并倾听才是他被接纳为一个合格桑海人的关键。"亲力亲为并真正成为村里的人。"②

斯托勒的第二次田野调查学徒经历受益于桑海巫师。经过一段时间密集的记诵仪式文本与赞美诗和搜获民间药物后，他体验到了同时作为一个巫师学徒及一名人类学家之间激烈的内部冲突。

> 古博（Djibo）使我沉浸在记诵之中。我忙于记诵文本，以至于根本没空去理解其中的含义，更不用说它们是如何同变化莫测的桑海文化相联系的。我担心我作为人类学家的使命失败了。③

另一个例子是卡斯塔尼达所描述的他在一位名叫唐璜（Don

---

① P. Stoller, and Cheryl Olkes, *In Sorcery's Shadow: A Memoir of Apprenticeship amongthe Songhay of Niger*, Chicago: University of Chicago Press, 1987, p. 11.

② P. Stoller, and Cheryl Olkes, *In Sorcery's Shadow: A Memoir of Apprenticeship amongthe Songhay of Niger*, Chicago: University of Chicago Press, 1987, p. 17.

③ P. Stoller, and Cheryl Olkes, *In Sorcery's Shadow: A Memoir of Apprenticeship amongthe Songhay of Niger*, Chicago: University of Chicago Press, 1987, p. 38.

Juan)的亚基(Yaqui)印第安巫师指导下的学徒生涯。唐璜迫使他放弃原有的西方思维方式,并采取某些方式让卡斯塔尼达去学习和理解亚基人世界的实际情况。卡斯塔尼达说:

> 在唐璜的信仰体系中,获得一个盟友仅仅意味着,他通过致幻植物使我体内发生非寻常现实状态。他认为,我通过关注这些状态和忽略他所教的知识的其他方面,我会对我所经历的现象有一个连贯的观点。①

卡斯塔尼达遇到了相当大的挑战,他努力回避印第安导师禁止他使用的那些人类学田野里的专业方法,其中包括采访、观察和有系统地做笔记。尽管如此,田野笔记对于卡斯塔尼达内化亚基印第安人的感官体验,理解他们的世界观、揭示他对体验的主观感知,及唐璜的信仰体系的内容方面,皆发挥了重要作用。尽管卡斯塔尼达从未将他的讨论延伸到写作与其亚基文化学徒身份间的联系,但他多次表示,从极端的感官体验中平静下来后,书写田野笔记能够使他自己更仔细地审视这些强烈的感官经历。

四 身体与感官的练习:田野里的聆听与书写

我在田野里也遭遇过类似斯托勒与卡斯塔尼达在田野里面对与质疑自我的挑战。我在博士生阶段,进入贵州的田野(1997—2000年),以为自己早已不是田野工作的生手,直到必须面对夜晚的游方,以及聆听天黑之后的村寨声音如何作为仪式启动的讯号,才撞见当年身处遥远异乡的自己内心深处。我的心里悄悄萌生作为人类学学徒在田野里否定自我的危机感。回想博士班求学阶段,漫漫行旅,一路前行的历程:修课、撰写人类学理论与区域研究文献回顾的资格考、博士学位论文计划书的书写与口试、学习黔东苗语、云贵高地的田野探

---

① C. Castaneda, *The Teachings of Don Juan: A Yaqui Way of Knowledge*, Berkeley: University of California Press, 1998 [1969], p.10.

勘、申请贵州省台江县长期田野的研究批准……此时我已在贵州东部的村寨，这一路走来，是条无法回头只能持续前进的道路。

（一）聆听与倾听

在1997年开始进行村寨 Hmub 人之人类学研究时，我已非田野工作新手。但却需要磨炼一种新的研究技艺——倾听——来完备民族志材料的收集。而这一需求再次唤醒了20世纪90年代初期头一回在东台湾进行阿美人医疗人类学田野时的生活体验，那是一种不安和不确定感。在贵州东部的 Hmub 人村寨田野开始之际，我甚至失去了一些自信，无法肯定自己是受过人类学田野训练的民族志工作者。除开熟悉的田野研究里的观察、参与观察或访谈，在 Hmub 人村寨语境中，理解未被识别的声音和语音意义之需要，引起我内心的焦虑与无所适从。这种不安威胁着我作为民族志学者的身份。文化冲击显然在产生这些感受上发挥了作用。但更重要的讨论是，在没有关于自我感知和地方或空间感等视觉信息来辅助或协助确认的情况下，如何聆听或倾听语言和非语言声音所带来的直接冲击。我之前未意识到的深夜敲窗声和游方谈话声，在缺乏熟悉的（视觉）观察标准的情况下，使研究者在田野里产生了焦虑和无所适从。但这同时也提供了一个直接的通道，让田野里的学徒感受产生"我在哪里""我是谁"，以及"我在村寨里遇到了什么"的疑问。

麦可·布尔（Michael Bull）和黎十·贝克（Les Back）在他们的著作中，也强调了自我感受到的认识世界及自我了解之间的差异，而这种差异正是通过观看和倾听获取的。在以视觉为主的状态下，主体和客体是显现出来的。经由所见之物来对世界的客观化予以暗示，正是对世界的控制。然而，正如该文引用贝克莱主教（Bishop Berkeley）所述，声音可能更靠近我们的思维与思绪。那么，通过聆听与倾听，我们也许更能感知主客体之间的关系。[①] 换言之，如果我（作为主体）仅仅通过视觉观察，感知村寨 Hmub 人游方现象（客体），那么资料、方法和我

[①] B. Michael and Les Back, "Introduction: Into Sound", in *the Auditory Cultural Reader*, Oxford: Berg, 2003, p. 7.

作为田野工作者的身份之间的关系便显而易见,从而可能失去对研究过程的重新思索和完整深入体验及感知村寨 Hmub 人游方田野的可能性。

虽然当年在田野时,我认为自己已将聆听、倾听作为一种特定的材料收集方法。但几年后,在重新翻阅田野笔记的内容时,仍然发现其中反映出难以充分利用听觉信息的不确定性,部分原因是"眼见为实"的固有成见。这与维特·埃尔曼(Veit Erlmann)在《聆听文化》(*Hearing Cultures*)中的观点相呼应:以听觉为中心的社会实践形式本身,不能被解释为权力关系的替代品。因为权力关系是以视觉、监控和大众媒体形式的视觉生产和消费为基础。[①]

(二)书写

如果聆听之于观看、听觉之于视觉,是有可能掀起对民族志田野研究方法与人类学知识之编织及制作的反思与新的出发点,当年单独身处云贵高地田野中的我,还是努力写下观察与聆听的结果,以做到保留和理解田野里所经历的一切。田野里的书写,除了生产可辨认的语义信息,其物性的层次,也帮助我们理解所听到的一切。作为民族志学者,我们接受的人类学训练要求我们记录材料并将其写成笔记。在进行村寨 Hmub 人游方的田野研究时,我没有使用录音机来捕捉深夜敲窗声,在很大程度上是因为语音和对话常常是听不清楚的。另一个问题关乎伦理:夜晚的游方活动,往往比村寨 Hmub 人社会里的其他公共活动,都更为私密,而使用录音机或摄影机,在一定程度上会介入与威胁夜间游方活动的私人领域。因此,我回归到用笔和纸,记录听到与感受到的内容。

大多数民族志学者都认识到在田野中勤奋写作的必要性,并相信他们的研究工作会受益于那些记载下来的和可作为以后进行分析的意义和信息。然而,在田野里,书写这件事,写作的过程及其物质性(materiality)并没有像其他材料的收集与记录那样被仔细或严谨看待。我认为写作存在着两种物质性:工具的使用和花费的时间,两者

[①] V. Erlmann, "But What of the Ethnographic Ear? Anthropology, Sound, and the Senses", in *Hearing Cultures: Essays on Sound, Listening and Modernity*, Oxford: Berg, 2004, p. 20.

都会在身体里产生一定的共鸣。克里斯蒂娜·哈泽（Christina Haas）指出，我们须通过工具的使用才得以写作。因此写作在某种意义上是技术性的，在某种程度上也是物性的。① 在村寨 Hmub 人的田野工作中，若由工具的角度观之，我的书写也展现出一股清晰的物质性：用老旧的万宝龙（Mont Blanc）钢笔，在硬皮笔记本上写下观察和听到的一切。一页又一页，一本又一本。

我在写田野笔记时，尽可能将汉字、英文字母以及用罗马拼音的黔东苗文来记音的文字都写得小些，以节省纸张。虽然我随身带着一台早期的笔记本电脑进入田野，但在那个年代，村子里唯一的小水电站仅在夜晚供电。因此我主要还是使用笔和纸，以大量的时间，勤快地书写田野笔记与日记。就着窗外的日光或夜晚床头小灯泡，坐在矮板凳上长时间伏案写作。这虽然会带来身体上的不适，不过一旦习惯了，写作——就像冥想或者锻炼——协助我们减缓身处在他乡与异文化当中所产生的焦虑、无所适从、困惑的情绪情感与身体感。一本本逐渐累积起来的田野笔记，使我感到放心。这种日复一日重复的写作，对我专注于声音和话语的记录，以及探究它们对村寨 Hmub 人的社会意义发挥了重要的作用。

从倾听、聆听经验和情感共鸣到写作的这一转折，是如何运用多重感官去理解村寨 Hmub 人所创造和感知其游方文化，我们可以追寻到两种独特的经验层次。首先，让我们从福柯所言的自我技术进入第一个层次。福柯动用技术（technology）这一术语，来展现主体被规训与修正的手段，并指出四种主要技术：生产、符号系统、权力和自我。对于自我技术，他认为从认识自我（know yourself）到关注自我（take care of yourself），是一种历史性的转变。不同形式的关注，使得不同形式的自我，得以存在、觉察。② 行走于类似的路径，我也通过

---

① C. Haas, *Writing Technology: Studies on the Materiality of Literacy*, Mahwah: Lawrence Erlbaum Associates, 1996.

② M. Foucault, "Technologies of the Self", Luther H. Martin, Huck Gutman, & Patrick H. Hutton, eds., in *Technologies of the Self: A Seminar with Michel Foucault*, Amherst: The University of Massachusetts Press, 1988, pp. 16–49.

田野笔记书写，来自我修炼。除了看着逐日增加的田野笔记，让蹲点在山里村寨的孤独身躯心安外，还通过规律和广泛的田野书写来自我训练与成长。在田野里对于自我和身份认同的情绪情感世界之转折中，逐渐内化我作为一个民族志学家的田野经历。

第二层则涉及对非言语之声音意义的验证。与斯托勒的见解相同，我认为学习如何倾听、理解和解释非言语的声音，是人类学领域中容易被忽略的一项重要技能。在西方传统里，对听觉文化力量的认知基本上是缺乏的。而斯托勒是少数以民族志及理论探索与肯认这类现象的人类学家。[1] 虽然 Hmub 人村寨里的敲窗声，并不能算作一个有多独特的例子，尽管如此，我在自己所属的东亚华人文化中，那些深夜的声音可能被赋予不同的含义。所以我必须重新学习，有意识地觉察与实践聆听的技艺，这便是进行此田野研究的关键所在。聆听与倾听的田野经历，将各种情绪联系起来（例如透露了村寨姑娘被人追求时的情感与情绪），而田野笔记的书写，则能够让我回想和理解敲窗文化及其相关的游方谈话、事件和参与者。通过田野笔记的书写，我们能够将社会价值和情感价值，与听到的声音联系起来，以便理解贵州东部高地 Hmub 人村寨年轻人的社会生活与情感生活。

五 跟着歌师的那段日子

我在云贵高地 Hmub 人村寨里蹲点当学徒的起手式，如果是夜里的聆听与多重感官学习的体验，以及凝视内在心境、情绪、情感与自我之转折的觉察，那么没有写入博士学位论文计划书里的是，在严寒的冬季跟着歌师 Sangt Jingb 在清水江水域几个寨子游走学习 Hmub 人古歌的经历——而今回想起来，则更像是一个人类学学徒在田野里的

---

[1] P. Stoller, and Cheryl Olkes, *In Sorcery's Shadow: A Memoir of Apprenticeship amongthe Songhay of Niger*, Chicago: University of Chicago Press, 1987; P. Stoller, "Sound in Songhay Possession", in *the Taste of Ethnographic Things: The Senses in Anthropology*, Philadelphia: University of Pennsylvania, 1989, pp. 101 – 122, 163.

异想与追寻。

被我称为 *daidnaif*（舅舅）的歌师 Sangt Jingb，是 1998—2000 年期间我在黔东南进行博士学位论文田野时相交甚深的报道人。Sangt Jingb 是台江县台盘乡棉花坪的 Hmub 人，此地说的是黔东苗语方言北部土语支，但在音调与元音和我在台江高坡地区所学的 Hmub 语不尽相仿，两者展现出有系统的对比。1997 年秋夏之交，我第一次见到 Sangt Jingb。在当时一群台江文艺作家联合会的文人聚会上，热络的谈话声与昏暗的灯下，Sangt Jingb 热切地拎着一部厚厚的、纸张旧旧的、亲笔书写的古歌手稿来到我面前，要对我述说 Hmub 人开天辟地的古老传说。当时，我的博士学位论文研究工作还未展开，心情上实在无暇他顾。直到 1999 年底，在 Fangf Bil 村寨进行的与亲属、情歌、游方等相关的田野工作与民族志资料的搜集，已大致有了根底。我想由古歌来了解口传系统下 Hmub 人的历史。但在我蹲点的田野——Fangf Bil 村寨，仅有八九十岁的歌师才会唱鼓藏祭仪里（*nenk jet niuf*）的古歌。但他们不怎么愿意开口唱。记得寨老 Zhangb Ghat Xiangt Ghet 带来讯息说，要准备好一只鸭子，酿一缸酒才能唱。没有买鸭子与酿酒，当时我反而忆起二年前见过 Sangt Jingb 在稿纸上，亲笔手写的古歌《开天辟地》（*Tid Waix Xif Dab*）的歌词，以及他手绘的 Hmub 人古歌里的"混沌初开""生命初始"的铅笔素描。

1999 年天气转冷前，我独自从高坡的 Fangf Bil 村寨来到离清水江较近的棉花坪（Zangx Bangx Hsenb）。记忆中，我在台盘下了车，走了好长一段小路。沿路是翠绿的缓坡、草地及一块块小水泽。1999 年底到 2000 年初，当我主动到棉花坪找 Sangt Jingb 学古歌时，他说早已知道我会再去找他的。在这段学古歌的过程中，依稀记得曾有几天是待在台江早期建的公安招待所。30 元人民币一日，待了数日，夜以继日听歌师 Sangt Jingb 解释古歌、描绘古歌内容。也有几天是借住在 *duidyut*（姑爹）家①，我们到市场买了猪肝与青菜煮了吃。又记得在棉花坪也住过几天，但因为 Sangt Jingb 家没有当家的女人（当时

---

① 他的妻子是 Sangt Jingb 的妹妹。这样的亲属称谓吻合 Humb 人社会广泛姑舅交表婚姻的理想与实际。

他的妻子已往生，儿子尚未娶媳妇），所以我住在另一位 bad dlat（他是 Sangt Jingb 同一房族的兄长）家，在那里学古歌。在寒冬里，我的右脚冻伤了，发痒、肿痛。也还记得吃着炉炭烤好的粑粑。另一个印象则是 Sangt Jingb 带我步行（由棉花坪）到相邻的凯棠村（Ghab Dangx Gix）。那里是台江地区古歌传唱更为普遍的地方。贵州知名的苗歌学者燕宝，就是这里的人。在凯棠吃了粉（粉条），我们又坐车去旁海（Bangk Hab），Sangt Jingb 的二女儿及女婿家在那。这时，天已经非常冷，但尚未下雪。我独自一人住在旁海街上粮管所空下无人住的宿舍里。有个窗子的玻璃破了，仅用报纸粘贴着。当时夜里脊背冻醒的感觉，至今依然记忆深刻。在这里的另一个深刻印象并受到惊吓的经验，是夜半突然有人敲门。好像就是 Sangt Jingb 的女婿。他还年轻，小孩也在学前年龄。事后回想，他是来游方。但当时我一个人睡在独立的房间里，夜里整理笔记，在暗夜中仅有火炉还亮着。我因害怕而心跳得很厉害，忘了当时如何回话。Sangt Jingb 的女婿在门外晃了一阵子才离去。我赶紧关灯躲进棉被里就寝。

我已经忘记是如何又回到棉花坪的。但那年学古歌逐字、逐行地学了二部，《开天辟地》〔*Tid Waix Xif Dab*〕与《跋山涉水》〔*Nangx Eb Jit Bil*〕）是请 Sangt Jingb 唱和解释，并且绘图，告诉我古歌的意境。对于这段学歌的过程，最后的印象是天地相连，覆盖着白白厚厚的大雪。即使之于台江人，1999 年底到 2000 年初的那场大雪也是罕见的。在这场寒冬中，我跟 Sangt Jingb 学完二部古歌。后来，有几回在学古歌的过程中内心十分着急，有时会显得急躁。老人家适时提醒，但总给予温暖的谅解。至今，永远忘不了的是学完古歌与歌师 Sangt Jingb 告别时的两个印象。其一，是在台拱开往南宫的中巴车前，Sangt Jingb 来送我上车，并递上几个硬硬的粑粑。那时天已转冷，但没有下雪。其二，则是在大雪中，从棉花坪一路走了下来，满山遍野的银色。一路上，Sangt Jingb 还指着起伏的山丘谈论古歌。这原本是我最渴望听到的内容，但在大雪中，内心焦虑着如何才能尽快从台盘回到台江县城，再回到田野点，位于高坡的 Fangf Bil 村寨。焦虑与思家之心情（高坡 Fangf Bil 村寨的家与台湾的家）交织浮动，使我在雪地里的步行，无法专注于歌师的激情讲述，以至于错过了在行路过程中绝好的学习机会。

我从民族志角度探索 Sangt Jingb 作为译者以及他的手稿材料多年后，本雅明（Walter Benjamin）对于译者天职的讨论让我深有所感。他以"No poem is intended for the reader, no picture for the beholder, no symphony for the listener"比喻译本与原文之间是一种永远无法到达的关系。① 在我的研究历程里，不仅通过古歌文本语言材料的分析看到译者的操作空间，也得以在译者本性的概念层次重新爬梳与思索我与 Sangt Jingb 的认识与交往，以及接触与研究古歌手稿以来的内在冲击。

我在研究过程中常混淆于 Sangt Jingb 是个平常而规范的古歌记音与翻译者，或是一个近乎癫狂与执着的天才。以本雅明也是译者的身份与经验，他对于翻译与译者的看法使我们能选择并意识到从文化理解的历程来面对 Sangt Jingb 与古歌手稿。当译者同时也是创作者时，他所要做的虽然是从一个文本（原著）转变到另一个文本（译本），但如果引用本雅明的想法则 Sangt Jingb 不一定有译本，也不一定为读者而写。再者 Sangt Jingb 的生命史经验与其"古歌书写计划"（the Project），也以另类路径呼应本雅明以"历史"来解释译者、译本与原著之间的神秘关联。Sangt Jingb 个人的生命史，有其所身处之时代的复杂性。他的成长历经 20 世纪五六十年代的"大跃进"与"文化大革命"、中国国家大步经济改革的八九十年代，直至 20 世纪的结束以及 21 世纪的开始。苗歌的学与唱，苗文的习与写，十二部古歌的记音与汉字译述，以及对于出版这批古歌手稿的渴望，共同构成 Sangt Jingb 与其记诵口语材料以及文字书写行动的生命史。换言之，译者与文本的关系不仅关乎译者的美学或哲学处境，而且源于历史的偶遇：个人的微型生命史与其所生处与纠结的时代、国家、地方、族群，与历史的处境。

---

① W. Benjamin, "The Task of Translator: An Introduction to the Translation of Baudelaire's Tableaux Parisiens", in Harry Zohn, trans., Lawrence Venuti, eds., *the Translation Studies Reader*, New York: Routledge, 2004 (1923, 1968), pp. 75, 76, 75–85.

六 相互映照与学习：知识人的追寻

长达十余年地反思民族志书写与理论倡议，朱炳祥老师主张研究者与被研究者之间是一种相互映照的镜像关系，倡议、阐述主体民族志的观点。① 在《主体民族志与民族志范式变迁——人类学者访谈录之七十九》一文中，徐杰舜老师问，朱炳祥老师答。在他们的对话里，有这样一段话，仿佛也说出我在田野里走到云深处的心境："'主体民族志'能做成什么样子，有什么意义，听之任之而已。我只是用我的思想、我的情性、我的自然资质，对'人'的思考与研究，贡献一点力量。"② 田野里的学徒养成记，就是将何以为人的反思作为起点罢了。

我从作为第一人称研究者的书写角度来追忆这趟学徒跟随古歌师傅的田野历程，对于以人类学的视野讨论 Hmub 人的古歌文化有其必要性。因为所涉及的不仅是古歌文本的再现、分析与解释，还关联着歌师与古歌记音、翻译之间的创造性，同时也是人类学者与田野报道人互为主体的师徒交往。后者牵涉到一个人类学者作为学徒、观察者与解释者的多重身份、经验与立场，乃至如前述多地点的田野经验，隐微地带出研究者与被研究者之间非单向权力关系的反思。

Sangt Jingb，古歌师傅，也是我田野里学习的师傅。他一生的追寻似乎也映照出我在田野一路的追寻。Sangt Jingb 为何要写古歌？记音与翻译的工作背后，实则是一种对于意义与道理的追寻。在肯认古歌为口头表演与仪式所用的背后，Sangt Jingb 在意古歌的完整性，并

---

① 朱炳祥：《反思与重构：论"主体民族志"》，《民族研究》2010 年第 3 期；朱炳祥：《再论"主体民族志"：民族志范式的转换及其"自明性基础"的探求》，《民族研究》2011 年第 3 期；朱炳祥：《三论"主体民族志"：走出"表述的危机"》，《民族研究》2012 年第 2 期；朱炳祥：《他者的表述》，中国社会科学出版社 2018 年版；朱炳祥：《自我的解释》，中国社会科学出版社 2018 年版；朱炳祥：《知识人》，中国社会科学出版社 2021 年版。

② 徐杰舜问，朱炳祥答：《主体民族志与民族志范式变迁——人类学者访谈录之七十九》，《广西民族大学学报》2016 年第 4 期。

且"坚持"需安置在可以合理的理解之上。换言之,对于 Sangt Jingb 而言,记音与翻译古歌这整件工作,就是一个探索口语文化以及将其意义化的过程。然而,Sangt Jingb 对于古歌意义的执着,除了依靠书写文字还有非文字的图画。1999 年与 2000 年之交的冬天,我向 Sangt Jingb 学古歌《跋山涉水》,我们师徒之间的讯息传递,以及我以学徒之身份(apprenticeship)在田野里的学习,除了凭借语言的译注,还依赖他来解释近两千句歌的近两千幅大小不一的即兴插画绘图,使我除了借由聆听歌师的唱与说来了解这部古歌,还能通过他的图来学习与记录古歌所再现的时、空与人、事、物的情境。歌师的每一小幅随手创作的插画都在解释特定一行歌句的意义,并由此逐步堆栈出对于更大篇幅古歌的理解与意义的再现。

Sangt Jingb 对古歌意义的找寻,不仅只是端坐案头桌前的纸笔书写与绘图,还依靠身体的移动与感官的经验。他旅行,以及观察旅程中所见之天与地。1999 年底我向他学古歌时,他曾对我提到,"昆明的冬天温暖。我坐火车从贵州一路到昆明,在沿途上我一路看着车窗外的风景,那山绵延而去。我一路就思考古歌里的内容。其实我外出乞讨是个幌子。我到处走到处看,想古歌里为什么要这么唱,这才是我去到远方的目的"。2007 年初的寒冬,我和 Sangt Jingb 在台江县城一家小馆子蹲坐在矮桌前吃火锅。他对我提到了两次他对一个自然现象的观察,让他"明白"古歌里的道理。他说:"平常我们白天见到太阳,晚上见到月亮。有一次清晨(我听不清楚 Sangt Jingb 说的是在什么地方,仿佛是一座高山上),看到东边有太阳,西边有月亮,下面有一男一女,一对人。有太阳,有月亮,有男女一对。这世界就成了。啊,原来古歌就是在说这个。"在那个时刻,对我而言,Sangt Jingb 有如一位思索与言说天地之根本道理的哲学家。

七 结语

田野是部生命之书,它滋养着介入其中的每个人——人类学学徒、师傅、当地人。在人类学的养成路上,我们学习带着理论观点与问题意识,进入田野进行长期蹲点。但 1998 年冬季,我即将出发到贵州展开蹲点田野之际,魏捷兹(James R. Wilkerson)老师的叮嘱话语——"跟着田野就对了",成为日后我在云贵高地田野经历彷徨暗夜时的远方灯火。同样地,20 世纪 60 年代在台湾东北部宜兰外海的龟山岛进行汉人渔村田野的人类学者王崧兴老师(1935—1995 年)曾言道"田野是用嗅的"。这句话在我读书时就听闻,有如王老师撰述的龟山岛渔村民族志一般成为经典。①

　　成为田野里的学徒多年,我通过聆听的多感官经验与勤于田野的行走与笔记书写,不仅是在为村寨暗夜里进行的仪式与日常游方的田野研究方法之困境寻找出口,同时也是内观与了悟一个人类学学徒在田野里所经历的心境困顿、转折与成长。歌师 Sangt Jingb 为完成古歌的追寻,亦复刻般出现在我跟随古歌师傅学习古歌的那段时光,并进一步放大至我在云贵高地的田野与学徒历练的多年岁月。有如朱炳祥老师与大理周城白族老人促膝的漫漫长谈,我回到台江与 Fangf Bil 村寨的每一次田野,也都是一趟再一次成为学徒、追寻自性,由此而映照出自我与他者对话之旅。它不仅是为了搜集资料的研究工具。

---

　　① 王崧兴:《龟山岛:汉人渔村社会之研究》,"中研院"民族学研究所专刊 13 卷,台北:"中研院"民族学研究所 1967 年版。

田野工作：一种实践着的教育*

何 菊**

【摘要】田野工作不仅是人类学的重要研究方法，也是一种深植于实际生活经验的教育活动。对"主体民族志"研究团队田野工作的反思表明，人类学者的职业实践和学生的专业训练在田野工作过程中高度嵌合，学生、教师、田野工作者三者之间形成互为主体的关系。学生在田野际遇中经历专业关系教育的同时，也经受着生存教育和情感教育。通过一系列知识和心态的转换，主体实现了对自我与他者关系的观照。因此，在实践中田野工作使教育回归它的原初意义。主体受到未知可能性的引导和召唤，沉浸于与他者的共同生活，身心相合地向他者学习如何做人，进而追求生命的共鸣和延续。这才是真正的人的教育，也是人类学田野工作的终极目标所在。

人类学家"在那里"做田野和"在这里"写作民族志文本的两段式工作模式是百年学科历史确立起来的标准规范。"在那里"的田野工作不只是人类学的开场秀，它已然成为人类学知识体系不可分割的一部分。自20世纪80年代以来，为了回应人文社会科学领域的表述危机，人类学家们对田野工作展开了系统性批判和反思，他们也在各种实验中不断改进和丰富了田野工作的方法和技术。①

---

* 原载《湖北民族大学学报》2023年第1期。本文为作者的原稿。
** 何菊，华中科技大学社会学院副教授。
① 1986年出版的两部著作《写文化》和《作为文化批评的人类学》是这一时期人类学激进发展的标志。近期开展的相关总结和评述，参见乔治·马库斯、陈子华《超越"仪式"的民族志：合作人类学概述》，《广西民族大学学报》（哲学社会科学版）2020年第1期，以及 George E. Marcus, "The Legacies of Writing Culture and The Near Future of The Ethnographic Form: A Sketch", *Cultural Anthropology*, Vol. 27, No. 3, 2012, pp. 427–445.

美国人类学家拉比诺（Paul Rabinow）1977年发表了他自己的"叛逆"之作，成为反思田野工作的先行者。2008年他为中译本作序，仍然表达了他自己对最初观点的坚持："必须对田野工作进行反思……必须反思它的存在和价值，必须反思它的未来。"[①] 他以他自己奇特的方式将田野工作反思转换为"哲学地做田野工作"，聚焦各种知识实践，提出一种独特的"当代人类学"主张。[②] 实践中出现的新问题和新方法召唤人类学后继者对田野工作进行自我拷问，就知识实践给出他们自己的创造性答案。在21世纪从事人类学研究，田野工作反思应该是人类学家必须经历的又一次"通过仪式"。

一　围绕知识生产的田野工作反思

田野工作基于与他者的现实际遇探求人的知识生产，是人类学学科的合法性标志之一。20世纪下半叶出现的表述危机在人类学领域激起轩然大波，学者们从本体论转向认识论对田野工作展开批判。其中，对田野工作中"谁的知识、如何生产、为谁生产"等问题的追问深化了人们对田野工作中互动关系的认识。总体来看，该主题的相关研究成果呈现出二元对立论与关系主义两类学术话语竞争的状态。

尽管人类学的后现代之争已经有近40年的学术接力，坚持科学人类学的学者仍然以英国人类学家马林诺夫斯基（Bronislaw Malinowski）方法为原型，以二元对立思想为前提探讨田野工作的主客体关系。面对那些"人类学家不可能客观地认识和忠实地再现他者"的诘难，科学人类学断言田野工作是一种纯粹的科学活动：人类学家"观察、思索、发问、倾听、记录，周而复始"[③]。按照标准的田野工作程式，人类学家可以通过排除认识活动中的主观性，保持政治、道德和价值观上的中

[①] ［美］保罗·拉比诺：《摩洛哥田野作业反思》，高丙中、康敏译，商务印书馆2008年版，"中译本序"第5页。
[②] ［美］保罗·拉比诺：《摩洛哥田野作业反思》，高丙中、康敏译，商务印书馆2008年版，"中译本序"第11页。
[③] 蔡华：《当代民族志方法论——对J. 克利福德质疑民族志可行性的质疑》，《民族研究》2014年第3期。

立,做到客观地分析田野材料,从而实现对他者的科学认识。田野工作中只存在符合客观主义的角色关系,不存在参与者之间的"联合谈判和讨论"①:田野工作对象是信息提供者,负责介绍和解释本地文化的各种知识;田野工作者的科学使命是基于对象事实展开学习、记录和分析。二者的互动没有主观情感、偏见、个性等杂质的干扰。掌握观察、语言、询问等科学方法的人类学家以隐蔽的方式将他者的知识据为己有,转化为只服务于人类学的专门知识。在互不干扰的假象背后,科学人类学始终将田野工作对象视为非对称位置的客体,不承认其作为主体的普遍性,进而否认了田野工作中的主体关系。

20世纪80年代反思浪潮引发的田野工作批判直接挑战科学人类学坚持的主客观对立思想。学者们求助于法国社会学家布迪厄(Pierre Bourdieu)的"求知主体的客观化""客观化的客观化"等观点,采用方法论上的关系主义分析田野工作过程和经历,以求超越二元对立。人类学家一方面围绕"场域""位置""资本"等几个更加"客观"的概念证明田野工作的复杂性,呈现田野工作行动者如何围绕知识生产形成某种属性的共同体。②另一方面,他们袒露自己从事田野工作的主观经验,赋予对象一定程度的能动性,使主客关系转化为互为主体关系。性别、年龄、身份、语言翻译、权力等要素如何渗透田野工作整个过程,成为学者们讨论的焦点问题。这些要素逐渐摆脱客观主义和科学主义的限制,敦促人类学在实操和反思中重新界定当代田野工作的性质。③主体身份的流动性、主体位置的不确定性导致田

---

① 蔡华:《当代民族志方法论——对J.克利福德质疑民族志可行性的质疑》,《民族研究》2014年第3期。

② 布迪厄的具体主张参见皮埃尔·布迪厄《实践感》,蒋梓骅译,译林出版社2003年版,第44、216页;运用布迪厄理论探讨田野工作的代表性论述参见李立《非物质文化遗产与知识生产的新型共同体——基于村落研究经验的分析》,《思想战线》2009年第3期;谢元媛《从布迪厄的实践理论看人类学田野工作》,《社会科学研究》2005年第2期。

③ 相关成果,参见 John Borneman and Abdellah Hammoudi, eds., *Being There: The Fieldwork Encounter and the Making of Truth*, Berkeley: University of California Press, 2009;胡玉坤《政治、身份认同与知识生产——嵌入权力之中的乡村田野研究》,《清华大学学报》(哲学社会科学版)2007年第3期;杨春宇《越过他者的肩头——论田野工作局面中的三种状态》,《中国社会科学评价》2021年第3期;林开世《什么是"人类学的田野工作"?——知识情境与伦理立场的反省》,《台湾大学考古人类学刊》2016年第3期。

野工作主体关系从二元扩展到多元状态。然而,学者们担心在运用关系主义进行批判时,人类学家过于陷入求知主体的独白或忏悔,田野对象被赋予虚假的主体性,过多的个人经验是无法使人信服的事物……这些表现也许会削弱田野工作的合法性。更令人担忧的是,在这样的困局中人类学又当如何教育它的继承人科学地运用田野工作方法呢?

现代人类学的教育制度要求学生接受一定时长和强度的田野工作训练,并遵循一些技术准则,例如与本地人共同居住,进行系统观察与资料记录,有效掌握当地语言,等等。[①] 在经由田野工作成为人类学入门者的历程中,他们既要遵守学科规范,又要承受田野带来的知识震惊和挑战,还要整合各种友善因素与田野工作对象朝夕相处。这种情境势必造成田野工作互动关系和知识生产呈现更为混杂的局面。如果面向未来,人类学应当如何评估田野工作这种既关乎职业训练与实践,又涉及身体、心灵和情感塑造的多重属性?已有的田野工作反思并没有着力探讨这一方面的问题。

田野工作属性及其过程无论多么复杂,始终是人的活动。田野工作反思应回归到人及其活动本身。围绕"人"这个基本研究对象,朱炳祥教授提出的"主体民族志"[②]主张有助于人们超越二元对立和关系主义反思田野工作中的互动关系及知识生产问题。在田野工作际遇中,人类学家和他者都是从事目的性和创造性活动的主体,具备实现"主体性觉醒"和"主体性诉求"的能力。[③] 因此,田野工作不只是纯粹的主客体关系,更是互为主体的关系。在田野工作反思中分析主体关系,不仅要聚焦社会交往层面,还要落在意义层面。这

---

① James Clifford, "Spatial Practices: Fieldwork, Travel and the Disciplining of Anthropology", In Akhil Gupta and James Ferguson, eds., *Anthropological Locations: Boundaries and Grounds of a Field Science*, Berkeley: University of California Press, 1997, p. 201.

② 主体民族志的基本主张,参见朱炳祥《他者的表述》,中国社会科学出版社2018年版,第32—33页。

③ "主体性觉醒"和"主体性诉求"都是本体论意义上的"在",参见朱炳祥、张佳梅《"本体论回归"与"主体性诉求"》,《广西民族大学学报》(哲学社会科学版)2018年第4期。

样，人类学才能进一步追问自我与他者共同生成的知识结晶的本质。

英国人类学家英戈尔德（Tim Ingold）主张人类学就是"一种实践着的教育"①。那么，作为人类学知识生产活动的田野工作究竟有着怎样的多重属性？田野工作际遇中主体间的多重互动和转换关系能够实现怎样的教育目标？为回答这两个问题，本文将人类学教师带着民族志作品组织学生返回田野工作地点，与合作者分享知识成果这一事件设置为叙事的起点，以个人的田野工作经历为材料，对处于际遇中的主体及其互动关系展开批判与反思。

二 田野工作与专业关系教育

结束长期田野工作，人类学家赶回书斋整理材料，写作并发表民族志作品，然后他收获学术名利，这似乎就是英雄故事的最佳结尾。然而，面对学科另一项伟大的事业——培养继承人，功成名就的他们必须按照培养计划帮助学生确定田野点，并进行一段时间的现场指导。美国人类学家格尔兹（Clifford Geertz）的摩洛哥项目②就是找到新的田野点，既开展他自己的民族志研究，又指导学生在当地开展田野工作训练。我经历的模式是人类学家开展田野回访工作，也把学生带到我自己成熟的田野点进行训练。在这两个例证中，人类学教师和学生都不是按照马氏传统塑造出的孤勇英雄，在田野里他们有时会交替工作，有时会互相做伴。当人类学家、学生同时在场面对田野工作对象时，批评者应当如何评估这种工作情境？因为第三者在场观摩或指导，传统的田野工作专业关系是否面临挑战？

云南省大理市喜洲镇周城白族村③是武汉大学朱炳祥教授自1999

---

① Tim Ingold, "That's Enough about Ethnography!", *Hau*: *Journal of Ethnographic Theory*, Vol. 4, No. 1, 2014, p. 388.

② 该项目的执行详情参见 Clifford Geertz, *After the fact*: *Two Countries*, *Four Decades*, *One Anthropologist*, Cambridge, MA: Harvard University Press, 1996, pp. 119, 185–186。

③ 关于周城村概况的介绍，参见朱炳祥《地域社会的构成》，中国社会科学出版社2021年版，第53—61页。

年起长期从事田野工作的地点,他指导的部分人类学专业学生在该村完成了人类学专业训练和研究。以我的个人经历为例,2007年1月,我和另外两名硕士同学随导师朱炳祥教授前往周城村接受田野工作训练,第一次参与主体民族志研究活动。此次训练要求学生收集整理自然村的基本人口数据,然后就人类学某个专题,例如市场、家庭、宗教等开展独立田野调查。朱炳祥教授在完成他自己调查任务的同时对学生予以指导。2018年8月,朱炳祥教授带着部分学生和主体民族志成果之一——《他者的表述》回到周城村。随行人员除我以外,还有2名青年学者和4名2017级人类学专业硕士研究生。《他者的表述》于2018年4月正式出版,是一部以周城白族村民段绍升先生为表述主体[①]的民族志实验作品。按照事先做好的沟通,段绍升先生将亲自收下这份田野合作成果,并把这本书赠送给他的家庭成员和亲友。该书出版前后,学生们在课堂内外了解并阅读相关田野材料和理论分析。这些都是人类学书斋里的专业训练。因为受邀参与这次田野"归返",学生们"护送"民族志作品回到田野工作对象手中,并有机会进行田野工作的实际操作。于是,田野工作与民族志写作,书写与阅读,"在那里"和"在这里"……这些人类学技艺穿越时空的界限交汇于2018年的夏天,学生们亲证了"田野"与"文本"的双向转化。

  对我来说,能够在田野工作中认识民族志里的人物,是一个去神秘化的过程,是接受专业关系教育的第一步。起初,段绍升是一个符号,是朱炳祥教授的调查对象,隐藏在课堂讲授和论文后面,我只能通过民族志语言和文字阅读来了解。2007年寒假我第一次见到他本人,听到他评价朱炳祥师生在田野中的精神面貌,民族志专业关系那一层神秘色彩终于褪去。段绍升变成一个可以在田野地点遇到的本地人,是正在与朱炳祥教授一起完成田野工作的合作者。不过,我们作

[①] 与《他者的表述》保持一致,我尊重田野工作对象的主体意愿,严格地在主体民族志研究中使用"段绍升"真实姓名。研究团队的主要成员均使用真实姓名。本文涉及的其他人物,如未特别注明,均做化名处理。朱炳祥教授"选择段绍升"的缘由及相关田野工作情况,参见朱炳祥《他者的表述》,中国社会科学出版社2018年版,第61—71页。

为学生只是"旁观者"和"观摩者",并没有介入他们的专业关系。首次田野训练历时一个多月,在朱炳祥教授、段绍升先生一起完成田野工作任务时,只有两次我们三个学生正式在场的情况:一次是旁听某日朱炳祥教授与段绍升先生的对话,全程不参与提问或回应,只观摩朱炳祥教授如何践行"裸呈"① 田野工作方法的"三不主义"——本地人讲述过程中不提问、不追问、不补问。此外,学生也在现场练习速记访谈内容的具体技术。另一次是参加朱炳祥教授召集的段绍升先生家庭会议,学生旁听朱炳祥教授与段绍升先生及其家庭成员的对谈,不介入具体工作过程。在这个阶段,段绍升先生从民族志符号、朱炳祥教授的田野工作对象变成田野工作中的本地人,我虽然在田野中认识了他,但没有建立单独的专业工作关系。随着训练越来越深入,我们在探寻段氏宗族大小本家之谜时,没有径直找段绍升先生和朱炳祥教授伸手要田野材料,而是自己到该组段氏宗族村民家中收集信息。人类学教师以他自己的田野工作方式为学生作出榜样,要求学生独立完成田野调查,自己动手解决问题。

相比之下,职业意义上的田野工作为学生提供的是专业关系的第二步教育。田野工作不是人类学的一种幻术,本地人不会自动地与田野工作者建立起正式的专业关系。格尔兹在田野危机中与巴厘人一起逃跑,创造契机促成了人类学家对斗鸡游戏的深入研究。② 契机本身对于人类学和田野工作来说既有偶然性又有必然性。在田野工作际遇中,总有某些事件能够引导田野工作者面向他者,从外部走向内部。段绍升先生从文本符号转变为现实中的本地人,在田野训练时发现段氏宗族分支之谜,这两个事件成为一种契机,激发我决心在导师朱炳祥教授耕耘的田野点扎根下来。于是,我与导师讨论将硕士学位论文主题定为段氏宗族研究。2007 年暑假,我到周城继续做田野。这一

---

① "裸呈"是朱炳祥教授在"主体民族志"理念下提出的既具有理性反思意味又具有个性特征的田野工作方法,参见朱炳祥《他者的表述》,中国社会科学出版社 2018 年版,第 64 页。
② 这是人类学史上十分经典的田野工作案例之一,参见 Clifford Geertz, *The Interpretation of Cultures: Selected Essays*, New York: Basic Books, 1973, pp. 412–417。

次不是简单地了解段氏宗族概况,而是抓住其中的新问题,运用具体方法技术,分析、阐释田野材料所蕴含的新知识。它不是针对初学者的专业训练,而是一项正式的科学研究。为了摸清段氏宗族分支的现状和历史缘由,段绍升先生及其家族成员成为我必须依靠的田野合作者。前期,朱炳祥教授已经与段绍升先生合作整理过段氏宗族第二支的族谱,并制作了系谱图。我的工作是在他们前期工作基础上完善各分支的系谱。段绍升先生赞同这项研究的现实意义,并引荐我参加全族的公共祭祀活动,认识另外两支的族老。他们又引荐我参加各支和个别家庭的仪式活动。除了解答我对宗族发展的各种疑问,段绍升先生还提醒我注意大家商议宗族事务时用白族语言表达的特殊意思。模仿朱炳祥教授与段绍升先生为第二支做的工作,我对之前寒假收集的田野资料进行查漏补缺,完成对段氏宗族另外两支系谱的整理。在这项研究正式发表的成果①中,段绍升先生成为我这个人类学青年学者笔下的人物——段氏宗族里一位德高望重、睿智通达的白族老人。从田野工作训练到职业的专题研究,如果不是本地人的主动给予,以及前人成果的积累和传递,人类学家将一无所获,更不用说制作专门的"人类学知识"。

从田野工作到民族志写作及出版,再到作品返回田野工作对象手中,《他者的表述》呈现了一个流动的过程。这表明田野工作并不以作品的写作为终点,人类学的专业关系一直处于形塑中,并通过作者与读者的主体呼应关系延伸开来。这同样是专业关系教育的重要内涵。在《他者的表述》的家庭赠送会当天上午,朱炳祥师生八人与段绍升先生在他的老屋有一场简短的座谈。朱炳祥教授前期收集到来自编辑和其他读者的感想和评价,并在座谈会上一字一句念给段绍升先生听。段绍升先生请朱炳祥教授给责任编辑田文老师发送短信,感谢她支持这本书的出版,并邀请她到周城参观,一定来家里做客。学

---

① 段氏宗族研究部分成果,参见何菊《仪式容量:当代宗族裂变的新模式——以云南大理周城白族村段氏宗族为例》,《民族研究》2013 年第 2 期;何菊《宗族祭祀仪式的分与合——基于云南省大理市周城白族村段氏宗族的人类学分析》,《中南民族大学学报》(人文社会科学版)2015 年第 1 期。

生们围坐在廊下,听着段绍升先生感慨家国人生、沧海桑田,也激动地当面向作者们汇报阅读书中内容的感受。在座谈结束后,我看到朱炳祥教授和段绍升先生手里各拿了一朵牵牛花,忽然灵感乍现,进行了一次即兴创作。我在一本《他者的表述》的封面摆上两朵牵牛花,模拟封面上"对蹠人"的图案样式,使花枝成"对蹠"状。它象征着两位合作者围绕着这本书形成的主体对照关系。这个"对蹠花"图像带来新的视觉刺激,引起大家又一番讨论。朱炳祥教授将他自己主体民族志实验的一系列著作取名为"对蹠人系列",并亲自设计了由两个金文"人"字对蹠而立的专属图案,印在每本著作的封面左上角。"对蹠花"似乎直接地、形象地阐释了"对蹠人"本身的学术含义。在田野工作即兴的讨论情境中,人类学教师、学生和田野工作对象相互启发,大家对作品和田野工作的理解都更进了一步。这也促使专业关系教育向更深的维度发展。

田野工作由民族志作者转译,被读者反复阅读;当民族志回到田野中,本地的合作者又阅读到读者的反应。人类学教师带着民族志作品和学生一起回到田野工作中,直面学生和田野合作者的提问和评价。它不是一次普通的田野回访,而是人类学家对作者身份和意识的自觉,对神秘主义民族志写作的自我解构,以及对知识—权力专业关系的自我批判。当然,回访也是与合作者继续保持和增进良好专业关系的自我更新,为学生树立了典范。相应地,田野工作对象也有主体性觉醒和诉求。他是人类学家研究的合作伙伴,在田野训练中一起充当学生的教育者。他是他自己和所属文化的表述者,拥有民族志作品共同的知识所有权,也是作品最重要的读者,在本地人当中可以引发更多对作品的评论。对于初学者来说,以学生身份同时经受人类学教师和本地人的双重教育。知识通过田野工作的实践,从浅到深地浸入头脑,而教育从纸面落到地面,返回本原。在田野工作、专题研究和《他者的表述》之间穿梭,我经受专业关系教育,获得了自己的主体位置。因为段绍升先生和朱炳祥教授的引导,我认识到人类学的专业关系不断循环和延伸的重要意义。

三　田野工作与生存教育

　　学生作为一个正在成长的"知识人"[①]，从教室来到田野地点，不仅要经历时空位置的转移，还要面对实际生活的经验挑战。田野工作训练要求学生既能与本地人友好交往，也要吸收本地的生存知识。只有经受来自异文化的生存教育，学生才能理解本地人的一言一行，接受前方夹杂着不确定性和冒险性的新鲜事物的召唤，对迥然不同的生活世界展开思考。

　　那么，在异文化中学习生存，最重要的方法是什么呢？人类学家们集中讨论了田野工作的"看、听、问"，却很少谈论怎么与他者一起"做"事情。朱炳祥教授将"参与观察"（看）、"深度访谈"（听）和"直接体验"（做）称为"田野三角"。[②] 直接体验，应该是与参与观察、深度访谈相并列的一种方法。做，即直接体验，是"发生认识论"意义上的整体性身体活动。因为"认识的头一个问题就将是关于（主客体之间）这些中介物的建构问题"[③]，中介物从人的身体与外界的接触点开始向内外两个相互补充的方向发展，认识由此逐步发生。人类学家没有本地儿童的自然优势，每时每刻做点什么就能学会在他们自己的文化中生存。面对异文化，人类学家必须在有限的时间内学习那些本地人可以一生慢慢学习的东西。[④] 完全"像本地人一样生活"或者"作为本地人生活"，是不可能完成的任务。然而，集中注意力"和本地人一起生活"，是人类学的一种本体论承诺。在田野工作中和本地人一起，即"同吃、同住、同劳动"，人类学家才有可能深入体验其生活，进而了解其生活。根据我的个人经历，田野工作的"做"能够转化为和本地人一起"劳动"，并将

[①] 一种广义的知识人概念，参见朱炳祥《知识人》，中国社会科学出版社2021年版，"前言"第1页。
[②] 参见朱炳祥《社会人类学》，武汉大学出版社2006年版，第242—243页。
[③] ［瑞士］皮亚杰：《发生认识论原理》，王宪钿等译，商务印书馆1997年版，第22页。
[④] Tim Ingold, "That's Enough about Ethnography!", *Hau: Journal of Ethnographic Theory*, Vol. 4, No. 1, 2014, pp. 383–395.

"看、听、问"等方面全部包含进去,最基本的是要凭借自己的身体和让身体使用工具直接接触异文化中的自然物。因此,当我们谈论异文化的生存教育时,也就是指人类学家全身心地投入本地人生活,向本地人学习如何通过自己的劳动丰衣足食。

我在周城的劳动既有田间的挥汗,又有工坊里的机械作业。2007年1月至3月,整个大理坝子大蒜的长势和市场行情都非常好。周城村第十二组的小组长段明家的蒜薹收了一茬又一茬。段明是段氏宗族里一位乐于服务乡亲的中年人。我和两位硕士同学请他在农忙之余做向导,带我们入户收集段氏宗族族谱。在收集族谱的工作顺利铺开后,我们跟段明商量,因为做向导耽误他家农活,能否允许我们三人跟他去大蒜地里劳动。段明爽快地答应了,并约好几天后一早开工。劳动日临近,朱炳祥教授提醒我们穿着打扮要有劳动的样子,不要把下地当作玩耍。那天天一亮,雾气渐渐散去,我们就戴上村民们最普通的手编草帽出发,在街子上找到出工的人最常光顾的一家早点摊买了粑粑(本地的一种碱面烧饼),到段明家会合。段明看到我们头上戴着村民最常见的草帽,夸我们准备工作做得好。段明向我们解释种蒜必须定期打掉蒜薹,下面的芽蒜才会长蒜头。他一般每5天到地里打一次。多打几次,等大蒜成熟就不用打了。这是大理坝子种大蒜的学问,我们都是城镇长大的孩子,根本不了解这些农业知识。我是第一次见着地里长得正好的大蒜。穿过国道向东,来到一块蒜地的田埂上,段明从袋子里拿出几套自制的劳动工具,现场教我们拔蒜薹。这类工具由木头或不锈钢制成,长约40厘米,直径有1—1.5厘米,前端均有U形凹槽。木制工具凹槽处内置一颗铁钉,其尖头与凹槽垂直,不锈钢工具的槽口磨成了刀刃。按照段明的演示,我们一只手牵住蒜薹的苗尖儿,另一只手握紧工具,让U形槽贴合蒜薹秆,然后迅速滑向茎部底端,微微倾斜一点角度,便轻松切断蒜薹秆。真是巧妙的创造啊!四个劳动力,一人分到一行蒜,一茬一茬拔,不到半小时我们已经直不起腰。下午两点,段明将大家聚拢到田埂上,把蒜薹放到一起。我们三人收的总量才和他一人的量相当。段明没有称蒜薹的重量,只说下午的太阳辣人,叫我们收工躲阴凉。他抓起一大把蒜薹对着我们说，今天的劳动报酬就是这些了，拿回家炒着吃。回到段明家，我们跟着一起摘蒜薹、洗蒜薹，与他们一家人分享了劳动果实。在晚上整理田野日记时，就像马氏"教科书"展示的那样，我在笔记本上画了蒜薹工具的素描图，并标注细节和使用方法。

  旅游业、服务业，以及扎染、刺绣的家庭作坊，是周城村民在田地之外从事生产的重要领域。2007年田野训练有一项任务，是学生每天都要在街市最热闹的时候观察商品买卖活动，以及村民和商贩的互动。在太阳辣的时候，我们就到国道旁边八位白族妇女合租的店铺里坐一坐。她们一边做针线活，一边关心我们在周城的生活。很多妇女同她们一样，农忙的时候都在田间地头，闲的时候就到店铺里做各种小商品加工，比如缝制白族女性佩戴的包头，给未上色的扎染布扎花，为着色的扎染布拆线，等等。在相处得比较熟稔后，我们向大姐请教包头的制作工艺，约好某天下午到店铺上课。白族妇女一般不在公共场合整理她们的服饰。段丽、段霞两位大姐因为是段氏宗族的成员，平日里和我们接触更多些。所以，她们两位愿意坐到店铺的角落里摘下她们的包头，给我们详细解释工艺细节。她们拆开包头，指着不同部位讲解为什么它们象征着大理著名的"风花雪月"四景。八位大姐商量后决定指导我们做包头上的"雪"，即最上方白色线丛的部分。它是多层白布由棉线缝制并压紧到2—3厘米厚，然后固定在包头的护枕上，再除去白布的少量纬线，使护枕上缘露出一排5—10厘米高的白色线丛。我们领到的任务就是抽掉纬线。抽线时必须眼尖心细，手上功夫要又准又快。每条线大约0.1厘米粗细，制作者必须首先准确地找到每一根纬线的线头，然后迅速用大拇指和食指的指甲夹住它，最后用力拉出使它脱离白布的经线。这一套动作在每一根纬线上重复一次，直到白布露出规定的长度。等熟悉动作后，我们试图加快速度，没想到纬线会打结，要用双手解开才能继续往外抽线。其实，这样做导致我们的效率远远低于其他几位大姐。两位段大姐见状叫住我们，顺便开起了玩笑，说我们一直想着怎么快，要是线头打结，这些包头肯定没人买。我们顿时意识到这糟糕的自作聪明，万一真的耽误大姐们的生意怎么办？站起来活动下，然后就坐下老老实实，有节奏地抽线。白色线丛慢慢露出模样，像苍山最高峰上覆盖的雪。眼睛一直盯着线头容易干涩，肩膀也逐渐僵硬。不知不觉，我们身上落满了白线。路过店铺的人们会不会把我们和大姐们一样当作白族妇女劳动的风景线？突然有旅游团经过，大姐们嗖的一下站起来，冲到街上向客人推销扎染产品和白族服饰。我们留下来一边抽线一边看店。街市开始收摊的时候，我们一共抽完7个包头。大姐们坚持要付我们工钱，每人1元，并佯称不要的话就到村委会找朱炳祥老师。我们拒绝不掉又害怕她们真的找朱老师，于是跑到凉粉摊买了一份黄豆凉粉，拎回店里请大姐们吃。她们出来干活，只吃了上午一顿饭。下午四点左右本来可以吃点东西，结果我们在店铺里学做工，耽误了她们的饭点。提到报酬，我们受之有愧，买碗凉粉请大姐们一起分享劳动果实，才能报答她们的耐心指导。

蒜薹是我在老家四川过年最爱吃的蔬菜，平时我必须到市场买才能吃到它。但是在周城，我有机会来到蒜地，学习使用村民特制的工具将蒜薹从蒜头上拔下来，和村民一起分享大自然和劳动的馈赠。通过劳动，我品尝到蒜薹不一样的味道：有洱海的水，苍山脚下的土，还有源自土壤里生命最直接的"辛辣"。这是唯有田野工作才能够提供的，是金钱购买不到的实际生活经验。劳动是生命活动、生产活动，是人们满足生存需要的一种手段。[①]拔蒜薹所付出的劳动使我第一次与食物这种基本生存资料建立起最亲密的联系。下地，使用工具，拔下蒜薹，这一系列动作表达了我作为主体与自然产生的交互作用。通过劳动，我的身体和精神都与自然产生联系，这就是马克思所说的自然是"人的无机的身体"[②]。劳动这种生产生活、这种类生活，使我获得了作为类存在物——人的意义。

制作白族妇女的包头，是我向本地人学习生产服饰的劳动。如果说拔蒜薹是关于自然的劳动，那么做包头就是关于文化的劳动。它的对象不是土地，不是植物，而是人造物。周城白族女性佩戴的包头是生活在大理洱海西岸坝区白族女性的服饰标志。美国学者克利福德

---

① 马克思：《1844年经济学哲学手稿》，人民出版社2000年版，第57页。
② 马克思：《1844年经济学哲学手稿》，人民出版社2000年版，第56页。

(James Clifford)在评论田野工作历史中的"跨文化着装"时,认为"服饰塑造人"①。白族女性的生活习惯已经外化于她们的服装,人们可以在服饰上找到地域和族群文化对人的修饰。学习做包头,我了解它的象征意义,收集到关于白族文化观念的经验材料,更理解了白族女性在这个地域社会中的一种生存状态。在半日的手工劳动中,以包头为中介,我与白族女性建立起一种内在联系。从更深层意义上讲,这是基于一种类存在的本质联系。我意识到社会性别要素渗透到田野际遇中的一种微妙方式。

上面两则劳动事例说明,人类学家如果想要真正地体验和了解异文化,就必须接受来自本地人的生存教育,和本地人一起做事,掌握"怎么才对"的方法,理解"如何才好"的理由。人类学家应当以田野际遇发生时自身的具体社会位置(年龄、性别、组织身份等)为起点,通过与本地人对话不断地暴露他们自己,将原先知识的边界推到更远处,根植于实际的生存经验,探究不同生活世界里人的可能性。

四 田野工作与情感教育

人类学教师带着民族志作品和学生回到田野点,对于田野合作者来说意味着什么?学生见证这个过程,会经历怎样的教育?通过田野工作,人类学家与合作者将自我与他者的知识融合在一起,最后以文字形式固定在民族志里面。然而,田野工作生产的知识不仅存在于民族志里,还会在本地人的记忆和观念中沉淀下来。当民族志必须回到合作者手中时,田野工作际遇再次发生,它唤起知觉和感情,召唤新的知识,使未来充满不确定性。这种调动了多种感官参与的田野工作状态,以及知识生产的螺旋式运动过程实际上就是美国哲学家罗蒂(Richard Rorty)所说的"熏陶"(edification)②。它教育学生如何在

---

① James Clifford, "Spatial Practices: Fieldwork, Travel, and the Disciplining of Anthropology", In Akhil Gupta and James Ferguson eds., *Anthropological Locations: Boundaries and Grounds of a Field Science*, Berkeley: University of California Press, 1997, p. 202.

② 熏陶概念和教育概念紧密关联,参见 Richard Rorty, *Philosophy and the Mirror of Nature*, Princeton, NJ: Princeton University Press, pp. 365 – 370.

田野工作中将话题持续下去，为相关经验的思考及其新事物开放一个空间，等待新的可能性的召唤。

对于段绍升先生来说，《他者的表述》共有13章的内容是他作为本地人的讲述，即他在遇到朱炳祥教授之后对他自己人生经历、所思所想的记录与交流。这本书出版后，这些讲述以及朱炳祥教授对讲述的解读是他要求家人传承下去的生命遗产，也是他对生活了一辈子的周城村的馈赠，或者说是报答。2018年8月10日，段绍升先生邀请朱炳祥师生共同参加并见证段家历史性的时刻。这个时间是段绍升先生本人八十寿诞，也是段绍升先生夫妇金婚纪念。这一天段绍升先生要把《他者的表述》这本书作为"传家宝"送给每一个儿子及其家庭。他在有生之年看到历时20年写就的民族志作品能够完成并正式出版，最后沉甸甸地放到他面前，他的后代和周围的人都有机会翻看书里的内容。按照事先沟通好的计划，这个四世同堂的大家庭会举行一场仪式，朱炳祥教授向段绍升先生及其家人赠送这部作品，段绍升先生再向子孙后代赠送他自己的《他者的表述》。段绍升先生的五位儿子为这场家庭盛事能够顺利举行，对地点、程序、具体内容等各方面细节都做了详尽的策划。

家庭赠书仪式上发生的事情、出现的事物，既是本地人的家庭教育也是人类学的专业教育，更是在场所有人的情感教育。段绍升先生坐在一张桌子的主位上，面对大家回忆起他自己的人生，还有与朱炳祥教授一起工作的情景。每一位儿子作为各自小家庭的代表讲述子辈、孙辈的感想。段绍升先生的孙子孙女们在拍照录像，翻看《他者的表述》这本书；重孙在一边学着说话，一边把玩段绍升先生收到的小礼物。学生们有的站着，有的围坐在桌子边，仔细倾听每一次发言。曾经在周城做田野工作的团队成员和段家子辈孙辈一样，被段家人点名发言，谈感受、做交流。段绍升先生计划的这次家庭仪式，我原本没有特别准备发言，本以为只要有幸在场就足矣。但是，我却被当作重点人物，第一个就要求我讲一讲。2007—2018年，我一共九次到周城开展田野工作和回访。段绍升先生夫妇居住的老屋是我必定拜访的一处地方，也是我在田野工作中的安全屋。在那里，我可以寻求帮助、表达疑虑，或者只是纯粹看望和歇脚。当我被要求讲话的瞬间，我的情感一下子被触碰到什么地方，竟然一句话都讲不出来，忍不住"哗啦啦"地泪流满面。为什么会这样呢？我想就是这种场景，最能代表田野中发生的一切。它无法言说，因为在那个场合所有人都放下平日姿态，打破一般的工作状态，让他们的身心都投入"此时此刻"，完全沉浸在这个具体的时间和地点。并且，在这处田野里发生的所有一切，也刹那间向你扑来，喜怒哀愁一股脑儿涌到心间。言语在此刻失去它的功能。我整理好情绪后，哽咽地讲起与段绍升、杨垣、杨阿鱼等几位周城白族老人的一次次相遇，感谢周城村民的无私赠予和热情相助。杨阿鱼，是我相识7年的房东阿兴的母亲。她给我起了白族小名儿"阿何何"，就像我的奶奶一样亲。我在发言的时候突然想起她，对她的思念和愧疚像一块巨石把我击倒，泣不成声。阿鱼奶奶于2015年夏天去世，我那时正带着三名本科生在云南哀牢山深处开展苦聪人的田野调查。2016年暑假我回到周城，只能到公墓祭拜她。那个夏天，我第一次走过通往她家老屋那条巷子的时候出现了幻觉，阿奶就走在我前面，忙着回家的样子。我使劲儿眨眼，告诉自己这不是真的。当时的感觉，就像你想看到的那个人真的一下子出现在你面前，结果你一眨眼的时候发现她又不在那儿。但是，你又再一眨眼希望她就在那里。我尽力搜集语言描述这个特别的体验——瞬间唤起的记忆和情感，请段家人指正我的一言一行，真诚地向他们表达我对在周城遇到的所有人的感激。段家人也谈论起杨阿鱼、杨垣等几位已故老人的往事。段绍升先生特别提到他妻子和阿鱼奶奶是非常要好的朋友，老人们都怀念她组织女性唱歌跳舞的时光。朱炳祥教授叮嘱我们一定要记得周城村民和段绍升先生一家的田野馈赠，向他们学习周城白族做人的道理。他还决定第二天带着团队所有人到公墓祭拜几位故人。那些在田野相遇的人们，如果我还没有回去他们就不在了，或者我回去再也没有遇到，都将成为永远无法弥补的遗憾。然而，在田野现场突然被记忆和情感召唤，沿着与那些逝去和留存的本地人一起生活的轨迹，我同周城的世间万物紧密相连。过去、当下和未来的人们在此刻身心相合，生命在振荡和回响中得以延续。

田野工作中的情感要素，原本在传统时代是人类学家必须控制的部分。科学主义观点认为，它不能成为判断异文化标准的主要来源。适度的情感表达是可以被接受的，而强烈的喜好、愤怒和理想等都应该保留在私人日记中，就像马氏的秘密日记只能在身后出版一样。① 人类学应当勇敢地正视田野际遇中主体间交互作用所激发出的各种感情，它们会出现，就在那里。美国人类学家贝哈（Ruth Behar）描述的"伤心人类学"真正要表达的是，"不能让人心碎的人类学，根本不值得再继续"②。人类学应意识到情感有可能转化为一种更有创造力的东西。田野工作际遇中的情感教育传递着一种文化亲密关系。这些实践意味着你要到别的地方去经历别人的生活，要去了解别人的世界，你必须面对一个严肃挑战：在一个新的地方作为一个新的生命学习怎么做人。你原有的生命路线是你的一重生命，然后你在异文化中会有另一重生命。田野工作为此种情形提供了现实可能性，使生命不断延续和激荡开来。

五 结语：人类学的教育目标

当英戈尔德坚持认为人类学要作为一种教育来实践时，他实际上是说将参与观察付诸实践，无疑是经受一种教育。③ 然而，根据我对自身田野工作经历和过程的反思，参与观察只是事情的一小部分，它是在田野工作中发挥作用。田野工作的确是人类学的"魔法"，它的功能不是科学地再现人和世界，也不是人类学家的临床心理治疗。它借助际遇和对话，唤起主体性觉醒，表达和实现主体性诉求。没有它，人类学就缺少教育实践的关键一环。因此，先有田野工作使人在

---

① James Clifford, "Spatial Practices: Fieldwork, Travel, and the Disciplining of Anthropology", In Akhil Gupta and James Ferguson eds., *Anthropological Locations: Boundaries and Grounds of a Field Science*, Berkeley: University of California Press, 1997, p. 200.

② Ruth Behar, *The Vulnerable Observer: Anthropology That Breaks Your Heart*, Boston: Beacon Press, 1996, p. 177.

③ Tim Ingold, "That's Enough about Ethnography!", *Hau: Journal of Ethnographic Theory*, Vol. 4, No. 1, 2014, p. 388.

实际生活中经受教育，才有人类学作为教育来实践。

在有限的时空内，田野工作要求人类学家必须接受他者的教导，学会如何在异文化世界做人。因此，什么是教育？究其起源和本质而言，人类学的田野工作也许最有资格作出诠释。格尔兹引用过一位诗人的话："学习，就是做必须要做的事。"① 在田野工作中，必须向他者学习做人。如果没有来自他者的智慧熏陶，人类学家将寸步难行。田野工作的际遇使一切都在不断地生成，拒绝简单直接的论断。

"如何从个案、事例和零碎的观察当中运动，以达到更广泛、更超拔的一种洞察？"② 如果要在这种智力运动中成长为理想的"知识人"，那么，人们经受的教育不应是今日惯行的"灌输"和"规训"，而是对类人的一种主体性能力的引导和激发。在自我与他者的际遇中，即在实际的田野工作中，作为主体的人经历专业关系教育、生存教育和情感教育，从而追求一种有着生命共鸣的"全人"教育。在生命一致性的语境中，主体以这种教育形式在实在世界和意义世界完成对类人的生命探求。

---

① ［美］克利福德·格尔兹：《地方知识：阐释人类学论文集》，杨德睿译，商务印书馆2014年版，第3页。
② ［美］克利福德·格尔兹：《地方知识：阐释人类学论文集》，杨德睿译，商务印书馆2014年版，第3页。

论田野工作中的主体互动*

徐嘉鸿

【摘要】 以与大理周城白族村村民杨宗运先生的交往为例，从"互看"到"互识"，又从"互识"到"互知"的相互理解与相互改变的过程中，阐述"自我"与"他者"在田野工作中互为主体性的复杂关系以及在这种关系中进行自我观照的意义，进而从"人我相看中吸收教益"，由此进一步理解田野工作的基本性质与路径。

自 2012 年 1 月 5 日起，我带着四名硕士生到云南大理市喜洲镇周城白族村开始了近两个月的田野调查。在此期间及其后数年的电话与信件的交往中，我与周城村民杨宗运先生[①]经历了一种"我看人看我"[②]的过程，展示了作为"第二主体"的我与作为"第一主体"[③]的杨宗运复杂的互为主体性的关系，通过这次经历，我对田野工作的性质以及一个民族志者的品质亦有了深度理解。

一 我看人

我们到达周城白族村的头几天，田野工作顺利而平淡，虽然对于

---

* 原载《广西民族大学学报》2016 年第 4 期。本文为作者的原稿。

① 杨宗运，1934 年生，1951 年参军，1969 年退伍后在大理市建筑公司工作，1979 年回到周城参加乡村建设。

② 语出自费孝通《我看人看我》，载《费孝通自选集》，首都师范大学出版社 2008 年版，第 502 页。

③ 关于民族志的三个主体，参阅朱炳祥《三论"主体民族志"：走出"表述的危机"》，《民族研究》2014 年第 2 期。

村庄及白族文化的认识在加深，但是总觉得少了些质感与味道。师妹们开始从最初的兴奋转向迷惑，甚至因为觉得和最初想象期待的美好不同而生出失望，我则开始进入没有突破性进展的焦虑当中，带着格尔茨的提醒："我们的前方有着诸多考验，有必须去的地方，有必须经历的仪式。"①

机缘在 1 月 20 日降临，那天，我们跟着周城的两位苏姓法师（父子）参加一户杨姓人家的安龙谢土仪式，杨家的家族长辈都来了。小苏法师也许是被我之前几天"缠"得"怕"了，在写好仪式所用的表文以后，不等我开口问他，就主动跟我说了句："等下这个杨宗运老师②来了你们可以问他。"过了一会儿，在陆陆续续向供桌和祖宗牌位磕头的众多家族人当中，他指着其中一位老人暗示我说：就是他，他是最懂的。

此时，一位头戴瓜皮帽、身着粗布蓝衫、腰背笔挺的老人进入了我的眼帘，他和身旁两个穿着跟他没什么区别的老人一起，正对着堂屋正厅供桌上的祖先牌位恭恭敬敬地鞠躬，似乎没有注意到我们这些外来客。因为面部表情很严肃。杨家的长辈们磕头后去的地方是庭院当中一个正对前厅的烤火小屋，里面放了很多长条凳和小木凳子，这些家族的长辈们基本上都聚在小屋里面聊天休息，杨宗运老人正坐在其中，我带师妹进去之后先跟各位长者打招呼，然后在和一些对我们好奇的村民随便闲聊一会儿后，就直接挪过去坐在他的旁边，请求道："杨爷爷，您可不可以给我们讲讲周城的文化风俗？"

我原本猜测的以及之前的经验告诉我的是，通常这类熟知本地文化的人士会很热情，而且表达欲望很强烈，加上前面几天访谈中碰到的其他周城村民都是这样的，所以有一种很理所当然的心态：只要我有礼貌地提出请求，他一定会欣然接受并且与我们愉快地交谈。但是，还没等我说完最后一个字，他就一口拒绝，摇着头说他自己"不识字、没文化、不会讲"。我只好坐回去。正在气氛颇有点尴尬之时，

---

① ［美］克利福德·格尔茨：《追寻事实：两个国家、四个十年、一位人类学家》，林经纬译，北京大学出版社 2011 年版，第 115 页。

② 后来发现，很多人都这样叫他，我想这是一种尊称吧。

旁边有位爷爷笑一笑，小声跟我说"他很懂的"。我就又再一次硬着头皮去请求他跟我们聊一聊，可是，他还是重复着"不识字没文化不会讲"的那些话；而且这一次说了之后气氛更加尴尬了，说完他竟然直接走出了小屋。

就这样失败了，我当时心里很失落，猜想他一定很讨厌我吧？又或许他真的没什么可说的？平时在村子里跟大家闲聊两下还可以，一见到村里来了大学生会不会就觉得讲不好了？这个只能后面再找苏法师核实。无论如何，当时不能强求别人一定说；不要强人所难，这是在校时和临行前导师一再提醒过的。既然杨爷爷如此坚决，那也不好再难为他。如此，我就带着失落以及对"苏法师推荐的这位长者到底是不是真的很懂"的疑问继续和旁边愿意与我们聊天的长辈们聊，并且在聊的过程中做好了再寻找无其他村民在场的时机请他聊天的初步打算。平复了沮丧的心情，继续访谈片刻之后，反倒因为这个不愉快的插曲更加放松自在了。

就在我进入状态正在记录大家说的有趣的内容时，杨宗运先生进来重新坐下了，我看着他坐好，想到自己刚才的莽撞，就不好意思地冲他笑了一下表示歉意，然后继续做笔记。想不到数十秒后，他突然直接问我："你还要不要听？"我当时脑袋蒙了一下，又瞬间反应过来，然后使劲点点头道："要听要听！您愿意给我们讲了吗，太好了！"对于我的高度兴奋，他不缓不急地回应道："五六分钟讲不出什么，我也不会讲，要听的话就坐下三四个小时我讲给你们听。"说完这句话他就又离开了小木屋。就在我为突如其来的转折不知所措的时候，旁边的杨宗顺爷爷对我说："他不像村里有些人不懂装懂，他是不说。"作为杨宗运的堂兄弟，他还"怂恿"我多去找他："不怕，尽管去找他。"到中午举办仪式的主家安排吃饭时，杨宗运又专门过来，一边指着他的堂兄弟杨宗勇，一边告诉我们说吃完饭跟着那位爷爷到他家里去。

初进院子就发现了院北边廊下放好了的5只板凳和1盒粉笔、1个板擦，他在等着我们呢。他先提了两个要求：一是写出文章的话复印给他寄过来一份；二是只讲一次。然后便开始介绍周城民俗的几个方面。他这天中午重点讲了丧葬习俗，讲得极为细致全面，结合前几日参加的张福花老人的白事，觉得了解得更加清晰了。杨爷爷不只是讲得细致全面，他极为认真地用粉笔在地上一条条地写画，边写画边解释，讲完一板就用板擦擦掉；尤其是对南斗、北斗之对应"生死福灾"的分析以及结合十二地支、十天干对"红丧""重丧"做的分析，还有结合周城本身对"驺人"的解释，都极为精彩。他手拿一张叠了几折的纸（上面写满了字），还拿了一本农家历参考，这是目前为止我听过得最为深刻的民俗研究讲解，深感敬佩。尽管杨老师说"不要再来找我""只讲一次"，但在另一位爷爷的"揭发"鼓励下，我决定之后要鼓起勇气厚着脸皮再去学习。（XJH，20120120）①

事实上，他何止讲了一次呢；在我们接下来的田野工作当中，他先后接受了我们十多次访谈，尽管导师考虑到他79岁高龄要求我们将访谈控制在一个半小时之内，但他每次都不知疲倦地讲两个小时以上，而且不让我们打断他，说有问题待他讲完再问，每次结束后则是干脆利索地摆摆手说："讲完了，你们走！"将"不啰唆、说一不二"的军人作风坚持到底。不知道的，还以为我们是被驱逐出来的！为了让我们能够听懂，整个过程他都是一边讲述一边在地上用粉笔写出要点、画出图形，有时还会找出相关的参考资料作为佐证，有时更会带我们直接到仪式现场去证明他讲述内容的真实性。访谈期间他提过一次，说："我们也算是很怪了，我是小学毕业，现在要给你们当老师；学生成了老师咯。"当听到有村民讲当地本主杜朝选的故事不充分时他会跑过来说"这个不对，你等下，我拿本书给你"。然后就回家拿了一本《周城寺庙纪事和本主传说》（周城村委会根据他的讲述编写的小册子）过来，边递给我边说"看到错字帮我标出来"。对于本民

---

① 此处"（XJH，日期）"的形式是指笔者的田野日记；后文还有"（YZY，20120216，XJH）"的形式则是指笔者的访谈录音，即"（访谈对象，日期，访谈人）"，特此说明。

族文化，这该是一份怎样的深厚感情和高度的责任感呢！"最终的结果证明，我们是幸运的：那是一个礼物，一个天赐的礼物。"①

最初的一个阶段过去以后，我找到了愿意向我讲述当地文化的当地人，我在愉悦之余也在反思自己：我开头"看人"看得很肤浅，起初对杨宗运先生的种种猜测并不符合实际情况。我作为一位年轻的博士生，对于田野工作的理解是：并不是我身在田野之中，就是进行田野工作了，我的心还远在千里之外，我还是用一种学生的眼光去看当地人。于是，在我想当然地认为可以自然进入访谈过程的时候却被拒绝了，这是初为田野工作者的我本应经历的考验，为我的自以为是所应付出的代价；首次的"碰壁"让我反思和清醒，让我真正开始学着站在他者的角度去看、听、体会、并与当地人互动。后来的"转折"让我兴奋与感动，但若没有前者，后面的欣喜又从何而来呢？杨宗运先生对我的重要，不仅仅在于他对白族文化的精彩讲述与总结充实和丰富了我们的田野经历，更在于他有意无意地启迪了我对田野工作以及身处田野工作中的自己的态度进行反思。在主体的互动过程当中，可能有很多"意外"，无论是"拒绝"还是"接受"，并不是毫无理由的，它们既在预料之外，又在情理之中。或许，拒绝之后的接受，才是一种真正贴近生活经验的自然。

到此时为止，"我看人"在田野工作中完成了一个互为主体性的逻辑运行：杨宗运先生对于我来说，从一个冷漠的当地人转变为心甘情愿的讲述者，又从一个特立独行有思想的长者变成了敞开心扉认同外来学生的本土老师；我对于杨宗运先生来说，则从一个格格不入的外来者转变为当地人愿意对其讲述的融入者，又从一个思想与立场相异于当地人的博士生变成了尊重"他者"、理解"他者"的民族志工作者。

二 人看我

田野工作具有"人我互看"的特征。如果仅仅是"我看人""我

---

① ［美］克利福德·格尔茨：《追寻事实：两个国家、四个十年、一位人类学家》，林经纬译，北京大学出版社2011年版，第122页。

写人"，那么民族志只能说是民族志书写者一个人的建构，并不能代表当地文化。我们必须充分尊重"他者"，在"我看人"的同时重视"人看我"，并在这个基础之上与当地人建立一种信任关系，对于当地文化的田野资料的获得，这是十分重要的。① 亚里士多德曾说："两个人'必须认为对方怀着美好愿望并且彼此祝福……要么出于实用、快乐，要么出于善……那种出于善的友谊是最好的……因为，那种没有条件限制的善也是令人愉悦的。但这样的友情需要时间和熟悉……希望获得友谊的愿望可以很快产生，友谊则不然。'"② 我与杨宗运先生的交往就是一个从"互看"到"互识"，又从"互识"到"互知"并获得友谊的过程。

杨宗运怎么看我，并没有一个适当的场合让他充分地表述他的看法，因此，我只能从导师的转述、杨宗运给导师的信件、他对我的态度以及个别时候他当着我的面说的话为据来分析。

我以为，开始杨宗运可能认为我是一个拿着相机在村庄里来来回回到处乱转、不接触实际、好高骛远的"游客学生"，他起初的冷漠与拒绝可以说明他当时的态度。除此以外，找不出其他的理由来解释他的行为与反应。但又是什么使他的态度出现转变了呢？而且在很短的时间之内。对于这个问题，我后来才有了初步的答案，那是导师在周城做田野的时候，兴奋地打电话给我，说"杨宗运表扬你呢？他说'徐嘉鸿好！徐嘉鸿好！'"我心里一阵高兴，细问导师具体怎么说的，导师说："他说'徐嘉鸿朴素，朴素么，有礼貌。徐嘉鸿嘴巴好，嘴巴能说，嘴巴行。'我又问'还有呢'，我问还有什么。他又说：'多呢，感到这个人很好'……"杨宗运先生说我朴素，朴素在什么地方？导师说：杨宗运说你穿着大格子衣服，戴一个斗笠，很好！

2015年1月24日接到这个电话时的我很兴奋，还录了音。时隔

---

① ［美］拉比诺：《摩洛哥田野作业反思》，高丙中、康敏译，商务印书馆2008年版，第135页。

② 原文"……a desire for Friendship may arise quickly but not Friendship itself"语出自亚里士多德《尼各马可伦理学》，王旭凤、陈晓旭译，中国社会科学出版社2007年版，第348页。此处转引自［美］拉比诺《摩洛哥田野作业反思》，高丙中、康敏译，商务印书馆2008年版，第135页。

三年，杨宗运爷爷还记得我的格子衣服，还记得我们在周城买的竹斗笠。我在思考那"斗笠""格子衣服""有礼貌""嘴巴好"这几个要素与他第一次接纳我之间的联系。斗笠、格子衣服都是我的穿着外表，为什么这两件不起眼的日常物品使他看我时觉得"很好"？竟然得到了他的认同，从而使他转变了态度？此时想来，或许是我原本的一些特点，或者不谦虚地说是我身上的一些天然的优点为自己加了分。衣着朴素，我觉得本应如此。格子衣服是在周城时一直未变的着装、蓝灰黑是我喜欢的色调，而且在田野工作期间，蓝灰黑色系衣服耐脏的特点还可以省去很多不必要的麻烦。我并非不好时尚，只是自己更偏好那种带有质朴韵味的接地气式的时尚，或许入不了他人的眼，但确是自己偏爱的风格。格子衣服像农家姑娘的打扮，天然去雕饰这一点得到他的认同了，这是我的个人素质使然；因此在某种程度上促发了与他的相识，这是我的幸运。而斗笠却不是当地人日常所用的，他们更习惯于戴草帽、瓜皮帽、绣花帽，导师到周城就是戴着一顶破草帽混在当地人的队伍里面到处走的。斗笠是我和师妹们在周城小街子上买的，原本是要找草帽的，但是店家手头没有那么多顶，斗笠倒是很充裕，我们一看很是欢喜，想着这个更好，防风防雨防晒一举三得，而且分散访谈后通过斗笠相认识别度更高；没想到的是，后来这小小的竹帽竟为我们引来了不少注视的目光，而且杨宗运先生恐怕最初也是因为这斗笠注意到我们的。我们五个女生戴着竹斗笠时而一队、时而三两、时而单个地穿梭在周城的各个大小街上，显得与当地人很不同，这本来应该受到排斥的一个细节，但是因为它并不奢华，也别致，以致并未引起他们的排斥心理。所以我想到，杨宗运先生印象深刻的格子衣服和斗笠，是我从外表上介于"自我"与"他者"之间，而且已经偏向于当地人了。这使他已经做好了接纳我的思想准备；而当我又真诚地请他讲述当地文化时，他在犹豫之间也就试探性地答应了。

但是，这个时候的他还没有完全接纳我，第一次答应以后，并没有使我与杨宗运马上"相识"，他依然在对我进行考察；第一次的讲述就是他的"面试"，他要测一测我能否成为一个合格的耐心的倾听者与记录者；而我自己，在此之前还从未被一个访谈对象在整个访谈过程中被"整"得这般心悬紧张。因为杨宗运先生有过自己认真讲的东西被改得面目全非的经历，所以当他后来讲述这些东西时，我真正理解了他最初的谨慎和犹豫。他在寻觅和等待着一个人，如果遇到这个人，他愿意向其倾诉全部；但我是不是他寻觅与等待的那个人，他还要进一步测验。而我，正是他要等待的那个人；因为在将周城的文化习俗整理出来这一点上，我们的目的是一样的；而且我们同样认同的一点是：这种整理只有当地人自愿地主动讲述才是当地文化。这是我们的共同目的和一致性。

于是，他的讲述并不是只有一次，而是一次又一次，并且每次讲述都严重"犯规"超时，不仅多次讲两个小时以上，而且不许我们打断他的思路。自2012年1月20日至2月14日，他一共讲述了11次，内容涉及丧葬习俗、生育习俗、嫁女习俗、娶亲习俗、建房习俗、宗教信仰、宗教圣地、神话传说八个大专题，几十个小主题。在调查过程中，我与杨宗运先生"相识"了。我与几个师妹将这些材料按照导师的要求全部整理出来，后来导师又作了补充采访并依据杨宗运先生的多次信件进行了修订。最后，我们整理出了一本厚厚的103页的稿子《周城文化习俗：杨宗运口述》，同时将他与我们师生的照片放在稿子的前面，寄给了他。他非常高兴，非常喜欢，已经连续多次索要这份材料。但每次又因为怕我们花钱，所以要的数额较少；而我们总会多寄一些给他。2014年5月17日他在给导师的信中说："周城文化习俗这本书在周城影响很大，很多人要争抢得到这本书，您先后给我17本，我现在只有一本了，很多人把我这本借去到下关复印，每本要30元至40元复印费，加上车费，他们都愿意，现已复印了四五十本。复印的书，字很清楚，相片不清。"后来他又多次来信要书，我们都在他需要的数目基础上多制作一些寄了过去。就在写这篇文稿前不久，他又打电话来，说还要一些书。这些都使我心里非常愉快，因为我们的调查为当地人做了一件有意义的事。

返校后，每每想起这个人，想起他讲述的画面场景都会勾起怀念。后来和他继续保持着通信、通电，他还寄来过好几次信件，厚厚的一沓子；但是打开后里面都是对于整理出来的访谈资料阅读后修改的细节意见，开门见山，没有任何情感性的语言，他就是这样的一位老人，对于工作一丝不苟；我在给他的回信中则会介绍一下自己的学业现状，诉说一下对他的想念，再寄两张近照给他。这些交往使我感觉到，我似乎已经成为周城的女儿了。这种感情并不是调查者与被调查者之间的关系，而是一种人与人之间深度"相知"的情感了。2014年毕业的那一年，杨宗运在一封写给导师的信件中这样提到了我，说："徐嘉鸿，衣着朴素，口齿清白，说话有理，话多有礼，很惹人爱。没有她，我们就得不到《周城文化》这本书。本学期她要毕业了，祝她青云直上。"

与杨宗运交往的经验在于，民族志者真正做到了与当地人立场与利益的一致性。如费孝通所言，在为自己的国家、社会、文化进行研究的学术实践中，调查者的愿望与当地社会发展的客观要求是一致的。理论与实践是相结合的，并非为了解而了解，目的是为少数民族进行社会改革提供科学的事实根据，具有应用性。费孝通认为，中国本土的调查者与被调查者的关系与西方学者所遇到的是根本不同的，因为二者之间利益一致，被调查者明白是为他们服务的，在调查中感到温暖和亲切。① 我在田野工作中对当地人的尊重并不是故意作出来的，而是因为我自己的研究目的和立场与当地人具有一致性。格尔茨在尖锐地指出人类学者与研究对象之间不可避免的权力关系之后，不无嘲讽地描述了一个画面："有那么多人类学家离开田野时看到他们的报道人眼里噙着泪花，其实那泪花纯属子虚，对此我满有把握。"② 在我的田野工作中，可以这样说，我与我的报道人在分别的时候都恋恋不舍，这种流泪的确是存在的。一起调查时的师妹李慧在最后离别之日前一晚感慨地说"总是被这些平凡的细节打动"，她在那十几次的讲述中多次止不住地流泪，杨宗运先生有时会"强硬"地回应一句"哭什么！"我的另一个师妹杨雪在周城调查2013年离开杨宗运老

---

① 费孝通：《关于人类学在中国》，载费孝通《论人类学与文化自觉》，华夏出版社2004年版，第24—25页。
② [美] 克利福德·格尔茨：《烛幽之光：哲学问题的人类学省思》，甘会斌译，上海人民出版社2013年版，第29页。

师家里的时候在门口也是流着眼泪转身的;而杨宗运在后来向导师的转述中,这位当时已80岁的老人同样是深含感情地说起这件事的。虽然我与杨宗运先生告别的时候这位老人并没有流泪,但是我与当地人相互之间近乎流泪告别的场景是有好几次的。这里举其后2012年9月我在陕北做博士学位论文的田野工作预调查为例,我的一位房东的十多岁的小弟富斌在我离开后发的一系列短信就近乎一种"流泪短信"。那是2012年9月20日,为选择博士学位论文的田野点,我进行的预调查从陕北榆林转战至铜川,当天一早离开爬子峁,富斌的爸爸李大叔骑摩托车送我到姬塬镇,走的时候,李爷爷、兰香阿姨、富斌弟弟都站在门口为我送行,早晨收拾行李时都不停地问我"想带点啥?""带点啥吧!"在我的一再谢绝下还是硬塞给我三个馍馍、两根火腿肠和一瓶营养快线酸奶,就像每次离家时父母亲硬让我带东西一样。在去镇里的土坡路上,不善言辞的李大叔重复地说着"你是好女儿",让我在他大女儿(富斌的姐姐)结婚的时候一定去做客。坐上通往铜川的大巴后一路上富斌小弟的短信不断,摘录几条如下:

"徐姐,你到那(哪)里了。我很担心。我在吃饭。我换号一定告诉你。你今天走了我好孤独。"(13:15/20120920)

"姐你到达你的目的(地)。首先吃饭。不要饿着肚子。我对你的留言很多我会慢慢告诉你的。阿姨告诉我说。你到定边我哥哥没有送你,我想不通。我想你。……"(16:25/20120920)

"姐,你昨晚啥时间到的,不但我想你,而且我们一家人想你。你准备在铜川待几天。回到学校一定要告诉我啊……"(09:47/20120921)

"姐。吃饭没有。我们在吃饭呢?想起你了。阿姨说你在铜川能吃饱吗?每天外出时要注意安全。"(18:16/20120922)

"姐。这里天好冷,还下着雨。铜川下吗?要穿暖和了。"(10:23/20120924)

富斌的父母李大叔和兰香阿姨同样一直操心并打了好几个电话确

认我是否抵达，那种朴素与真实让我数次热泪盈眶。当天因为阴雨天气车开得慢加上高速路因为交通事故堵车，原本五个半小时的车程一直拖到了10个小时，快到目的地的时候已经快晚上十一点了，这些温暖的问候让我在走向田野的路途中感慨着辛稼轩的那句词："此身忘世浑容易，使世相忘却自难。"

作为一位年近八旬的老人，而且在军队工作19年，杨宗运先生的性格是坚强的，在我们告别的时候虽然没有流泪，但是他的话语中对我的感情与流泪那种形式所表达的是同样深刻的，甚至更为深刻。格尔茨说的田野工作是西方人与非西方人的关系，而我们则不同。无论是在田野工作中，还是将来某一天他的讲述被我写入民族志之中，他是被充分地尊重并作为"第一主体"存在的。在这里，我所体会到的是："人看我"有一个好的印象，我被他们认同、与他们相识、相知，是做好田野工作的关键所在。

三 我看我

对于田野工作来说，各种主体间的互动，不仅是"自我"与"他者"的互动，还有"自我"与"自我"的互动，这就是"我看我"，即我对自我的反思与拷问。"无论发现于何处，任何'他者'的版本都同时是'自我'的建构"①，也就是"通过对他者的理解，绕道来理解自我"②。这种自我反思与拷问，就是一种自律性意识。费孝通先生说："照照镜子究竟是必要的，不然怎么能知道旁人为什么对我有这样那样的看法呢？"③ 在与杨宗运先生的交往中，我对自我的认识通过他者之镜、通过自我反思之镜照鉴得更清楚了。"只有

---

① Greenblatt, Stephen, *Renaissance Self-Fashioning: From More to Shakespeare*, Chicago: University of Chicago Press, 1980. 转引自［美］詹姆斯·克利福德、乔治·马库斯编《写文化——民族志的诗学与政治学》，高丙中、吴晓黎、李霞译，商务印书馆2006年版，第53页。

② ［美］拉比诺：《摩洛哥田野作业反思》，高丙中、康敏译，商务印书馆2008年版，第17页。

③ 《费孝通自选集》，首都师范大学出版社2008年版，第503页。

充分重视个体的'个体人类学'及其成果,人类学才有望充分地去洞察他者。"①

当杨宗运先生拒绝我的交谈要求时,我看到我自己处在一个如格尔茨所说的"我们是闯入者,是专职的入侵者"的位置上,"村民们视我们如他们一贯对待不属于他们的生活部分而又把自己强加于他们的人一样"。②别人本就没有义务花费时间精力同你交谈,但在当地人真的不愿意跟你交谈时,我们心里还是颇有失落感的。但是,我的一个基本认识是:那些愿意同我们讲述他们当地故事的人都是值得我们去感激、去尊敬的,那些不愿意甚至言辞激烈地"轰"我们出门的人也不是不值得我们去感激、去尊敬的。后来在杨宗运先生愿意倾情讲述、我们的工作处于非常顺利的阶段时,我看到我所处的位置以及个人素质的特殊优势:我是抱着一个倾听与学习的态度来到这里做田野工作的,我不是救世主,我不是一个殖民主义者。从根本上说,我的工作目的与当地人本身的诉求是吻合的。而开头杨宗运不愿意接受,是因为我们之间相互不了解;当这种了解实现了且这种了解甚至不需要达到一个深度,工作就会顺利地进行下去;只要相互接触不断进行下去,又因为调查者与被调查者目的的一致性,二者之间就会建立起感情。这是我田野工作的基础。费孝通在《重读〈江村经济〉序言》中提醒道,调查不要以出版等经济事务为目的,而要全身心地投入进去,忘记你的事务性目标,忘记你要发表文章的欲望与诉求;我是要获得对中国社会之一社区个案(缩影)的理解,寻求对中国农民群体的理解,我要真正深入他们的日常生活中去体会,在认识理解他们的同时反观自身。③我并不是因要完成论文而进行这次田野工作的。同时,我执着的性格也使我的田野工作出现转机。对调查的定位一直是抱着学习的心态,所以在杨宗运起初两次拒绝我的时候我虽

---

① [英]奈杰尔·拉波特、乔安娜·奥弗林:《社会文化人类学的关键概念》,鲍雯妍、张亚辉译,华夏出版社2013年版,第23页。
② [美]克利福德·格尔茨:《文化的解释》,韩莉译,译林出版社2008年版,第424页。
③ 费孝通:《江村经济》,上海人民出版社2007年版,第273页。

然感到很是沮丧,也有想要放弃的念头出现(虽然一闪而逝);但是终究因为苏法师之前几次的提及而继续"较真":心想即使这一次你不愿意讲,下一次我还会找你。能让仪式权威极力推荐的人,那就一定要去向他求教,向他学习。不受待见的访谈人还是要硬着头皮往前走,带着有一天"你莫名其妙地越过了某种道德的或超自然的阴影"的那个"有魔力的时刻"① 到来的期待。当被认同的时刻到来之时,之前被各种排斥的难过便都变成甜味了。理解他者这个研究项目,"本来是由对于如何理解自我的一种深深的困惑"② 以及对于如何自我实现的一种深深的期待所驱动的。我为什么会被杨宗运吸引,恰恰是他几十年积累起的这些气质、魅力与神秘感;他的直腰板、他的蓝布衫、他的不苟言笑;杨宗运为什么愿意讲给我听,也恰恰是因为我20年积累起的理想与真诚:我的竹草帽、我的格子衣、我的傻笑天真。

当然,我也看到了我自己的弱点。这一年,是我的第一次人类学田野,也是第一次带队,内心有了不同于以往参加社会调查时的责任与压力。除了自己有收获的期待外,还有能否带好队让其他人都有收获的焦虑。初入周城,很快就开始田野工作,各自分工分组,除了我有过几次社会学调查经验以外,大家都是第一次做田野,新鲜、兴奋、积极。我被拒绝就等于说我失败了。当然使我有一种较强烈的挫败感。我不仅感到在当地人那里没有面子,在我的几个师妹的面前也没有面子。我在反思中看到了我的青涩与不成熟,而这不是一个真正百折不挠的田野工作者应有的素质。我的弱点与优势相较是居于次要地位的,故而使田野工作有了转机。

但是,事情并非一直顺利。当我克服了第一个障碍以后,另一个更为深层的问题又接踵而来,并更加困扰着我:杨宗运是一个虔诚的宗教信仰者,他讲述的周城宗教文化,是他自己所信仰的。例如在他

---

① [法]克劳德·列维-斯特劳斯:《忧郁的热带》,王志明译,中国人民大学出版社2009年版,第425页。
② [美]拉比诺:《摩洛哥田野作业反思》,高丙中、康敏译,商务印书馆2008年版,第17页。

看来，灵魂是存在的，在白族人的观念中人是由肉体和三魂七魄两个部分组成，比如当地的丧葬仪式当中有个程序叫"出魄"（白族喊它出 bai），就是把人的三魂七魄送出去。送葬的时候肉体已经抬出去了，三魂七魄也已经送走了，但是死者灵魂永远存在，于是把他的灵魂安放在家中，永远祭祀①。他对祖先的香火传承的行为实践是真诚的：

> 我的家比较一般，不是大富大贵、家财万贯。……我敬祖先是在楼上空出一个地方，每天早上点上一支香，365 天天天都是这样。（YZY，20130216，XJH）

然而，我是一个无神论者，出生于 20 世纪 80 年代，从小受到的是唯物论的教育，我不相信鬼神的存在。甚至对父亲在为家中的菩萨财神灶神等上香供奉，都觉得不可理解。而现在，我面对着一个具有浓郁宗教信仰的当地人，我怎样处理这种研究对象？我怎么在看人中观看自我呢？如果我并不相信科学民族志所标榜的能够"科学的"客观描述当地文化，那么，我又怎样进行我的田野工作呢？

对研究对象的深度理解与对自己的深度理解是交互影响的。我过去总是从我的立场、观点去看别人，以我的立场观点要求别人，当然就存在着问题。反思到这一点，对于我的田野工作是重要的。它让我意识到并开始正视自己田野工作期间一直存在的隐隐的焦虑的根源。我是带着我的立场观点来到周城的，如果我要描述周城文化，用自己的观点去观察去解释，那只能算是我的观察与解释；只有让当地人讲述，才是真正的当地文化。如此，解决之道就是让"第一主体"直接讲述。在这个思想指导之下，我与其他四位研究生的基本思想是让杨宗运先生自由讲述，而我们只是倾听者、记录者，在此基础之上，我们才有资格做一个理解者、解释者。因此，在田野工作中，我们不作访谈式的导引工作。而巧合的是，不被打断式的讲述，也恰恰是杨

---

① 当地丧葬中的安灵仪式由此产生。周城有一位法师专门主持该仪式。在举办仪式时，家族内所有的孝子孝孙都跪着，法师则一边念经一边打锣鼓。

宗运先生的要求和风格。由于双方思想的不谋而合，我们的田野工作进行得非常愉快，在近一个月的时间内，我们忠实地记录了他的全部讲述。

在这一过程之中，我在杨宗运先生的启发下，在如何看待宗教的问题上获得了新的观念。从表面看来，这样两个具有不同信仰的人很可能是格格不入的，但是事实并非如此，在对杨宗运先生的不断了解与接触中，很多事一次又一次地深深撼动着我的心灵。的确，杨宗运这样一个持守传统观念的人在周城这一开放的村落中显得过于守旧，有的村民认为杨宗运的生活方式和处世态度与现代村民生活有点格格不入。然而，他为人正直，坚守祖先孝道，做事诚信，他所坚守的这些传统的价值观同样具有当下的时代意义。他看不惯当前村落里某些受金钱污染的败坏的社会风气，也同样是健康的时代前行步伐所应该抛弃的不健康的污秽。杨宗运先生的品格是高尚的。这里随便举一个例证：在结束田野工作离开周城之前，我们想向这位八旬老人表达谢意。可是我们已经知道他的个性：拒收一切访谈费，拒收一切礼物。他对物质的需求很低，甚至对别人送他的东西有种排斥感，唯有一个请求就是资料整理出来给他寄 10 本。这个当然是应该的，但却不能表达我们对他的敬意。那么该做点什么？师妹商议着还是想给杨爷爷送一箱牛奶，就当是孙女给祖父的心意了；我则另有想法，除了牛奶，我更想给杨老师一份可以留作纪念的东西。我知道，唯有真诚的情感才配得起回报他已近八十岁高龄却耐心给我们讲解本土文化的用心。于是在临行前一天的上午，我留在住地给他写了一封信，将与他见面的点滴以及访谈中他讲解的让我感悟至深的内容写出来，将自己的内心感受与敬意化为文字放在纸张里，在走的前一天晚上我带着买给亲朋的扎染花布坐垫等小礼物去与杨爷爷告别。他看到我手里提的袋子以为是买给他的，正要拒绝，我说："爷爷，这个不是给您的，这个才是给您的。"当我把信交给他的时候，就着已变得黄暗的白炽灯，他立刻展开来读。那个在黄灯下专注看信的画面永远刻在了我的心里。我对他的尊敬的感觉在此时得到进一步确证。

于是，我终于明白：在他那里的祖先"信仰"，又何尝不是一种奖善惩恶的社会愿景通过祖灵世界存在得以表征呢！我对杨宗运先生各种矛盾的看法与困惑交织在一起，而一旦在一种深度思考中得以解惑的时候，我立即顿悟了。不仅对杨宗运的理解扬弃了那种"二元论"的简单化的判断，而且在看待自己的时候，也觉得胸怀一下子被扩展开来，有一种豁然开朗的感觉。杨宗运的观念与行为实践让我看到了理论上相悖的神圣与世俗在现实中的和解；而我也在感悟中与自己的固执偏见和狭隘告别了。而且在我经历了云南周城田野以及后来的博士学位论文在陕北田野中专注于民间宗教变迁主题的研究工作后，我也终于理解了父亲。民间信仰在某种程度上与民族文化嵌合在一起，祖祖辈辈生活模式如此，几十年的文化熏陶，很多渗透在骨子里的观念与行为匹配，一些更应该称之为习俗的民间信仰无关乎政治信仰的对抗，父亲在家中摆放菩萨财神，只是传承了他的祖辈给他的影响与文化熏染，只是以这种貌似神圣的方式为家人的世俗生活祈福。父亲的供奉，正如周城村民和陕北人家族祭祀仪式上对祖先的虔诚，同样是一种精神世界的寄托，融于他们世代如此的生活方式当中。此刻的我，虽然依旧对鬼神的存在保持怀疑的态度，但是再也不会视其为一种愚昧无知的行为，再也不会像早年的认识那样刻板、极端与浅薄了。我开始从心底里尊重这些朴素的观念，特别是那些像杨宗运先生一样真正虔敬的人。就让"上帝的归上帝，恺撒的归恺撒"，民众的归民众吧！

到这个时候，我让自己释然了，"我看我"，也才有了一种真正被提升的感觉。我也从"人我相看中吸收教益"[①]，初步懂得了田野工作的基本性质及路径。

[①] 《费孝通自选集》，首都师范大学出版社 2008 年版，第 508 页。

追寻"心性"的成长：
我与人类学相遇的偶然与必然[*]

崔应令

一 与人类学的相遇

与人类学的相遇，很偶然。

2003年报考硕士研究生，我的目标是武汉大学社会学系，按当时报名的要求，在填写报考专业的同时必须填写报考导师。在当时尚属于法学院的社会学系网站上，浏览了各个老师的简历后，我选择报考朱炳祥老师的硕士研究生。恰在当年，朱老师申请到武汉大学人类学硕士点，他从社会学硕士生导师变成了人类学硕导，2004年第一年招生。就这样，我从打算考社会学而转考了人类学。当时，对朱老师简历中那些田野调查我不甚明白，唯一记住的，只有他看起来很平易近人的样子，还有他曾去土家族调查研究的经历。而我，是土家族人。

就这样误打误撞进了人类学。进武大时，我唯一的人类学基础除了考研的几本指定参考书，就是本科期间的选修课"文化人类学"。在新疆大学读本科社会学专业时，我们的"文化人类学"一课用的教材是林惠祥先生1934年出版的《文化人类学》一书。由于林先生此书大量篇幅都在讲原始社会物质文化、原始社会组织、原始宗教、原始艺术、原始语言文字，以致人类学给我和同学们的印象就是研究

---

[*] 原载《新生代人类学家之路》，学苑出版社2021年版。本次有修改。

"原始人"。在我确定考上武大人类学研究生后，我的同学祝贺我说："某天，我们在一个深山老林，看到一个人，戴着斗笠、披着蓑衣，跟一群野人翩翩起舞，那个人一定就是你。"大家哄堂大笑。

我是不服的。——我到武大读研究生，是为了活得更"文明"，而不是更"野蛮"——我对这样的"祝福"有点恼火。不过，后来的路，似乎逐渐越来越接近这一祝福的目标，不过是从不情愿到主动，因为人类学这一学科符合我的心性特征与智识特征。人类学是一门理解他者、关心他人同时具有自省精神的学问。学科的温度不但体现在教材的论述里，也反映在学者的行动上。在跟随朱老师求学后，我和我的同门同学一起，经历了幸福的学习时光：我们的学习完全自主自由，做什么研究、去哪里做研究，全部由我们自己决定，需要的只是请教怎么做，遇到困难找他。也因此，我们各自的研究都按自己的兴趣去做。

他对我们实在太"放养"了。这与他的培养研究生的理念有关。他在《中国研究生》2013 年第 7 期"卷首语"中说："导师对于学生的责任不在于指引道路，而在于启发他们去探索自己的道路；不在于灌输知识，而在于激励他们去主动地追求知识。"① 他不认同所谓"权威"与"中心"，也从不认为他自己是权威与中心，即使对我们学生也是这样。他对于一切学术研究的限度有着深刻的认识，并且付诸实践。他提倡"三重主体叙事"，重视"第一主体"的"裸呈"和"第三主体"的重新解释，都是为了破除民族志者的自我权威。在《他者的解释》一书中他甚至引用美国学者米勒"期盼死亡"一语来表达他自己的心声："我们都在心中暗暗期盼死亡，但只是想以自己的方式，在自己觉得合适的时候去死。""我对研究工作本身的限度有着深入的认识。'自知本质上无效并必然消亡正是可以称为科学努力的特点之一'，与其他领域的学者一样，民族志者'在短暂的一瞬间工作，或不如说为短暂的一瞬间工作。'"他说他写作《对蹠人》系列民族志的意愿在于"它被抛弃之前能暂时有些用场""一旦它真

---

① 参见李慧《行走在田野——记我的导师朱炳祥教授》，《中国研究生》2013 年第 7 期。

的实现了这一目标，它就愿意立即死于速朽之中"①。这种自我限定意识在《自我的解释》一书的"自题"中被进一步表述为："我从未征服一切，也从未被一切征服。"②

与他的学术研究的实践一样，在教学实践中，同样不存在导师的权威。以至于常常出现一个现象：某天，因为我们读书读不好或论文写不好被批评了，但在某个时候，他又会因他的态度不好而道歉。他的脾气之"坏"和他的脾气之"好"如影随形，大涨大落，起伏不定。在我们适应了这种阴晴不定后，才知道，原来我们的"命"其实很不错。在求学的岁月里，我们偶遇了纯粹的为学者，实乃有幸。

我是一个"宿命论"者，以为一切皆有定数。不过，最近看李泽厚先生《论语今读》，他说孔子所强调的"命"，其实不是"必然性"，而恰恰是"偶然性"，即"每一个体要努力去了解和掌握专属自己的偶然性的生存和命运，从而建立自己，这就是'知命'和'立命'"③。在充满偶然性的人生道路上，偶然遇到了做人类学的人，偶然闯进了人类学之路，这真是神奇的"命运"啊。

二 乡村女性研究：源自心性的自我探索

既然导师并不要求我们服从于他的个人意志，服从于他的个人研究方向和研究课题，并允许和倡导自我探索、自我追求，那么，这就给了我们按照个体特殊的心性自我成长的空间。"各有灵苗各自探"，这是他常引用的古人的一句话来约束他自己以及鼓励我们。

在博士学位论文选题上，我选择对乡村女性进行研究，与其说这是我选择的研究题目，不如说是我的田野和我内心的纠结高度碰撞一致促成的结果。

最初我想研究单身女博士。这一想法源自对当时一种流行说法的反感和抗议，即在单身女生中，"本科生是黄蓉，硕士生是李莫愁，

---

① 朱炳祥：《他者的表述》，中国社会科学出版社2018年版，第11页。
② 朱炳祥：《自我的解释》，中国社会科学出版社2018年版。
③ 李泽厚：《论语今读》，生活·读书·新知三联书店2004年版，第18页。

博士生是灭绝师太"。每当有人知道女生在读博且单身时,都免不了嘲笑一番"恭喜你成了灭绝师太"。为什么我们有了更高的学历,更多的学问,反而在别人眼里越不正常甚至是"变态"了呢?带着要去除身上"污名化"的反抗心理,我采访了身边多位熟悉的单身女博士,了解了她们的成长过程和情感经历,共享了多个彻夜长谈的日子。我的女性情结源自少年时代对于乡村女性命运的不解与思考,而在对女博士的访谈和思考中被再次激发。

作为一个女性,我在少年时代就看到和听到一些乡村女性的命运故事,既同情,也不解。比如,一些能读书、很聪明的女孩明明有机会读书考大学却往往因家庭不重视或别的偶然因素而提早辍学;一些能干女性的丈夫往往能力不强、德行也很差,但她们的婚姻却总是难以解体;一些女性总是被丈夫辱骂甚至殴打,但她们的婚姻也照样继续……她们本该有更好的人生!在读博期间,人们对于女博士的评论,以及我的众多姐妹们的异口同声的叙事,再一次将我原先的问题凸显了出来。于是,关于博士学位论文的选题,我选择了最为熟悉的故乡的女性研究,而对女博士的几十万字的田野访谈材料,则成为我前期的思想准备与问题准备。

在攻读博士学位第一年的暑假,我决定回到村庄进行田野调查,进行家庭关系的研究。因为害怕各家的狗,我常常请母亲带着我去串门,这一选择的结果是彻底将我推向了村庄女性研究。母亲熟悉中老年一辈人,而我本是村庄年轻一代女性中的一员。当熟人"陌生化"为他者,又"再熟悉化"为我的研究对象时,"家乡民族志"在这里得到实际应用,我很讨巧且幸运地完成了博士学位论文的材料收集。那些鲜活的生命,那些曲折的人生,那些不屈的抗争,那些顽强的精神,引发我去思考乡村女性的命运。

首先是对"能干的女人命不好"的去"魔咒"。村庄里有三个公认的女强人,她们的命都不好。她们的共同点都是丈夫太弱或死去了。很多人在说起她们时都叹息"人强命不强",在村民看来,她们人生的苦,都是命。比如村庄一位上一辈的阿姨,她原本由她的父亲将其嫁给其表弟,表弟在城里学医,人很善良。但是她的婆婆非常厉害，她受不了婆婆的气，所以选择离婚。然而，她再嫁后的丈夫不仅懦弱无能，还有家暴倾向。另一位阿姨，她原本的婚姻是父母之命，媒妁之言。但在集体生活中，她因自由恋爱找到了喜欢的人而离婚改嫁。然而，婚后13年，丈夫触电身亡，从此她带着四个孩子艰难生活。还有一位阿姨，她原本考上中专，可以去艺校读书，然而，在通知书到来前两天，父母扣留了通知书，将她强行嫁了人。若干年后这个丈夫出轨。她泪流尽了，但为了养儿育女，她选择了忍受。诸如此类，乡村人都将其总结为"命"。

当我在做博士学位论文阶段对这些现象进行重新思考的时候，我发现，这些女性人生之路固然有外在不可抗拒力量的压制，但同时也有来自自身的主体选择：一是她们的不甘与反抗；二是她们为了儿女及家人所作出的忍让。她们都反抗过他人强加的命运，虽然反抗的结果还不如不反抗，但谁又能预知未来呢？她们的忍耐多是为了儿女和父母，并非为了个人。她们并非"命"该如此，恰恰是不甘于命运的摆布才经历这些挫折。在她们的忍让和坚守里，不是女性自我的沉沦，而是女性"情感主体"的昭显。这一认识让我对她们肃然起敬。不久前看电视剧《山海情》，当很多人不理解并质疑水花在被父亲"卖"了，本可以逃走为何却又返回并对她"恨其不争"时，我理解并看到了这种"顺从"命运的大爱与力量：为了个体的自由而牺牲父亲性命，这样的反抗能走向何处呢？况且，女性的这一行为本身恰恰显示出女性对自我的界定从来不是纯粹的个体，而是"包含了他人的女性自我"。（以这一观点作为核心撰写的文章后来发表在《中国社会科学》英文版上）归根结底，我们真正要思考的是如何改变制约女性发展和自由的社会环境，如何去除结构性、区域性或制度性的枷锁。

另一个学术思考则是对"恩爱夫妻不长久"的重新理解。村里人对那些夫妻关系太好的人多少有些看不惯，常见的结论是"好得过分不会久远"。这一总结更像是一种诅咒，但不幸的是常常有人"中招"。村里有两对出名的恩爱夫妻。其中一对，丈夫原是地主家的儿子，读过私塾和初中，后来是村小学老师，而妻子家是贫下中农，读过高中。妻子当初看中了丈夫的才华，不顾政治地位的不对等坚持"下嫁"给丈夫。在往后的岁月里，妻子跟随丈夫，勇敢地承担起各种运动的风暴，帮助体弱的丈夫劳动，把自己变成了力量强大的体力劳动者。其丈夫对妻子同样是真心爱护，走到哪里他们都是出双入对，形影不离。然而，就在形势好转，小学老师待遇也不断提高的时候，丈夫生病去世，妻子在丈夫墓地旁建好她自己的墓穴，要死同穴。而今20多年过去了，儿女们都各自成家，她仍在土地上坚守，演绎着别人眼中的"苦命"。另一对的情况则是，丈夫大妻子十几岁，把妻子当女儿对待，妻子父亲恰好早逝，把丈夫也当父亲看待了。几十年来，丈夫说什么就是什么，把家里的大小事情安排得井井有条。妻子不操心也不管事，过得像个孩子，甚至跟她自己的孩子抢电视看，生气的时候就赌气睡在床上不起来，要丈夫哄。不幸的是，在一次劳动后丈夫因大出血暴病而亡，完全没有任何心理准备的妻子在丈夫下葬之际就差点追随而去，在亲朋的劝阻下勉强活了下来，但半年多后，便抑郁而亡。这两件事都在村庄引起了热议，人们的结论就是夫妻关系太好上天会妒忌，不能太好。

  这样"宿命"的看法是很容易让人相信的，因为这里确实显示了人生的无常。然而，我们仔细来看，即使同样是夫妻恩爱却不能长久的悲剧，女性在其中的选择是很不同的。第一对中的妻子，选择了坚强，在往后的岁月中，她虽然孤单，但是她积极乐观，不仅一一完成孩子们的婚姻大事，还帮助带孙子，管田地。在孩子们外出打工后，她成了守家者，独自撑起了一个家，迄今，她已年近八十，依然乐观积极，身体也很康健，让儿女们很心安。但另一对中的妻子，早已去世多年。在她抑郁身亡的时候，还有两个孩子尚未结婚。一提及母亲的死，女儿痛哭难以自抑。因为无父无母了，她的孩子们日后的路都异常艰辛。这样看来，人们对夫妻恩爱的不待见与其说是诅咒，不如说是一种警惕：人们并非要警惕恩爱本身，而是要警惕因恩爱而丧失个人主体性，这种个人主体性的丧失将导致我们将个体的所有幸福都托付于另一半，而这样做的结果常常可能是"天难遂人愿"，反倒让他们自己陷入痛苦里。当然，当我这样解读时，确实是放置于女性主义的话语体系里，是用"主体性"等现代概念进行的诠释。如果将这一现象放置于村庄文化传统中，则可以看到人们对"有度""节制"的倡导，也可以说，这是一种中庸之道在夫妻关系中的表达。这让我想起费孝通先生曾论及的，传统中国，男女有别，夫妻之间是为共同抚育孩子而结合，尽量要避免男女之间的激情，因为这种激情带有毁灭性。因此，对夫妻过分恩爱的警惕既显示出个体，尤其是女性主体性的重要意义，也显示了传统文化的影响力。

对于女性议题的思考当然不限于以上这两例，还有代际女性命运的差异、女性家庭地位的变迁、打工生活对女性的影响、女性自我的表达，等等，这一研究固然是探索村庄女性，也是探索作为研究者的我自己的命运。我对以上两个问题的探索也是要解除我自身的困惑。为什么女性高学历往往难嫁？为什么能干女性总是面临难得幸福的质疑？为什么村庄会警惕夫妻过分恩爱？这里涉及女性应该以怎样的方式活着以及活着的意义的探讨，关涉强大的文化传统惯习。在对村庄女性命运的探索中，蕴涵着研究者对自身命运的试图解惑。而在结论中，无疑是在写作者我对于女性"宿命"的抗争和反叛，即便这种反叛以更不幸的结局昭示其命运，但这仍然表达着个体的抗争与努力。

我读列维－斯特劳斯的《忧郁的热带》，他说他选择人类学首先是由个人的心性特质所决定的。他不喜欢在一个地方重复劳动，他没有兴趣在同一块土地上年复一年地耕耘收获。他说他的智力是新石器时代式的，如刀耕火种一样，这里开垦一下，然后再到那里开垦。而人类学正好具有一种"无根性"[①]。不过，就我个人的体会而言，学习与研究人类学，恰恰应该具有一种"根性"，这种"根"即"心性之根"。我的村庄女性研究以及其后出版的《柔性的风格》[②]一书，是我正式研究的开始，它根源于我作为女性的一员，也根源于我的心

[①] ［法］列维－斯特劳斯：《忧郁的热带》，王志明译，生活·读书·新知三联书店 2000 年版，第 55 页。

[②] 崔应令：《柔性的风格：女性参与建构社会的实践逻辑——双龙村性别关系的百年变迁》，中国社会科学出版社 2011 年版。

性的思考，对于女性个体与群体命运的关切与研究，将会一直伴随我的学术生命。

三　出入历史学

人类学所强调的三维整体研究的历史维度，指向对研究对象的时代定位或变迁的探讨。这种历史感往往指民族志作品所呈现出的复杂的国家—社会关系，显示其在历史时间节点上的位置或说坐标，让作品呈现"社会时间流"，形成"社会性对话"。

出于机缘，在我踏入工作岗位的同一年里，走入了历史学学科，在职跟随冯天瑜教授做历史学博士后研究工作，主要研究"近代术语生成"中的"社会"观念的生成。那时，冯先生正着手探讨在中、西、日互动背景下近代术语的形成过程及意义，属于历史文化语义学的内容。作为历史学研究的门外汉，我真正开始进入历史的天地，进入那些只存活于文字中的人和事，这是另一种田野，却把我带进了大时代的风云中，领略不一样的风景。

进入历史的纵深处看问题，让我们超越个体而见群体、见民族、见国家。和历史学家布罗代尔[①]对"法兰西的特性"总结相似，重回近代史的中国，我真切感受到：真正的中国，幸存的中国，深层的中国，在我们身后，她九死一生，总算活了下来。……中国，比我们的个体生命、比我们经历的充满曲折事变的历史寿命更长。走进近代中国历史，我很难不去感叹近代中国作为一个整体所遭受的群体命运何其艰难，很难不去愤怒帝国主义的侵略，悲叹政府的腐败和无能，伤心民众的苦难和草芥的生命，愤怒于世间的不公。在这里，见时代，也见国家和世界。

正是中国的特殊历史境遇，边界模糊、以文化而化天下的中华传统，被迫让位于界限明确的民族国家理念并构建其自己的民族主义，并为此承受西方式"文化""民族"这些新建构概念和观念体系的一

[①] ［法］费尔南·布罗代尔：《法兰西的特性》，顾良、张泽乾译，商务印书馆2020年版。

系列负面后果。这包括沃尔夫①意义上的"文化""民族"概念的"变名为实"与制造族群间的分裂，也包括杜赞奇②所说的"民族"的形成如何构造和凸显差异本身，以及柯文③所说"文化"本质化带来的对历史的误识。这些人类学熟悉的概念和名词，放在更大的历史背景之下所显现的问题，让我真切感受到历史维度的研究对人类学的意义。这种感受在我去新加坡访学的两年时光里得到加强。新加坡和马来西亚在历史上曾经是一国，如今，即使这两个紧邻的国家之间的出关和入关已经极为方便，并且新加坡在移民政策上一直待马来西亚人更宽厚些，但分离仍是根本性的。而新加坡虽然华人众多（这个国家74%左右的人口是华人，其祖先原是下南洋的中国人），但对中国人似乎更加疏远。曾有新加坡人联名本国公民抗议政府对中国人移民过于宽松，政府官员则拿出证据，显示在新加坡移民中中国人占比偏少且是移民条件要求最高的人群。抗议者只好作罢。海外一些人常常误会新加坡人是中国人，这让年轻的新加坡人恼火，在中国访问团去交流时，有的人总是忍不住问华人接待者你是哪里人？对方会坚定地回答："我是新加坡人。"自1965年建国开始，新加坡经历去华文教育以及爱国主义教育，已经在几代人身上建立了强烈的民族国家意识，加上新加坡本身的富有，人均收入水平高，他们有强烈的新加坡人自豪感，这进一步加深本国人的认同意识。民族国家意识大概是20世纪人类发明的最厉害的武器，它整合了很多群体，也分裂了很多群体，世界在此进行了新的大分大合。由民族国家意识进而形成的各群体的"文化变异"④，同生物变异一样不可阻挡。

如果没有历史意识，没有变迁的眼光，是很难解释我们所见的很

---

① ［美］埃里克·沃尔夫：《欧洲与没有历史的人民》，赵丙祥等译，上海人民出版社2006年版。
② ［美］杜赞奇：《从民族国家拯救历史：民族主义话语与中国现代化研究》，王宪明等译，江苏人民出版社2009年版。
③ ［美］柯文：《在中国发现历史：中国中心观在美国的兴起》，林同奇译，社会科学文献出版社2017年版。
④ ［英］蒂姆·英戈尔德：《人类学为什么重要》，周云水、陈祥译，北京大学出版社2020年版，第164页。

多现象的。如果说人类学传统上对异文化的关注主要是通过异文化反思本文化，进行的是结构性比较；对历史的强调则是古今比较，是要从历史中吸取教训，完成真正的"文化批评"的学科使命。马尔库斯和费切尔曾指出："人类学作为一种有力的文化批评形式，是人类学者早已对社会作出的承诺。"① 不管这种批判因认识论危机或表述危机而变得多么难以实现，这仍是人类学对公众的承诺，是心中尚有理想，希望社会及人类变得更好的学者仍在坚持的力量和动力，是我们力图努力实现的目标。从这个意义上说，历史研究与人类学研究是殊途同归的。

基于对群体和国家命运的关注，我申请了一个国家社科基金项目，开始进行知青口述历史的课题研究。这段历史已经远去，然而，参与这段历史的人还活着，这让口述历史本身已经不是单纯的历史了，而是讲述历史的人对历史的解读。和人类学中"解释之上的解释"完全一致。记忆深刻的有几点：其一，尽管他们尽量回避讲述他们自己参与运动的经历，然而还是有不少人抑制不住对"大鸣、大放、大串联、大字报"的怀念，革命的斗志昂扬始终是很多人心中最美好的青春记忆。那些吃喝不要钱、爬上车就能到处跑的时光，那些不断争辩、勇于发声、志于改变，要重建一个新世界的豪情万丈，对他们而言是最隐秘的激情和快乐所在。在这里，可以体会到"集体心灵"和集体经历之于个体的重要意义，这在他们反复的知青聚会、联谊中又再次呈现，最终形成了一个超越阶层、职业、年轻、性别的共同体。其二，在特殊时代，人性的光明与幽暗得到放大呈现。有很多温暖的故事听来让人潸然泪下，也有一些人因经历了人性之私与恶的伤害而伤痕累累，回忆充满悲愤；有很多人一心为公，满身正气，真正践行着当时的革命口号，也有一些人钻空子，为个人捞取好处；很多人真心要建设乡村，用他们的知识为改变农村的贫困与落后奉献了他们自己的青春，也有一些人吃喝玩乐偷，成为农村人见人厌的破坏者……在这种撕裂和分化中，我们看到利他主义与利己主义的交锋、

---

① ［美］马尔库斯、费切尔：《作为文化批评的人类学：一个人文学科的实验时代》，王铭铭等译，生活·读书·新知三联书店1998年版，第157页。

集体主义和个人主义的分歧以及理想主义和功利主义的冲突。而更重要的是，在个人人生被时代裹挟、被他人操作的年代，还是有很多人坚持了心中的信念，坚守了本心，社会或文化并不能真的左右所有的心灵，后者让历史变得丰富多彩而又充满变数。

这段与历史的相逢，让我重新回到人类学之于人的关注上来。导师倡导"民族志是一种人志"，历史学研究的就是人。历史中的人，与现实中的人一样，不仅呈现具体人的生命与鲜活，让人可以感触，且以时代之面貌让我们感受到历史的沧海桑田，还呈现出作为类的"人"的整体性。譬如我在看康有为、梁启超、谭嗣同、严复等人关于"社会"概念的译介和应用时，首先看到的是他们本身。一些情景至今难忘：逃亡海外，躲在印度某个山里的康有为，因风雪阻断补给线，他的一个儿子病死，他在风雪中写《大同书》，构拟他理想中的那个大同世界；积极倡导新学的梁启超，在第一次世界大战后眼见战后欧洲的颓败而转而回到中国传统，最终死于西医手术失误；本可逃亡海外的谭嗣同，为救尚在为官的父亲，仿造父亲斥责自己的家信，后慷慨赴死；从英国留学归来，屡考科举不中的严复，在甲午战败，北洋水师全军覆没，他自己的同学和学生殉国后的夜晚，仰天悲戚痛哭，立志做传统书生的他从此成为引进西方新思想、向传统旧学发起进攻的战士；同样是他，在晚年眼见第一次世界大战之惨烈后，痛批他曾最向往的西方世界是"利己杀人，寡廉鲜耻"，转回对孔孟之道的维护上来。

正是受感于先驱者对如何建设一个更好中国的大无畏的探索与献身精神，我在近一些年里带着对历史人物的感佩和好奇开始对近代社会学人的探索。我开设"近代社会学人"的选修课，阅读他们的著述，感叹他们在认识中国、解释中国、建设中国上所作出的巨大成绩，惊叹他们在建设国家的主张中的预见性、前瞻性，也悲叹他们探索重建一个新的中国之路的曲折与坎坷。"近代社会学人"六个字终是深深刻入我的学术探索世界。从研究他们的中国主体性探索路径出发，我于2023年获得一项题为"近代社会学人：中国主体性探索"的国家社科基金后期资助项目，并已撰写了20多万字书稿内容。这本书关注的主题是近代社会学人如何用新的方法、视角、理念重新认识中国、解释中国、书写中国、建设中国，总结他们既建立社会科学的中国主体性又推动现实中国的变革和发展实践的特点和经验，目的是在回顾历史中回应当前国家建设具有主体性、自主性社会科学的时代命题。与此同时，从近代社会学者的学术交往、学术追求、学术个性出发，我还有另一部书稿《近代社会学人：时代、学术与人生》的写作计划。这本书计划呈现学者更加丰富多彩而充满个性的学术世界，并在一个特定的时代背景之下理解他们的社会性、个体性与人性的复杂纠葛。这本书将呈现学者的主体性作为思考的重点，这既是近些年受导师"主体民族志""人志"追求的影响，同时也是我对历史人物个性生命思考和探索的个人兴趣的必然。

这些鲜活的历史人物，同田野调查中鲜活的生命一样，让我们触摸到人本身，他们的血肉，他们的思想，他们的心灵，他们的情感世界，他们的时代。正是历史中的人，让我感受到历史的温度。研究"人"，又使我从历史学回归到人类学上来。

四 必然的人类学之路

成为坚定的人类学拥护者，是必然的。这需要回到开头所讲：我曾经对成为一个"文明人"很向往，而对"原始""野蛮"是拒斥的，因为后者似乎正代表了我出生并长大的家乡和贫困的家庭。

老家恩施的山，绵延起伏、不见尽头。房子在半山坡，对面是梯田，后面是高山，前面老远的地方还是高山，中间隔着一条看不见的大河，村与村间有很多小河，河水被引入各家坡上的梯田。生活一切都在山里。小时候，山提供了生活所需的柴火。各家都有自己的山，提供平日里做饭的柴火。冬天里也会专门去后面属于村集体的大山砍柴，以补充柴火之需，或者去高山的"煤炭沟"自己挖煤炭背回来。水则是山里的泉水，家家都在山里打一口自己的井，挑水吃。邻居之间有事，山上山下住着，通信靠喊，个个练就了大嗓门。山里的生活几十年如一日，不同季节做不同的事，食物是按季节来吃，以吃苞谷和土豆为主。山太大,走出去很难。买卖一点东西,大清早去赶集,下午才能回,来回一二十里路,日子逢双才有集。村里人也几乎不去城里(县城),坐车嫌路费贵,走路嫌路程太长,来回五六十公里路。

在山里生活,最重要的工作是体力劳动。但是儿时的我在进行重体力劳动时身体经常出现问题。轻微的表现是动不动就晕过去,常常上一秒还在蹦蹦跳跳,下一秒就倒下昏迷了,然后母亲很淡定地说:"又倒了,掐。"醒了。重一点的表现则是莫名其妙生病,不吃不喝,就这样瘦下去。据说有一次持续好多天,从小偏胖的我瘦得脱形,父亲于是带我去看乡医,医生也看不出什么,就说那你就给她准备后事吧。伤心的父亲带我去照相馆照了相,我手上拿了一朵花,满脸愁容。后来父亲一看到这照片就掉眼泪,把照片藏在了柜子底下不肯拿出来。

由于体质弱,不能如同龄人那样参加劳动,饭也不会做,于是母亲经常说我又懒又没用。同村的姐妹们12岁以前都可以独立作出待客的茶饭了,而我什么都不会。我真有一种挫败感。于是我的工作就是放牛放羊,打猪草。放牛放羊使我的个性得到舒展。经常是放着牛羊在吃草,我拿了一本书在读,牛羊吃饱了,我也读完了大半本书。太阳下山了,正好赶着牛羊回家。和几个一同放牛的孩子打扑克是最有意思了。在山坡上开出一片平地,摆好架势,定好规矩,于是就开始了。有时同伴有好胜者,输了就哭鼻子,我们大家就都笑话他。也有时,因为打牌太开心,而沉醉其中,忘记自己是在干活的,醒悟过来后就到处找自家的牛羊。牛羊本身也有很多有趣的故事。比如我喂养的一只羊,因为从小带着,彼此太熟悉了,于是它开始肆无忌惮,有时晚上居然跑到我睡的房间。与喂的牛也往往建立起很深的感情,一放学听到我的声音,就会在牛圈里使劲地叫喊。由于这种长久相伴传递的感情,我也逐渐收敛玩性,给牛很多安慰:比如夏天用棕叶子给它驱蚊虫,冬天草木枯黄之际,翻山越沟到偏僻的河沟坎坎找好草。打猪草也有很多乐趣。在不断的实践摸索中,我逐渐弄清楚哪些是猪爱吃的草,哪些是特别好的猪草,哪些地方能找到这些好猪草，这几乎成了我的植物识别课。直到今天，我在野地遇到这些猪草都会激动。也有一些时候和小伙伴们去河沟摸鱼虾，河水清澈见底，一撮箕下去，捞到不少，有时还能抓到螃蟹。不过，以前山里人很少吃这些水里的东西，也就是捞着玩，过些时候就又放回去了。我童年的挫败感可以在自然中得到缓解，在读到列维-斯特劳斯书中闻一闻水仙花的味道以及与猫对视的文字时，瞬时共鸣，欢喜无比。

我爱读书。大概从小学三年级开始，出门永远拿着书，上厕所拿着书，吃饭拿着书。因为在家乡有一种挫败感，所以我想读书以后逃离家乡。我第一次去城里是参加中学化学竞赛，看着恩施城街道上车水马龙，灯光闪烁，五颜六色，觉得特别美。第一次离开恩施，坐长途大巴车从镇上出发，走了整整12个小时到了武汉。车在山上蜿蜒，一会儿上一会儿下，爬山又下山，下山又爬山，经常遇到一边是悬崖一边是深渊的场景。感叹司机技术高超。

本以为我逃出大山、逃离家乡是会很开心的。但对家乡的怀念，从离开家乡的那一刻就开始了。第一次离开家，就是考上大学去新疆大学读书，印象最深的是兰州往西的大地。植物一点点变少，绿色一点点变黄，房屋一点点矮下去，灰尘一点点多起来。火车往西，仿佛是在经历由夏入秋再入冬。人迹逐渐少，茫茫戈壁，火车蜿蜒，有时见首有时见尾，就是不见人。大地广阔辽远，戈壁滩上的骆驼刺顽强地生长，见到会让人激动。一进新疆，火车上就开始放熟悉的歌曲《我们新疆好地方》《吐鲁番的姑娘》《掀起你的盖头来》……在从兰州进新疆的路上，第一次走，泪流三小时。多少年后看纪录片《河西走廊》，还是会看哭。为什么我要从树木茂密、郁郁葱葱的家乡来到大西北？意义在哪里？那时我迷迷糊糊地思考着。

我研究生考入了武汉大学。从恩施山里转到祖国大西北，再折回中部武汉，好像终于进了城。在武大常爬珞珈山。城市里山很稀罕，所以这个稍微有点高度，长有树木的坡也被叫作山了。读书那会儿，珞珈山上还没有修水泥路，人踩出了泥巴路，下雨的时候都是泥泞，和着落叶，确实很有"山里"的感觉。然而，在努力进城后多年，我越来越清晰地明白自己终究是个乡下人，儿时一些画面不断涌现心头，让我沉迷，让我怀念。比如那些上学、放学爬山、下山的路，那些路上常常吓到我们的蛇，漫山遍野放牛羊时的奔跑，还有同伴们一起玩扑克牌的欢乐与激动；那些有矛盾就吵架甚至打架，转身别人家有事却飞奔而去救助的人；那些夏日晚上，在院子里纳凉，一边用艾草驱赶蚊子，一边看满天星星，听老辈讲牛郎织女的故事的时光；还有为了看一场电影或电视翻山越岭的简单与快乐……这些在我忙忙碌碌、拥挤嘈杂的城市生活中再也没有拥有过了。这些儿时的美好，山乡的美丽，在心底里扎了根，它促使我不断反思、质疑当下的生活：我的奋斗和追求，真的代表了一种更"文明"和"优雅"吗？我真的比我儿时的那些伙伴们更出息了吗？

更重要的是，我幼时较弱的身体在乡村生活中得到彻底修复，从某种意义上说，乡村再造了我。在山里那些岁月，上小学六年每天四趟来回学校的奔跑锻炼了我的身体，我长得非常结实。我还喜欢爬树，时不时摔下来，然后胳膊脱臼。我在山间自由奔跑长大，幸运地与山川河流为伴而不是每天抬头只见钢筋水泥，每天呼吸着新鲜空气，拥有蓝天白云和洁净的水。我的山村是我的救命恩人。我父母没有对孩子晕倒大惊小怪，没有那么多谨慎小心，于我是多么幸运的事！

后来，我走过喀喇昆仑山，见到比老家更险峻的山路，见证我的体力，进一步体会这种幸运。那次行程，从巴基斯坦的拉合尔一路开始，经伊斯兰堡外郊，到罕萨山谷、吉尔吉特、苏斯特，经从我们红旗拉普口岸入关到塔什库尔干和喀什，沿着中巴经济走廊北上，走过中巴合建的喀喇昆仑公路。这条路修建于20世纪六七十年代，在喀喇昆仑山上蜿蜒，连接巴基斯坦北部和中国新疆。为修建这条路，很多中国工人永远长眠在异国他乡。在吉尔吉特东郊的丹沃尔村，中国援助巴基斯坦建设公路烈士陵园里埋着88个遇难的中国工程人员遗体。此时松柏已茁壮，郁郁壮观，陵园整洁肃然。喀喇昆仑路沿线都是各种山崖岩石，除了偶尔的山羊，不太常见生命的其他迹象。雪山之下是沙石，石头或山在风雪扫荡下裸露，呈现出各种奇异造型。越野车开过后，山上时不时会滚下石头，让人感叹自己侥幸躲过的幸运。巴基斯坦北部的小镇苏斯特，海拔 3200 米左右，也是中国货物进巴的必经通道。距离这最近的中国口岸是著名的红旗拉普口岸，海拔 4700 米，驻守兵里很多是高中毕业入伍的年轻人，脸上都是高原红。在这段路程里，很多同伴都因高原反应感到很难受，而我则十分很顺利轻松地走过了。走这条路，若没有很好的体力，对自己对同伴都是一种折磨。

在本文开篇我曾说过，导师对我们是不加干涉、是"放养"的，但这并不意味着他的学术理想和追求没有带给我们影响，恰恰相反，是他帮助我们找回我们内在的心性。这一方面体现为他与我们互动中的"其行"，另一方面则表现在他的论著中的"其言"。他在《社会人类学》一书中曾总结人类学的特点，他说：

> 当人们学会以"他者的目光"来反观自身的时候，他就会看到自然界的广博与谦逊，也会看到别的民族的美好与真诚，同时，还会看到自身的局限乃至丑陋。……当人类学产生并走过了蹒跚学步的童年阶段以后，"地球无边缘"这个最简单不过的道理才在反思中得到昭示。……人类学是一门理解他者、关心他人的学问。①

在导师这里，反思自身和关怀他人是一体两面，人类学的反思性和人文性在此呈现出来。

而他更重要的著述是近些年来的"主体民族志"体系探讨，对主体民族志的理论思考，在《民族研究》上发表的多篇文章中有专门阐述。他的《对蹠人》系列专著则是他的理论在民族志作品中的实践体现。我对其主体民族志的理解是：其一，人类学的作品应该包括三重主体视角：本地人、研究者与读者。其中，还需要揭示研究者自身的三重身份：与调查对象发生关系的人、作为个体的人、作为学术研究的人（犹如画竹人的眼中之竹，心中之竹和笔下之竹）。其二，

---

① 朱炳祥：《社会人类学》，武汉大学出版社 2004 年版，第 4—5 页。

民族志作品的表述需要留白并保持解释的开放性,这意味着人类学的作品要给研究对象和读者留有空间。在朱老师的作品中,他称这一表述叫"裸呈",读者可以对他的材料进行再解释,民族志作者权威退居其后。他的《他者的表述》和《自我的解释》都是这样的叙事风格,即"材料大于解释"。其三,他的人类学研究是目的论意义上的研究:这一目的从学术上指向对人类理想的前途和命运的探索,从个人追求上则是对真善美的挖掘和书写。他的《对蹠人》系列作品究其根本是对这种理想他者的寻找,是他自己内心家国情怀、人类情怀的体现,是他对恶,对不善的反抗和批判。

综合来说,朱老师的主体民族志包含了他对一切话语霸权的自觉反抗,对一切中心主义的批判和否定,包含作者内心对美好社会的坚定追求和执着。这里有浓浓的理想主义意味,即便作者展现了面对现实的自我嘲讽和尴尬,也难以阻挡其中理想主义的强大力量和召唤。从其内心来讲,朱老师是一个战士,他在《自我的解释》一书中对连队当兵生活的美好回忆大概代表了他的心灵最深处的理念:对强权不惜生命的反抗,以及对纯真、友谊、善良不计一切的维护。在他对他自己军队干部生涯辛辣自嘲的文字里,可以看见一个理想主义者的满脸泪水。

导师的这一学术追求和精神力量唤醒了我的心性!我所追求的与人类学学科所坚持的精神内在一致!我懂得,所谓理想,永远在远方,不能认为乡下就是理想的所在,就像"乡下人"沈从文对湘西的回忆里充满了山乡时光的美好和杀人放火的残忍一样。然而,乡村生活毕竟有其自然与素朴的底蕴,这种自然与素朴是骄奢与虚饰的反面。它对于理想社会建构是极为重要的。对儿时乡下的怀念是指向未来的一种期盼:宁静美好的夜晚,可见的满天繁星,单纯自然的日常生活,这些都是对当代世界过于浮华生活的警惕和提示。不管人类学是小众的学科,还是大众应有的基本常识,人类学所具有的反思精神都将让我们做一个更有主见的人,更为健全的人。

为什么是人类学呢*

何 菊

  法国人类学家列维-斯特劳斯在《一个人类学家的成长》中解释他自己如何转到人类学领域，算不得初学者最好的启蒙，却是启发自我探索的绝妙文章。在这篇"二十世纪最伟大人类学家"书写的神话里，我只想知道人类学家的诞生是天生禀赋所致，还是后天勤奋打磨而成。现在我作为一名青年学者在人类学之路上疾行，在经受考验的同时也要拷问自己：为什么是人类学呢？怎样才能走出属于我自己的路呢？偶尔驻足，反观这一路求学与科研，渐渐理出一点线索：田野工作是生活的基本模式，经验与理论的对话是求问的灯塔，而个人情性是能够在人类学世界里自立自洽的根茎。为什么所有教科书都说田野工作是人类学的灵魂呢？因为田野工作可以托起理论对话，更能将个人情性化于无形。所以，我的人类学之路，也必须由田野工作来讲述。

  目前，我有两个主要的田野工作点：一个是在云南大理周城白族村，另一个是在大理州以南约200公里的镇沅县。我随导师武汉大学朱炳祥教授在周城村接受了最初的田野工作训练，在镇沅县的苦聪山寨我开辟了独立工作的田野点。面对苦聪人我才真正地离开老师的庇护，摸索着田野工作的个人风格。在第一次田野前朱老师就跟我们交代说"一个包走天下"，并转身写下一行字："打倒两个包！"这几个字占满了整个黑板，也刻在我们每个学生的心里。迄今为止，我每次

---

* 原载《新生代人类学家之路》，学苑出版社2021年版。本次有修改。

做田野都是一个背包。他接着解释道:"背一个包,两只手可以腾出来做别的事。"我后来才知道这腾出来的手不仅可以做田野笔记还可以救命!

一　生命即田野

　　我的田野工作成年礼没有跳出人类学传统的远行和惊险,但我拒绝复制教科书上的奥德赛神话和英雄式浪漫主义。这是一次没有到达原定目的地的田野工作,却是促使我实现生命蜕变的珍贵经历。2009年12月底,我第二次到镇沅,调研的目的地叫木场村。因路途遥远、交通不便,我先从县城出发到者东镇,然后在一个叫"老虎洞"的地方请人用摩托车载我去"小河坡"找田叔。他是事先由熊开万替我联系好带我去木场村的向导。

　　当天晚上12点我才安全到达田叔家。第二天一大早田叔忙得团团转,有人来约他一起挖木薯,然后去酒精厂,但他决定还是按之前说好的时间亲自送我上木场。吃罢早午饭,田叔叫来一辆摩托车载我们去木场。我坐中间,田叔提着我唯一的行李——书包,坐在最后。我想太好了,今天坐上这个摩托车,花不了多长时间就可以到达目的地,然后赶快进入田野,不然在路上消耗的时间和精力太多了。田叔家住在河滩附近的山梁上,旱季出门走捷径的话只要蹚过浅浅的河水就能上公路。过河后,摩托车的后轮明显有点打滑。其实,在摩托车准备爬上一座嵌桥的时候,我已经觉得很危险了。车轮在河滩的石头堆里拐来拐去,车头也甩来甩去难以控制,而骑手依旧骑得飞快。上了嵌桥,他稳了一下。我心里希望他慢点,再慢点。驶出桥头不到10米有一个大弯,他转得很急,车身突然大角度倾斜。我心里刚刚在想"糟糕"两个字的时候,我们已经连人带车翻出去了。后来回想,如果我还有更多行李,也许车子更不好平衡,会害大家伤得更重。

　　翻车的瞬间我并没有什么特别强烈的感觉,脑子空白了至少10秒以上。田叔最先站起来,骑手第二个站起来。我清醒后发现自己没有力气爬起来，觉得四肢仿佛已经不在了。田叔过来扶我也没能帮助我站起来。我就平躺在路上，并没有觉得哪里痛，转头才看见右手大拇指关节破了，心想可能只是手破了吧。当田叔把我的腿拉起来的时候，我立刻被裤子上手掌大的破洞吓呆了。右腿膝盖处两层裤子都磨破了，从里到外沁满了血。

田叔一边揭开破布，一边咕囔他们这里经常有人坐车上山下坡就摔跤。他问我痛不痛，我只是摇头。然后他在伤口周围按了一下，我就感到钻心的痛。怎么办？骑手说赶快拉我去卫生所包扎。我不能走路，他们把我重新抱上摩托车。这次骑手以大概10码左右的速度慢慢驶向镇上的卫生所。医生用酒精和棉花迅速处理了伤口，敷上纱布就完成了简单的治疗。田叔的手指擦破了，只用碘酒消消毒。骑手的手腕扭伤，田叔说回家帮他针灸消肿。走的时候田叔给我买了很好的云南白药，还有青霉素。我看到他付了50元。这下我铁定是去不了木场了。田叔问："那你打算怎么办？"我说可能要休息一下。于是，骑手把我们带回田叔家。安顿好后，我还不敢跟朱老师说遇到意外，只跟师姐崔应令简单地说明了情况。谁知她觉得事情严重，立马就跟朱老师汇报，不得了了，何菊出事了！结果朱老师又是担心又是着急，恨不得马上飞到小河坡来解救我。给这么多人添了麻烦，我彻底明白，出门做田野，最重要的是人身安全。一旦出门就不是一个人的事情了。

我这次坐摩托车摔跤，虽然没法按计划到达田野点，但却是"种豆得瓜"。田叔本来把我当作一位过客，留宿一晚，第二天把我送走就可以了。哪知道我这一摔，就要在他家住下来。那小河坡也不是一个中转站了。事情已经发生，那就见招拆招，人在哪里，就在哪里做田野吧。

其实，我这个人在平时生活当中是很在乎自己哪里受一点伤，一定会小心处理的。我自己也没有想到我摔跤后的这种处世态度。我心想摔了就摔了，反正伤口已经有医生处理了，就安心养伤。田野工作嘛，还是要做的。受了伤，我的心好像更容易沉下来。一个人端板凳坐在院场里休息，我反而觉得很轻松，像是在享受生活。于是我开始写日记，主题是"坐摩托车摔跤怎么就能变成一次田野工作"。

下午大概3点半到4点之间，村子里就有人来看我了。先来的是两口子，50多岁的样子，不会讲普通话。两人走到我跟前第一件事情就是凑近了查看我的伤口，此时血已经把纱布全部浸透了。看过之后，那位妇女就一直叹气道："大意了，大意了"，盯着纱布又说，"光跤了（意思是，摔跤了），光跤了！哎呀呀，妈妈呀！"从这个下午开始，至少3天，上午一拨下午一拨，总有村民来瞧我。有的人直接一点，走过来就要瞅瞅我的纱布，随意一点的村民进了院子就是拉着田叔家里人围着我话家常。只要看过我伤口的人都禁不住要感慨"光跤、哎呀呀、妈妈呀"，就这么三个词语反复念叨。乡亲们的举动告诉我，摔跤，居家养伤，反而成为我打开山寨大门的秘密钥匙。

朱老师听说我在山里翻车，立即打电话过来，要把所有细节都问清楚才肯放心。晚上其他同学也打电话来问伤势如何。我一遍遍描述，一遍遍解释，安慰大家不要为我担心，唯一的请求是一定不要告诉我的父母。山里面信号不好，谁都猜不到田叔家通信无阻的地方居然是猪圈的平顶。都说猪很聪明，那我的话是不是被它们统统听去，还遭它们嫌弃？不过，这几日朝夕相处，它们会理解我的吧。

这一次摔跤，大家觉得我吃了苦头，其实在我自己看来真没什么大不了的。伤口愈合期间，病情有些反复，持续发炎，结痂很慢。困在山里，去镇上检查换药很不方便，我也不想耽误田叔干活，麻烦他下山帮我买药。有一天他放工回家就问我："如果有草药摘回来，你愿不愿意试？"我说没关系，我相信你们，你就给我试试吧。他说那好，我明天给你敷草药。我确实想在自己身上做实验，决定尝试下苗聪人的土方子。田叔拿着摘回来的草药给我解释，他们祖祖辈辈都在这个地方，只要是砍伤、摔伤，就用这种草药，叫"打不死"。用药的时候要把它在手里面揉烂，揉出汁水，然后用酒精做引子，把混合后的药水滴到伤口上面擦拭使用。这个草药跟青霉素一样，也要做皮试。田叔在伤口周围滴一点汁水，叮嘱我："如果第二天发泡了，你就不能用这个草药，就要另外想办法，也许换一种草药；如果没有发泡，就说明你跟它是合的，合的话就可以继续用这个药。"田叔用苦聪人的土方法医治我的事在寨子里传开，有人就到家里来瞧病问药，我也见到田叔在院子里给人打针挂点滴。尽管伤口还是有点化脓，但确实在一点点好转。有一天，一位村民发烧来找田叔拿点草药，顺便问起我的情况，围观的人也七嘴八舌聊起来。田叔乘着热闹跟乡亲们说我用的这种草药，有个法子可以使药效发挥得更好，伤口会好得更快些。大家都吵着问是什么方法。他盯着我的眼睛说，其实按这个草的习性，需要服用的人拿他们自己的尿液做药引子，肯定好得更快。因为这个药很猛，皮肤结痂更快，但新肉长得慢，可能还会有脓水。只要注意消毒就还好。这一番说明把在场的人都打动了，想知道我敢不敢试试。大家站的站、坐的坐，就像聊着家长里短，不在乎我是外乡人，也不管我是一个姑娘家，害不害羞什么的，反正就一直叽叽喳喳说着。我第二天用了新的药引，一天后伤口表面就结出了硬硬的壳子。田叔是谨慎的，他小心掀起结痂的一角，轻轻挤压，果然还有脓水。一切都在他的掌握中。

　　养伤期间我的活动范围有限，猪圈的平顶是我爬得最高的地方。猪圈所在的位置地势高、视野开阔，站在上面可以直望到河滩，在能见度大的时候，还可以看到镇上的街市。摔跤当天夜里我打完电话后猛地一抬头，望见头顶那么明澈的夜空，无数的星星在闪耀。在这个绝妙的地点，这个奇妙的夜晚，我就那么站着，天似乎也没那么高远了，爬上猪圈便可以亲近。这是一个我平日从未见过的世界，漆黑的伪装下面是湛蓝的本色。退后一步，点缀在幕布上的光亮就连成一道银河。一句惊叹的声音从我的喉咙里窜出来，我听见它说："啊，生命！"啊，对，生命，生命即田野！这就是"坐摩托车摔跤也能做田野"的奥秘了。摔跤那一刻我的确觉得很惊险，害怕生命在一瞬间就消逝了。摩托车转弯的地方，来往的重型货车很少减速，谁都不知道它什么时候会从弯道里面冲出来。如果翻车后又无法避让其他车辆，我们三个人铁定逃不过……然而，回到寨子里一切就恢复常态，田叔继续在田里坡上勤劳干活，骑手做短工补贴家用，而我一个人在院场里就和鸡鸭猫狗做伴。每天困在方正的院场里我就不停地想，这一路对于我来说到底什么最重要？有一点是确定的，无论我经历什么样的事情，不管有什么样的感想，我都是在做田野。并不是说我只有在木场村才能调查苦聪人，现在我的周围就全是苦聪人啊，人类学也没有规定必须到达调研目的地才能做研究呢。夜空里闪烁的星星像是在提醒我，从县城出发到小河坡养伤，不管我吃什么、说什么、做什么，所有的东西都是田野的内容，田野无处不在呀！这个想法像火把突然点亮了我面前的洞穴。未来的路也仿佛清晰可见：我从人类学专业博士毕业，然后从事人类学的科学研究和教学工作。无论是去周城还是苦聪山寨，一路上所有的东西都会在我身上留下痕迹。那么，在我这个人的一生当中，人类学、田野工作就和我的生命完全融合在一起了。

二 生活即田野

女性开展田野工作的性别问题，我在首次田野训练时没有碰到，没能积累相关经验，只是听朱炳祥老师讲了很多师姐们在田野里的遭遇。最初，这个问题没有引起我的重视，在苦聪山寨的经历迫使我反思：第一，经常被人称为"娃娃脸"，所以我在生活中容易忽视自己的性别；第二，从学生时代的心理和经历来讲，心智不够成熟、阅历太少等原因导致我没有觉得性别非常重要。但是寻找木场村的这一次田野，改变了我的想法。在村寨接触了各色各样的人，我突然意识到一个人必须要对自己有清楚的认识。如果说田野工作是人类学家生活中的一种阈限，那么人类学家能够始终保持对他们自身的清醒认知吗？就算人类学家能够确定一种自我认知，但是在田野当中如果除他以外的所有人都不这么看待他，那么他就必须面对这个问题了。只不过有时田野和生活为他奏出的是和弦，有时唱的却是反调。

到达田叔家之前，我在者东镇老虎洞找到联系人王大伯，拜托他送我到小河坡。不巧，他那天很忙，必须去村里办酒席的那家帮忙。考虑到安全问题，他建议我跟着他们全家去吃酒，还鼓励我说，不是来采风吗？你去吃酒就可以看别人怎么办婚礼呢。婚宴结束后，我着急什么时候能到田叔家落脚。客人们渐渐散去，年轻人就留下来闹酒。我心想，闹酒一般容易乱，还是要谨慎一点才好。我找到王大伯家的大婶，问她能不能把我带走。她说："小姑娘，多热闹啊，他们待会儿还要跳歌，你不是来做调查的吗？你就是应该看的。没关系，我跟着你。"转了一圈之后，大婶被叫去收拾厨房。我就坐在厨房外面的长凳上等她。有几个姑娘围在那里说笑，都是20岁上下，有的抱着小孩，有的互相挽着胳膊，我就跟她们坐在一起。她们问了我的来历，还给我介绍本地的婚礼风俗。

  我和姑娘们谈笑间突然瞥见一个年轻男子跟跟跄跄地向这边走来，一看就知道已经饮酒过量。他嘴里咿咿呀呀，说不清话。见他往这边过来，我准备离开。他拍拍我的肩膀，打个手势，意思是让我跟他走。我暗自琢磨，要是挣脱的话，是不是不太友好；再说他已经喝多了，如果反抗，或者没有顺着他的话，会不会出现我控制不了的情况。他手舞足蹈地比画着，暂时没有发生什么事情。他的行为吸引了几个青年男子，他们嘻嘻哈哈地围了过来。其中一个看着更老成些，有25岁的样子，被他们勾肩搭背挤在中间。这个男子和他们推搡、逗笑，只发出"哎哎哎"的声音。我猜想，难道他是位哑巴？后来他就跟旁边的人一边比画一边望向我，围观的人就冲着我怪笑。那时候，我突然感觉全身上下的汗毛都竖起来了。按当时的情景，不能说他有什么恶意，但是那种气氛我平时很少遇到，所以很不习惯。他们凑在一起嬉笑打闹，我也不知道他们在讲些什么。不过，如果仔细看看那些女孩子脸上的窃笑，男子们那种幸灾乐祸的表情，大概就可以猜出是什么意思了。但是我总不能因为别人的笑就大惊小怪吧。

  大家前呼后拥地都集中到长凳这里来，男子找来笔和纸，示意我写下自己的信息。旁边的人帮他翻译："你不愿意说吗？那你是读书人，你肯定会写，他也会写字的。"他在空中用手指来回画着，像是画出自己的名字，然后他指指我面前的纸，让我也写下名字。见我没有立刻明白他的意思，他抓起桌上的笔抖动着写出歪歪斜斜的字。大家就念啊："陈……"后面的字他写得潦草，我们都认不得。写完之后他就把纸和笔递给我，非要我写。凑过来看热闹的人开始评价他写的字到底好不好，又猜测他到底叫陈什么，吵吵嚷嚷地就把让我要写名字的事情盖过去了。但他不依不饶地就想把手里的笔递给我，我一直没有接过来。谁知道他突然拉住我的手，不让我走了！我就踮起脚，伸长脖子到处张望，眼巴巴地盼着王大婶过来解围。紧挨着我坐的是两个 20 岁左右的姑娘，还有一个抱着小孩的少妇，她的丈夫就坐在我的对面，和写字男子、另外几个少年挤在一起。那些小姑娘可能认为这是婚宴闹酒的寻常场面，年轻人在一起又觉得很有意思，她们带着那种煽风点火、怂恿的表情，直勾勾地盯着写字男子和我。但是那个少妇的表情和其他人不同，也许是她结婚了就显得要谨慎一些。她不停地打断其他人的说笑，喊住她丈夫，叫他们赶快把写字男子带到别处玩，但是她丈夫并不理会。这时候写字男子一直拽着我不松手，他还让人告诉我，一定要请我到他家去，今晚就要去。看下时间，差不多已经是夜里 10 点，我就使劲儿摆手说去不了，不能去，明天就要走，我还反复强调是要去木场村做调查。在大家乱起哄的时候，我的辩解根本没有人听得进去。还是那个抱小孩的少妇冲他们喊，都喝多了，不要闹了。中间有一段时间她也走开了。我看不见她，心里更着急了，也不知道她是不是去叫王大婶了。

不管闹酒的年轻人怎么折腾，我就是不松口，哪里也不去，就坐着等王大婶回来。写字男子也不松手，一直拽着我，反正一定要我去他家。时间越来越晚了，打打闹闹的人也不见少。我就可怜兮兮地望向人群，心里想："谁帮我说一下呢，我的妈呀！"终于王大婶出现了！她拉着我悄悄说："不怕，他是哑巴。"转身她就叉腰冲着哑巴一指，死死盯着他，然后指一下我，再用左手食指轻轻打一打右手的小拇指，最后在空中比出右手的五根手指。按我理解，也许在说我是他们家的幺姑娘。哑巴使劲儿摇头，横竖不听也不认。跟我挤在一起的那几个小姑娘加入进来，依样画葫芦，又给他比画一遍。见他听不进去，姑娘们又继续跟他说："哎呀，不行的！人家是来做调查的，是外面的人，不是我们这儿的人。"他不停地摆手，表示没关系。有人帮忙翻译他的手语：他这个人很实诚，很会干活，是个能干的人。他见帮腔的人没有达到效果，急得跳，嘴里"哇哇哇"地发出声音。这时候旁边起哄最厉害的一位小姑娘反应特别快。她嗖的一下蹿起来，指指我的头发（为了田野期间好打理，我当时留着超短发），然后用手掌划了一圈周围的人，突然又指到我脖子男性长喉结的那个位置，让哑巴看清楚。真是出乎预料，哑巴瞬间双手捂脸，一下子就逃走了。我僵在那里，说不出话，而在场的所有女性已经笑得前俯后仰。我整个人已经懵坏，什么都没有反应过来。等她们笑完了，刚才指我的那位小姑娘就拉着我讲出原委："我刚才告诉他，他搞错了，你是个男的，不是女的。所以他就落荒而逃啦！"

每次提起苦聪山寨的奇遇，朱老师必然会用哑巴的事来和我开玩笑。而我回忆起哑巴和那些姑娘们时，心里瞬间涌出的词只有"哎呀呀，妈妈呀！"

三　人最残忍

我在田叔家院场里晒太阳的时候，跑来跑去的鸡、鸭和我最亲。在很偶然的一次电话里我跟朱老师说，我去了之后田叔家死了三只鸡，一头小猪，还有两头大肥猪。朱老师劈头就说，你怎么不早点讲这些情况！我一时间想不明白这件事的重要性。朱老师提醒我，你有没有想过他们那个地方常年没有外人进去这个问题？我这才恍然大悟！我一个人从外地进去，也许真的带了什么病菌给他们。平日里我会做点力所能及的事，比如帮他们喂鸡、喂鸭，也拿芭蕉树叶喂过猪。这些家禽家畜吃了我喂的东西，说不定就受感染生病致死。除了牛和猪，鸡是田叔家重要的财产之一。平时家里都舍不得吃鸡蛋，更不用说鸡肉了。如果拿去镇上，一个鸡蛋卖一块钱。死的那三只鸡，按照当时的市价大概可以卖到五六十块钱一市斤，那就至少一百多块呢！我问过田叔，那头小猪已经三四个月大，值三四百块钱。两头大猪最贵，能卖四千多块钱。鸡嘛，一旦发现它不吃东西了，就会把它杀掉，变成人的盘中餐。吃鸡，田叔是高兴的，心情不错还要整上一瓶烤酒。我知道他干活最多，最喜欢吃肉。吃鸡的时候我只夹了一两块，家里不管大人小孩都把鸡肉留给田叔吃。平时田叔出工前我们烤木薯，中午只有我跟阿奶在家就用猪油炒剩饭，晚上田叔回来可能会带上一点新鲜的边角猪肉。头一年的腊肉已经剩下不多了，家里吃得很节约。有几日，田叔约了朋友一起摸黑去河里捞小鱼，打牙祭。所以，田叔家吃鸡有点过节开荤的味道。

2010年1月6日晚上7点，田叔挖了木薯回来，阿奶着急地奔到他面前说，两头大肥猪不吃东西了。鸡和小猪刚刚死没多久，肥猪又病了，田叔皱紧了眉头。因为快要过年了，进入腊月二十日左右就要开始杀年猪。死了小猪，他们已经很郁闷了，在这个节骨眼儿上大猪有事，他们更是焦心。晚上大家一起吃晚饭，平时嘻嘻哈哈很欢乐的气氛一下子就凝固起来。天色暗下来，邻居都聚到田叔家，一起去猪圈查看。两头大肥猪病恹恹地趴在那儿，阿奶和田叔弄来各种饲料、食物，它们都没有兴趣。田婶小声问了一句，要不要打针？田叔说，如果要医治它的话，第一就是打针，第二就是拿草药喂它。一旦打了针，这个猪肉就不好吃了，也不好卖了；如果喂草药，至少三天才能见效，并且还不知道到底能不能好。不管是打针还是吃草药，一个是耗时间，一个是肉质不好，也不能卖了，那就是白白浪费时间，损失惨重。看大家一筹莫展，邻居李大伯就说："我给你提一个建议，你今天晚上就把它弄（杀）了。"田叔开始是不愿意的，猪莫名其妙地生病，就要杀掉，他很难受。最后一家人商量了一阵，晚上七点半的时候田叔说："没办法了，那就今天晚上杀！"可是，今天晚上该怎么杀呢？这一天刚好是镇沅县计划停电的日子，整个夜里天空是亮的，寨子是黑的。小河坡村主要有两道山梁，每道山梁上住着三四家人，背阴处还住着三四家人。要杀猪，最大的问题就是人手，要赶紧去找人。一头猪大概三百多斤，两头猪杀下来是六百多斤。还有水啊、火啊、灶啊，这些物资、器具……全部都要准备齐全。后来我补充调查时数清楚寨子里一共有12户，每家常住算4—5个人口的话，大概50—60个人。这个黑夜，所有的人都出动了，包括我。

我也加入了杀猪的行列，身体上忙着干活，可是脑子、头皮却总觉得冰冰凉。笔记里我记下了自己的劳动细节：抬水、拾柴、烧水；借锅、递电池、搬凳子……家里面手电筒不够，柴火也不够，他们拿不到、找不到的东西，我就马上跑起来。7点半的时候，田叔赶紧扒了最后几口饭，叫上那位摩托车骑手，去各个山梁、背阴地叫人。不到一刻钟时间，男男女女，老老少少全部都来了，大约 30 人，成年男子有 20 人左右。捆猪的时候，我清点了人数：捆第一头猪是 9 个人，捆第二头猪是 11 个人。我一直埋头帮忙，院场里那种混乱该如何描述呢？人挤人、人喊人，到处都是火光，到处都是刀光。水泥地面流淌着猪血，呼吸到的空气都带着那种酸酸的血腥味道。酸味儿，这是杀猪夜留给我最浓烈的记忆。但是当时我脑子里想着什么别的事情并不是最要紧的，只是看着如果他们缺柴，我就去捡柴，如果他们因为没有灯看不见，我就拿电筒给他们照……我自己的电筒确实派上了大用场。厨房的柴火很快要烧完，田叔家电筒虽多但个个缺电。头一天我就知道要停电，特意把电筒充满了电，杀猪的时候我的电筒坚持到最晚。杀第二头猪的时候，我站在离它大概 30 厘米的地方把电筒举到最高点，给屠夫们照明。主刀的屠夫把尖刀插入猪的颈脖，这时突然喷出一股血，从头到脚——还有我的鞋面，溅了我一身。眼见着这股散着热气、带着酸味的猪血向我喷溅过来，我没有移动，还是坚持举着电筒，也许是被这突如其来的情景吓得呆住了。盯着全身上下的血迹，我只觉得自己是个杀人凶手。那种罪恶感一直无法从我的脑海里褪去，成了一道永远的印记。

伴着酸气、臭气和吵闹声，全寨的人就这么慌乱地忙碌着。杀完猪后，有人提议要把刚刚分割的肉做烧烤吃掉。那些肉都是猪身上的精华呀，马上就有人响应。有人去厨房烧水焯肉，有人立马在院子里搭起烧烤架。噼里啪啦、叽叽喳喳，院场里又是另一种声音了。吃不完的肉、皮、骨头，还有边角料，全部堆在田叔卧室的地上，等着做成腊肉留着过年，再熬过一年。

第二天我给朱老师发短信，汇报田叔家和寨子里发生的这件具有重要人类学意义的事情。在讲述完之后，我就开始一边回忆，一边写日记，心里堵得难受。我一直在回想，杀猪的时候自己到底是什么样的感觉。我根本想不出其他的形容词，就只有一个词——"难受"。我突然记起朱老师在课堂上讲过的一个故事。朱老师年轻的时候看见正在田里低头耕作的牛，赤日炎炎的夏天，农夫用鞭子抽打那头牛。

朱老师觉得很难受，从那以后他就再也不吃牛肉了。直到现在，几十年过去了，朱老师依然不吃牛肉。杀猪夜我的难受也许没有朱老师的感觉那么强烈，但这确实都是难受呢！我仿佛瞬间明白了朱老师那时的感受，于是拿起手机连续发了四条短信给他，其中第一条就是："人最残忍！"

四 经验之内、理论之外

杀猪夜从头天晚上七点半一直进行到第二天凌晨两点。乡亲们渐渐散去之后，田叔就和留下的两位邻居聊天。他们一边喝酒一边讨论，从杀猪开始谁帮忙谁不帮忙，谁带来什么东西谁拿走什么东西。我坐在旁边静静地听。这个杀猪夜究竟有多复杂呢？原来啊，不要看表面很混乱，其实每个人心里面都装有一把尺子，用来衡量谁是最出力的人，谁是在里面混的人，谁才是真心实意的，谁在里面还带着恨——就是他还会带着可以说是阴险、可以说是害人的那种心，参与到这里面。我一边听他们讲话，一边在脑子里马上就把所有的画面像剪辑胶片一样地再回顾一遍，然后把所有的细节都拼接在一起，杀猪夜又变成另一番模样。人的心就像明镜一样，无论说什么做什么，明镜都能照见。以我为例，一个武汉来的学生，我在寨子里跟他们说过什么话，每天在院子里面怎么走路，和每一个人目光相对的时候是用什么样的眼神在看他们……这所有的一切他们心里都明了。人与人相处的秘密就在这些细微之处。

因为是集体杀猪，所以我还对"人为什么会联合起来"这个问题有所领悟。小河坡村是一个形态比较简单的社区，一个山梁只住三四户人，劳力有限。某一户要杀猪的话就要联合寨子里很多人，把人都召集起来才能办事。家户之间互相帮忙，可以看作一种馈赠、互惠。接受帮助的家户就要去回馈它，要回赠予人。那些在平时生活中有隔阂甚至有仇恨的人，在这样一个时刻也同样来帮忙，就是基于这一点。如此说来，群体的确存在一种聚合的力量。发现人结合起来，又存在着离心的力量；而看到了离心力量之后，又发现他们还是一个群体。有人也许不是出于自愿过来帮忙,有人甚至在其中为他自己谋私利,可他们仍旧在一个村庄里共同劳动。

在小河坡的日子尽管只有十几天,生和死,确实是对我的一种考验。我不禁要问,人除了生存,还有没有别的更加看重的东西?还有没有别的更重要的事情必须去做?院场里的一方天地使我的生活变得极为简单。如果早上特别饿,碰巧有人来聊天,那么就可以舀出一碗米酒兑热水一起吃,微醺一整天,访谈的效果会更好。田叔家最香的调味料是他们自己炼的猪油,猪油苦菜汤是最甜的汤,猪油炒饭是最酥的米。最迷人眼的景色是清晨山谷间层层薄雾折射的色彩。最动听的天籁是树林里飘出的各种飞禽走兽的鸣号。当我们被手机、电脑、网络信息、烦人琐事淹没的时候,是否还能分辨出这些维持基本生存的美好事物呢?

如果这就是我计划向读者讲述的人类学之路,那最后这一段叙述才蕴含着人类学最深的意义。那是激烈的杀猪夜前后的日常,是最平凡的生活点滴。有一天,田叔家三个月大的小牛犊在院场里和我一起晒太阳,突然它"哞——"地叫了一声,惊得我居然哈哈哈大笑起来。猫和阿奶那时候也在墙根晒太阳打瞌睡,我的笑声把他们吵醒,莫名其妙地看着我。还有一天傍晚,阿奶剁碎芭蕉茎叶喂鸭子。六只白鸭子吃饱了就一只跟一只排队去水塘喝水。鸭子"嘎——嘎——",很有节奏地昂首齐步走出院场,把我和田叔家的小儿子逗得笑个不停。这不就是列维-斯特劳斯说过的那种本质吗?"对着一块漂亮的矿石深思""闻一闻一朵水仙花的味道""与一只猫短暂的互相注目"。① 鸡啊,鸭啊,猪呀,牛呀,我想这一刻我明白了它们的意义。

在苦聪山寨的田野经历,朱老师安排我在武汉大学人类学研究生课堂上分享过好几次。2020 年我在剑桥大学访学,新冠疫情肆虐,居家隔离很是苦闷。朱老师又提起苦聪山寨的经历来鼓励我。受到朱老师学术人研究、民族志实验的理论感召,我向他讲述了个人论文写

---

① [法]克洛德·列维-斯特劳斯:《忧郁的热带》,王志明译,中国人民大学出版社 2009 年版,第 522 页。

作发表的经历和学习经历的内容,与苦聪山寨经历的口述文稿整理成一章,一字不改地编入朱老师《对蹠人》系列民族志之《知识人》中,探讨一个青年学者的学术成长与学者、知识分子的一般性问题。本文基于2010年我整理的口述文稿,隐去报道人的真实姓名,做了较少的修改和润色。借这篇保留大量口语表述的文章,邀请各位同道与作者一起领悟既玄又妙的"人类学感觉"。

后　　记

在导言中，我们已经较为清晰地表达了本书编辑的主旨，以及我们编辑这部书稿时秉持的新理念：不将这些文章看作多么准确地把握主体民族志的思想内容与主题，而是关注这些批评作为"第三主体叙事"的本体论特征。因此，我们不将这些文章定义为"书评"，而是将其定义为"第三叙事"。我们关注的重点在于批评者基于自身的历史性处境所提出的问题，以及主体民族志作品所提供的"词语扇面"能够回答的问题这二者之间的"视域融合"。本文集中的各篇文章按照主体民族志的界定为"第三主体叙事"，即批评者的叙事；而我们这里的"第三叙事"的概念除了这一重内涵之外，还包含着我们对于"第三主体叙事"的再评论、再叙事。因此，从一种特殊的意义上也可以说，我们与文本、批评者又形成了与主体民族志"当地人—民族志者—批评者"不同的另一种"三重主体"关系，即"文本—批评者—再批评者"的关系。

这部文集是现有的对于主体民族志不完整的批评集，我们初选的篇目更多一些，现在只保留了直接分析、批评、回应、拓展主体民族志的文章，甚至有发表在几种学报上的"主体民族志"栏目的文章因关联度较小也未选入。在初稿中，我们还曾摘编了散见于各种刊物中对于主体民族志的评论与批评观点和材料，后来也全部删除了。删除的原因之一是书稿的字数与篇幅限制，更重要的是基于我们对"有限性""局部性"的学术理念的理解实践，即任何资料收集也好，理解也好，批评也好，都不可能是完整的、全面的，它们只具有局部的与有限的性质。就本文集的文章作者而言，既有高校的知名学者，也有初出茅庐的学坛新秀；既有学术地位很高的长江学者，也有在读的硕士研究生。他们各自的立场观点、生活经历、情感取向以及时代思潮对他们的影响等方面的个人本体条件，构成了他们各自的特殊的"前见"，并且从不同的视角进入理解与批评，给文集带来了丰富性、复杂性、多样性。

本文集中的文章除了孔文婷和马丹丹的《田野提纯与文本切割》一文以外，全部是已经发表和出版的文章，其中《自我的解释》的五篇序言为直接收入，其余论文均是由作者所提供的原文。这些原文有的是投给编辑部的原始稿件，有些则是略有个别修改的稿件，因此这些文本与已发表的稿件可能有着个别字句上的差异，这种差异也同样显示了那种编辑与作者之间的本体论差异。

书稿编成以后，我们原本希望朱炳祥老师能写个序言，表述他对这些批评文章的意见，以及对主体民族志有进一步的说明。但他表示："作品出生了，作者消失了。"他对于关于主体民族志的批评从来没有写过回应性的文章，也从不作辩驳性的说明。这是他的情性，也是主体民族志"学术自戕""期盼死亡"的理念。他在《他者的表述》中说道："'死亡'既是一种'恐惧'，更是一种'愿望'：'恐惧'在于怕它不能唤醒本应该被唤醒的东西；'愿望'在于'它被抛弃之前能暂时有些用场'，一旦它真的实现了这一目标，它就愿意立即死于速朽之中。"他又说他在写完《对蹠人》系列民族志以后想说的东西将在正撰写中的《对蹠人》第二辑中表达，包括《文明的基础》《生活的奥义》《对蹠人问答》《知识人：存在的逻辑》和《知识人：追寻的逻辑》五卷作品。这几部作品更加重视践行"人志"而非"民族志""文化志"的理念。

需要说明的是，作为朱炳祥教授的博士生，我们两个人编辑这本书以及我们在导言中对于文集中诸篇的评述，当然也是从我们自身的本体论条件出发的，我们不用诸如"中立""理性"这类词汇去标榜自己，我们承认自己的主观性、情感性特征，承认我们的"前见"。在跟随朱老师读书并毕业仕教高校工作多年后，我们深感老师多少年来从不求任何回报，只愿我们成长的纯粹和善的珍贵，我们承认编辑这本书有着回报师恩的感情，也认为这其中的师者品质具有超越性的社会意义，希望借此提供一种可供探讨的学术新思考和可供品鉴的师者精神。同时，从学术理念上说，朱老师《对蹠人》六卷文本；本文集中的批评文章和散见于其他著作和文章中的批评性观点，包括一些有价值的误读；以及我们借助导言所表达的"作为本体论的'第三叙事'""非线性传承"等概念，"作者—读者（批评者）—再批评者"的从善对话，这些也构成了另一种意义上的"三重主体"的"互镜"关系，为深入批评与讨论主体民族志提供了多维视角的参考。

衷心感谢武汉大学人文社会科学研究院冯果院长、张发林副院长对青年教师科研所给予的支持、鼓励和帮助，感谢他们对本书撰写、编辑、出版的关注与巨大支持。感谢论文提供者的支持，感谢刘海涛研究员、廖明君教授、陈沛照主编和陈彪编辑，特别感谢中国社会科学出版社田文编审在编辑工作中所付出的辛勤劳动。

崔应令　徐嘉鸿

2023 年 11 月 19 日于珞珈山